Rezepte von

Cornelia Adam

Sebastian Dickhaut

Elisabeth Döpp

Tanja Dusy

Reinhardt Hess

Hubert Hienle

Angelika Ilies

Sabine von Imhoff

Martina Kittler

Kristiane Müller-Urban

Margit Proebst

Jörn Rebbe

Gabriele Redden

Alessandra Redies

Pia Richardt

Gudrun Ruschitzka

Sabine Sälzer

Bärbel Schermer

Katharina Schickling

Cornelia Schinharl

Christa Schmedes

Julia Skowronek

Radu Späth

Christian Willrich

MARGIT PROEBST (HRSG.)

Unser
Kochbuch
Nr.1

Das Kochbuch für alle Fälle

FOTOS: STUDIO L'EVEQUE TANJA & HARRY BISCHOF

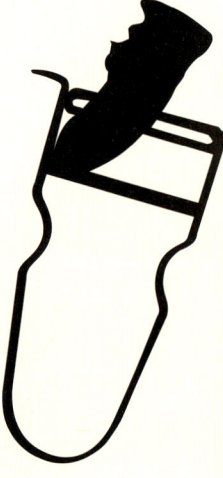

Ein feines Essen auf den Tisch zu zaubern, ist leichter als Sie denken. Was Sie dazu brauchen, lesen Sie auf den nächsten Seiten. Ein durchdacht bestückter Vorratsschrank, der gut gefüllte, aber nicht überfüllte Kühlschrank, ein paar Töpfe und Küchengeräte, und schon kann's losgehen.

Clever einkaufen, ein paar sinnvolle Vorräte anlegen – mit etwas Planung kommen Sie kulinarisch gut und preiswert durch die Woche. Überraschungsgäste? Oder Lust auf ein sonntägliches 3-Gänge-Menü? Auch kein Problem, Sie sind gerüstet!

Einkaufen, Vorräte, Gerätschaften ...
Service

Mit einer kleinen Auswahl an Gewürzen und Kräutern – bodenständigen wie exotischen – wird Ihr Essen im Handumdrehen zum aromatischen Schlemmergericht. Alles dazu auf den Seiten 18 bis 21. Viel Spaß beim Kochen!

Vielfalt ist auch bei der Ernähung Trumpf: Der richtige Mix aus Kohlenhydrate-, Vitamin-, Mineral-stoff-, Eiweiß- und Fett-Lieferanten sorgt für Fitness und Wohlbefinden.

Gesund essen – ganz einfach

Frühstücken wie ein König ...

... mittags essen wie ein Bürger, abends wie ein Bettelmann. Diese alte Spruch-weisheit unterschreiben auch heute noch viele Ernährungswissenschaftler. Allerdings kommt es neben dem »Wann« noch viel mehr auf das »Was« an.

So bleiben Sie fit und leistungsfähig

Ernähren Sie sich möglichst vielseitig. Brot, Nudeln, Reis, Getreideflocken, am besten aus Vollkorn, sowie Kartoffeln enthalten reichlich **Kohlenhydrate,** die anhaltend satt machen, und versorgen Ihren Körper gleichzeitig mit Vita-minen, Mineralstoffen und Spurenelementen. Kombinieren Sie diese Lebens-mittel mit fettarmen Zutaten. Die Deutsche Gesellschaft für Ernährung emp-fiehlt außerdem, täglich fünf Portionen Gemüse und Obst zu essen. Milchprodukte wie Quark, Joghurt oder Käse versorgen Sie mit **Eiweiß** und Kalzium. Bevorzugen Sie dabei möglichst fettarme Produkte. Ein- bis zwei-mal pro Woche sollte Seefisch auf Ihrem Speiseplan stehen. Er enthält neben gesundem Eiweiß Jod, Selen und Omega-3-Fettsäuren. Fleisch liefert neben Eiweiß Eisen und verschiedene B-Vitamine, 300–600 g pro Woche reichen aber aus. Vegetarier decken ihren Eiweißbedarf durch Tofu, Hülsenfrüchte, grüne Gemüsesorten (z. B. Kohlgemüse), Nüsse und Samen. **Fett** ist notwendig, denn viele Vitamine sind fettlöslich und können nur in Ver-bindung mit Fett vom Organismus genutzt werden. Es ist allerdings besonders

Mit Raps- und Oliven-öl liegen Sie in Sachen Fett richtig: Sie enthal-ten viele ungesättigte Fettsäuren, gut für Herz und Kreislauf.

energiereich und sollte daher in Maßen gegessen werden. Nehmen Sie regel-mäßig zu viel davon zu sich, droht Übergewicht! Besonders gefährlich sind dabei die versteckten Fette in Fertigprodukten! Achten Sie also genau auf die Packungsaufschriften. Die meisten pflanzlichen Öle enthalten reichlich un-gesättigte Fettsäuren (in besonders günstiger Zusammensetzung z. B. Rapsöl oder Olivenöl), diese sollten Sie tierischen Fetten beim Kochen, Braten und Frittieren vorziehen. Unser Körper benötigt ungesättigte Fette als Baustoff, z. B. von Zellwänden und Botenstoffen.

Kuchen, Gebäck und Schokoriegel sind gelegentlich okay, frisches Obst als Zwischenimbiss ist aber immer die gesündere Alternative. Greifen Sie außer-dem nicht zu tief ins Salzfass, und würzen Sie lieber ausgiebig mit Kräutern und Gewürzen.

Wasser hält Sie in Schwung

Der Körper braucht für alle Stoffwechselvorgänge Wasser. Trinken Sie täglich mindestens 1,5 Liter Flüssigkeit, am besten Wasser (mit Kohlensäure oder ohne). Zuckerhaltige Limonade ist nicht zu empfehlen. Wer sich mit reinem Wasser nicht anfreunden kann, trinkt Saftschorle aus einem Drittel Fruchtsaft und zwei Drittel Wasser. Dass Kaffee dem Körper Wasser entzieht, stimmt nicht für diejenigen, die regelmäßig Kaffee trinken – mehr als 2–3 Tassen pro Tag sollten es trotzdem nicht sein.

So ernähren Sie sich vernünftig im Alltag

In unserer hektischen Zeit schafft es kaum jemand, täglich gesundes, frisch gekochtes Essen auf den Tisch zu bringen. Mal eine TK-Pizza oder einen Döner verkraftet Ihr Körper spielend, wenn Sie ihn im Übrigen gut ernähren und mit allen wichtigen Nährstoffen versorgen. Wenn Sie z. B. mit einem Müsli mit frischem Obst und Joghurt in den Tag starten, als Zwischenmahlzeit einen Apfel oder ein paar Nüsse essen, haben Sie schon eine gute Portion Vitalstoffe zu sich genommen. Lassen Sie in der Kantine das panierte Schnitzel links lie-gen, essen Sie Fleisch oder Fisch ohne fette Sauce, und bedienen Sie sich dafür ausgiebig am Salatbüfett. Wer abends gerne kalt isst, kann zum belegten Brot Tomaten- und Gurkenscheiben und ein paar Oliven ergänzen. Oder Sie genie-ßen einen Teller Nudeln bzw. ein Fischfilet mit Gemüse (frisch oder küchen-fertig vorgeschnippelt aus der Tiefkühltruhe). Sie finden im Buch jede Menge Rezepte, die schnell gehen und sicher auch in Ihren Alltag passen!

Umgehen Sie die Fett-fallen in der Kantine – zum Beispiel mit einem Stück Fleisch oder Fisch plus einer ordentlichen Portion Salat.

Altes und neues KOCHWISSEN
Allergien – ein Thema unserer Zeit

Einige Nahrungsmittel stehen heute im Verdacht, Lebensmittelunverträglichkeiten und Allergien auszulösen. Wer mit Farbstoffen, künstlichen Geschmacksverstärkern und Konservierungsmitteln Probleme hat, kann sich bei **www.zusatzstoffe-online.de** unter dem Stichwort »Infos« über Zusatzstoffe in Fertigprodukten und ihre Wirkung kundig machen.

Clever wirtschaften

Gut geplant

Einkaufen nach Plan schont das Haushaltsbudget.
Sehen Sie sich, bevor Sie einkaufen gehen, Ihre Vorräte
an, und überlegen Sie, was Sie in den kommenden
Tagen kochen möchten. Schreiben Sie alles Nötige
auf einen Einkaufszettel, und halten Sie sich möglichst
konsequent daran. Das spart außerdem auch Zeit,
weil Sie nicht wegen Kleinigkeiten wieder los müssen!

Was brauche ich?

Hunger ist ein schlechter
Einkaufsführer – gehen
darum Sie nicht mit einem
»Loch im Bauch« zum
Einkaufen; sonst haben
Sie danach auch eines
im Geldbeutel. Ein Ein-
kaufszettel macht also
Sinn. Lassen Sie aber ein
wenig Spielraum für
Sonderangebote, die Sie
auf dem Markt oder im
Supermarkt entdecken.
Vorsicht ist allerdings bei
Spontankäufen von ver-
derblichen Waren geboten:
Überlegen Sie gut, was
Sie gleich verbrauchen
und was Sie eventuell ein-
frieren können.

Altes und neues VORRATSWISSEN
Vorräte ausführlich beschriften

Hat Ihre Großmutter Obst und Gemüse für den
Vorrat eingekocht? Dann hat sie die Gläser sicher
sorgfältig beschriftet und neue Gläser jeweils hinter
die älteren einsortiert. Machen Sie's genauso mit
gekauften Vorräten: Wenn Sie sie in Vorratsgläser
oder -dosen umfüllen, immer das Haltbarkeitsdatum daraufschreiben und sicherheitshalber die
Zubereitungsangabe auf der Packung ausschneiden
und dazulegen oder aufkleben.

Selbst einkochen – lohnt sich das?

Wer einen Nutzgarten hat, wird diese Frage sicher bejahen. Wenn Sie Obst und Gemüse dafür kaufen müssen, ist das Einmachen aus finanzieller Sicht nicht sinnvoll. Andererseits, bei Selbstgemachtem wissen Sie, was drin ist, und es schmeckt einfach besonders lecker! Füllen Sie Ihre selbst gemachte Konfitüre, das eingelegte Gemüse oder das Würzöl in dekorative Gläser oder Flaschen – so haben Sie immer hübsche, individuelle Geschenke für Familie und Freunde zur Hand.

Gefriertruhe oder -fach?

TK-Gemüse, TK-Fisch oder Fertig-Pizza – ein Vorrat auf Eis ist gut, wenn man keine Zeit zum Einkaufen hat. Für Singles und Paare reicht dafür oft das Tiefkühlfach im Kühlschrank. Für Familien lohnt sich eine Tiefkühltruhe oder ein Gefrierschrank. Damit können Sie auch Sonderangebote nutzen und auf Vorrat einfrieren. Oder Mahlzeiten vorkochen, auf die Sie in Zeitnot zurückgreifen können. Achten Sie auch hier auf Beschriftung und Haltbarkeitsdaten: Sortieren Sie Neues hinter Älterem ein, und verbrauchen Sie alles rechtzeitig. Übrigens, vereiste Geräte sind Stromfresser, also regelmäßig abtauen!

Ebbe in der Kasse

Wer Ende des Monats schon mal den letzten Cent umdrehen muss, ist mit einem kleinen Notvorrat gut beraten: Ein paar TK-Produkte, ein Sortiment Nudeln, geschälte Tomaten aus der Dose – da können sogar ein paar hungrige Freunde überraschend hereinschneien.

Küchenutensilien – das brauchen Sie

1 *Messer* Ohne sie geht gar nichts: Sie brauchen mindestens drei scharfe Messer (ein größeres für Fleisch, ein mittleres für Gemüse und ein kleines, spitzes für Feinarbeiten). Ein Wetzstahl hält die guten Stücke scharf. Lassen Sie sich beim Kauf zeigen, wie man ihn richtig benutzt! Gute Handschärfer sind eine leicht zu handhabende Alternative zum Nachschärfen auf dem Schleifstein. Ebenfalls nützlich: ein Sparschäler.

2 *Töpfe* Legen Sie sich ein Sortiment aus 4 oder 5 verschieden großen Töpfen mit Deckel zu – es gibt immer mal wieder Set-Angebote im Warenhaus oder Haushaltswarengeschäft. Achten Sie darauf, dass die Töpfe für Ihren Herd geeignet sind!

3 *Pfannen* Eine große flache für Pfannkuchen und Schnitzel, eine Schmorpfanne mit hohem Rand und Deckel für Schmorgerichte, gebratene Nudel- und Gemüsegerichte und eine kleine Pfanne fürs Spiegelei oder zum Nüsserösten – damit kommen Sie fürs erste aus. Wer gerne asiatisch kocht, braucht eventuell noch einen Wok oder eine Wokpfanne. Und Liebhaber von würzigem Grillgeschmack legen sich vielleicht noch eine geriffelte Grillpfanne zu.

4 *Siebe* Geputzte Salate und Gemüse müssen in einem Sieb abtropfen – ein großer Durchschlag, in den Sie auch Nudeln abgießen können, und ein feines Metallsieb zum Passieren von gegartem Gemüse oder Obst genügen.

5 *Universalreibe* Damit hobeln Sie Gurken, raspeln Möhren, reiben Ingwer oder Muskat – eine Vierkant-Universalreibe mit verschieden groben Raspelflächen sowie einer Schneidefläche erleichtert viele Küchenarbeiten.

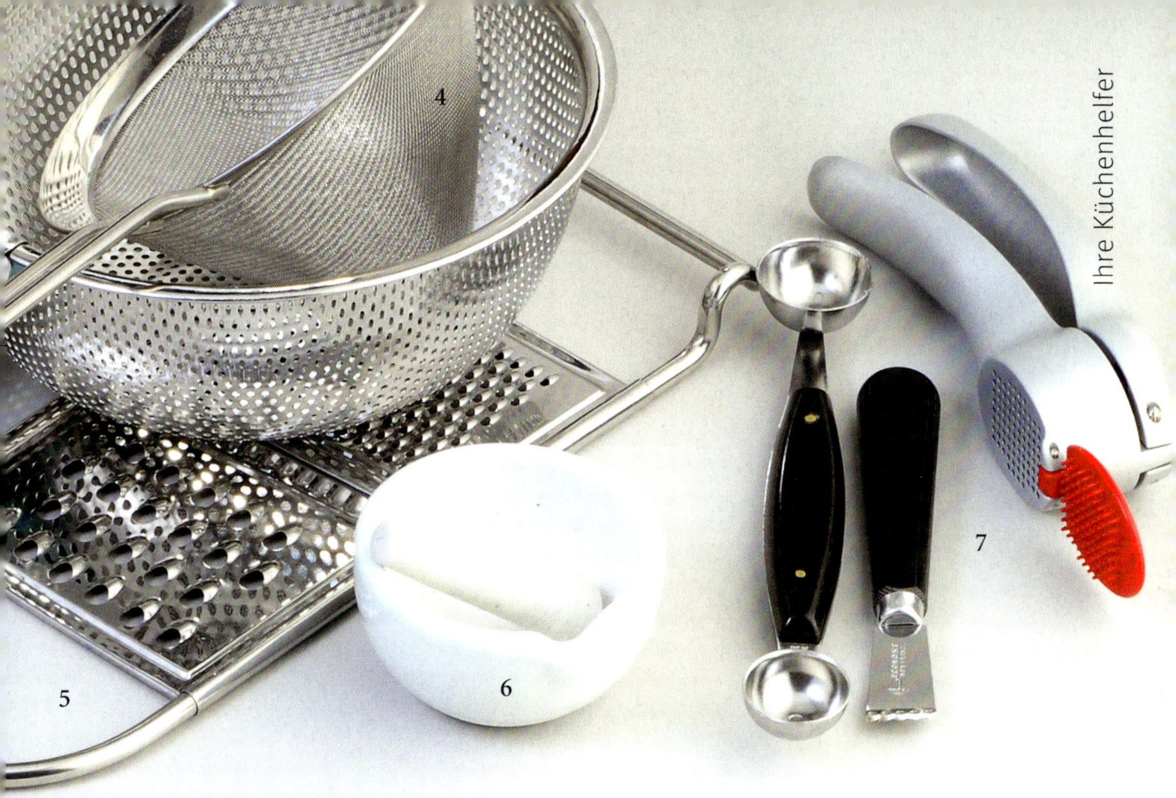

4

5

6

7

Nützliche Küchenhelfer – das kann man haben

6 *Mörser oder Blitzhacker* Vieles lässt sich zwar auch mit dem Pürierstab zerkleinern (siehe »Kochwissen«, unten), für frisch gemahlene Gewürze, Marinaden und Pesto sollten Sie allerdings zusätzlich einen Mörser oder Blitzhacker haben.

7 *Knoblauchpresse, Kugelausstecher, Zestenreißer* Passionierte Hobby-köche werden sich diese Werkzeuge früher oder später zulegen, fürs erste brauchen Sie sie nicht unbedingt.

 Altes und neues KOCHWISSEN
Gemüsecremesuppen gestern und heute

Die Großmutter hat das Gemüse durch ein Sieb gedrückt und in einer Basis aus Fett und Mehl zu einer nahrhaften Suppe verkocht. Heute lieben wir's leicht und kalo-rienarm: Einfach das Gemüse in der Brühe mit dem Pürierstab (8) pürieren, fertig!

Immer auf Lager – Zutaten aus dem Vorratsschrank

1 *Haferflocken, Müsli und Flakes* Die beliebten Frühstücksflocken geben eine gesunde Grundlage für den Tag. Aber Achtung: Mehlmotten haben ein Faible dafür! Müsli & Co. – jeglicher Art – sollten Sie nach dem Öffnen deshalb immer in gut schließende Dosen oder Gläser umfüllen.

2 *Mehl und Zucker* Für sie gilt das Gleiche wie für Müsli & Co.: Immer in gut schließende Vorratsgefäße umfüllen.

3 *Nudeln* Getrocknete Pasta gibt es in riesiger Auswahl, ein paar Ihrer Lieblingssorten sollten Sie immer im Vorrat haben. Sie sind nahezu unbegrenzt haltbar. Feiner im Geschmack sind frische Nudeln aus dem Kühlregal im Supermarkt. Besonders gefüllte Nudeln wie Ravioli und Tortellini schmecken frisch eindeutig besser als getrocknet. Sie sind allerdings teurer und nicht so lange haltbar.

4 *Reis, Couscous & Co.* sind ebenfalls beliebte Klassiker unter den Trockenvorräten. Welche verschiedenen Reissorten es gibt und wie Sie sie zubereiten, lesen Sie auf S. 110 und 127. Für die schnelle Küche darf es gerne auch mal Reis aus dem Kochbeutel, vorgegarter Instant-Couscous oder Kartoffelbrei aus dem Päckchen sein.

5 *Hülsenfrüchte* Wer gerne Linsen isst (z. B. indisches Dal, Rezept S. 184) sollte eine kleine Auswahl an getrockneten grünen, gelben und roten Linsen im Vorrat haben. Sie halten trocken und dunkel gelagert gut 1 Jahr. Bei weißen und roten Bohnenkernen und bei Kichererbsen können Sie für viele Gerichte die vorgegarten aus der Dose verwenden, stellen Sie also auch davon ein paar in den Schrank.

6 *Nüsse und Samen* Mandeln, Walnüsse, Pinienkerne, Sesamsamen und Kürbiskerne – sie sorgen in vielen Gerichten für feines Aroma und knackigen Biss. Sie enthalten wertvolle Öle, sind daher sehr gesund, werden aber auch schnell ranzig. Achten Sie aufs Haltbarkeitsdatum, und lagern Sie sie kühl und dunkel in sauberen Schraubgläsern.

Altes und neues KOCHWISSEN
Behalten Sie den Überblick

Wir können heute nahezu alles jederzeit im Supermarkt kaufen, Riesenvorräte erübrigen sich da. Die Großmutter hatte es da schon schwerer. Sie musste zur Saison Lebensmittel für die übrige Zeit des Jahres einkochen, dörren und Vorräte anlegen. Eine gute Ordnung war dabei unerlässlich. Machen Sie es, auch bei überschaubaren Vorratsschränken, genauso: Sehen Sie Ihre Vorräte regelmäßig durch. Setzen Sie Dinge, deren Haltbarkeit sich dem Ende nähern, mit auf Ihren Speiseplan. Ergänzen Sie Ihre Lieblingsvorräte, und sortieren Sie neu gekaufte hinter die alten Vorräte ein.

2
3
1
5
4
6
ORO DI PARMA
Tomaten
stückig
MUTTI
POMODORINI
collina
POMODORI DI COLLINA
Ricchi di Gusto, Pieni di
ROY-D
COCONUT MILK
DE COCO
NƯỚC CỐT DỪA
GATA
Bamboo Garden Thai
KOKOSMILCH, cremig
Nach dem Öffnen umgehend verbrauchen.
www.bamboogarden.de
ARTISCHOCKEN
halbiert, mariniert
340 g
180 g
Pfirsiche, in Schnitten, gezuckert
236
220 g
135 g
Ananas Tidbits, gezuckert
236
235 g
140 g
Mandarin-Orangen
300 g
175 g
Pfirsiche Halbe Frucht

Aus Dosen und Gläsern

1 Tomaten   Der Klassiker unter den Vorratsdosen. Die Tomaten dafür werden vollreif geerntet und sofort verarbeitet. Für Suppen, Saucen und Eintöpfe sind sie frischen Tomaten deshalb meist überlegen. Ob Sie ganze geschälte oder stückige Tomaten bevorzugen, bleibt Ihnen überlassen. Neuerdings gibt es auch die besonders aromatischen Kirschtomaten in Dosen – sehr lecker in schnellen Pfannengerichten.

2 Thunfisch   Gibt es in Öl oder »naturell«, in Salzwasser eingelegt. Mit Blattsalaten, Gurke, Tomaten, Paprikaschoten und Oliven wird daraus ein feiner mediterraner Salat. Sie können damit außerdem einen leckeren Brotaufstrich (Rezept S. 31) oder eine schnelle Nudelsauce (Rezept S. 119) zubereiten.

3 Weiße Bohnen & Co.   Vorgegarte Hülsenfrüchte in der Dose wie weiße und rote Bohnen, Kichererbsen & Co. ersparen Ihnen stundenlanges Einweichen und Weichkochen. Für Dips und Eintöpfe können Sie gut darauf zurückgreifen. Für Falafel allerdings, die würzigen arabischen Kichererbsenbällchen (Rezept S. 41), brauchen Sie getrocknete Kichererbsen.

4 Oliven, getrocknete Tomaten & Co.   Eingelegte Oliven und Artischockenherzen aus dem Glas sind ein feiner Snack zum Aperitif, bereichern aber auch Salate und Nudelsaucen. Das gleiche gilt für getrocknete, in Öl eingelegte Tomaten (ein feines Rezept zum Selbsteinlegen finden Sie auf S. 335!).

5 Kokosmilch   Wer gerne asiatisch oder südamerikanisch kocht, sollte ein paar Dosen ungesüßte Kokosmilch in seinen Vorrat aufnehmen. Sie ist die Basis für cremige Asia-Suppen (Rezept S. 96) und Thai-Currys (Rezepte S. 102–105).

6 Pfirsiche, Kirschen & Co.   In der Dose und im Glas haben Früchte das ganze Jahr Saison. Und auch wenn sie an frisches Obst nicht heranreichen, für ein schnelles Dessert oder als Kuchenbelag sind sie bestens geeignet.

Altes und neues KOCHWISSEN
Was ist besser – Dose oder TK?

Tiefgekühltes Gemüse kommt frisch zubereitetem geschmacklich meist näher als Dosenkonserven. Achten Sie aber beim Kauf auf das Kleingedruckte: Ideal ist einfach küchenfertig geschnippeltes und blanchiertes Gemüse, das Sie auftauen und wie frisches Gemüse weiterverarbeiten können. Vorsicht ist geboten, wenn es jede Menge Fett, Konservierungsstoffe und Geschmacksverstärker enthält.

Lagebericht aus dem Kühlschrank

1 Im obersten Fach ist es am wärmsten. Hier sollte eine Temperatur von ca. 8° herrschen. Messen Sie doch einfach mal nach. Ordnen Sie hier vorgekochtes Essen ein. Reste von Kompott oder Gemüse aus Konservendosen. Füllen Sie alles am besten in Frischhaltedosen mit gut schließendem Deckel um, und verbrauchen Sie es innerhalb der nächsten 3 Tage. Geräucherter Fisch oder Schinken und Salami halten sich, am Stück und z. B. in Pergamentpapier verpackt, mindestens 10 Tage.

2 In einem der mittleren Fächer sind bei Temperaturen um die 4° Milchprodukte wie Joghurt, Quark, Sahne und Crème fraîche am besten aufgehoben. Frischkäse gehört auch hierher. Alle anderen Käse können Sie im Gemüsefach oder im obersten Fach lagern. Angebrochene Gläser mit der Aufschrift »geöffnet kühl lagern« gehören dagegen am besten in den mittleren Bereich des Kühlschranks (oder nach ganz oben).

3 Direkt über dem Gemüsefach ist es im Kühlschrank am kältesten, idealerweise knapp über 0°. Hier halten Fleisch, Fisch und Frischwurst am besten. Fisch sollten Sie dennoch möglichst am gleichen Tag zubereiten, Rindfleisch bleibt 3–4 Tage frisch. Schweinefleisch 2–3 Tage. Frischwurst-Aufschnitt sollten Sie gleich nach dem Kauf in luftdicht verschließbare Behälter umfüllen und innerhalb von 2–3 Tagen verbrauchen. Wer nicht immer frisch einkaufen kann, ist mit vakuumverpackter Ware gut bedient (nach dem Öffnen zügig verbrauchen!).

4 Ins separate Fach ganz unten gehören Obst und Gemüse – sofern sie kühl gelagert werden müssen (Ausnahmen siehe unten im Tipp). Belassen Sie die verschiedenen Sorten ruhig in ihren Tüten. Salat hält sich am besten locker in eine Plastiktüte gepackt. Frische Kräuter umwickeln Sie mit angefeuchtetem Küchenpapier und stecken sie in einen Gefrierbeutel. Empfindliche Beeren halten sich 1–2 Tage, wenn Sie sie locker auf einem Teller mit Küchenpapier verteilen und im Gemüsefach lagern.

In der Kühlschranktür ist oben der Platz für Butter und Eier. Nehmen Sie Eier aus der Verpackung, und ordnen Sie sie dort ein. Auch angebrochene Tuben und Gläser mit Senf, Mayonnaise, Dressings etc. finden in der Tür ihren Platz. Milch und Getränkeflaschen gehören ins untere Fach. Geöffnete Milch hält sich hier 2–3 Tage.

Altes und neues KOCHWISSEN
Das gehört nicht in den Kühlschrank

Schon die Großmutter wusste, dass Kartoffeln und Zwiebeln zwar kühl (z. B. im Keller), aber nicht eiskalt gelagert werden dürfen. Auberginen, Gurken, Tomaten und Paprikaschoten brauchen, wenn sie bald verzehrt werden, nicht in den Kühlschrank, denn dort verlieren sie an Aroma. Und auch exotische Früchte wie Bananen, Ananas, Mangos sowie Zitrusfrüchte lagern Sie am besten bei Zimmertemperatur.

1

4

5

SPICE ISLANDS
PFEFFER

ISLANDS
ZIMT

PIMENT
E A.O.C.

THYM

Terre Exotique
Poivre Blanc
Poivre de Penja
Cameroun

ISLANDS
CURRY

SPICE ISL
MAJORA

6

Pearl River
Soja-S
Superior Dark

Pearl River
SUPERIOR
SOY SAU
SAUCE DE SOJA

Delikat

Rou
Es

SWEET CHILLI SAUCE
FOR CHICKEN
SAUCE AU PIMENT POUR VOLAILLES

2

KING LOBSTER
FISH SAUCE

SPR
Condimento Balsa
Bianco

3

ACETO
BALSAMICO

Der Gewürzschrank

1 *Salz und Pfeffer* Kaufen Sie immer ganze Pfefferkörner, und mahlen Sie sie jeweils frisch. Gemahlener Pfeffer verliert nämlich schnell an Aroma. Weißer Pfeffer besitzt weniger Eigenaroma und ist etwas schärfer. Cayennepfeffer wird aus Chilischoten hergestellt und verleiht den Speisen eine feine Schärfe. Welches Salz Sie verwenden, ist Ihrer persönlichen Vorliebe überlassen. Denn ob fein oder grob, weiß oder grau, aus dem Meer oder Gebirge, die Salzsorten sind alle sehr ähnlich im Geschmack.

2 *Essig und Öl* Weißwein- und Rotweinessig und Aceto balsamico gehören zum Standardsortiment. Rezepte für selbst gemachten Kräuteressig finden Sie auf S. 337. An Öl brauchen Sie ein neutrales Pflanzenöl (z. B. einfaches Olivenöl, raffiniertes Sonnenblumen- oder Rapsöl) zum Braten sowie gutes kalt gepresstes Olivenöl für den Salat. Feine Nussöle sind kein Muss, sie dienen vor allem zum Aromatisieren von Salaten und Gemüse.

3 *Gemüsebrühe* Neben Salz ist gekörnte Brühe eines der wichtigsten Würzmittel für Gemüse, Suppen und Saucen. Achten Sie auf gute Qualität ohne Geschmacksverstärker und Konservierungsstoffe, die Sie im Bioladen, aber auch in gut sortierten Supermärkten bekommen.

4 *Getrocknete Gewürze* Ein kleines Sortiment, darunter Thymian und Oregano, Kreuzkümmel, Koriander, Fenchelsamen etc., ist sinnvoll, die brauchen Sie für viele Rezepte. In Schraubgläsern kühl und dunkel gelagert behalten sie ca. 1 Jahr ihr Aroma. Kaufen Sie immer nur kleine Mengen, die Sie in dieser Zeit auch wirklich verbrauchen. Vermeiden Sie gemahlene Varianten, denn sie verlieren sehr viel schneller an Würzkraft. Und, auch wenn's noch so praktisch erscheint: Bewahren Sie Gewürze nicht in der Nähe des Herdes auf: Wärme und Licht rauben ihnen schnell ihr Aroma!

5 *Gewürzmischungen* Für indische oder thailändische Rezepte sollten Sie, wenn möglich, ganze Körnern und Samen selbst mischen und im Mörser zerstoßen. Denn die Würzkraft gemahlener Mischungen verliert sich innerhalb von 6 Monaten. Kleiner Trick, wenn Sie weder Mörser noch Blitzhacker haben: Die Gewürzkörner springen beim Hacken mit dem Messer nicht weg, wenn Sie sie mit etwas Butter mischen.

6 *Sojasauce, Fischsauce & Co.* Diese exotischen Würzen bekommen Sie im Asienladen oder im gut sortierten Supermarkt. Im Kühlschrank sind beide geöffnet ca. 1 Jahr haltbar.

 Altes und neues KOCHWISSEN
So bleibt Salz rieselfähig

In der feuchtwarmen Küche klebt Salz manchmal zusammen und verliert seine Streufähigkeit. Unsere Großmütter haben einfach ein paar Reiskörner mit in den Salzstreuer gegeben. Funktioniert auch heute noch!

Kräuter, frisch, tiefgekühlt und getrocknet

1 Petersilie und Schnittlauch Sie sind die Klassiker unter den Küchen-kräutern, die vor allem Suppen und Eintöpfen einen frischen Geschmack verleihen. Frisch sind sie natürlich immer besser, im Notfall können Sie sie durch gehackte TK-Kräuter ersetzen.

2 Basilikum Stellen Sie sich ein Töpfchen auf die sonnige Fensterbank. Frisch ge-erntet gibt es vielen mediterranen Gerichten ein frisch-aromatisches Aroma. Sie sollten es allerdings nicht mitkochen, sondern erst kurz vor dem Servieren, fein zerzupft, unter-rühren. Getrocknetes und TK-Basilikum sind keine guten Alternativen!

3 Rosmarin, Thymian und Salbei Diese etwas robusteren mediterranen Kräuter eignen sich gut für Suppen, Saucen und zum Würzen von Fleisch und Fisch. Die Nadeln bzw. Blätter abzupfen, fein hacken und mitkochen. Die getrockneten Varianten sind eine gute Alternative, wenn Sie keine frischen Kräuter zur Hand haben. Für 2 EL frische verwenden Sie ca. 1 TL getrocknete Kräuter.

4 Minze und Koriandergrün Sie sind für orientalische und asiatische Gerichte oft die entscheidenden Geschmacksträger. Minze passt besonders gut zu Gemüse (z. B. Auberginen) und Lammfleisch, verleiht aber auch scharfen Thai-Salaten sein charakte-ristisch frisch-würziges Aroma. Koriandergrün duftet leicht nach Anis und schmeckt leicht pfeffrig, was allerdings nicht jedermanns Sache ist. Da es ohnehin meist erst vor dem Servieren untergerührt oder auf die Gerichte gestreut wird, können Sie es even-tuell auch separat zum Selbstbedienen servieren.

5 Kaffirlimettenblätter und Zitronengras Sie verleihen thailändischen Gerichten ihr unvergleichlich zitrusfrisches Aroma. Beides bekommen Sie frisch im Asienladen. Die getrockneten Varianten lassen Sie besser liegen. Wer nur selten in den Asienladen kommt, kann die exotischen Zutaten aber gut auf Vorrat einfrieren.

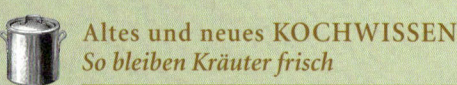

Altes und neues KOCHWISSEN
So bleiben Kräuter frisch

Früher hat man Kräuter gerne in ein Glas Wasser gestellt, doch da machten sie schnell schlapp! Umwickeln Sie sie besser mit angefeuchtetem Küchenpapier, stecken sie in einen Frischhalte-beutel und legen sie ins Gemüsefach des Kühlschranks.

1

2

3

4

5

Ob einfache Gerichte für den Alltag oder Feines für Gäste – hier werden Sie sicher fündig. In den folgenden zwölf Kapiteln finden Sie Rezepte für jede Gelegenheit: Von Vorspeisen über Nudel- und Kartoffelgerichte, Fisch und Fleisch bis hin zu Desserts und Kuchen.

Rezepte
für jede
Gelegenheit

Spezielle Themen werden auf farbigen Magazinseiten ausführlich veranschaulicht. Dort finden Sie z. B. Grundrezepte wie Gemüsequiche und Wiener Schnitzel, Rezeptvorschläge für feine Fischfilets oder Ideen für Nudel-Blitzgerichte.

Jedes Kapitel beginnt mit einer kurzen Warenkunde zu wichtigen Produkten und mit vielen Tipps für die Küchenpraxis.

Snacks
und Vorspeisen

Ob ein Rezept ganz leicht gelingt oder etwas mehr Geschick erfordert, erkennen Sie an der Anzahl der Sternchen von ✶ bis ✶✶✶. Doch keine Sorge, alles ist Schritt für Schritt genau erklärt und auch für weniger versierte Hobbyköche absolut gelingsicher.

Warenkunde & Küchenpraxis: Salate

Blattsalate

Frische Salate schmecken nicht nur lecker, sie versorgen uns auch mit wertvollen Ballaststoffen. Robuste Sorten wie Eisberg-, Bataviaoder Romanasalat halten sich – locker in eine Plastiktüte geschlagen – bis zu 1 Woche im Gemüsefach des Kühlschranks. Auch gut zu lagern sind Chicorée und Radicchio. Zarte Sorten wie Rucola, Eichblatt- und Feldsalat sollten Sie in 2–3 Tagen aufbrauchen. Frischetipp: Um müden Salat wieder munter zu kriegen, legen Sie ihn für 10 Min. in eiskaltes Salzwasser.

Zartes Grün mit Biss

Selbst der einfachste Blattsalat wird durch geröstete Pinienkerne, Mandelstifte, Walnussstückchen oder Kürbiskerne zur gästefeinen Vorspeise. Geben Sie die Nüsse oder Samen ohne Fett in eine Pfanne, und rösten Sie sie bei schwacher Hitze, bis sie duften. Rütteln Sie dabei gelegentlich an der Pfanne. Und bleiben Sie am besten dabei stehen, denn besonders Pinienkerne verbrennen sehr schnell und schmecken dann bitter! Nach dem Rösten sofort aus der Pfanne nehmen.

Altes und neues KOCHWISSEN
Ein Hauch von Knoblauch

Schmecken tut er ja fabelhaft! Aber die üble Fahne am Tag danach … Unsere Großmütter rieten, ein Glas Milch zu trinken oder ein paar Petersilienblätt- chen zu kauen. Das sind nach wie vor probate Mittel – heute gibt's gegen Knofi-Atem aber auch Chlorophyll-Tabletten aus der Apotheke. Die werden allerdings gar nicht nötig sein, wenn Sie den Knoblauch nicht mitessen, sondern z. B. einfach die Salat- schüssel mit einer halbierten Zehe ausreiben.

Salatgurke zu Halb- monden schneiden

Die Gurke nach Wunsch ganz oder teilweise schälen und längs halbieren. Das gallertartige Innere mit den Kernen, das sonst leicht das Dressing verwässert, mit einem Teelöffel herauskrat- zen. Die Gurkenhälften quer in Halbmonde schneiden.

Salat waschen und trocken schütteln

Bei Blattsalaten den Strunk abschneiden und die Blätter ablösen. Die Blätter im Gan- zen unter fließendem Wasser waschen, dann in mund- gerechte Stücke zerzupfen. Festköpfige Salate wie Eis- berg, Radicchio oder Chico- rée in Streifen schneiden oder in Stücke zupfen und in einem Sieb kalt abbrausen. Damit der Salat das Dressing nicht verwässert, die Blätter im Sieb gut abtropfen lassen, in ein sauberes Geschirrtuch locker einschlagen und tro- cken schütteln. Oder die Blätter in der Salatschleuder trocken schleudern.

Paprikaschoten in Streifen schneiden

Die Paprikaschoten längs halbieren. Mit einem spit- zen Messer den Stielan- satz und die weißen Häut- chen herausschneiden. Die Schotenhälften innen und außen waschen und in einem Sieb abtropfen lassen. Die Hälften noch- mals längs halbieren und quer in Streifen schnei- den. Paprikaschoten sind reich an Vitamin C, das allerdings verloren geht, wenn Sie sie Stunden vor dem Verzehr aufschnei- den. Also immer schön frisch zubereiten!

Küchenpraxis: Salatsaucen

Grundrezept Vinaigrette

Für 2 Portionen 1 kleine Schalotte schälen und sehr fein würfeln. Mit 1 TL scharfem Senf und je 1 Prise Salz und Pfeffer in eine Schüssel geben. 2 EL Weißweinessig dazugeben und mit dem Schneebesen unterrühren, bis sich das Salz aufgelöst hat. Zum Schluss 4 EL Sonnenblumenöl mit dem Schneebesen unterschlagen, bis eine cremige Sauce entsteht.

Essig & Öl

Die klassische Vinaigrette lässt sich mit anderen Essig- und Ölsorten beliebig abwandeln: Mit Rotweinessig, gutem, kalt gepresstem Olivenöl und einer durchgepressten Knoblauchzehe wird daraus ein italienisches Dressing für alle bunten Salate. Für ein mild-nussiges Dressing zu zartem Eichblatt- oder Feldsalat verwenden Sie Himbeeressig und Walnussöl und bestreuen den Salat nach Belieben mit gehackten Walnüssen.

Altes und neues KOCHWISSEN
Kurz vor dem Servieren

Das wussten schon unsere Großmütter: Wenn Blattsalate mit Säure in Verbindung kommen, fallen sie schnell zusammen. Bereiten Sie Salatzutaten und Dressing deshalb immer getrennt vor, und mischen Sie beides erst kurz vor dem Servieren. Praktischer moderner Küchenhelfer: In Haushaltswarengeschäften gibt's Schüttelbecher mit Maßangaben für verschiedene Dressings, in denen Sie die Salatsauce bequem vorbereiten können.

Joghurt-Kräuter-Dressing

Lust auf ein leichtes kräuterfrisches Dressing? 4 EL Joghurt in einer Schüssel mit 2 EL Zitronensaft und je 1 kräftigen Prise Salz und Zucker verrühren. Nach Belieben 1 geschälte Knoblauchzehe dazupressen. 4 EL fein gehackte gemischte Kräuter (z. B. Schnittlauch, Dill, Petersilie, Zitronenmelisse, Kresse) unterrühren. Wer nicht auf Kalorien achten muss, kann noch 1 EL Rapsöl oder 4 EL Sahne untermischen. Passt z. B. gut zu einem bunten Mix aus Blattsalaten, Gurkenscheiben, Paprikastreifen, Tomatenachteln, Radieschenscheiben, Schinken- und Käsestreifen und Maiskörnern aus der Dose.

Zitronen-Thymian-Dressing

Von 1/2 gewaschenen Bio-Zitrone die Schale fein abreiben, dann den Saft auspressen. Beides mit je 1 Prise Salz, Zucker und frisch gemahlenem Pfeffer verrühren. 1 Thymianzweig waschen und trocken tupfen, die Blättchen abstreifen, fein hacken und dazugeben. 4 EL gutes Olivenöl unterschlagen. Schmeckt ausgezeichnet zu Salaten mit Schafkäse und Oliven, zu gehäuteten Paprikaschoten (Rezept S. 31) oder auch zu gebratenen Zucchinischeiben (Rezept S. 35).

Balsamico-Dressing

Je 1 kräftige Prise Salz, Zucker und etwas frisch gemahlenen Pfeffer mit 2 EL Aceto balsamico verrühren und mit dem Schneebesen 4 EL gutes Olivenöl unterschlagen, bis eine cremige Sauce entsteht. Schmeckt gut zu Blattsalat mit Kirschtomaten, gerösteten Pinienkernen und Parmesanspänen.

Thunfisch-Paprika-Crostini

Für 16 Stück

2 rote Paprikaschoten · 3 Frühlingszwiebeln
1 Dose Thunfisch im eigenen Saft (185 g Inhalt)
2 TL Kapern (aus dem Glas) · 3 TL Zitronensaft
2 EL Olivenöl · Salz · Pfeffer · Cayennepfeffer
16 dünne Scheiben Baguette

Pro Stück: ca. 60 kcal/250 kJ
3 g EW · 2 g F · 8 g KH

1 Den Backofen auf 220° vorheizen. Paprika-schoten der Länge nach halbieren und putzen (**Bild 1**). Die Schoten waschen und mit den Schnittflächen nach unten auf ein Backblech legen. Im heißen Ofen (Mitte, Umluft 200°) ca. 20 Min. backen, bis die Haut Blasen wirft und sich dunkel färbt.

2 Die Paprikaschoten aus dem Backofen neh-men, mit einem feuchten Tuch abdecken und 5 Min. ruhen lassen (**Bild 2**).

3 Inzwischen die Frühlingszwiebeln putzen, waschen und mit dem zarten Grün fein hacken. Den Thunfisch in ein Sieb geben, abtropfen lassen und mit einer Gabel zerpflücken. Kapern abtropfen lassen und grob hacken.

4 Die Paprikaschoten häuten und das Frucht-fleisch fein würfeln (**Bild 3**). Die Paprikawürfel-chen mit Frühlingszwiebeln, Thunfisch, Kapern, Zitronensaft und Olivenöl mischen und mit Salz, Pfeffer und Cayennepfeffer würzig abschmecken.

5 Die Backofentemperatur auf 250° (Umluft 220°) erhöhen. Die Baguettescheiben auf einem Blech verteilen und im heißen Ofen (Mitte) in 4–5 Min. goldbraun rösten, dabei einmal um-drehen. Die Thunfisch-Paprika-Masse darauf verteilen und die Crostini heiß zu einem trocke-nen Sherry oder einem Glas Prosecco servieren.

ÜBERBACKENE VARIANTE

Den Backofen auf 250° (Umluft 220°) vorheizen.
2 Kugeln **Mozzarella** *(je 125 g) abtropfen lassen*
und in je 8 Scheiben schneiden. Die noch unge-
rösteten Baguettescheiben mit der Thunfischmasse
bestreichen und auf ein Backblech legen. Mit je
1 Scheibe Mozzarella belegen und im heißen Ofen
(Mitte) in 5 Min. knusprig überbacken.

 Küchenpraxis *Rechnen Sie zum Aperitif* **2–3 Crostini pro Person.** *Wenn Sie eine kleinere Menge zubereiten, rösten Sie das Brot im Toaster und verwenden den* **übrigen Belag** *am nächsten Tag* **für ein Sandwich.**

1. Die Paprikaschoten halbieren, putzen und die Hälften mit den Schnittflächen nach unten aufs Blech legen.

2. Sobald die Haut dunkle Blasen bekommt, die Schoten aus dem Ofen nehmen und mit einem feuchten Tuch abdecken.

3. Dann lässt sich die Haut gut abziehen, und Sie können das Fruchtfleisch weiterverarbeiten.

Crostini mit Ricottacreme

Für 12 Stück
1 Tomate · 75 g gekochter Schinken
(am besten italienischer) · 1 Frühlingszwiebel · 1 Knoblauchzehe · 150 g Ricotta
2 EL frisch geriebener Parmesan · Salz · Pfeffer
Cayennepfeffer · 12 dünne Scheiben Weißbrot

Pro Stück: ca. 85 kcal/360 kJ
5 g EW · 3 g F · 10 g KH

1   Die Tomate waschen, quer halbieren und die
Kerne herausdrücken. Die Hälften fein würfeln,
dabei den Stielansatz entfernen. Den Schinken
sehr klein würfeln.

2   Den Backofen auf 250° (Umluft 225°) vorheizen. Die Frühlingszwiebel putzen, waschen und
mit dem zarten Grün in feine Ringe schneiden.
Die Ringe nochmals teilen. Den Knoblauch schälen und sehr fein würfeln.

3   Ricotta mit Tomaten- und Schinkenwürfel-
chen, Frühlingszwiebeln, Knoblauch und Parmesan verrühren und mit Salz, Pfeffer und 1 Prise
Cayennepfeffer abschmecken.

4   Die Brote mit der Ricottamasse bestreichen
und auf ein Backblech legen. Die Crostini im
heißen Ofen (Mitte) 4–5 Min. backen, bis sie
knusprig und leicht gebräunt sind. Sie passen
ausgezeichnet zu einem Glas Prosecco mit einem
Spritzer Aperol.

Crostini mit Lachspaste

Für 12 Stück
1 Ei · 150 g Graved Lax (gebeizter Lachs)
1 kleine Essiggurke · 2 TL Kapern
1 Bund Dill · 3 EL Crème fraîche
1 EL Zitronensaft · weißer Pfeffer
eventuell Salz · 12 dünne Scheiben Weißbrot

Pro Stück: ca. 105 kcal/440 kJ
6 g EW · 5 g F · 10 g KH

1   Das Ei in ca. 10 Min. in kochendem Wasser
hart kochen. Inzwischen den Lachs sehr fein
würfeln. Die Essiggurke und die Kapern so fein
wie möglich würfeln.

2   Den Dill waschen und trocken schütteln,
die Spitzen abzupfen. 12 hübsche Dillspitzen
für die Garnitur beiseite legen, den restlichen
Dill fein hacken. Die Eier kalt abschrecken,
pellen und ebenfalls sehr fein hacken.

3   Den Lachs mit Ei, Essiggurke, Kapern, gehacktem Dill und Crème fraîche gut verrühren
und mit Zitronensaft, Pfeffer und eventuell
etwas Salz (hängt davon ab, wie salzig der Lachs
ist!) abschmecken.

4   Die Brotscheiben im Toaster (oder auf dem
Blech im Backofen, siehe S. 31) goldbraun rösten.
Mit der Lachspaste bestreichen und mit den beiseite gelegten Dillspitzen garnieren. Schmeckt
prima zu trockenem Sekt.

VARIANTEN

*Statt Graved Lax schmeckt auch **geräucherter
Lachs oder Heilbutt**.*

Tausch-Tipp *Ricotta* *ist ein feiner italienischer Frischkäse, den es aus Schaf- und
Kuhmilch gibt. Sie bekommen ihn inzwischen
in fast jedem Supermarkt in 250-g-Packun-
gen, können ihn aber auch **durch anderen
Frischkäse ersetzen**.*

50 Min. · etwas teurer

Crostini mit Steinpilzen

Für 4 Personen
20 g getrocknete Steinpilze
4 Frühlingszwiebeln · 2 Knoblauchzehen
1/2 Bund Petersilie · 2 EL Olivenöl
1 TL Zitronensaft · Salz · Pfeffer
8 größere Scheiben Weißbrot
1 EL Tapenade (schwarze
Olivenpaste, aus dem Glas)

*Pro Portion: ca. 220 kcal/920 kJ
6 g EW · 8 g F · 31 g KH*

1   Die Steinpilze in einem Schüsselchen mit
lauwarmem Wasser bedecken und 30 Min.
quellen lassen, bis sie weich sind. Inzwischen
die Frühlingszwiebeln putzen, waschen und
mit dem zarten Grün in feine Ringe schneiden.
Den Knoblauch schälen und fein würfeln.
Die Petersilie waschen und trocken schütteln,
die Blättchen fein hacken.

2   Die Pilze abtropfen lassen und fein hacken.
Das Öl in einer Pfanne erhitzen. Die Pilze darin
bei mittlerer Hitze 5 Min. dünsten. Frühlingszwiebeln, Knoblauch und gehackte Petersilie
untermischen und 2 Min. weiterdünsten. Mit
Zitronensaft, Salz und Pfeffer würzen.

3   Die Brotscheiben im Toaster (oder auf dem
Blech im Backofen, siehe S. 31) goldbraun rösten.
Noch heiß mit der Olivenpaste bestreichen und
mit den Pilzen belegen. Passt sehr gut zu einem
Kir Royal (Rezept S. 53).

PREISWERTE VARIANTE

*Statt der getrockneten Steinpilze 250 g frische
Egerlinge putzen und in dünne Scheiben schneiden. Diese bei starker Hitze im Öl anbraten,
dann die übrigen Zutaten dazugeben und alles
3–4 Min. dünsten.*

30 Min. · Klassiker aus der Toskana

Crostini mit Hähnchenleber

Für 6 Personen
200 g Hähnchenleber · 1 Zwiebel
1 kleine Möhre · 1 Stange Staudensellerie
1 Bund Petersilie · 2 EL Olivenöl · 1 EL Butter
75 ml trockener Weißwein (oder Geflügelfond)
1 EL Kapern · Salz · weißer Pfeffer
1 TL abgeriebene Schale von einer Bio-Zitrone
18 dünne Scheiben Weißbrot

*Pro Portion: ca. 255 kcal/1070 kJ
12 g EW · 8 g F · 31 g KH*

★

1   Die Hähnchenleber von Häutchen und Sehnen befreien und grob würfeln. Die Zwiebel
und die Möhre schälen und klein würfeln. Die
Selleriestange waschen, putzen und in Scheiben
schneiden. Die Petersilie waschen und trocken
schütteln, die Blätter fein hacken.

2   In einer Pfanne das Öl und die Butter erhitzen. Zwiebel- und Möhrenwürfel sowie die Selle-
riescheibchen darin 1 Min. bei mittlerer Hitze
anbraten. Leber und Petersilie dazugeben und
unter Rühren mitbraten. Den Wein und die
Kapern unterrühren, alles mit Salz und Pfeffer
würzen und zugedeckt 10 Min. schmoren lassen.
Vom Herd nehmen und etwas abkühlen lassen.

3   Die Lebermischung im Mixer oder mit dem
Pürierstab fein pürieren. Mit der Zitronenschale
und nach Belieben mit etwas Salz und Pfeffer
abschmecken. Die Brotscheiben im Toaster (oder
auf dem Blech im Backofen, siehe S. 31) goldbraun rösten, mit der Lebercreme bestreichen
und sofort servieren. Schmeckt gut zu einem
Glas gut gekühltem trockenem Weißwein.

VARIANTE MIT MILZ

*In der Toskana bereitet man auf die gleiche Weise
Crostini mit Milzcreme zu: Einfach die Leber
durch die gleiche Menge Rindermilz ersetzen und
wie beschrieben zubereiten.*

Zucchiniröllchen

im Bild · *Für 20 Stück*
4 mittelgroße Zucchini (ca. 800 g)
2 Knoblauchzehen · Salz · Pfeffer
1 Bund Schnittlauch (oder andere
frische Kräuter) · 1 rote Zwiebel
1 TL eingelegter grüner Pfeffer (aus dem Glas)
200 g Ziegenfrischkäse
Olivenöl zum Braten

Außerdem:
20 Holzspießchen

Pro Stück: ca. 45 kcal/190 kJ
3 g EW · 3 g F · 1 g KH

1   Die Zucchini waschen, putzen und längs
in ca. 1/2 cm dünne Scheiben schneiden. Den
Knoblauch schälen. Reichlich Öl in einer Pfanne
erhitzen und die Zucchini darin portionsweise
leicht braun braten, salzen, pfeffern und den
Knoblauch darüberpressen. Herausheben und
auf Küchenpapier abtropfen lassen.

2   Den Schnittlauch waschen, trocken schütteln
und in Röllchen schneiden. Die Zwiebel schälen
und fein würfeln. Abgetropfte Pfefferkörner mit
einer Gabel zerdrücken. Alles mischen und die
Hälfte davon unter den Ziegenkäse mengen.

3   20 Bällchen daraus formen und in der restlichen Schnittlauch-Zwiebel-Mischung wälzen.
Je 1 Zucchinischeibe um 1 Käsebällchen rollen
und mit Holzspießchen feststecken.

Gefüllte Kirschtomaten

Für 20 Stück
20 pflaumengroße Kirschtomaten · Salz
150 ml Gemüsebrühe (selbst gemacht, Rezept
S. 91, oder Instant) · 60 g Couscous (Instant)
2 Frühlingszwiebeln · 3 Zweige Petersilie
(oder frische Minze) · 1/2 frische rote
Chilischote (nach Belieben auch mehr)
2 EL Zitronensaft · Cayennepfeffer
1 TL Honig · 2 EL Öl

Pro Stück: ca. 25 kcal/110 kJ
1 g EW · 1 g F · 3 g KH

1   Die Kirschtomaten waschen und abtrocknen.
Oben einen Deckel abschneiden und für die Deko beiseite legen. Die Tomaten aushöhlen, innen
leicht salzen und zum Abtropfen umgekehrt auf
Küchenpapier setzen.

2   Die Gemüsebrühe aufkochen, den Couscous
einrühren und 5 Min. zugedeckt quellen lassen,
dann mit einer Gabel auflockern. Inzwischen die
Frühlingszwiebeln putzen, waschen und sehr fein
schneiden. Die Petersilie waschen und trocken
schütteln, die Blätter fein hacken. Die Chilischote
waschen, längs aufschneiden, entkernen und sehr
fein würfeln.

3   In einer Schüssel den Zitronensaft mit 1 Prise
Salz und Cayennepfeffer, dem Honig und dem
Öl verrühren. Alle vorbereiteten Zutaten und
den Couscous unterrühren. Mit einem Teelöffel
die Masse in die Tomaten füllen und die Deckel
wieder aufsetzen.

★
★

Wie höhle ich ... die Kirschtomaten am besten aus?
*Am einfachsten geht es mit einem Kugelausstecher (gibt es im
Haushaltswarengeschäft)! Wer keinen hat, schneidet mit einem
kleinen spitzen Messer innen einmal rundherum und löst die
Kerne mit einem Teelöffelstiel heraus. Sie können die Tomaten
auch mit der Paprika-Thunfisch-Mischung von S. 31 oder der Ricottacreme von S. 32 füllen.*

Gefüllte Avocados
mit Krabben

Für 4 Personen
2 reife Avocados · 1 Bio-Limette
1 TL Weißweinessig · 200 g Sahne
Salz · weißer Pfeffer · 1 TL Cognac
(nach Belieben) · 100 g Krabben
einige Dillspitzen für die Dekoration

Pro Portion: ca. 425 kcal/1780 kJ
8 g EW · 42 g F · 3 g KH

1 Die Avocados halbieren, den Stein entfernen, das Fruchtfleisch mit einem Löffel herauslösen. Die Schalen beiseite legen. Die Limette heiß waschen, abtrocknen, die Schale abreiben und den Saft auspressen. Das Avocadofleisch mit Essig, Limettensaft und -schale pürieren.

2 Die Sahne steif schlagen und unter das Avocadopüree ziehen. Mit Salz, Pfeffer und nach Belieben dem Cognac abschmecken.

3 Die Avocadocreme in die ausgehöhlten Avocadoschalen füllen. Die Krabben darauf verteilen, mit den Dillspitzen garnieren. Mit knusprigem Baguette oder Toast servieren.

Avocado-Minz-Creme
mit Walnüssen

Für 4 Personen
2 Zweige frische Minze · 2 reife Avocados
1 EL Zitronensaft · 100 g Frischkäse
100 g Joghurt · Salz · je 1 Prise Cayennepfeffer und gemahlener Kreuzkümmel
40 g Walnusshälften · 4 Salatblätter

Pro Portion: ca. 400 kcal/1680 kJ
6 g EW · 40 g F · 4 g KH

1 Die Minze waschen und trocken schütteln. Einige schöne Blätter für die Dekoration beiseite legen, den Rest fein hacken.

2 Die Avocados halbieren, die Steine entfernen, das Fruchtfleisch mit einem Löffel aus der Schale lösen. Das Fruchtfleisch mit gehackter Minze, Zitronensaft, Frischkäse und Joghurt pürieren. Die Creme mit Salz, Cayennepfeffer und Kreuzkümmel abschmecken.

3 Die Walnüsse grob hacken. Die Salatblätter waschen, trocken schütteln und in vier Schälchen legen. Die Avocadocreme daraufgeben, mit gehackten Walnüssen bestreuen und mit Minzeblättchen dekorieren. Mit knusprigem Fladenbrot servieren.

Woran erkenne ich eigentlich …
eine reife Avocado? Nehmen Sie sie in die Hand: Eine reife Avocado gibt auf leichten Druck nach. Sie darf allerdings auch nicht zu weich sein, denn dann ist das Fruchtfleisch oft bereits matschig, unansehnlich braun und hat einen ranzigen Nachgeschmack. Harte Avocados reifen in 2–3 Tagen nach, wenn Sie sie zusammen mit Äpfeln lagern.

Wie bleibt … *Avocadopüree schön grün?*
Geben Sie sofort Zitronen- oder Limettensaft zum Fruchtfleisch! Wenn Sie die Creme vorbereiten, legen Sie den Kern bis zum Servieren dazu, das verhindert das Braunwerden.

25 Min. · spanischer Tapas-Klassiker

Speckpflaumen

Für 20 Stück
20 Mandeln · 20 weiche getrocknete
Pflaumen (wahlweise auch Datteln)
10 Streifen Bacon (Frühstücksspeck, ca. 100 g)
1 EL Olivenöl · 4 EL Sherry medium
(oder Orangensaft) · Pfeffer

Außerdem:
20 Holzspießchen

Pro Stück: ca. 60 kcal/250 kJ
2 g EW · 4 g F · 4 g KH

1   In einem Töpfchen Wasser aufkochen, die
Mandeln hineingeben und 1 Min. ziehen lassen.
In ein Sieb abgießen, etwas abkühlen lassen und
häuten (siehe unten).

2   Die Pflaumen längs einschneiden, entsteinen
und den Stein jeweils durch 1 Mandel ersetzen.
Die Speckstreifen quer halbieren. Jede gefüllte
Pflaume mit 1/2 Speckstreifen umwickeln und
mit einem Holzspießchen feststecken.

3   Das Öl in einer Pfanne erhitzen. Die Speckpflaumen darin bei schwacher Hitze in 3–4 Min.
rundherum knusprig braten. Den Sherry dazugeben und unter Rütteln der Pfanne verdampfen
lassen. Etwas Pfeffer über die Speckpflaumen
mahlen. Lauwarm oder kalt zu einem trockenen
Sherry servieren.

25 Min. · tolles Fingerfood

Datteln
mit Orangencreme

Für 20 Stück
20 frische oder weiche getrocknete Datteln
1 kleine Bio-Orange · 200 g Frischkäse
100 g Schmand · Salz
Pfeffer · Cayennepfeffer
1 EL geschälte ungesalzene Pistazien

Pro Stück: ca. 65 kcal/270 kJ
1 g EW · 4 g F · 6 g KH

1   Die Datteln längs ein-, aber nicht durchschneiden und jeweils den Kern entfernen.
Die Datteln für die Füllung etwas auseinander-
biegen und auf einer Platte anrichten.

2   Die Orange heiß waschen und abtrocknen.
Erst die Schale fein abreiben, dann den Saft aus-
pressen. Frischkäse, Schmand, Orangenschale
und 6 EL Orangensaft in einer Schüssel mit dem
Handrührgerät verrühren. Mit Salz, Pfeffer und
Cayennepfeffer würzig abschmecken.

3   Die Pistazien hacken. Die Orangencreme
in einen Spritzbeutel füllen (siehe unten) und
in die Datteln spritzen. Diese mit den Pistazien
bestreut servieren.

**Wie funktioniert das … *mit dem
Häuten der Mandeln genau?*** *Die gebrüh-
ten Mandeln abkühlen lassen, bis sie sich
gut anfassen lassen. Dann nacheinander
jede Mandel zwischen zwei Finger nehmen
und den Kern aus den durch das kochende Wasser
weich gewordenen Häutchen drücken.*

**Wie bekomme ich … *die Orangen-
creme in die Datteln?*** *Wer keinen Spritzbeutel mit Lochtülle besitzt, füllt die Creme
einfach in einen Gefrierbeutel, schneidet
unten an einer Seite eine kleine (!) Ecke ab.
Den Beutel oben zudrehen, und die Orangencreme
in die Datteln spritzen.*

Blätterteighäppchen

mit Hackfleisch

1 Die Aprikosen fein würfeln. Die Frühlingszwiebel putzen und waschen, weiße und hellgrüne Teile in feine Ringe schneiden. Den Knoblauch schälen und fein würfeln. Die Chilischote waschen, längs aufschneiden, entkernen und sehr fein würfeln.

2 Die Blätterteigscheiben nebeneinander auf die Arbeitsfläche legen und 5 Min. bei Zimmertemperatur antauen lassen, anschließend mit einem scharfen Messer halbieren, sodass jeweils zwei Rechtecke entstehen. Das Hackfleisch in eine Schüssel geben. Die vorbereiteten Zutaten, 1 kräftige Prise Salz und die Gewürze dazugeben. Alles gut verkneten.

3 Den Backofen auf 200° vorheizen. Ein Backblech mit Backpapier belegen. Die Hackfleischmasse in 20 knapp walnussgroße Bällchen formen und jeweils auf eine Seite der Blätterteigstreifen legen (**Bild 1**). Die andere Teighälfte über die Füllung schlagen (**Bild 2**) und die Ränder zusammendrücken. Die Ränder zusätzlich mit einer Gabel einkerben (**Bild 3**), damit die Füllung später beim Backen nicht herausquellen kann.

4 Die gefüllten Blätterteigteilchen mit etwas Abstand auf das Blech setzen. Das Eigelb in einer Tasse mit der Milch verrühren und die Blätterteigteilchen mit einem Küchenpinsel damit bestreichen (**Bild 4**). Nach Belieben mit Sesamsamen bestreuen.

5 Das Blech in den heißen Ofen schieben (Mitte, keine Umluft) und die Blätterteighäppchen ca. 20 Min. backen. Herausnehmen (**Bild 5**) und lauwarm oder kalt zum Aperitif reichen.

Für 20 Stück
4 getrocknete Aprikosen
1 Frühlingszwiebel · 1 Knoblauchzehe
1/2 frische große rote Chilischote
10 Scheiben TK-Blätterteig (450 g)
200 g Lammhackfleisch (oder Rinderhack)
Salz · je 1/2 TL gemahlener Kreuzkümmel
und Koriander · 1/4 TL Zimtpulver
1 Eigelb · 1 EL Milch
2 EL Sesamsamen (nach Belieben)

Pro Stück: ca. 130 kcal/540 kJ
4 g EW · 9 g F · 9 g KH

1

2

3

4

5

Noch warm aus dem Ofen oder kalt als Party-Mitbringsel – gefüllte Täschchen, Hörnchen oder Pastetchen aus TK-Blätterteig sind bei allen beliebt. Und schnell gemacht sind sie obendrein!

★ ★
★

Gut zu wissen …

- Die blättrige Struktur kommt vom Herstellungsverfahren: Der Teig wurde mehrfach ausgerollt, mit Butter belegt, gefaltet und wieder ausgerollt. So entstehen viele hauchfeine Teigschichten. Vorsicht: Diese Struktur geht verloren, wenn Sie den Teig kneten!

- Formenvielfalt: Sie können den angetauten Blätterteig mit einem scharfen Messer oder einem Plätzchenausstecher vor dem Füllen in jede gewünschte Form bringen.

- Die Eigelb-Milch-Mischung sorgt für eine glänzende Oberfläche. Achten Sie beim Einpinseln nur darauf, dass sie nicht an den Seiten herunterläuft und die Teigschichten verklebt.

- Die richtige Temperatur macht's: 200° bei Ober- und Unterhitze (keine Umluft) – dabei gehen die Blätterteighäppchen perfekt auf und bekommen ihre typisch feinblättrige Struktur.

Tausch-Tipps

*Sehr lecker schmeckt auch eine Füllung aus 200 g **zerbröckeltem Feta**, je 10 fein geschnittenen schwarzen Oliven und getrockneten in Öl eingelegten Tomaten, die Sie mit Pfeffer und Oregano würzen.*

*Oder 250 g aufgetauten **TK-Blattspinat** ausdrücken, grob schneiden, salzen und pfeffern. 1 Kugel Mozzarella fein würfeln und mit 2 EL Pinienkernen untermischen.*

*Oder 150 g in feine Streifen geschnittenen **Räucherlachs** mit einer fein gewürfelten Pellkartoffel, 2 EL Crème fraîche und 1 TL gehacktem Dill vermischen.*

*Oder 200 g **grobe Leberpastete** mit 1 EL fein gehacktem grünen Pfeffer (aus dem Glas) sowie 2 EL Sherry medium mit einer Gabel vermengen und die Häppchen damit füllen.*

Maurische Hackbällchen

Für 24 Stück
100 g Chorizo (spanische Knoblauchwurst)
350 g Rinderhack · 1 kleine Zwiebel
1 Knoblauchzehe · 1 frische grüne
Chilischote 1 Ei · je 1/2 TL gemahlener
Kreuzkümmel und Koriander
1/2 TL abgeriebene Schale von
einer Bio-Zitrone · Salz · 4 EL Olivenöl

Außerdem:
Holzspießchen

Pro Stück: ca. 70 kcal/290 kJ
4 g EW · 6 g F · < 1 g KH

1   Die Chorizo sehr fein würfeln und mit dem
Hackfleisch in eine Schüssel geben. Zwiebel und
Knoblauch schälen und sehr fein würfeln. Die
Chilischote waschen, längs aufschneiden, entker-
nen und sehr fein würfeln. Alles mit dem Ei, den
Gewürzen und der Zitronenschale gut verkneten.
Mit Salz abschmecken. Aus der Hackfleischmasse
mit angefeuchteten Händen 24 walnussgroße
Bällchen formen.

2   Das Öl in einer Pfanne erhitzen und die Bällchen darin bei mittlerer Hitze von allen Seiten
4–5 Min. braten. Abkühlen lassen und zum Servieren Holzspießchen hineinstecken. Toll zum
Dippen dazu: Tomaten-Honig-Dip S. 64.

WARME TAPAS-VARIANTE

*In Spanien serviert man die dort »albóndigas«
genannten Hackbällchen gerne **mit Tomatensauce** als warme Tapa: Die fertigen Bällchen
aus der Pfanne nehmen und den Bratensatz mit
4 EL spanischem Brandy ablöschen. 1 kleine Dose
stückige Tomaten (400 g) dazugeben, mit Salz
und 1 Prise Zucker würzen. 10 Min. einkochen
lassen, dann die Hackbällchen dazugeben und in
der Sauce bei schwacher Hitze 5 Min. ziehen lassen. Mit gehackter Petersilie bestreut servieren.*

Thailändische Fischplätzchen

Für 20 Stück
100 g grüne Kenia-Böhnchen
8 kleine Kaffirlimettenblätter
(aus dem Asienladen, siehe S. 104)
1 gestrichener TL Salz
400 g frisches Lachsfilet
2 EL rote Currypaste (Asienladen, siehe S. 103)
neutrales Pflanzenöl zum Frittieren

Pro Stück: ca. 45 kcal/190 kJ
4 g EW · 3 g F · 1 g KH

1   Die Bohnen waschen, trocken tupfen und
in feine Scheiben schneiden. Die Limettenblätter
waschen und die Mittelrippen entfernen, die
Blatthälften aufrollen und quer in haarfeine
Streifen schneiden. 4 EL kaltes Wasser in eine
Tasse geben und das Salz darin auflösen.

2   Den Lachs kalt abwaschen und trocken tupfen. Mit einem scharfen Messer erst in dünne
Scheiben, dann in feine Streifen und schließlich
in kleine Würfel schneiden. Diese sehr fein
hacken. In eine Schüssel geben und nach und
nach mit dem Salzwasser und der Currypaste
verrühren. Bohnen und Limettenblattstreifen
dazugeben und sorgfältig untermischen.

3   In einem Wok, in einer Fritteuse oder einem
Topf 5 cm hoch Öl zum Frittieren erhitzen. Aus
der Fischmasse mit angefeuchteten Händen
20 Bällchen formen und zu 1/2 cm dicken Plätzchen flach drücken.

4   Um zu prüfen, ob das Frittieröl heiß genug
ist, stecken Sie ein Holzstäbchen hinein. Wenn
daran sofort kleine Bläschen aufsteigen, können
Sie loslegen: Die Fischplätzchen darin portionsweise, also jeweils 6–7 Stück, in ca. 3 Min. goldbraun frittieren.

5   Mit einem Schaumlöffel (oder Pfannenwender) herausheben und auf Küchenpapier abtropfen lassen. Heiß oder lauwarm mit Sweet-Chili-
Dip (Rezept S. 64, oder fertig gekauft) servieren.

1 Std. + 12 Std. Einweichen · orientalisch

Falafel

Für 24 Stück
150 g getrocknete Kichererbsen
1 altbackenes Brötchen
1 Zwiebel · 3 Knoblauchzehen
1/2 Bund Koriandergrün
je 1 knapper EL gemahlener Kreuzkümmel
und Koriander · 1 1/2 TL Salz
Pfeffer · 3 EL Mehl
1 gestrichener TL Backpulver
neutrales Pflanzenöl zum Frittieren

Pro Stück: ca. 65 kcal/270 kJ
2 g EW · 4 g F · 5 g KH

1 Die Kichererbsen über Nacht in reichlich kaltem Wasser einweichen. Am nächsten Tag das Wasser abgießen und die Kichererbsen im Blitzhacker fein zerkleinern. Das Brötchen in kaltem Wasser einweichen, gut ausdrücken und fein zerzupfen.

2 Die Zwiebel und den Knoblauch schälen und fein würfeln. Das Koriandergrün waschen und trocken schütteln, Blättchen und feine Stiele fein hacken. Alles mit den Kichererbsen und dem Brötchen in eine Schüssel geben, die Gewürze hinzufügen und alles gründlich durchkneten. Zum Schluss Mehl und Backpulver unterkneten.

3 In einem Wok, in einer Fritteuse oder einem Topf 5 cm hoch Öl zum Frittieren erhitzen. Aus dem Kichererbsenteig 24 walnussgroße Bällchen formen. Sobald das Öl heiß genug ist (siehe links, Fischplätzchen, Step 4), die Falafel darin portionsweise in 3–4 Min. goldbraun frittieren. Geben Sie nicht zu viele Bällchen auf einmal ins Öl, sonst kühlt es zu stark ab und das Frittiergut nimmt zu viel Fett auf!

4 Die fertigen Falafel mit einem Schaumlöffel (oder einem Pfannenwender) herausheben und auf Küchenpapier abtropfen lassen. Lauwarm oder kalt mit dem Kichererbsen-Sesam-Dip von S. 63 servieren.

50 Min. + Auftauzeit · indisch inspiriert

Spinatpflänzchen

Für 20 Stück
250 g TK-Blattspinat
500 g mehligkochende Kartoffeln
Salz · 1 Zwiebel · 1 Knoblauchzehe
1 frische große grüne Chilischote
5 EL Öl · 1 Ei (Größe S)
1 TL Currypulver
1 TL getrockneter Thymian

Pro Stück: ca. 50 kcal/210 kJ
1 g EW · 3 g F · 4 g KH

★
★

1 Den Spinat auftauen lassen, dann gut ausdrücken und grob schneiden. Die Kartoffeln waschen, in einem Topf mit Wasser bedecken, salzen und in ca. 25 Min. weich kochen.

2 Inzwischen die Zwiebel und den Knoblauch schälen und fein würfeln. Chilischote waschen, längs aufschneiden, entkernen und fein schneiden. 1 EL Öl in einer Pfanne erhitzen. Zwiebeln, Knoblauch und Chilischote darin bei mittlerer Hitze 2 Min. unter Rühren glasig (d. h. nicht braun!) anbraten. Vom Herd nehmen und abkühlen lassen.

3 Mit einem spitzen Messer in eine Kartoffel stechen: Wenn das leicht geht, die Kartoffeln abgießen und ausdampfen lassen. Sonst noch einige Minuten weitergaren. Die etwas abgekühlten Kartoffeln pellen und in einer Schüssel mit einer Gabel fein zerdrücken. Spinat, Zwiebelmischung, das Ei, die Gewürze und ca. 1/2 TL Salz zugeben und alles gut verkneten.

4 Aus der Masse 20 Bällchen formen und zu ca. 1 cm dicken Pflänzchen flach drücken. Das übrige Öl in einer großen Pfanne erhitzen und die Spinatpflänzchen darin portionsweise von jeder Seite 3 Min. backen. Herausnehmen und auf Küchenpapier abtropfen lassen. Heiß oder lauwarm servieren.

Paprikasalat mit Garnelen

im Bild · *Für 4 Personen*
3 reife Tomaten · je 1 rote, gelbe und
grüne Paprikaschote · 1/2 Salatgurke
1 rote Zwiebel · 4 EL Sherryessig · Salz
Pfeffer · 5 EL kalt gepresstes Olivenöl
12 rohe geschälte Riesengarnelen
(ca. 300 g, küchenfertig)
2 EL Olivenöl · 2 Knoblauchzehen

Pro Portion: ca. 300 kcal/1250 kJ
16 g EW · 23 g F · 7 g KH

1   Das Gemüse waschen. Die Tomaten halbieren,
entkernen und ohne Stielansätze in ca. 1/2 cm
große Würfel schneiden. Die Paprikaschoten halbieren, putzen, waschen und klein würfeln. Die
Salatgurke nach Belieben schälen, längs halbieren, die Kerne herauskratzen und die Gurke klein
würfeln. Die Zwiebel schälen und fein würfeln.

2   Aus dem Essig, 1/4 TL Salz, etwas frisch
gemahlenem Pfeffer und dem Öl eine cremige
Sauce rühren. Das vorbereitete Gemüse untermischen und zugedeckt durchziehen lassen.

3   Inzwischen die Riesengarnelen am Rücken
längs einschneiden und den Darm entfernen.
Das Öl in einer Pfanne erhitzen. Die Knoblauch-
zehen ungeschält zerdrücken und dazugeben.
Die Garnelen bei mittlerer Hitze von jeder Seite
2 Min. braten, leicht salzen. Den Salat auf vier
Teller verteilen und je 3 Garnelen daraufsetzen.
Dazu schmeckt knuspriges Weißbrot.

Curry-Hähnchen-Salat

Für 4 Personen
250 g Hähnchenbrustfilet
1 EL Currypulver
1 EL Sesamöl · 1/2 kleine Ananas
1 EL Orangenlikör (siehe unten)
2 Stangen Staudensellerie · 1 EL Öl
Salz · je 2 EL Crème fraîche und
Salatmayonnaise (30 % Fett)
1 TL mittelscharfer Senf · Cayennepfeffer

Pro Portion: ca. 205 kcal/860 kJ
15 g EW · 11 g F · 11 g KH

1   Hähnchenfleisch kalt abwaschen, trocken
tupfen und in Streifen schneiden. Mit 1/2 EL
Currypulver und dem Sesamöl vermischen und
zugedeckt 10 Min. durchziehen lassen.

2   Inzwischen die Ananas schälen, den harten
Strunk entfernen und das Fruchtfleisch in kleine
Stückchen schneiden. Mit dem Orangenlikör
beträufeln. Den Staudensellerie waschen und
in feine Scheiben schneiden.

3   Das Öl in einer Pfanne erhitzen und das
Hähnchenfleisch darin in 3–4 Min. knusprig
braun braten. Salzen und abkühlen lassen.

4   Crème fraîche, Mayonnaise, Senf und restliches Currypulver in einer Schüssel verrühren.
Ananasstückchen, Sellerie und lauwarme Häh-
chenstreifen hinzufügen und gut vermischen.
Mit Salz und Cayennepfeffer würzig abschmecken. Dazu passt knuspriges Weißbrot.

**Kann man den Hähnchen-Salat auch … *ohne Alkohol
zubereiten?*** *Frische Ananas enthalten Enzyme, die das Eiweiß
in Milchprodukten verändern und diese nach einiger Zeit bitter
schmecken lassen. Dieser Prozess lässt sich mit Alkohol stoppen.
Wenn Sie keinen Alkohol verwenden möchten, bereiten Sie den
Hähnchensalat frisch zu und servieren ihn sofort oder nehmen statt
frischer Ananas Früchte aus der Dose.*

Pilzsalat mit Zitronengras

Für 4 Personen
500 g gemischte Pilze (z. B. Pfifferlinge,
Austernpilze, Shiitake-Pilze, Champignons)
2 EL neutrales Pflanzenöl
1 frische große grüne Chilischote
2 Tomaten · 2 Stängel Zitronengras
1 Bund Koriandergrün
2 EL Fischsauce (aus dem Asienladen)
3 EL Limettensaft · 1 TL Zucker

Pro Portion: ca. 90 kcal/380 kJ
3 g EW · 6 g F · 5 g KH

1 Die Pilze putzen und je nach Größe vierteln
oder in Scheiben schneiden (von den Shiitake-
Pilzen die harten Stiele entfernen). Das Öl in
einer Pfanne erhitzen, die Pilze darin 2 Min.
scharf anbraten, zugedeckt bei schwacher Hitze
5 Min. dünsten. Lauwarm abkühlen lassen.

2 Die Chili waschen, den Stielansatz entfernen,
die Schote in sehr feine Ringe schneiden und
diese in einem Schüsselchen in kaltes Wasser
einlegen. Die Tomaten waschen, halbieren, entkernen und in Streifen schneiden. Vom Zitronengras die äußeren harten Blätter entfernen,
das untere weiche Drittel in sehr feine Scheiben
schneiden. Das Koriandergrün waschen und
trocken schütteln, die Blättchen abzupfen.

3 Fischsauce, Limettensaft und Zucker zu
einem Dressing verrühren. Die Chiliringe aus
dem Wasser nehmen, abtropfen lassen und
mit den übrigen Zutaten unter die Pilze heben.
Vor dem Servieren 1 Std. durchziehen lassen.

🍴 **Deko-Tipp** *Aus einem Stück* **Bananenblatt** *(aus dem Asienladen) zwei Kreise oder
Ovale passend zur Größe der Servierplatte
zuschneiden, aufeinanderlegen und den Rand
rundherum fransig einschneiden. Die Platte
damit belegen, den Pilzsalat darauf anrichten und
mit* **Limettenschnitzen** *garnieren.*

Papaya-Erdnuss-Salat

Für 4 Personen
1 mittelgroße grüne Papaya (aus dem
Asienladen) · 10 Kirschtomaten
2 Knoblauchzehen · 1 frische große rote Chilischote · 50 g geröstete gesalzene Erdnüsse
2 EL Fischsauce · 4 EL Limettensaft
1 TL Zucker

Pro Portion: ca. 100 kcal/420 kJ
4 g EW · 6 g F · 7 g KH

1 Die Papaya schälen, halbieren und die unreifen Kerne entfernen. Die Hälften kalt abwaschen
und abtrocknen. Das Fruchtfleisch grob raspeln.
Die Tomaten waschen und klein schneiden.

2 Die Papayaraspel und Tomatenstücke in eine
Salatschüssel geben. Den Knoblauch schälen und
würfeln. Die Chili waschen, längs aufschneiden,
entkernen und klein schneiden.

3 Knoblauch und Chili in den Mörser geben
und fein zerstoßen. Die Erdnüsse dazugeben,
grob zerstoßen. Fischsauce, Limettensaft und
den Zucker untermischen. Das Ganze zu Papaya
und Tomaten in die Schüssel geben und alles
unter leichtem Stampfen vermischen, damit
sich die Aromen gut verbinden.

🍴 **Tausch-Tipps** *Grüne Papayas sind unreife
Früchte, die für Salate verwendet werden.
Falls Sie keine bekommen, können Sie den
Salat auch mit harten, unreifen* **Mangos** *oder
mit fein geschnittenem* **Weißkohl** *zubereiten.
Statt der Erdnüsse schmecken auch* **Cashewkerne**
*sehr lecker. In Thailand kommen im Übrigen statt
der vergleichsweise milden großen roten Chilischo-
te bis zu 10 superscharfe* **Thai-Chilischoten** *im
Miniformat in den Salat.*

20 Min. · würzig

Kichererbsensalat

Für 4 Personen
2 Eiertomaten
1 kleine Dose Kichererbsen
(280 g Abtropfgewicht)
4 EL Olivenöl
1 TL Fenchelsamen
Salz · Pfeffer
1/4 TL Zimtpulver
Zucker · 1 Bund Petersilie

Pro Portion: ca. 170 kcal/710 kJ
4 g EW · 12 g F · 12 g KH

1   Die Tomaten waschen und klein würfeln, die Stielansätze dabei entfernen. Die Kichererbsen in ein Sieb abgießen, kalt abbrausen und abtropfen lassen.

2   Das Öl in einer Pfanne erwärmen und die Fenchelsamen darin 1–2 Min. bei schwacher Hitze rösten, bis sie duften. Kichererbsen und Tomaten dazugeben, mit Salz, Pfeffer, Zimt und 1 Prise Zucker würzen. 7–8 Min. bei mittlerer Hitze einkochen lassen, gelegentlich umrühren.

3   Inzwischen die Petersilie waschen und trocken schütteln, die Blätter abzupfen, grob hacken und unterrühren. Zum Servieren lauwarm abkühlen lassen.

VARIANTEN

*Eine andere Geschmacksnuance bekommt der Kichererbsensalat, wenn Sie die Hälfte der Petersilie durch **frische Minze** ersetzen. Ebenfalls lecker: Statt Petersilie und/oder Minze 2 Min. vor Ende der Garzeit 100 g geputzten **Babyspinat** untermischen und zusammenfallen lassen.*

30 Min. · fruchtig-scharf

Möhren-Ingwer-Salat

Für 4 Personen
1 kg Möhren · 2 Knoblauchzehen
1 Stück frischer Ingwer (ca. 5 cm)
2 EL neutrales Pflanzenöl · 1 Bio-Orange
Salz · 1 TL Zucker · Cayennepfeffer
1 Bund Koriandergrün

Pro Portion: ca. 140 kcal/590 kJ
3 g EW · 7 g F · 16 g KH

1   Die Möhren schälen, längs vierteln oder sechsteln und in ca. 5 cm lange Stifte schneiden. Die Knoblauchzehen und den Ingwer schälen, beides fein würfeln.

2   Das Öl in einem Topf erhitzen, den Knoblauch und den Ingwer darin bei mittlerer Hitze in ca. 2 Min. goldgelb (nicht braun!) anbraten. Die Möhrenstifte hinzufügen, 5 Min. zugedeckt schmoren lassen, gelegentlich umrühren.

3   Inzwischen die Orange heiß waschen und abtrocknen. Mit einem Zestenreißer die Schale abziehen (siehe unten), anschließend den Saft auspressen. Beides zu den Möhren geben und mit Salz, Zucker und Cayennepfeffer würzen. 5–7 Min. weiterschmoren lassen, bis die Möhren gar sind, aber noch Biss haben.

4   Das Koriandergrün waschen, die Blättchen abzupfen, grob hacken und untermischen Den Salat abkühlen lassen. Am besten schmeckt dazu knuspriges Fladenbrot mit Sesam.

Küchenpraxis *Wer keinen **Zestenreißer** besitzt, schält die Orange dünn mit dem **Sparschäler** (es dürfen keine bitteren weißen Häutchen daran sein!) und schneidet die Schalenstücke dann in ganz feine Streifen.*

20 Min. · fruchtig-frisch

Chicorée-Orangen-Salat

im Bild · *Für 4 Personen*
500 g Chicorée · 2 EL Mandelstifte
2 Orangen · 2 EL Himbeeressig (oder
milder Weißweinessig) · Salz · Pfeffer
4 EL Walnussöl (oder neutrales Pflanzenöl)

Pro Portion: ca. 170 kcal/710 kJ
3 g EW · 15 g F · 6 g KH

1   Eventuell welke äußere Blätter der Chicorée-
stauden entfernen und den Chicorée – bis auf
ein paar Blätter für die Dekoration – quer in
1 cm breite Ringe schneiden. Wer den bitteren
Strunk nicht mag, schneidet ihn kegelförmig
heraus. Den Chicorée in einem Sieb kalt abbrausen und gut abtropfen lassen.

2   Die Mandelstifte bei schwacher Hitze in einer
Pfanne ohne Fett goldbraun rösten. Orangen
bis ins Fruchtfleisch schälen, die Orangenfilets
zwischen den Trennhäutchen herausschneiden
(siehe unten), den Saft dabei auffangen.

3   Aus dem aufgefangenen Orangensaft, Essig,
je 1 kräftigen Prise Salz und Pfeffer sowie dem
Öl eine Salatsauce rühren. Chicorée und Orangenfilets behutsam in der Sauce wenden. Den
Salat mit den zurückbehaltenen Chicoréeblät-
tern anrichten und mit den Mandeln bestreuen.
Der Salat schmeckt super als Vorspeise, als Beilage zu sahnigen Nudelgerichten oder zu gebratener Entenbrust (Rezept S. 239).

25 Min. · raffinierte Vorspeise

Radicchiosalat
mit Parmesanchips

Für 4 Personen
50 g Parmesan (am Stück) · 1–2 Köpfchen
Radicchiosalat (ca. 300 g) · 3–4 EL Himbeeressig (oder Weißweinessig) · 1 TL Zucker
1 TL mittelscharfer Senf · Salz · Pfeffer
6 EL Olivenöl · 1 reife Birne

Pro Portion: ca. 250 kcal/1050 kJ
6 g EW · 21 g F · 9 g KH

1   Den Backofen auf 180° (Umluft 160°) vorheizen. Ein Backblech mit Backpapier belegen.
Den Parmesan fein reiben und in acht Häufchen
auf das Blech geben. Jeweils mit einem Löffel
zu ca. 5 cm großen Talern ausstreichen. Diese
im Ofen (Mitte) in ca. 6 Min. goldbraun backen.
Herausnehmen und abkühlen lassen.

2   Inzwischen den Radicchio putzen, waschen
und in mundgerechte Stücke zupfen. In einem
Sieb abtropfen lassen. Für das Dressing Essig,
Zucker, Senf und je 1 kräftige Prise Salz und
Pfeffer verrühren, dann das Öl unterschlagen,
bis eine cremige Salatsauce entsteht.

3   Den Radicchiosalat auf vier Teller verteilen.
Die Birne vierteln, vom Kerngehäuse befreien,
die Viertel schälen, in mundgerechte Stückchen
schneiden und auf dem Salat verteilen. Das Dressing darüberträufeln. Die Parmesanchips vom
Backpapier lösen, je zwei auf den Salat geben.

Wie funktioniert das … *mit den Orangenfilets genau?* *Schälen Sie
die Orange zuerst bis ins Fruchtfleisch, sodass auch die weiße Haut entfernt
ist: Schneiden Sie oben und unten eine Kappe ab, stellen die Orange auf die
Arbeitsfläche und schneiden die übrige Schale von oben nach unten in breiten
Streifen ab. Dann nehmen Sie die Frucht in die Hand und schneiden die Filets
mit einem scharfen Messer mit je zwei Schnitten zwischen den Trennhäutchen heraus. Das Ganze am besten über einer Schüssel, in der Sie gleich den Saft auffangen.*

35 Min. · würzig

Rucolasalat
mit Feta

Für 4 Personen
150 g Rucola (Rauke) · 100 g Kirschtomaten
1–2 Schalotten · 3 EL Aceto balsamico
Salz · Pfeffer · 1 TL Dijonsenf
5 EL Olivenöl · 3 EL Pinienkerne
200 g Feta (griechischer Schafkäse)
125 g schwarze Oliven

Pro Portion: ca. 360 kcal/1500 kJ
17 g EW · 32 g F · 7 g KH

1   Die Rucola waschen, trocken schleudern und grobe Stiele entfernen. Die Kirschtomaten waschen und halbieren.

2   Die Schalotten schälen, klein würfeln und in eine Salatschüssel geben. Mit einem Schneebesen den Essig, etwas Salz und Pfeffer sowie den Senf unterrühren. Nach und nach das Olivenöl unterschlagen.

3   Die Pinienkerne bei schwacher Hitze in einer Pfanne ohne Fett goldbraun rösten (Vorsicht, sie verbrennen sehr leicht!). Den Feta würfeln. Rucola, Tomaten und Feta mit dem Dressing vermengen. Pinienkerne und Oliven über dem Salat verteilen.

VARIANTEN

*Ersetzen Sie das Olivenöl im Dressing doch auch einmal durch **Walnussöl**, und streuen Sie statt der Pinienkerne grob gehackte Walnüsse sowie 50 g **gehobelten Pecorino** statt Feta darüber. Ebenfalls köstlich: Die Rucola mit Zitronensaft, Olivenöl und geviertelten **Feigen** anrichten, dazu **Crostini mit Ziegenfrischkäse** reichen (Crostini: siehe S. 31–33).*
*Oder die Rucola mit **Radieschenscheiben, Emmentalerstreifen und Knoblauchcroûtons** servieren (siehe S. 49, Mangoldsalat).*

20 Min. · frischer Sommersalat

Avocadosalat
mit Mozzarella

Für 4 Personen
2 reife Avocados · 1 EL Zitronensaft
500 g Tomaten · 1 rote Paprikaschote
200 g Mozzarella · 1 Zwiebel
1 EL Aceto balsamico
3 EL Olivenöl · Salz · Pfeffer
1 Prise Chilipulver · 1 Bund Basilikum

Pro Portion: ca. 470 kcal/1960 kJ
14 g EW · 43 g F · 6 g KH

1   Die Avocados halbieren und jeweils den Stein entfernen. Die Hälften schälen, in dünne Spalten schneiden und sofort mit dem Zitronensaft beträufeln. Die Tomaten waschen und achteln, dabei die Stielansätze entfernen. Die Paprikaschote halbieren, putzen, waschen und klein würfeln. Den Mozzarella abtropfen lassen und in 1 cm große Würfel schneiden.

2   Die Zwiebel schälen, klein würfeln, mit Essig und Öl verrühren und mit Salz, Pfeffer und Chilipulver würzen. Das Basilikum waschen und trocken schütteln, die Blätter abzupfen und größere Blätter etwas kleiner zupfen.

3   Die Avocados fächerförmig auf Tellern anrichten. Tomaten, Paprika und Mozzarella mit der Salatsauce mischen und darüber verteilen. Den Salat mit Basilikumblättchen bestreuen. Dazu schmeckt Olivenbrot oder Baguette.

VARIANTE MIT OLIVEN

2 reife Avocados schälen, in ca. 2 cm große Würfel schneiden und mit Zitronensaft beträufeln. 4 Tomaten und je 1 EL grüne und schwarze Oliven klein würfeln. 1 EL Aceto balsamico und 3 EL Olivenöl gut verrühren, vorsichtig mit den Salatzutaten vermischen. 30 g Parmesan hobeln und darüberstreuen.

25 Min. + 1 Std. Marinieren · vitaminreich

Rote-Beten-Salat
mit Apfel

Für 4 Personen
500 g Rote Beten (rote Rüben)
1 großer Apfel · 1 kleine Zwiebel
je 2 EL Apfelsaft und Apfelessig
3 EL neutrales Pflanzenöl
je 1 EL Meerrettich und Preiselbeeren (aus dem Glas)
1/2 EL Zucker · Salz · Pfeffer
75 g Feldsalat · 1/2 Bund Schnittlauch
1 EL grob gehackte Walnusskerne

Pro Portion: ca. 180 kcal/750 kJ
2 g EW · 11 g F · 18 g KH

1 Die Roten Beten schälen (am besten mit
Einweghandschuhen, siehe unten) und grob
in eine Schüssel raspeln. Den Apfel schälen
und dazuraspeln.

2 Die Zwiebel schälen und klein würfeln. Apfelsaft und Essig erhitzen, die Zwiebelwürfel darin
aufkochen und etwas abkühlen lassen.

3 Den Sud über die Rote-Beten- und Apfel-
raspel gießen. Öl, Meerrettich, Preiselbeeren,
Zucker, etwas Salz und Pfeffer hinzufügen. Alles
vermengen, nochmals abschmecken und zugedeckt 1 Std. ziehen lassen.

4 Den Feldsalat putzen, waschen und gut abtropfen lassen. Schnittlauch waschen, trocken
schütteln und in Röllchen schneiden. Feldsalat
auf Tellern verteilen, Rote-Beten-Salat darauf
anrichten und mit den Walnüssen und dem
Schnittlauch bestreuen.

45 Min. · mediterran

Mangoldsalat
mit Knoblauchcroûtons

Für 4 Personen
1 Staude Mangold (ca. 600 g) · Salz
100 g Champignons · 100 g Kirschtomaten
2 Scheiben Toastbrot · 1 EL Butter
oder Kräuterbutter · 6 EL Olivenöl
1–2 Knoblauchzehen · Pfeffer
3 Schalotten · 4 EL Aceto balsamico
50 g Parmesan am Stück

Pro Portion: ca. 290 kcal/1210 kJ
9 g EW · 25 g F · 8 g KH

1 Die Mangoldblätter ablösen, die Blätter
von den Stielen schneiden, beides putzen und
waschen. In einem Topf Salzwasser aufkochen.
Erst die Mangoldstiele darin 2–3 Min. blanchieren (siehe S. 163), dann die Blätter 1 Min. blanchieren. Alles in ein Sieb geben, kalt abschrecken
und abtropfen lassen. Die Stiele in feine, die
Blätter in breitere Streifen schneiden.

2 Die Champignons putzen und in Scheiben
schneiden. Die Tomaten waschen und halbieren.
Das Brot in kleine Würfel schneiden. In einer
Pfanne Butter und 1 EL Olivenöl erhitzen. Darin
die Brotwürfel goldbraun braten. Den Knob-
lauch schälen und dazupressen und mit etwas
Salz und Pfeffer würzen. Die Croûtons auf
Küchenpapier abtropfen lassen.

3 Die Schalotten schälen und in feine Würfel
schneiden. Mit Essig, Salz und Pfeffer in einer
Schüssel verrühren, das übrige Öl unterschlagen.
Mangold, Pilze und Tomaten untermischen.
Auf vier Teller verteilen, die Croûtons darüber-
streuen und den Parmesan darüberhobeln.

Küchenpraxis *Rote Beten färben* beim
Verarbeiten stark. Den roten Farbstoff bekom-
men Sie aber **mit Zitronensaft** *gut wieder von*
den Händen. Und mit **Einweghandschuhen**
kommt es erst gar nicht so weit!

Lachsterrine

Für 8–10 Personen
350 g sehr frisches Lachsfilet (ohne Haut)
125 g geräuchertes Forellenfilet
1 EL Zitronensaft · 1 Ei (Größe S)
250 g Crème fraîche · 200 g Sahne
Salz · weißer Pfeffer
250 g Räucherlachs in Scheiben

Außerdem:
1 Terrinenform (750 ml Inhalt)
Butter für die Form

Bei 10 Personen pro Portion: ca. 325 kcal/1360 kJ
19 g EW · 27 g F · 1 g KH

1   Lachsfilet kalt abwaschen und trocken tupfen. Einen fingerdicken Streifen, in der Länge der Terrinenform, zurechtschneiden und zugedeckt kalt stellen (kann auch aus zwei Stücken bestehen, wird später in die Mitte der Fischfarce platziert und bildet den Kern der Terrine). Das übrige Fischfilet würfeln und in eine Schüssel geben. Die Räucherforelle zerpflücken, dazugeben und den Zitronensaft darüberträufeln. Für 1 Std. in den Kühlschrank stellen.

2   Den Ofen auf 180° vorheizen. Für ein heißes Wasserbad eine Auflaufform, in der die Terrinenform gut Platz hat, bereit stellen. Die Terrinenform mit Butter ausstreichen.

3   Alle Zutaten müssen kühlschrankkalt sein: Lachs und Forelle mit dem Ei in den Mixer geben und fein zerkleinern (oder in einem hohen Aufschlaggefäß mit dem Pürierstab pürieren). Crème fraîche dazugeben und weiterpürieren. Die Sahne angießen und weiterpürieren, bis eine cremige Masse entsteht. Mit Salz und weißem Pfeffer kräftig abschmecken.

4   Die Hälfte der Fischfarce in die Terrinenform füllen. Den Lachsstreifen in der Mitte platzieren (**Bild 1**), übrige Fischfarce darübergeben und glatt streichen. Die Form mit Alufolie abdecken.

5   Die Terrinenform in die Auflaufform stellen und das kochende Wasser angießen, sodass sie zu zwei Dritteln im Wasser steht. Im heißen Ofen (Mitte, Umluft 160°) 40 Min. garen. Herausnehmen, abkühlen und für 24 Std. im Kühlschrank durchkühlen lassen.

6   Am nächsten Tag die Lachsterrine vorsichtig aus der Form stürzen. Die Form auswaschen und mit Klarsichtfolie auskleiden. Die Form mit den Räucherlachsscheiben auslegen, dabei über den Rand lappen lassen, sodass die Terrine ganz damit umhüllt werden kann. Die Terrine vorsichtig hineingleiten lassen (**Bild 2**), den überlappenden Lachs darüberlegen. Mit der Klarsichtfolie abdecken und wieder 24 Std. kalt stellen.

7   Zum Servieren die Lachsterrine auf eine Platte stürzen und mit einem scharfen Messer in Scheiben schneiden (**Bild 3**). Mit einem kleinen Salat servieren.

ANFÄNGER-VARIANTE *Diese Lachs-Forellen-Rolle geht schneller und einfacher:*

175 g Räucherforelle mit 1 EL Zitronensaft beträufeln, mit 200 g Meerrettichfrischkäse und 2 EL Sahne fein pürieren, mit weißem Pfeffer würzen. Auf Klarsichtfolie 250 g Räucherlachsscheiben überlappend zu einem Rechteck von ca. 20 x 30 cm auslegen, mit der Forellenpaste bestreichen, dabei an den Längsseiten je 3 cm frei lassen. Von einer Längsseite her aufrollen und für 45 Min. ins Tiefkühlfach legen. Mit einem scharfen Messer in 1 cm dicke Scheiben schneiden. Pro Person 4–5 Scheiben mit einem kleinen Salat und Toast servieren.

Reste-Tipp *Die Lachsterrine lässt sich übrigens prima **einfrieren,** falls Sie nicht die gesamte Portion, z. B. für ein Familienfest, brauchen. Dafür die Terrine in Scheiben schneiden und die Scheiben einzeln in kleine Gefrierbeutel luftdicht verpacken.*

6 Min. · italienischer Sommerdrink

Bellini

Für 1 Drink
1 frischer reifer Pfirsich · 1 Spritzer Grenadinesirup · eiskalter trockener Sekt zum Auffüllen

Außerdem:
elektrischer Mixer · Sektkelch (10 cl)

ca. 110 kcal/460 kJ
1 g EW · 0 g F · 17 g KH

1   Den Pfirsich waschen, abtrocknen und mit
dem Sparschäler dünn schälen. Das Fruchtfleisch
in Spalten vom Kern schneiden.

2   Das Pfirsichfruchtfleisch mit dem Grenadinesirup im Mixer fein pürieren. In den Sektkelch
geben und vorsichtig mit dem Sekt auffüllen.

4 Min. · fruchtig-frisch

Pretty Woman

im Bild links · Für 1 Drink
4 frische reife Erdbeeren · 4 cl Ananassaft
1 TL Puderzucker · eiskalter trockener
Sekt zum Auffüllen

Außerdem:
elektrischer Mixer · Cocktailschale (12 cl)

ca. 125 kcal/520 kJ
1 g EW · 0 g F · 15 g KH

1   Erdbeeren waschen, 4 entkelchen, mit Ananassaft und Puderzucker im Mixer fein pürieren.

2   Die Mischung in die Cocktailschale geben
und das Ganze vorsichtig mit Sekt auffüllen.

Küchenpraxis *Wer* **keinen Mixer** *besitzt,
bekommt die Erdbeeren zusammen mit
Ananassaft und Puderzucker auch sehr gut
mit dem* **Pürierstab** *klein! Damit es nicht
spritzt, in einem hohen Rührbecher arbeiten.*

2 Min. · Aperitif-Klassiker

Kir Royal

im Bild rechts · Für 1 Drink
1 cl Johannisbeerlikör (Cassis)
eiskalter trockener Sekt zum Auffüllen

Außerdem:
Sektglas (10 cl)

ca. 90 kcal/380 kJ
0 g EW · 0 g F · 7 g KH

1   Den Johannisbeerlikör in das Glas geben und
das Ganze vorsichtig mit Sekt auffüllen.

VARIANTE MIT WEISSWEIN

*Sie können den Johannisbeerlikör auch mit eiskal-
tem trockenem Weißwein auffüllen. Diese Version
heißt dann schlicht* **Kir.**

3 Min. · Italo-Klassiker

Americano

Für 1 Drink
3 cl Campari · 3 cl Vermouth rosso
1–2 Spritzer Mineralwasser
1 Stück Schale von einer Bio-Orange

Außerdem:
2–3 Eiswürfel · Aperitifglas (10 cl)

ca. 80 kcal/330 kJ
0 g EW · 0 g F · 4 g KH

1   Die Eiswürfel in das Aperitifglas geben.
Den Campari und Vermouth darübergießen,
mit Mineralwasser abspritzen.

2   Die Orangenschale darüber ausdrücken,
sodass die ätherischen Öle ins Glas tropfen.

VARIANTE MIT GIN

*Durch Zugabe von 3 cl Gin erhalten Sie einen
weiteren Aperitif-Klassiker: den* **Negroni.**

Sex on the beach

Für 1 Drink
3 cl Wodka · 3 cl Aprikosenlikör
(Apricot Brandy) · 6 cl Ananassaft
3 cl Orangensaft · 3 cl Kirschsaft

Außerdem:
6–7 Eiswürfel · Shaker · Barsieb
Longdrinkglas (20 cl)

ca. 180 kcal/750 kJ
0 g EW · 0 g F · 22 g KH

1 Alle Zutaten mit 4 Eiswürfeln in den Shaker geben. Alles ca. 15 Sek. kräftig durchschütteln.

2 2–3 Eiswürfel in das Glas geben, den Inhalt des Shakers durch das Barsieb darübergießen.

4 Min. · Longdrink-Klassiker

Singapore Sling

Für 1 Drink
6 cl Gin · 4 cl frisch gepresster Zitronensaft
2 cl Zuckersirup · Soda- oder Mineralwasser zum Auffüllen · 1–2 cl Kirschlikör
(Cherry Brandy)

Außerdem:
6–7 Eiswürfel · Shaker · Barsieb
Longdrinkglas (20 cl) · 2 Trinkhalme

ca. 320 kcal/1340 kJ
0 g EW · 0 g F · 32 g KH

1 Gin, Zitronensaft und Zuckersirup mit 4 Eiswürfeln in den Shaker geben, ca. 15 Sek. kräftig
schütteln. Den Inhalt des Shakers durch das Sieb
in das Longdrinkglas auf 2–3 Eiswürfel gießen.

2 Zum Eis im Shaker etwas Soda- oder Mineralwasser geben, kurz durchschwenken, den Drink
damit auffüllen. 1–2 cl Kirschlikör über den
Drink laufen lassen und mit 2 Halmen servieren.

3 Min. · minzefrischer Sommerdrink

Mojito

Für 1 Drink
4 cl frisch gepresster Limettensaft
6–8 frische Minzeblätter · 2 TL Rohrzucker
1 cl Zuckersirup · 6 cl weißer Rum
1 Spritzer Soda- oder Mineralwasser

Außerdem:
gestoßenes Eis · Stößel · Tumbler (Becherglas mit dickem Boden, 15 cl) · 1 Trinkhalm

ca. 310 kcal/1300 kJ
0 g EW · 0 g F · 24 g KH

1 Limettensaft, Minze, Zucker und Zuckersirup
in den Tumbler geben. Minze mit dem Stößel
etwas zerdrücken. Den Rum dazugießen und das
Glas mit gestoßenem Eis auffüllen.

2 Mit Soda- oder Mineralwasser abspritzen,
von oben nach unten kräftig verrühren. Den
Drink mit dem Trinkhalm servieren.

4 Min. · brasilianischer Liebling

Caipirinha

Für 1 Drink
1 Bio-Limette · 2–3 TL Rohrzucker
6 cl Cachaça (Zuckerrohrschnaps)

Außerdem:
gestoßenes Eis · Stößel · Tumbler (Becherglas
mit dickem Boden, 15 cl) · 2 kurze Trinkhalme

ca. 225 kcal/940 kJ
0 g EW · 0 g F · 22 g KH

1 Limette heiß waschen, abtrocknen, vierteln
und in den Tumbler geben. Den Zucker darüberstreuen. Die Limette mit dem Stößel ausdrücken.

2 Den Tumbler mit gestoßenem Eis auffüllen,
den Cachaça darübergießen. Alles gut durchrühren und mit den Trinkhalmen servieren.

4 Min. · fruchtig-süß · ohne Alkohol

Sugar Love

Für 1 Drink
3 frische reife Erdbeeren
8 cl Bananennektar · 4 cl Pfirsichnektar
2 cl Sahne · 1 Stück Banane

Außerdem:
4 Eiswürfel · Cocktailspieß
elektrischer Mixer · Longdrinkglas (20 cl)

ca. 135 kcal/560 kJ
1 g EW · 7 g F · 17 g KH

1   Die Erdbeeren waschen, trocken tupfen
und entkelchen. Mit den Nektaren, der Sahne
und 4 Eiswürfeln in den Mixer geben, ca. 1 Min.
pürieren. In das Longdrinkglas gießen.

2   Das Bananenstück auf den Cocktailspieß
stecken und diesen auf den Glasrand legen.

3 Min. · sahnig-süß · ohne Alkohol

Police Control

Für 1 Drink
8 cl Ananassaft · 2 cl Kokossirup
2 cl Schokoladensauce (für Eiscreme; Fertigprodukt) · 1 cl Sahne · 1 EL geschlagene Sahne
1 cl Grenadinesirup

Außerdem:
4 Eiswürfel · Shaker · Barsieb
Tumbler (Becherglas mit dickem Boden, 15 cl)

ca. 275 kcal/1150 kJ
2 g EW · 9 g F · 46 g KH

1   Ananassaft, Kokossirup, Schokoladensauce
und die Sahne mit 4 Eiswürfeln in den Shaker
geben. Alles ca. 15 Sek. kräftig schütteln, dann
durch das Barsieb in das Glas gießen.

2   Die geschlagene Sahne als Haube daraufsetzen. Den Grenadinesirup darüberträufeln.

4 Min. · Klassiker · ohne Alkohol

Baby-Piña-Colada

Für 1 Drink
16 cl Ananassaft · 4 TL Cream of Coconut (Dose)
oder 4 cl Kokossirup · 2 cl Sahne · 1/4 Ananas-
scheibe · 1 Cocktailkirsche

Außerdem:
3–4 Eiswürfel · Cocktailspieß
elektrischer Mixer · großes Cocktailglas (30 cl)
2 Trinkhalme

ca. 310 kcal/1300 kJ
1 g EW · 7 g F · 62 g KH

1   Ananassaft, Cream of Coconut und Sahne
in den elektrischen Mixer geben und gut durchmixen. 3–4 Eiswürfel in das Cocktailglas geben,
den Inhalt des Mixers darübergießen.

2   Das Ananasstück an den Glasrand stecken
und mit dem Cocktailspieß die Kirsche daran-
stecken. Mit den Trinkhalmen servieren.

3 Min. · sahnig · ohne Alkohol

Cinderella

Für 1 Drink
8 cl Grapefruitsaft · 8 cl Ananassaft
2 cl Kokossirup · 1 cl Grenadinesirup
2 cl Sahne

Außerdem:
6–7 Eiswürfel · Shaker · Barsieb
großes Cocktailglas (30 cl) · 1 Trinkhalm

ca. 255 kcal/1070 kJ
1 g EW · 7 g F · 47 g KH

1   Alle Zutaten mit 4 Eiswürfeln in den Shaker
geben. Alles ca. 15 Sek. kräftig schütteln.

2   Den Inhalt des Shakers durch das Barsieb in
das Cocktailglas auf 2–3 Eiswürfel gießen. Mit
dem Trinkhalm servieren.

Dips und Saucen

Hier finden Sie supercremige Dips zum Snacken und raffinierte Saucen, mit denen das einfachste Schnitzel, Fischfilet oder Gemüse im Handumdrehen zur Delikatesse wird.

Küchenpraxis: Saucen

Schnelle Saucen

Sie möchten schnell ein leckeres Sößchen zu Kurzgebratenem wie Schnitzel, Medaillons oder Fisch zubereiten? Nutzen Sie dazu den Bratensatz in der Pfanne: Löschen Sie ihn, nachdem Sie Fleisch oder Fisch herausgenommen und warm gestellt haben, mit Fond aus dem Glas oder mit Brühe (selbst gemacht, siehe S. 90, oder Instant) ab – nach Belieben auch mit Wein. Kochen Sie alles bei starker Hitze ein. Binden Sie die Sauce nach Wunsch (siehe rechts), und schmecken Sie mit Gewürzen und frischen Kräutern ab.

Alkohol pro und kontra

Ein Schuss Weißwein in der Sauce zum Fisch, etwas Rotwein in der Sauce zu Wild – keine Frage, Alkohol gibt Saucen Würze, Fülle und eine feine Säure. Doch nicht jeder verträgt ihn! Ein Großteil des Alkohols verdunstet zwar beim Aufkochen. Wenn Sie jedoch vollständig auf Alkoholisches im Essen verzichten möchten, weil beispielsweise Kinder mitessen, geben Sie stattdessen Brühe und ein wenig Zitronen- oder Limettensaft dazu.

Altes und neues KOCHWISSEN
Saucen binden gestern und heute

Unsere Großmütter haben 2 TL Mehl in eine Tasse gegeben, mit 2–3 EL kaltem Wasser verrührt und am Ende unter die Sauce gerührt. Diese musste dann 2–3 Min. kochen, bis die Sauce leicht eindickte.

Dabei entstanden allerdings manchmal unschöne Klümpchen. Moderne Pannenhilfe: Die Sauce mit dem Pürierstab kurz durchpürieren. Als garantiert klümpchenfreien und zeitsparenden Ersatz gibt es heute außerdem Saucenbinder in Pulverform: Einfach einrühren, einkochen lassen, fertig!

Schön sämig mit Sahne & Co.

Um eine Sauce schön sämig zu bekommen, gibt es verschiedene Methoden: Sie können z. B. Sahne, Crème fraîche oder Schmand unterrühren und einige Minuten bei starker Hitze einkochen lassen – sehr lecker, aber auch ganz schön kalorienreich. Fettärmer sind saure Sahne (10 % Fett) oder auch Joghurt (meist 1,5 % bzw. 3,5 % Fett). Um zu vermeiden, dass damit in der Sauce hässliche Eiweißflocken entstehen, mischen Sie vor dem Einrühren 1 gestrichenen TL Mehl unter saure Sahne oder Joghurt.

Ohne Fett geht's auch

Reiben Sie eine rohe geschälte Kartoffel in die Sauce und kochen Sie sie ca. 5 Min. mit. Die Kartoffelstärke verleiht der Sauce eine natürliche Bindung. Da sie aber auch Würze absorbiert, sollten Sie die Sauce zuletzt noch einmal gut abschmecken.

»Montieren« mit eiskalter Butter

Für diese klassisch-französische Methode würfeln Sie für 250 ml Sauce 50 g Butter und stellen Sie bis zum Gebrauch ins Tiefkühlfach. Zum Binden der Sauce nehmen Sie Topf oder Pfanne vom Herd, geben die eiskalten Butterwürfelchen nacheinander hinein und ziehen sie schnell mit einem Schneebesen unter. Jetzt die Sauce nicht mehr aufkochen, weil die Bindung sonst wieder verloren geht: Fett- und Eiweißanteile trennen sich wieder.

Grundrezept
Mayonnaise

Für ca. 300 g
2 sehr frische Eigelbe · 1 TL Dijonsenf
1 EL Zitronensaft · Salz
200 ml Sonnenblumenöl · weißer Pfeffer
2 EL Joghurt (nach Belieben)

Pro Portion von 30 g: ca. 195 kcal/820 kJ
1 g EW · 21 g F · 0 g KH

1 Die Eigelbe rechtzeitig aus dem Kühlschrank nehmen (siehe unten). Mit Senf, Zitronensaft und 1/2 TL Salz in eine Rührschüssel geben und mit dem Handrührgerät in ca. 2 Min. cremig aufschlagen.

2 Das Öl erst tropfenweise unterrühren, bis die Masse dickcremig wird. Dann das Öl in dünnem Strahl dazugießen und dabei ständig weiterschlagen, bis eine cremige Mayonnaise entstanden ist. Zum Schluss mit weißem Pfeffer und eventuell noch etwas Salz abschmecken.

3 Wer möchte, kann zum Schluss noch etwas Joghurt unter die Mayonnaise ziehen, das macht sie im Geschmack erfrischender. Bis zum Servieren oder Weiterverarbeiten zugedeckt in den Kühlschrank stellen.

Wie wär's mal …

MIT KAPERN UND KRÄUTERN

2 EL Kapern (aus dem Glas) abtropfen lassen und fein hacken. Mit 4 EL fein gehackten Kräutern (z. B. Basilikum, Dill, Estragon, Schnittlauch, Kerbel, jeweils 1 Sorte oder auch gemischt) unter die Mayonnaise ziehen. Passt gut zu gegrilltem Fisch, Pellkartoffeln oder kaltem Braten.

MIT APFEL UND MEERRETTICH

1 säuerlichen Apfel (z. B. Braeburn) schälen, das Kerngehäuse entfernen und den Apfel grob raspeln. Die Raspel sofort mit 1 EL Zitronensaft vermischen. Mit 1–2 EL Meerrettich (aus dem Glas) unter die Mayonnaise rühren. Schmeckt sehr fein zu geräuchertem Fisch oder Roastbeef.

MIT SAFRAN, CHILI UND KNOBLAUCH

1 Döschen Safranfäden in einer Tasse in 1 EL heißem Wasser auflösen und abkühlen lassen. 1 rote Chilischote waschen, längs aufschneiden, entkernen und mit 4 geschälten Knoblauchzehen im Mörser fein zerstoßen. Alles unter die Mayonnaise rühren und mit Salz und Cayennepfeffer würzig abschmecken. Diese »Rouille« genannte Creme wird in Frankreich traditionell auf geröstetem Brot zur Fischsuppe gereicht, schmeckt aber auch gut zu kaltem Braten.

Was Großmutter schon wusste *Alle Zutaten sollten bei der Zubereitung Zimmertemperatur haben, weil die Mayonnaise sonst leicht gerinnt. Deshalb alles rechtzeitig aus dem Kühlschrank nehmen! Sollte die Mayonnaise doch einmal gerinnen, ein paar Tropfen kaltes Wasser hinzufügen und weiterschlagen. Sollte das nichts nützen, in einer neuen Schüssel ein weiteres Eigelb mit 1 TL Zitronensaft aufschlagen und dann nach und nach die geronnene Mayonnaise unterrühren.*

Ob sahnig-frisch, orientalisch-würzig oder fruchtig-scharf – mit frischen Gemüsesticks, Kräckern oder Grissini, den leckeren italienischen Knusperstangen, wird aus diesen Dips ein toller Snack zum Aperitif.

Die 6 cremigsten Dips

1 Tzatziki

Für diesen griechischen Klassiker 1 kleine Salatgurke schälen, längs aufschneiden und die Kerne herauskratzen. Die Gurkenhälften grob raspeln, in einer Schüssel mit 1 TL Salz mischen und Wasser ziehen lassen. Inzwischen 250 g griechischen Joghurt (10 % Fett; bzw. ersatzweise eine Mischung aus halb Joghurt, halb Schmand) mit 1 EL Olivenöl glatt rühren. 2 Knoblauchzehen schälen und dazupressen. Die Gurkenraspel gut ausdrücken und unter den Joghurt rühren. Mit Pfeffer und eventuell noch etwas Salz abschmecken. Schmeckt super zu Gemüsestiften aus Möhren, Salatgurken und Staudensellerie oder zu Sesam-Grissini.

2 Ziegenfrischkäse-Dip

Für diesen feinen mediterranen Dip 2 EL Pinienkerne bei schwacher Hitze in einer Pfanne ohne Fett goldbraun rösten, abkühlen lassen. Je 10 in Öl eingelegte getrocknete Tomaten und schwarze Oliven (ohne Stein) fein würfeln. 150 g Ziegenfrischkäse mit 150 g Joghurt mit dem Pürierstab verquirlen. Blättchen von 2 Zweigen frischem Thymian fein hacken und mit Tomaten, Oliven und den abgekühlten Pinienkernen unterrühren. Mit Salz und Pfeffer abschmecken. Schmeckt sehr gut zu Gurkenscheiben, Tomatenachteln und in Streifen geschnittenen roten und gelben Paprikaschoten.

3 Guacamole

Für diesen scharfen mexikanischen Avocado-Dip 1 große Fleischtomate (ca. 250 g) kreuzweise einritzen, mit kochendem Wasser überbrühen, kalt abschrecken und häuten (siehe S. 95). Die Tomate quer halbieren, entkernen und das Fruchtfleisch klein würfeln. 1 kleine Zwiebel sowie 2 Knoblauchzehen schälen und sehr fein würfeln. 1 frische rote Chilischote waschen, längs aufschneiden, entkernen und sehr fein würfeln. 1 Limette auspressen. 2 reife Avocados längs halbieren, die Kerne entfernen und das Fruchtfleisch mit einem Löffel herauslösen. Das Fruchtfleisch mit dem Limettensaft im Mixer pürieren (oder mit einer Gabel fein zerdrücken). Das Avocadopüree mit den Tomatenwürfeln, Zwiebeln, Knoblauch und Chili mischen. Mit Salz und Pfeffer würzen. Nach Belieben 1/2 Bund Koriandergrün waschen und trocken schütteln, die Blättchen fein hacken und unterrühren. Guacamole passt gut zu Nachos oder Kartoffelchips, darüber hinaus aber auch zu gegrilltem Fisch, Fleisch oder Geflügel.

1   2   3   4   5   6

4   Kichererbsen-Sesam-Dip

Für diesen orientalischen Dip 1 kleine Dose Kichererbsen (280 g Abtropfgewicht) in ein Sieb abgießen, kalt abbrausen und abtropfen lassen. Mit 3 EL Tahina (Sesampaste aus dem türkischen Laden bzw. Bioladen) und dem Saft von 2 Zitronen in den Mixer geben. 2 Knoblauchzehen schälen und dazupressen. 3 EL Olivenöl und je 1/2 TL Salz, Cayennepfeffer und gemahlenen Kreuzkümmel hinzufügen und alles fein pürieren. Nach und nach so viel kaltes Wasser hinzufügen und weiterpürieren, bis ein cremiger Dip entsteht. In eine Schüssel geben, an der Oberfläche dekorative Schlieren ziehen, 1 EL Olivenöl darüberträufeln und mit etwas Cayennepfeffer bestreuen. Der Dip schmeckt wunderbar zu Falafel (Rezept S. 41) oder zu geröstetem Fladenbrot.

5   Kokos-Ananas-Dip

Für diesen exotisch-fruchtigen Dip 2 EL Kokosraspel bei schwacher Hitze in einer Pfanne ohne Fett rösten, bis sie duften. Vom Herd nehmen und abkühlen lassen. 1 Babyananas schälen, vom Strunk befreien und in sehr feine Würfel schneiden (oder 3 Scheiben Ananas aus der Dose gut abtropfen lassen und fein würfeln). 200 g Frischkäse mit 100 ml cremiger Kokosmilch (aus Tetrapak oder Dose) und 1 EL Currypulver glatt verrühren. Ananas und abgekühlte Kokosraspel unterrühren und mit Salz und Cayennepfeffer würzig abschmecken. Schmeckt zu Gemüsesticks, zu gebratenen Fleischspießchen und gegrillten Schweinekoteletts.

6   Artischocken-Dip mit Pecorino

Für diesen herb-würzigen Dip 2 Dosen Artischockenherzen (je 240 g Abtropfgewicht) in ein Sieb geben und abtropfen lassen. 2 Knoblauchzehen schälen. 1 Bund Rucola waschen, die groben Stiele entfernen, die Blätter etwas zerkleinern. Die Artischockenherzen mit Knoblauch, Rucola, 3 EL Pinienkernen und 3 EL Olivenöl im Mixer (oder in einem hohen Aufschlaggefäß mit dem Pürierstab) fein pürieren. 1 TL abgeriebene Schale von einer Bio-Zitrone, 1 EL Zitronensaft und 4 EL frisch geriebenen Pecorino unterrühren. Den Dip mit Salz und Pfeffer abschmecken.
Servieren Sie den Artischocken-Dip mit Oliven und Kirschtomaten zu Grissini oder zu gerösteten Weißbrotscheiben.

 Tausch-Tipp *Falls Sie* **Pecorino,** *den italienischen Hartkäse aus Schafmilch, nicht bekommen, verwenden Sie stattdessen frisch geriebenen* **Parmesan** *oder den etwas preiswerteren* **Grana di Padano.**

Sweet-Chili-Dip

Für 4 Personen
1 frische große rote Chilischote · 1 TL Salz
100 ml Reisessig (aus dem Asienladen)
4 EL Zucker · 2 Zweige Koriandergrün
1 Schalotte · 1 EL geröstete gesalzene Erdnüsse

Pro Portion: ca. 70 kcal/290 kJ
1 g EW · 2 g F · 12 g KH

1 Die Chilischote waschen, längs aufschneiden, entkernen und fein würfeln. Mit dem Salz im Mörser fein zerstoßen, bis eine Paste entsteht. (Wer keinen Mörser hat, kann das Salz auch mit auf die Arbeitsfläche streuen und Chili und Salz mit einem schweren Messer so lange durchhacken, bis ein feines Mus entsteht.)

2 Die Chili-Salz-Paste mit dem Reisessig, 75 ml Wasser und dem Zucker in einem Topf verrühren und bei schwacher Hitze 15 Min. sämig einkochen lassen. Den Topf vom Herd nehmen und den Inhalt abkühlen lassen.

3 Zum Servieren das Koriandergrün waschen und trocken schütteln, die Blättchen und zarten Stiele fein schneiden. Die Schalotte schälen und sehr fein würfeln. Beides unter den abgekühlten Dip rühren und diesen in ein Schälchen füllen. Die Erdnüsse im Mörser zerstoßen (oder mit dem Messer fein hacken) und darüberstreuen.

Küchenpraxis Die **Sweet-Chili-Sauce** ist ein thailändischer Dip-Klassiker, der **zu allen frittierten Snacks** wie Frühlingsröllchen oder Fischplätzchen (Rezept S. 40) gereicht wird. Sie können ihn auch fertig in der Flasche im Asienladen kaufen. Da in asiatischen Fertigprodukten allerdings an Geschmacksverstärkern und Konservierungsstoffen selten gespart wird, sollten besonders Allergiker den Dip lieber selbst zubereiten.

Tomaten-Honig-Dip

Für 4 Personen
1 Zwiebel
2 Knoblauchzehen
2 EL Olivenöl
1 Dose stückige Tomaten (400 g)
2 Zweige frischer Thymian
Salz · Pfeffer
2 EL Honig
100 g Frischkäse
1 TL abgeriebene Schale von einer Bio-Zitrone
Cayennepfeffer

Pro Portion: ca. 175 kcal/730 kJ
3 g EW · 13 g F · 11 g KH

1 Die Zwiebel und den Knoblauch schälen und fein würfeln. Das Öl in einem Topf erhitzen und beides darin bei mittlerer Hitze 2 Min. anbraten. Die Tomaten hinzufügen. Die Thymianzweige waschen und dazulegen. 15 Min. zugedeckt einkochen lassen, gelegentlich umrühren.

2 Topf vom Herd nehmen und die Thymianzweige entfernen. Die Sauce mit Salz und Pfeffer würzen und den Honig einrühren. Vollständig abkühlen lassen.

3 Die Tomatensauce, den Frischkäse und die Zitronenschale im Mixer (oder in einem hohen Aufschlaggefäß mit dem Pürierstab) fein pürieren. Mit Cayennepfeffer und eventuell noch etwas Salz abschmecken. Der Dip passt gut zu Hackbällchen (Rezept S. 40), zu Gemüsestiften oder Kräckern.

WÜRZIG-SCHARFE VARIANTE

*Lassen Sie die Thymianzweige weg und würzen dafür mit **1 EL Currypulver**. Wer's scharf liebt, kocht zusätzlich eine fein gewürfelte **Chilischote** mit. Passt gut zu Nachos und Kartoffelchips.*

25 Min. · indisch inspiriert

Rote-Linsen-Dip

Für 4 Personen
1 kleine Zwiebel · 1 Knoblauchzehe
1 Stück frischer Ingwer (ca. 2 cm)
1 EL Butterschmalz (oder Öl)
1 TL gemahlene Kurkuma
120 g rote Linsen
250 ml Gemüsebrühe (selbst
gemacht, Rezept S. 91, oder Instant)
1/2 Bund Koriandergrün
100 g Sahne
Salz · Pfeffer
1 TL Zitronensaft

Pro Portion: ca. 210 kcal/880 kJ
8 g EW · 12 g F · 18 g KH

1 Die Zwiebel, den Knoblauch und den Ingwer schälen und fein würfeln. Das Butterschmalz in einem Topf erhitzen und alles darin bei mittlerer Hitze unter Rühren 2 Min. anbraten.

2 Kurkuma und Linsen hinzufügen und 1 Min. mitbraten. Die Gemüsebrühe angießen, aufkochen und die Linsen zugedeckt 12 Min. bei schwacher Hitze kochen lassen, gelegentlich umrühren.

3 Das Koriandergrün waschen und trocken schütteln, die Blättchen abzupfen und fein schneiden. Den Topf vom Herd nehmen und die Sahne angießen. Die Linsen mit dem Pürierstab fein pürieren. Mit Salz, Pfeffer und Zitronensaft abschmecken und das Koriandergrün unterrühren. Abgekühlt zu Gemüsesticks oder knusprigem Fladenbrot servieren.

KALORIENSPAR-VARIANTE

*Ersetzen Sie die Sahne einfach durch die gleiche Menge **Joghurt.***

30 Min. · fruchtig-scharf

Süßsaurer Aprikosen-Dip

Für 4 Personen
200 g getrocknete Aprikosen (ohne Stein)
1 kleine Zwiebel
1 Stück frischer Ingwer (ca. 1 cm)
1 frische rote Chilischote
1 EL Butter · Salz
weißer Pfeffer · 1 TL Currypulver
100 ml trockener Weißwein (ersatzweise
80 ml Wasser und 1 EL Zitronensaft)
100 ml Gemüsebrühe (selbst gemacht,
Rezept S. 91, oder Instant)
2 EL Zitronensaft

Pro Portion: ca. 170 kcal/710 kJ
3 g EW · 3 g F · 26 g KH

1 Die Aprikosen klein schneiden. Die Zwiebel und den Ingwer schälen und fein würfeln. Die Chilischote waschen, längs aufschneiden, entkernen und klein schneiden.

2 Die Butter in einem Topf erhitzen und alles darin ca. 5 Min. dünsten. Mit Salz, Pfeffer und Curry würzen. Mit dem Weißwein ablöschen, aufkochen lassen und die Gemüsebrühe dazugießen. Zugedeckt ca. 15 Min. köcheln lassen.

3 Den Topfinhalt im Mixer (oder mit dem Pürierstab) fein pürieren und mit Zitronensaft abschmecken. Den Dip in eine kleine Schüssel füllen und abkühlen lassen. Passt sehr gut zu kaltem Fleisch, geräuchertem Fisch wie Heilbutt und Stör und gegrillten oder gebratenen Scampi.

VARIANTE MIT KOKOS

*Rühren Sie zusätzlich **1–2 EL Kokosraspel** unter, das verleiht dem Dip eine exotische Note.*

 Gut zu wissen *Von der **Ingwerwurzel** noch viel übrig geblieben? Dann wickeln Sie das übrige Stück **in Klarsichtfolie,** und bewahren Sie es im Gemüsefach des Kühlschranks auf. So hält es 2–3 Wochen.*

Sauce hollandaise

Für 4 Personen
200 g Butter · 1 Schalotte
4 weiße Pfefferkörner
1 EL Weißweinessig
3 sehr frische Eigelbe
1 EL Zitronensaft
Salz · weißer Pfeffer

Pro Portion: ca. 430 kcal/1800 kJ
3 g EW · 46 g F · 1 g KH

1 Die Butter in einem Topf bei schwacher Hitze erhitzen (sie darf nicht braun werden!). Den Topf vom Herd nehmen und die Butter lauwarm abkühlen lassen, sodass das weiße Milcheiweiß nach unten absinkt (**Bild 1**). Das Ergebnis nennt man »geklärte Butter«.

2 Die Schalotte schälen und fein würfeln. Die Pfefferkörner mit dem Messerrücken zerdrücken. Essig, 3 EL Wasser, Schalottenwürfel und Pfefferkörner in einem kleinen Töpfchen aufkochen, 1 Min. bei schwacher Hitze kochen lassen und vom Herd nehmen.

3 Ein Wasserbad vorbereiten: Dazu in einen Topf, in den man eine Metallrührschüssel einhängen kann (**Bild 2**), ca. 5 cm hoch Wasser füllen und aufkochen. Die Hitze reduzieren, sodass das Wasser nicht mehr kocht.

4 Die Schalotten-Essig-Mischung durch ein feines Sieb in die Rührschüssel geben. Eigelbe und 1 EL kaltes Wasser hinzufügen und unterrühren. Die Schüssel ins Wasserbad stellen und die Mischung 3–4 Min. mit dem Schneebesen schlagen, bis eine dickliche Creme entsteht.

5 Die Schüssel aus dem Wasserbad nehmen und 1 Min. weiterschlagen. Nun die geklärte Butter erst tropfenweise, dann in einem dünnen Strahl dazugießen und dabei ständig weiterschlagen (**Bild 3**), bis eine cremige Sauce entstanden ist. Mit Zitronensaft, Salz und Pfeffer abschmecken.

Die Sauce hollandaise möglichst sofort servieren, weil sie beim Erkalten fest wird. Sie lässt sich ca. 20 Min. im nicht zu heißen Wasserbad warm halten. Nicht auf ein Rechaud stellen! Passt zu grünem und weißem Spargel, zu gedünstetem Gemüse und Fisch.

VARIANTE *Blitz-Hollandaise*

Lassen Sie die Reduktion aus Essig, Schalotten und Pfefferkörnern weg und schmecken am Ende etwas kräftiger mit Zitronensaft, Salz und gemahlenem weißem Pfeffer ab.

VARIANTE *Sauce béarnaise*

2 Schalotten schälen und fein würfeln. 2–3 Zweige Estragon und 1 Handvoll Kerbel waschen, trocken tupfen und die Blättchen fein hacken. Je 50 ml trockenen Weißwein und Weißweinessig, Schalotten und die Hälfte der Kräuter in einem Töpfchen bei schwacher Hitze offen um die Hälfte einkochen, dann abkühlen lassen.
Wie in Arbeitsschritt 1 im Rezept beschrieben 200 g Butter klären. 3 Eigelbe im Wasserbad aufschlagen, nach und nach die Butter unterrühren. Den Kräutersud durch ein feines Sieb dazugießen und die restlichen Kräuter unterrühren. Die Sauce mit Salz und weißem Pfeffer abschmecken. Sie schmeckt fein zu Rindersteak, Gemüse, Geflügel oder gedünstetem Fisch.

Pannenhilfe *Butter und Eigelbcreme müssen ungefähr* **die gleiche Temperatur** *haben, damit sie sich perfekt verbinden. Falls die Sauce doch einmal gerinnt, d. h. Fett und Ei sich flockig trennen, einen Eiswürfel oder ein paar Tropfen* **eiskaltes Wasser hinzufügen** *und kräftig weiterschlagen.*

Sauce hollandaise

Für 4 Personen
200 g Butter · 1 Schalotte
4 weiße Pfefferkörner
1 EL Weißweinessig
3 sehr frische Eigelbe
1 EL Zitronensaft
Salz · weißer Pfeffer

Pro Portion: ca. 430 kcal/1800 kJ
3 g EW · 46 g F · 1 g KH

1   Die Butter in einem Topf bei schwacher Hitze erhitzen (sie darf nicht braun werden!). Den Topf vom Herd nehmen und die Butter lauwarm abkühlen lassen, sodass das weiße Milcheiweiß nach unten absinkt (**Bild 1**). Das Ergebnis nennt man »geklärte Butter«.

2   Die Schalotte schälen und fein würfeln. Die Pfefferkörner mit dem Messerrücken zerdrücken. Essig, 3 EL Wasser, Schalottenwürfel und Pfefferkörner in einem kleinen Töpfchen aufkochen, 1 Min. bei schwacher Hitze kochen lassen und vom Herd nehmen.

3   Ein Wasserbad vorbereiten: Dazu in einen Topf, in den man eine Metallrührschüssel einhängen kann (**Bild 2**), ca. 5 cm hoch Wasser füllen und aufkochen. Die Hitze reduzieren, sodass das Wasser nicht mehr kocht.

4   Die Schalotten-Essig-Mischung durch ein feines Sieb in die Rührschüssel geben. Eigelbe und 1 EL kaltes Wasser hinzufügen und unterrühren. Die Schüssel ins Wasserbad stellen und die Mischung 3–4 Min. mit dem Schneebesen schlagen, bis eine dickliche Creme entsteht.

5   Die Schüssel aus dem Wasserbad nehmen und 1 Min. weiterschlagen. Nun die geklärte Butter erst tropfenweise, dann in einem dünnen Strahl dazugießen und dabei ständig weiterschlagen (**Bild 3**), bis eine cremige Sauce entstanden ist. Mit Zitronensaft, Salz und Pfeffer abschmecken.

Die Sauce hollandaise möglichst sofort servieren, weil sie beim Erkalten fest wird. Sie lässt sich ca. 20 Min. im nicht zu heißen Wasserbad warm halten. Nicht auf ein Rechaud stellen! Passt zu grünem und weißem Spargel, zu gedünstetem Gemüse und Fisch.

VARIANTE   *Blitz-Hollandaise*

Lassen Sie die Reduktion aus Essig, Schalotten und Pfefferkörnern weg und schmecken am Ende etwas kräftiger mit Zitronensaft, Salz und gemahlenem weißem Pfeffer ab.

VARIANTE   *Sauce béarnaise*

2 Schalotten schälen und fein würfeln. 2–3 Zweige Estragon und 1 Handvoll Kerbel waschen, trocken tupfen und die Blättchen fein hacken. Je 50 ml trockenen Weißwein und Weißweinessig, Schalotten und die Hälfte der Kräuter in einem Töpfchen bei schwacher Hitze offen um die Hälfte einkochen, dann abkühlen lassen.
Wie in Arbeitsschritt 1 im Rezept beschrieben 200 g Butter klären. 3 Eigelbe im Wasserbad aufschlagen, nach und nach die Butter unterrühren. Den Kräutersud durch ein feines Sieb dazugießen und die restlichen Kräuter unterrühren. Die Sauce mit Salz und weißem Pfeffer abschmecken. Sie schmeckt fein zu Rindersteak, Gemüse, Geflügel oder gedünstetem Fisch.

Pannenhilfe *Butter und Eigelbcreme müssen ungefähr* **die gleiche Temperatur** *haben, damit sie sich perfekt verbinden. Falls die Sauce doch einmal gerinnt, d. h. Fett und Ei sich flockig trennen, einen Eiswürfel oder ein paar Tropfen* **eiskaltes Wasser hinzufügen** *und kräftig weiterschlagen.*

Pilzrahmsauce

Für 4 Personen
10 g getrocknete Steinpilze
400 g Egerlinge (oder Champignons)
50 g Räucherspeck (ohne Schwarte)
1 Zwiebel · 2 Knoblauchzehen
2 EL neutrales Pflanzenöl
1/2 TL getrockneter Thymian
200 g Sahne
1 Bund Petersilie
Salz · Pfeffer
1–2 TL Zitronensaft

Pro Portion: ca. 305 kcal/1280 kJ
8 g EW · 28 g F · 4 g KH

1   Die getrockneten Steinpilze 15 Min. in 100 ml warmem Wasser einweichen. Inzwischen die Egerlinge putzen, trocken abreiben und in Scheiben schneiden. Den Speck sehr fein würfeln. Die Zwiebel und die Knoblauchzehen schälen und fein würfeln.

2   Das Öl in einer Pfanne erhitzen. Speck, Zwiebeln, Knoblauch und Thymian in die Pfanne geben und 2 Min. bei mittlerer Hitze anbraten. Die frischen Pilze dazugeben und 3 Min. braten, gelegentlich umrühren.

3   Die eingeweichten Pilze ausdrücken und fein schneiden. Das Einweichwasser durch ein feines Sieb in die Pfanne gießen, gehackte Pilze und Sahne unterrühren und 5 Min. einkochen lassen.

4   Die Petersilie waschen und trocken schütteln, die Blätter fein schneiden. Unter die Pilzsauce rühren und mit Salz, Pfeffer und Zitronensaft abschmecken. Schmeckt fein zu Kalbs-, Puten- und Rehschnitzeln.

EINFACHE VARIANTE

*Getrocknete Steinpilze geben ein tolles Aroma, sind aber nicht ganz billig. Sie können sie auch weglassen. Ersetzen Sie dann das Einweichwasser einfach durch **Gemüsebrühe.***

Kräutersahnesauce

Für 4 Personen
1 kleine Zwiebel
1 Knoblauchzehe
2 EL Butter
250 ml Gemüsebrühe (selbst gemacht, Rezept S. 91, oder Instant)
250 g Crème fraîche
je 1 Bund Basilikum und Petersilie
1 Handvoll Kerbel
Salz · weißer Pfeffer
Muskatnuss, frisch gerieben
1 Spritzer Zitronensaft

Pro Portion: ca. 295 kcal/1230 kJ
2 g EW · 30 g F · 3 g KH

1   Die Zwiebel und den Knoblauch schälen und fein würfeln. Die Butter in einem kleinen Topf erhitzen. Zwiebeln und Knoblauch darin bei schwacher Hitze 2 Min. andünsten.

2   Die Gemüsebrühe in den Topf gießen und aufkochen lassen. Die Crème fraîche einrühren und die Sauce bei mittlerer Hitze 5 Min. offen einkochen lassen.

3   Inzwischen die Kräuter waschen und trocken schütteln bzw. trocken tupfen, die Blättchen abzupfen und fein hacken.

4   Den Topf vom Herd nehmen, die Kräuter unter die Sauce rühren und mit Salz, Pfeffer, 1 Prise Muskat und Zitronensaft abschmecken. Passt ausgezeichnet zu gedünstetem Fisch, zu allen Gemüsesorten und Pellkartoffeln.

SCHLANKE VARIANTE

*Kochen Sie eine klein gewürfelte, mehligkochende **Kartoffel** mit, nehmen 100 ml mehr Gemüsebrühe und lassen die Crème fraîche weg.*

25 Min. · spanisch

Orangen-Mandel-Sauce

Für 4 Personen
1 Scheibe Toastbrot
50 g Mandelstifte
2 Orangen (mindestens 1 in Bio-Qualität)
1 Knoblauchzehe
1/2 TL gemahlener Kreuzkümmel
Salz · Zucker
Cayennepfeffer
2 Schalotten
2 EL Olivenöl
200 ml Geflügelfond (aus dem Glas)

Pro Portion: ca. 200 kcal/840 kJ
4 g EW · 14 g F · 8 g KH

1   Das Toastbrot klein würfeln und mit den Mandelstiften in einer Pfanne bei schwacher Hitze ohne Fett goldbraun rösten.

2   Inzwischen die Bio-Orange heiß abwaschen und abtrocknen. Mit einem Zestenreißer die Haut in feinen Streifen abziehen (oder mit dem Sparschäler arbeiten, siehe Tipp S. 45). Dann beide Orangen auspressen.

3   Den Knoblauch schälen und in feine Würfel schneiden. Mit Brot und Mandeln, Kreuzkümmel und je 1/4 TL Salz, Zucker und Cayennepfeffer in den Mörser geben und fein zerstoßen (oder im Blitzhacker fein zerkleinern). 5 EL Orangensaft unterrühren.

4   Die Schalotten schälen und sehr fein würfeln. Das Öl in einem Topf erhitzen, die Schalotten darin bei mittlerer Hitze 2 Min. anbraten. Mit dem Fond und dem übrigen Orangensaft ablöschen und bei starker Hitze 3 Min. einkochen lassen.

5   Die Mandelmischung und die Orangenzesten untermischen und bei mittlerer Hitze 3–4 Min. unter Rühren einkochen. Noch einmal mit Salz und Cayennepfeffer abschmecken. Passt sehr gut zu Kalbfleisch und Hähnchenbrustfilets.

25 Min. · zitronig-scharf

Zitronengras-Kokossauce

Für 4 Personen
2 Stängel Zitronengras (aus dem Asienladen)
1 Knoblauchzehe · 1 Dose Kokosmilch (400 ml; ungeschüttelt) · 1–2 TL grüne Currypaste (je nach gewünschter Schärfe, aus dem Glas)
2 EL Fischsauce (oder 1/2 TL Salz) · 1 TL Zucker
1 Bund Koriandergrün · 3–4 EL Limettensaft

Pro Portion: ca. 40 kcal/170 kJ
1 g EW · 1 g F · 8 g KH

1   Das Zitronengras von äußeren harten Blättern befreien, das untere weiche Drittel sehr fein würfeln. Den Knoblauch schälen.

2   In der Kokosmilchdose setzt sich oben die dicke, fettreiche Kokossahne ab, die man zum Anbraten verwenden kann (deshalb die Dose vor Gebrauch nicht schütteln). 3 EL davon in einen Wok (oder in eine Pfanne mit hohem Rand) geben und auf mittlere Hitze erwärmen, bis sie sprudelnd kocht. Die Currypaste einrühren und 2 Min. ohne Umrühren anbraten.

3   Die übrige Kokosmilch, Zitronengras, Fischsauce und Zucker dazugeben und den Knoblauch dazupressen. Wieder aufkochen und 3 Min. bei starker Hitze einkochen lassen.

4   Das Koriandergrün waschen und trocken schütteln, die Blättchen grob hacken. Die Sauce mit dem Limettensaft abschmecken und das Koriandergrün unterrühren. Verleiht Schweine- oder Hähnchenfleisch, aber auch Fischfilet einen exotischen Asia-Touch.

Küchenpraxis *In den meisten Thai-Rezepten wird nur das weiche untere Drittel des Zitronengrases verwendet. Sie können den harten Rest aber mitverwenden, auch er ist aromatisch: **Klopfen Sie harte Zitronengrasteile weich,** kochen Sie sie in der Sauce mit, und entfernen Sie sie vor dem Servieren wieder.*

25 Min. · edel

Schalotten-Safran-Sauce

im Bild · *Für 4 Personen*
100 g Schalotten
2 EL Butter
400 ml Fischfond (aus dem Glas)
100 g Sahne
2 Döschen Safranfäden (je 0,1 g)
Salz · weißer Pfeffer
1 Prise frisch geriebene Muskatnuss
1–2 TL Zitronensaft

Pro Portion: ca. 135 kcal/560 kJ
1 g EW · 13 g F · 3 g KH

1 Die Schalotten schälen und in feine Würfel schneiden. Die Butter in einem Topf erhitzen und die Schalotten darin bei mittlerer Hitze 2–3 Min. unter Rühren goldgelb anbraten. Mit dem Fischfond und der Sahne aufgießen, aufkochen und zugedeckt 15 Min. köcheln lassen.

2 Den Topf vom Herd nehmen und die Sauce mit dem Pürierstab (oder im Mixer) pürieren. Den Safran unterrühren – nach Belieben ein paar Fäden für die Garnitur zurückbehalten – und die Sauce nochmals aufkochen lassen.

3 Die Sauce mit Salz, Pfeffer, Muskatnuss und Zitronensaft abschmecken. Gegebenenfalls die zurückbehaltenen Safranfäden aufstreuen (**Bild**). Die Sauce passt besonders zu feinem Fisch wie z. B. Seezunge.

25 Min. · südländisch

Tomaten-Kapern-Sauce
mit Pinienkernen

Für 4 Personen
750 g Fleischtomaten · 2 kleine Zwiebeln
2 EL Olivenöl · 200 ml trockener Weißwein
(oder Gemüsebrühe) · 4 EL Pinienkerne
1 Bund Petersilie · 3 EL Kapern (aus dem Glas)
Salz · Pfeffer · 1 TL rosenscharfes Paprikapulver

Pro Portion: ca. 150 kcal/630 kJ
4 g EW · 11 g F · 8 g KH

1 Die Fleischtomaten kreuzweise einritzen, mit kochendem Wasser überbrühen, kalt abschrecken und häuten (siehe S. 95). Die Tomaten quer halbieren, entkernen und das Fruchtfleisch klein schneiden.

2 Die Zwiebeln schälen und fein würfeln. Das Olivenöl in einem Topf erhitzen und die Zwiebeln darin bei mittlerer Hitze 2 Min. goldgelb anbraten. Mit dem Weißwein ablöschen und in 7–8 Min. offen um die Hälfte einkochen lassen.

3 Inzwischen die Pinienkerne in einer Pfanne ohne Fett goldbraun rösten. Petersilie waschen und trocken schütteln, die Blätter abzupfen und mittelfein hacken.

4 Tomaten und Kapern zur Sauce geben, mit Salz, Pfeffer und Paprika würzen. Wieder aufkochen und ca. 5 Min. kochen lassen, gelegentlich umrühren. Pinienkerne und Petersilie unterheben. Passt gut zu Schwertfischsteaks und zu gegrilltem Fisch oder Schweinefleisch.

Warum ist … Safran eigentlich so teuer? *Safran wird von einer bestimmten Krokusart gewonnen, die z. B. in Spanien und Italien wächst. Die Blüten werden von Hand geerntet, die je drei leuchtend roten Staubgefäße vorsichtig herausgelöst und getrocknet. Ein preisgünstiger Ersatz ist Kurkuma, das den Speisen eine ebenso schöne Farbe verleiht, aber längst nicht so fein-aromatisch ist. Vorsicht, vermeintlich billiger Safran ist oft damit gestreckt, deshalb besser Safranfäden kaufen!*

Pikante Paprikasauce

Für 4 Personen
3 rote Paprikaschoten
2 frische große rote Chilischoten
3 Knoblauchzehen
1 Zwiebel · 3 EL Olivenöl
100 g geschälte Mandeln
400 ml Gemüsebrühe (selbst gemacht,
Rezept S. 91, oder Instant)
Salz · Pfeffer

Pro Portion: ca. 260 kcal/1090 kJ
7 g EW · 23 g F · 6 g KH

1   Backofen auf 220° vorheizen. Die Paprikaschoten längs halbieren, putzen und waschen. Die halbierten Schoten, wie auf S. 31 gezeigt, mit den Schnittflächen nach unten auf ein Backblech legen. Im heißen Ofen (Mitte, Umluft 200°) ca. 20 Min. backen, bis die Haut Blasen wirft und sich dunkel färbt.

2   Inzwischen die Chilischoten waschen, längs aufschneiden, entkernen und fein schneiden. Den Knoblauch und die Zwiebel schälen und fein würfeln. Das Öl in einem Topf erhitzen, Zwiebeln, Knoblauch und Chili bei schwacher Hitze darin 3–4 Min. andünsten.

3   Die Paprikaschoten aus dem Ofen nehmen, mit einem feuchten Tuch abdecken. Die Schoten häuten. Das Fruchtfleisch mit den Mandeln und dem Topfinhalt im Mixer pürieren. Das Püree zurück in den Topf geben, die Gemüsebrühe zugießen, aufkochen lassen, mit Salz und Pfeffer würzen. Passt ausgezeichnet zu Kaninchenschenkeln, Hähnchenbrustfilet und Putensteaks.

SCHNELLE VARIANTE

*Die **Paprikaschoten gibt es fertig gehäutet** im Glas zu kaufen (in spanischen Lebensmittelläden und Feinkostabteilungen von Supermärkten), damit sparen Sie viel Zeit. Sie sollten für dieses Gericht in Öl, nicht sauer, eingelegt sein!*

Süßsaure Senfsauce

Für 4 Personen
120 g Butter
1 große Zwiebel
250 ml Fleischbrühe
(selbst gemacht, Rezept S. 91, oder Instant)
3 EL mittelscharfer Senf
2 EL Honig
2 EL Rotweinessig
Salz · weißer Pfeffer
1 Bund Dill

Pro Portion: ca. 270 kcal/1130 kJ
1 g EW · 26 g F · 8 g KH

1   100 g Butter in kleine Würfel schneiden und ins Tiefkühlfach legen. Die Zwiebel schälen und fein würfeln. Die restlichen 20 g Butter in einem kleinen Topf erhitzen und die Zwiebeln darin in 2–3 Min. bei mittlerer Hitze weich dünsten. Mit der Brühe aufgießen und aufkochen lassen.

2   Senf, Honig und Rotweinessig dazugeben und ca. 5 Min. kräftig einkochen lassen. Den Topf vom Herd nehmen und die eiskalten Butterwürfel mit dem Schneebesen unter die Sauce schlagen, bis sie cremig bindet. Die Sauce mit Salz und Pfeffer abschmecken.

3   Den Dill waschen und trocken schütteln, die Spitzen abzupfen, fein hacken und unter die Sauce mischen. Schmeckt fein zu gekochtem Rindfleisch und zu Kalbs- und Putenschnitzeln.

SCHLANKE VARIANTE

*Rühren Sie anstelle der Butter 100 g **Crème fraîche** unter die Sauce.*

★
★

30 Min. · fruchtig

Apfel-Balsamico-Sauce

Für 4 Personen
2 Schalotten
2 EL Butter
3 mittelgroße Äpfel
(z. B. Cox Orange, James Grieves)
250 ml Apfelsaft
2 EL Aceto balsamico
Muskatnuss, frisch gerieben
Zimtpulver
Salz · Pfeffer

Pro Portion: ca. 125 kcal/520 kJ
0 g EW · 5 g F · 19 g KH

1   Die Schalotten schälen und fein würfeln.
Die Butter in einem Topf erhitzen und die
Schalotten darin bei schwacher Hitze 3–4 Min.
andünsten. Die Äpfel schälen, vierteln, von
den Kerngehäusen befreien, in grobe Stücke
schneiden und ca. 5 Min. mitdünsten.

2   Den Apfelsaft mit dem Balsamico-Essig
unterrühren. Mit je 1 Prise geriebener Muskatnuss und Zimtpulver sowie mit Salz und Pfeffer
würzen und zugedeckt bei schwacher Hitze
ca. 20 Min. dünsten.

3   Die Äpfel mit dem Pürierstab pürieren.
Die Apfelsauce noch einmal abschmecken.
Passt gut zu Rehmedaillons, Hase oder Kanin-
chen, aber auch zu deftigen Bratwürsten.

VARIANTEN

Schneller geht's, wenn Sie statt der frischen Äpfel
Apfelmus aus dem Glas *nehmen. Und wenn*
Sie 100 g Sahnequark unter die abgekühlte Sauce
mischen und das Ganze kräftig würzen, ergibt
das einen **köstlichen Dip zu kaltem Braten.**

25 Min. · würzig

Preiselbeer-Wacholder-Sauce

Für 4 Personen
120 g Butter
2 Schalotten
1 EL Tomatenmark
100 ml Madeira
400 ml Wildfond (aus dem Glas)
5 EL Preiselbeeren (aus dem Glas)
1 TL Wacholderbeeren
Zimtpulver und gemahlene Nelken
Salz · Pfeffer

Pro Portion: ca. 330 kcal/1380 kJ
1 g EW · 24 g F · 14 g KH

1   100 g Butter in kleine Würfel schneiden und
ins Tiefkühlfach legen. Die Schalotten schälen
und fein würfeln. In einer Pfanne die übrige
Butter schmelzen und die Schalotten darin bei
schwacher Hitze in 3–4 Min. weich dünsten.

2   Tomatenmark einrühren. Mit dem Madeira
ablöschen und aufkochen lassen. Den Wildfond
dazugießen. Preiselbeeren und Wacholderbeeren
unterrühren. Die Sauce mit je 1 Prise Zimtpulver
und gemahlenen Nelken sowie mit Salz und Pfeffer würzen.

3   Die Sauce nochmals aufkochen und ca. 5 Min.
offen köcheln lassen. Den Topf vom Herd nehmen und die eiskalten Butterwürfel mit dem
Schneebesen unter die Sauce schlagen, bis sie
cremig bindet. Noch einmal abschmecken und
nicht mehr aufkochen lassen. Passt sehr gut zu
Rehmedaillons und Wildschwein.

VARIANTEN

Statt Madeira schmeckt auch **Sherry** *(am besten*
halbtrockener Amontillado) oder **Rotwein.** *Die*
Preiselbeeren können Sie auch durch **Johannis-**
beer- oder Quittengelee *ersetzen.*

Grundrezept
Béchamelsauce

Für 4 Personen
100 g Butter
50 g Mehl
500 ml Milch
Salz · weißer Pfeffer
Muskatnuss, frisch gerieben

Pro Portion: ca. 310 kcal/1300 kJ
6 g EW · 25 g F · 15 g KH

1   Die Butter in einen Topf geben und bei
schwacher Hitze schmelzen. Das Mehl dazugeben und unter Rühren 1 Min. andünsten,
ohne zu bräunen.

2   Die Milch nach und nach angießen, dabei
ständig mit dem Schneebesen rühren, damit
keine Klümpchen entstehen. Die Sauce bei
schwacher Hitze unter ständigem Rühren aufkochen lassen.

3   Die Sauce 10–15 Min. bei schwacher Hitze
offen köcheln lassen, bis die Sauce eine cremige
Konsistenz bekommt, dabei regelmäßig umrühren, damit sie nicht am Topfboden ansetzt.

4   Die Béchamelsauce mit Salz, Pfeffer und
Muskat würzen. Diese Basissauce wird für viele
Aufläufe und Gratins verwendet.

Wie wär's mal …

MIT SENF

Für diese **Sauce Moutarde** 3 EL Dijonsenf
(oder auch eine mildere Senfsorte) unter die
fertige Béchamelsauce rühren. Passt gut zu
gegrillten Heringen oder pochierten Eiern.

MIT KÄSE

Unter die fertige Béchamelsauce 100 g geriebenen Appenzeller, Comté oder Emmentaler
mischen und bei schwacher Hitze unter Rühren
schmelzen lassen. Dann 2 sehr frische Eigelbe
unterrühren, aber nicht mehr aufkochen lassen.
Diese **Sauce Mornay** schmeckt sehr gut zu gedünstetem Gemüse und ist ideal zum Gratinieren und für Aufläufe.

MIT HASELNÜSSEN UND KAPERN

Mit dem Mehl 100 g gemahlene Haselnüsse
zur Butter geben und mit 400 ml Milch und
200 ml Gemüsefond (aus dem Glas) aufgießen.
Alles mit dem Pürierstab mixen und 10 Min.
köcheln lassen. 2 EL Kapern (aus dem Glas)
abtropfen lassen, fein würfeln und unter die
Sauce mischen. Mit Salz, weißem Pfeffer und
Muskat würzen und 2–3 Min. mitkochen lassen.
Passt sehr gut zu Gemüsegratins.

Was Großmutter schon wusste … *Damit die Sauce **keine Klümpchen**
bekommt, muss man die Milch nach und nach hinzufügen und dabei
rühren, rühren, rühren! Unsere Großmütter schworen darauf, dass das
mit einem Holzlöffel und immer in einer Richtung zu geschehen habe. Segen der
modernen Technik: Falls sich einmal Klümpchen gebildet haben, mixen Sie die
Sauce einfach kurz mit dem Pürierstab durch. Danach muss die Sauce ca. 10 Min.
bei schwacher Hitze durchkochen, damit sich der Mehlgeschmack verliert.*

Suppen,

Eintöpfe und Currys

In diesem Kapitel erwarten Sie wärmende und
kühlende Süppchen, von einfach bis gästefein,
Eintöpfe zum Sattwerden von deftig bis edel,
und scharfe Thai-Currys mit einem Schuss Exotik.

Küchenpraxis: Suppen

Die Basis

Eine Suppe schmeckt nur so gut wie Ihre Grundprodukte. Neben Fleisch und knackigem Gemüse brauchen Sie häufig Fleisch- oder Gemüsebrühe. Die können Sie selbst zubereiten (siehe S. 90) und auf Vorrat einfrieren. Oder Sie nehmen Fertigprodukte: Fonds aus dem Glas oder gekörnte Brühe, die in heißem Wasser aufgelöst wird. Achten Sie beim Einkauf aufs Kleingedruckte: Die Liste der Geschmacksverstärker und Konservierungsstoffe sollte sich in Grenzen halten! Fonds und gekörnte Brühe drum am besten in Bio-Qualiät kaufen.

Leichte Bindung

Um eine Gemüsesuppe cremig zu bekommen, pürieren Sie sie vor dem Servieren mit dem Pürierstab. Ist eine leichtere Konsistenz gefragt (z. B. bei einem Spargelsüppchen), dann sollten Sie die Suppe zum Schluss mit Eigelb und Sahne »legieren«: Für 1 Liter Suppe 2 sehr frische Eigelbe mit 100 g Sahne verquirlen, die Mischung unter ständigem Rühren in die Suppe einfließen lassen. Danach darf die Suppe nicht mehr kochen, weil das Ei sonst ausflocken würde!

Altes und neues KOCHWISSEN
Cremesuppen gestern und heute

Unsere Großmütter haben das Gemüse durch die »flotte Lotte«, eine Art Passiersieb mit Kurbel, gedreht. Aus Fett und Mehl wurde eine cremige Basis, eine Mehlschwitze (ähnlich der Béchamelsauce von S. 75) gekocht und das passierte Gemüse samt Brühe hinzugefügt. Seit Erfindung des Pürierstabs geht das viel einfacher, und das Ergebnis ist sehr viel kalorienleichter: Sie pürieren das Gemüse gleich in der Brühe und verfeinern nur noch mit etwas Sahne oder Crème fraîche.

Frisches Kräutertopping

Eine Cremesuppe kann noch so lecker schmecken, sie sieht oft ein wenig langweilig aus. Bestreuen Sie sie deshalb vor dem Servieren mit frisch gehackten Kräutern. Mit Basilikum, Petersilie, Minze, Schnittlauch, Estragon und Kerbel bringen Sie jede Menge frisches Aroma ins Spiel. Die Kräuter einfach waschen und trocken schütteln, die Blätter abzupfen und hacken. Robustere Sorten wie Rosmarin oder Thymian eignen sich zum Aufstreuen erst beim Anrichten allerdings weniger; sie entfalten ihr Aroma besser, wenn Sie sie mitkochen.

Sahne & Co.

Verpassen Sie Ihrer Suppe ein cremiges Häubchen: Setzen Sie auf jede Portion 1 EL geschlagene Sahne oder Crème fraîche, und garnieren Sie nach Belieben mit einem Kressesträußchen, Kräuterzweiglein oder auch ein paar essbaren Blüten wie Gänseblümchen oder Kapuzinerkresseblüten.

Knuspertopping

Mit knusprigen Croûtons wird aus einer einfachen Cremesuppe eine edle Vorspeise, die sich auch als Auftakt zu einem feinen Menü nicht zu verstecken braucht. 2 Scheiben altbackenes Toastbrot entrinden und mit einem scharfen Messer in exakte kleine Würfel schneiden. 2 EL Butter in einer Pfanne erhitzen und die Brotwürfel darin knusprig und goldbraun braten. Leicht salzen und abgekühlt auf die Suppe streuen.

Küchenpraxis: Eintöpfe und Currys

Gemüse vorbereiten

Bei allen Rezepten in diesem Buch ist die richtige Zuschnittgröße und Reihenfolge, in der das Gemüse gegart wird, angeben. Wenn Sie improvisieren: Kartoffeln und robuste Gemüsesorten wie Möhren oder Kohlrabi haben eine längere Garzeit als beispielsweise Zuckerschoten. Sie müssen also zuerst in den Topf. Andere Möglichkeit: Sie schneiden alles Gemüse in relativ kleine Würfel oder Stifte.

Richtig anbraten

Verwenden Sie für Eintöpfe zum Anbraten neutrale Pflanzenöle wie raffiniertes Rapsöl oder einfaches Olivenöl. Kalt gepresste Öle wären verschwendet, weil ihre wertvollen Inhaltsstoffe die lange Garzeit nicht überleben. Auch geeignet, aber schwerer verdaulich, sind Schweine- und Butterschmalz. Für Thai-Currys verwenden Sie die Kokossahne, die sich oben in der Kokosmilchdose sammelt. Sie macht Currys leicht bekömmlich und ist vergleichsweise kalorienarm.

 Altes und neues KOCHWISSEN
Aufgewärmt nochmal so gut

Schon die Großmutter wusste: Ein Eintopf schmeckt einmal aufgewärmt oft nochmal so gut! Das ist für die Vorratshaltung enorm praktisch: Sie können gleich eine größere Menge zubereiten und den Rest portionsweise einfrieren. Das Gleiche gilt für Currys: Diese sollten Sie allerdings nur bis zu dem Punkt vorbereiten, an dem das Gemüse hineinkäme. Denn dieses schmeckt frisch hinzugefügt einfach viel knackiger.

Brauche ich einen Schmortopf?

In einem Topf aus beschichtetem Aluguss gelingt Ihnen jeder Schmorbraten und Eintopf mühelos. Durch den dicken Boden verteilt sich die Hitze optimal, es bilden sich aromatische Röststoffe, ohne dass das Schmorgut verbrennt. Viele Gerichte lassen sich aber auch prima in einem einfachen Topf oder in einer Schmorpfanne zubereiten. Erhitzen Sie den Topf einige Minuten, bevor Sie das Bratfett hineingeben. Dann Zwiebeln, Fleisch und Gemüse anbraten, dabei ein wenig Farbe annehmen lassen, die Röststoffe geben den guten Geschmack! Also nicht ständig rühren und nicht zu früh Flüssigkeit angießen.

Brauche ich einen großen Suppentopf?

Ja, ein großer Topf, der höher als breit ist, sollte in keinem Haushalt fehlen. Er muss keine Monstergröße haben, aber ein Huhn sollte schon darin Platz haben (etwa für die Geflügelbrühe S. 90), also etwa 5 l Fassungsvermögen. Sie können den Topf auch zum Nudel- und Knödelkochen verwenden oder darin den Partyeintopf für eine größere Runde zubereiten. Auch für Cremesuppen ist ein ausreichend großer Topf immer von Vorteil: Wenn dabei der Pürierstab zum Einsatz kommt, spritzt es nicht so leicht aus dem Topf heraus.

Brauche ich einen Wok?

Wenn Sie öfter asiatisch kochen, sollten Sie sich einen besorgen. Denn Sie können im Wok nicht nur Currys und Pfannengerührtes zubereiten, sondern auch dämpfen und frittieren. Wenn Sie den Wok aber nur selten benutzen würden, sparen Sie sich die Anschaffung; für Currys reicht auch eine Wokpfanne oder eine Schmorpfanne mit hohem Rand.

Gazpacho

Für 4 Personen
1,2 kg aromatische, reife Tomaten
1 grüne Paprikaschote
1 kleine Salatgurke
1 Zwiebel
1 Knoblauchzehe
150 g altbackenes Weißbrot
500 ml kalte Gemüsebrühe (selbst
gemacht, Rezept S. 91, oder Instant)
4 EL Weißweinessig
ca. 10 EL kalt gepresstes Olivenöl · Salz

Pro Portion: ca. 440 kcal/1840 kJ
7 g EW · 32 g F · 30 g KH

1   Die Tomaten kreuzweise einschneiden, mit
kochendem Wasser überbrühen, kalt abschrecken und häuten (siehe S. 95). Tomaten quer halbieren und entkernen. 1 Tomate für die Garnitur
beiseite legen, die übrigen in den Mixer geben.

2   Die Paprikaschote halbieren, putzen, waschen,
eine Hälfte beiseite legen, den Rest grob zerkleinern und in den Mixer geben.

3   Die Salatgurke schälen, längs halbieren und
die Kerne mit einem Teelöffel herauskratzen.
Ein Stück Gurke beiseite legen, den Rest grob
würfeln und in den Mixer geben.

4   Die Zwiebel schälen, eine Hälfte beiseite
legen, den Rest fein würfeln (**Bild 1 und 2**). Die
Knoblauchzehe schälen, längs halbieren und,
falls vorhanden, den grünen Trieb entfernen
(**Bild 3**), denn er schmeckt besonders roh verzehrt unangenehm und penetrant. Knoblauch
und Zwiebelwürfel in den Mixer geben.

5   Das Weißbrot entrinden, die Brotkrume mit
1/2 Tasse Gemüsebrühe anfeuchten und ebenfalls in den Mixer geben. Alles im Mixer 1–2 Min.
fein pürieren.

6   Übrige Gemüsebrühe, Essig und 6 EL Olivenöl dazugeben und untermixen, bis eine cremige
Suppe entsteht. Diese mit Salz abschmecken und
zugedeckt für mindestens 2 Std. in den Kühlschrank stellen.

7   Zum Servieren die beiseite gelegte Tomate,
das Paprika- und das Gurkenstück und die halbe
Zwiebel sehr fein würfeln und auf einem Teller
in getrennten Häufchen anrichten.

8   Den Gazpacho in Suppentassen verteilen.
Jeder gibt nach Belieben bei Tisch noch etwas
kalt gepresstes Olivenöl und etwas von den
Gemüse- und Zwiebelwürfelchen auf die Suppe.

1. Zum Würfeln die Zwiebel längs
halbieren. Die Hälften am Stielansatz festhalten und mehrmals
längs einschneiden.

2. Jede Hälfte waagerecht einschneiden, dann senkrecht in Scheiben
schneiden. Diese zerfallen von
selbst in Würfelchen.

3. Die Knoblauchzehe schälen
und längs halbieren. Zeigt
sich ein grüner Trieb, diesen entfernen.

Kalte Tomatencreme
mit rosa Pfeffer

Für 4 Personen
1 Stück altbackenes Weißbrot (ca. 50 g)
6 EL Sherryessig · 1 kg reife aromatische
Tomaten · je 1 rote und gelbe Paprikaschote
8 EL kalt gepresstes Olivenöl
Salz · Pfeffer · 1 EL rosa Pfeffer

Pro Portion: ca. 300 kcal/1260 kJ
15 g EW · 25 g F · 15 g KH

1 Das Weißbrot entrinden, in ein Schüsselchen
bröseln und mit dem Sherryessig beträufeln.
Die Tomaten kreuzweise einschneiden, mit kochendem Wasser überbrühen, kalt abschrecken
und häuten (siehe S. 95). Die Tomaten quer
halbieren, entkernen und das Fruchtfleisch in
grobe Würfel schneiden.

2 Die Paprikaschoten halbieren, putzen, waschen und in Stücke schneiden. Das eingeweichte Brot, Tomaten und Paprikaschoten mit 6 EL
Olivenöl, je 1 kräftigen Prise Salz und Pfeffer
in den Mixer geben und fein pürieren (oder in
einem hohen Aufschlaggefäß mit dem Pürierstab pürieren). Bis zum Servieren für mindestens
1 Std. zugedeckt in den Kühlschrank stellen.

3 Die rosa Pfefferkörner im Mörser grob zerstoßen (oder mit einem schweren Messer hacken).
Die Tomatencreme noch einmal mit Salz und
Pfeffer abschmecken und in vier Schalen verteilen. Jeweils 1/2 EL Öl darüberträufeln und den
rosa Pfeffer darüberstreuen. Mit knusprigem
Weißbrot servieren.

Was ist eigentlich … *rosa Pfeffer?*
*Botanisch gesehen ist das gar kein Pfeffer,
sondern es handelt sich um die rötlichen Beeren einer anderen Pflanzenart. Sie bekommen
sie getrocknet im gut sortierten Supermarkt.
Rosa Pfeffer gibt Suppen, Salaten und gegrilltem
Fleisch ein würzig-süßes, leicht pfeffriges Aroma.*

Geeiste Erbsencreme
mit Garnelenspießchen

Für 4 Personen
4 EL Olivenöl · 450 g TK-Erbsen
500 ml Geflügelbrühe (Rezept S. 90,
oder Fond aus dem Glas) · 1 kleine
Bio-Limette · 2 Zweige frische Minze
150 g Crème fraîche · Salz · weißer Pfeffer
20 gegarte Party-Gambas
(ca. 200 g, aus dem Kühlregal)
Öl für die Spieße

Außerdem:
4 lange Holzspieße

Pro Portion: ca. 385 kcal/1610 kJ
16 g EW · 28 g F · 18 g KH

1 In einem Topf 2 EL Öl erhitzen. Die gefro-
renen Erbsen hineingeben und 3 Min. unter Rühren dünsten. Die Brühe angießen, aufkochen und
10 Min. kochen lassen. Abkühlen und im Kühlschrank 2 Std. durchkühlen lassen.

2 Die Limette heiß waschen und abtrocknen.
Schale mit einem Zestenreißer abziehen (oder
mit dem Sparschäler arbeiten, siehe Tipp S. 45),
den Saft auspressen. Die Minze waschen und
trocken schütteln, die Blätter fein hacken.

3 Die Crème fraîche zur abgekühlten Erbsen-
suppe geben und diese mit dem Pürierstab sehr
fein pürieren. Anschließend die Creme durch
ein sehr feines Sieb streichen, um alle festen
Bestandteile zu entfernen. Mit Limettensaft,
Salz und weißem Pfeffer würzig abschmecken.

4 Die Holzspieße einölen und je 5 Party-
Gambas daraufstecken. Das übrige Öl in einer
Pfanne erhitzen und die Spieße darin von jeder
Seite 1 Min. braten. Limettenzesten und gehack-
te Minze darüberstreuen.

5 Die Erbsencreme in vier gut vorgekühlte
Suppenschalen füllen und je 1 Garnelenspieß
darüberlegen. Sofort servieren.

20 Min. + 30 Min. Kühlen · erfrischend cremig

Gekühlte
Avocado-Kokos-Suppe

Für 4 Personen
2 reife Avocados
2 Zitronen · 2 Schalotten
400 ml kalte Geflügelbrühe (selbst
gemacht, Rezept S. 90, oder Instant)
400 ml Kokosmilch (Dose/Tetrapak)
Salz · Pfeffer · Chilipulver
1 Stück Salatgurke (20 cm)
1 Fleischtomate
1 EL gehackte Kräuter (z. B. Petersilie, Koriandergrün)

Pro Portion: ca. 300 kcal/1250 kJ
3 g EW · 27 g F · 14 g KH

1   Die Avocados halbieren, die Steine entfernen.
Das Fruchtfleisch mit einem Löffel herauslösen.
Die Zitronen auspressen. Schalotten schälen und
fein würfeln.

2   Avocadofruchtfleisch mit Zitronensaft und
Schalotten fein pürieren. Geflügelbrühe und
Kokosmilch unterrühren. Die Suppe mit den Ge-
würzen abschmecken und 30 Min. kühl stellen.

3   Die Gurke waschen, nach Belieben schälen,
längs halbieren und die Kerne herauskratzen.
Das Fruchtfleisch in ganz kleine Würfel schneiden. Die Tomate waschen, vierteln, entkernen
und ebenfalls klein würfeln.

4   Die Avocado-Kokos-Suppe vor dem Servieren nochmals kurz durchmixen. In vier Suppentassen verteilen, Gurken- und Tomatenwürfel
und die Kräuter daraufstreuen.

VARIANTE

*Sie können die Suppe auch **leicht erwärmen,**
lassen Sie sie jedoch auf keinen Fall kochen ,
da das Avocadomus sonst bitter wird und seine
grüne Farbe verliert!*

40 Min. + 2 Std. Kühlen · würzig

Kartoffelcreme
mit Thunfischtatar

Für 4 Personen
1 Zwiebel · 1 Knoblauchzehe · 300 g mehligkochende Kartoffeln · 1 EL Butter
100 ml trockener Weißwein · Salz · Zucker
weißer Pfeffer · 600 ml Gemüsebrühe (selbst
gemacht, Rezept S. 91, oder Instant)
100 g sehr frischer Thunfisch (Sushi-Qualität)
2–3 EL Limettensaft · 4 Zweige Koriandergrün
2 TL Wasabi-Paste (aus der Tube)
2 EL Crème fraîche

Pro Portion: ca. 190 kcal/800 kJ
8 g EW · 10 g F · 13 g KH

1   Zwiebel und Knoblauch schälen, fein würfeln.
Kartoffeln schälen und klein würfeln. Die Butter
in einem Topf erhitzen. Zwiebeln und Knoblauch
darin bei mittlerer Hitze in 2 Min. glasig braten.
Kartoffeln dazugeben, mit dem Wein ablöschen
und 5 Min. offen einkochen lassen. Mit je 1 Prise
Salz, Zucker und weißem Pfeffer würzen, die
Brühe angießen. Aufkochen und zugedeckt bei
schwacher Hitze 20 Min. kochen lassen.

2   Die Suppe abkühlen lassen und für 2 Std. in
den Kühlschrank stellen. Den Thunfisch kalt abwaschen, trocken tupfen und sehr fein würfeln.
Mit Salz, weißem Pfeffer und 1 EL Limettensaft
mischen. Das Koriandergrün waschen, trocken
schütteln, die Blätter fein hacken, untermischen.

3   Wasabi-Paste und Crème fraîche zur Suppe
geben, diese mit dem Pürierstab fein pürieren.
Mit dem übrigen Limettensaft, Salz, Zucker und
Pfeffer würzig abschmecken. In Schalen verteilen. Je ein Viertel des Fischtatars daraufsetzen.

 Was ist eigentlich … *Wasabi?* *Das ist
eine mit unserem Meerrettich verwandte
japanische Wurzel, die allerdings um einiges
schärfer ist. Wasabi gibt es als Pulver oder
Paste im Asienladen.*

40 Min. · fruchtig & cremig

Kürbis-Apfel-Suppe

im Bild oben · *Für 4 Personen*
1 kleiner Hokkaido-Kürbis (ca. 1 kg)
2 Schalotten
2 Knoblauchzehen
2 säuerliche Äpfel (z. B. Braeburn
oder Boskoop)
2 EL neutrales Pflanzenöl
750 ml Gemüsebrühe (Instant)
Salz · Pfeffer
Muskatnuss, frisch gerieben
1–2 EL Zitronensaft
4 EL Kürbiskernöl

Pro Portion: ca. 260 kcal/1090 kJ
3 g EW · 19 g F · 18 g KH

1   Den Kürbis putzen (siehe unten) und mit
der Schale ca. 3 cm groß würfeln. Schalotten
und Knoblauch schälen und fein hacken. Die
Äpfel vierteln, schälen, das Kerngehäuse entfernen und das Fruchtfleisch in Spalten schneiden.

2   Das Öl in einem Suppentopf erhitzen. Schalotten und Knoblauch darin 1 Min. glasig anbraten. Kürbis und Äpfel hinzufügen und 2 Min.
mitbraten. Mit der Gemüsebrühe ablöschen,
aufkochen und bei mittlerer Hitze zugedeckt
ca. 20 Min. kochen lassen.

3   Den Topf von der Kochstelle nehmen und
die Suppe mit dem Pürierstab fein pürieren.
Mit Salz, Pfeffer, 1 Prise Muskatnuss und Zitronensaft würzig abschmecken. In vier Suppenschalen verteilen und jeweils 1 EL Kürbiskernöl
darüberträufeln. Sofort servieren.

30 Min. · gelingt ganz leicht

Selleriecremesuppe

im Bild unten · *Für 4 Personen*
1 Sellerieknolle (ca. 800 g) · 1 Zwiebel
1 Bio-Zitrone · 2 EL neutrales Pflanzenöl
750 ml Gemüsebrühe (Instant)
2 Stängel Selleriegrün (oder 1 Bund Petersilie)
100 g Crème fraîche
Salz · weißer Pfeffer
Muskatnuss, frisch gerieben

Pro Portion: ca. 205 kcal/860 kJ
5 g EW · 17 g F · 9 g KH

1   Sellerie schälen und in ca. 2 cm große Würfel
schneiden. Die Zwiebel schälen und fein hacken.
Zitrone heiß waschen, trocknen und in Scheiben
schneiden, falls nötig, die Kerne entfernen.

2   Das Öl in einem Suppentopf erhitzen und die
Zwiebeln darin anbraten. Sellerie und Zitronenscheiben (sie sorgen dafür, dass der Sellerie weiß
bleibt!) zufügen und 1 Min. mitbraten. Mit der
Brühe ablöschen, alles aufkochen und bei mittlerer Hitze zugedeckt ca. 15 Min. kochen lassen.

3   Sellerieblätter waschen, trocken schütteln,
und fein schneiden. Den Topf von der Kochstelle
nehmen, die Zitronenscheiben entfernen und
die Suppe mit dem Pürierstab fein pürieren.

4   Von der Crème fraîche und dem Selleriegrün einen Teil für die Garnitur beiseite legen,
den Rest unter die Suppe rühren. Diese mit Salz,
Pfeffer und 1 Prise Muskatnuss abschmecken,
2 Min. bei schwacher Hitze ziehen lassen, portionieren, mit Crème fraîche und Selleriegrün
garnieren. Mit knusprigem Weißbrot servieren.

Wie putze ich … *einen Kürbis?*
Der Hokkaido-Kürbis hat eine dünne Schale, die Sie mitverwenden kön-
nen: Den Kürbis gründlich waschen, abtrocknen und mit einem schweren
Messer in zwei Hälften schneiden. Die Kerne und Fasern im Inneren mit
einem Esslöffel herauskratzen, das Fruchtfleisch erst in Spalten, dann in
Würfel schneiden. Andere Kürbissorten nach dem Putzen in Spalten schneiden,
diese schälen und dann das Fruchtfleisch weiter zerkleinern.

Champignoncremesuppe

Für 4 Personen
20 g getrocknete Steinpilze
600 g Champignons · 1 Zwiebel
30 g Butter · 100 ml trockener Weißwein
(oder Brühe) · 600 ml Gemüsebrühe
(selbst gemacht, Rezept S. 91, oder Instant)
1 TL getrockneter Thymian
1 große mehligkochende Kartoffel (ca. 200 g)
Salz · Pfeffer · Muskatnuss, frisch gerieben
2 Zweige Petersilie

Pro Portion: ca. 155 kcal/800 kJ
7 g EW · 9 g F · 10 g KH

1 Die Steinpilze 15 Min. in einer Tasse mit lauwarmem Wasser einweichen.

2 Inzwischen die Champignons putzen und in Scheiben schneiden. Die Zwiebel schälen und fein würfeln. 30 g Butter in einem Topf erhitzen und die Zwiebeln darin bei mittlerer Hitze in 1 Min. glasig werden lassen. Die Champignons hinzufügen und 5 Min. mitbraten. Mit dem Weißwein ablöschen und diesen bei starker Hitze ca. 2 Min. einkochen lassen.

3 Die eingeweichten Pilze ausdrücken und fein hacken. Zusammen mit dem Einweichwasser (durch ein feines Sieb gießen, damit kein Sand in die Suppe kommt!), Brühe und Thymian dazugeben. Die Kartoffel schälen, klein würfeln und hinzufügen, 10 Min. köcheln lassen.

4 Die Champignonsuppe fein pürieren und mit Salz, Pfeffer und Muskat abschmecken. Die Petersilie waschen und trocken schütteln, die Blätter abzupfen und fein schneiden. Die Suppe in vier Schalen verteilen und die Petersilie darüberstreuen.

VARIANTE MIT BISS

Bereiten Sie **Knoblauchcroûtons** nach dem Rezept auf S. 49 zu, und streuen Sie diese statt der Petersilie über die Suppe.

Kerbelcremesuppe

Für 4 Personen
1 Zwiebel
50 g Bacon (geräucherter Frühstücksspeck)
250 g mehligkochende Kartoffeln
20 g Butter
400 ml Kalbsfond (Glas)
120 g Kerbel
100 g Sahne
400 ml Milch
Salz · weißer Pfeffer · Zucker
Muskatnuss, frisch gerieben
4 TL Crème fraîche

Pro Portion: ca. 430 kcal/1800 kJ
12 g EW · 27 g F · 22 g KH

1 Die Zwiebel schälen und fein würfeln, den Speck klein würfeln. Die Kartoffeln schälen, waschen und ebenfalls würfeln. Die Butter in einem Topf erhitzen, Zwiebeln und Speck darin 1 Min. glasig anbraten. Die Kartoffeln hinzufügen und den Fond angießen. Zugedeckt 20 Min. köcheln lassen, bis die Kartoffeln weich sind.

2 Inzwischen den Kerbel waschen und gut abtropfen lassen, einige Blättchen für die Garnitur beiseite legen. Den restlichen Kerbel grob hacken und zusammen mit der Sahne im Mixer (oder in einem hohen Aufschlaggefäß mit dem Pürierstab) pürieren.

3 Sobald die Kartoffeln weich sind, die Milch zufügen und wieder zum Kochen bringen. Die Suppe fein pürieren. Die Kerbel-Sahne-Mischung einrühren und mit Salz, weißem Pfeffer, Zucker und Muskat abschmecken.

4 Die Kerbelsuppe erhitzen, aber nicht mehr kochen lassen. In vier Suppentassen verteilen und jeweils mit 1 TL Crème fraîche und einigen Kerbelblättchen garnieren.

25 Min. · raffiniert

Zucchinisüppchen
mit Kerbelsahne

Für 4 Personen
600 g Zucchini
1 Bund Frühlingszwiebeln
1 EL Butterschmalz
700 ml Gemüsebrühe (selbst
gemacht, Rezept S. 91, oder Instant)
100 ml Weißwein (oder Brühe)
Salz · Pfeffer
300 g Sahne
1 Bund Kerbel (oder Dill)

Pro Portion: ca. 330 kcal/1380 kJ
6 g EW · 28 g F · 9 g KH

1 Zucchini und Frühlingszwiebeln waschen
und putzen. Die Zucchini klein würfeln, die
Frühlingszwiebeln mit dem Grün in Ringe
schneiden.

2 Das Butterschmalz in einem Topf erhitzen,
Zucchini und Frühlingszwiebeln darin 5 Min.
andünsten, dann mit Brühe und Weißwein
ablöschen. Mit Pfeffer und Salz würzen und
12 Min. bei mittlerer Hitze kochen lassen.

3 Inzwischen die Sahne steif schlagen. Den
Kerbel waschen, trocken tupfen, fein hacken
und unter die Sahne mischen.

4 Die Suppe vom Herd nahmen, 4 EL Gemüse
herausnehmen und beiseite stellen. Restliche
Suppe pürieren und die Kerbelsahne unterrühren. Die Suppe sofort auf vier Teller verteilen
und jeweils 1 EL Gemüse hineingeben.

VARIANTE MIT EINLAGE

Garnieren Sie die Suppe zusätzlich mit ein paar
*Stückchen **Räucherforelle** oder einigen **Räucher-***
***lachsstreifen**.*

30 Min. · cremig-leicht

Spargelsuppe

Für 4 Personen
500 g weißer Spargel · Salz
1 TL Zucker · 40 g Butter
200 g Sahne · 2 sehr frische Eigelbe
weißer Pfeffer
Muskatnuss, frisch gerieben
Kresse zum Garnieren

Pro Portion: ca. 290 kcal/1210 kJ
5 g EW · 28 g F · 6 g KH

1 Den Spargel schälen und die Enden abschneiden. Die Schalen und die Abschnitte in 1 l Wasser
geben. Salz, Zucker und Butter hinzufügen und
zum Kochen bringen. 10 Min. bei mittlerer Hitze
offen kochen lassen, dann durch ein Sieb abgießen und die Spargelbrühe auffangen.

2 Die Spargelbrühe wieder erhitzen. Die Spargelstangen schräg in 3 cm lange Stücke schneiden
und in der Spargelbrühe 6–8 Min. garen. Die
Hälfte der Sahne steif schlagen und für die Garnitur beiseite stellen. Die andere Hälfte mit den
beiden Eigelben verquirlen.

3 Die Ei-Sahne-Mischung unter die Spargelbrühe ziehen und diese unter Rühren erwärmen,
aber nicht mehr kochen lassen. Die Suppe mit
Salz, weißem Pfeffer und 1 Prise Muskat abschmecken und in vier Suppenteller verteilen.
Jeweils mit 1 EL Schlagsahne und einem Sträuß-
chen Kresse garnieren.

 Küchenpraxis *Das **Binden** mit der*
*Ei-Sahne-Mischung nennt man **Legieren**.*
Wichtig dabei: Lassen Sie die Suppe nach
dem Einrühren auf keinen Fall mehr auf-
kochen, denn sonst flockt das Ei aus.

Geflügelbrühe

2 Die Möhren waschen, ungeschält in Stücke schneiden. Den Lauch längs aufschneiden, gründlich waschen, in 2–3 Stücke schneiden. Den Sellerie schälen und grob würfeln. Die Petersilienwurzel schälen und längs vierteln. Alles zum Huhn in den Topf geben (**Bild 3**).

3 Die Petersilie waschen, und nur die Stiele in den Topf geben, die Blätter anderweitig verwenden. Die Thymianzweige waschen, dazugeben.

4 Die Zwiebel ungeschält quer halbieren und an den Schnittflächen ohne Fett in einer kleinen Pfanne braun anrösten (**Bild 4**). Mit den Lorbeerblättern, Gewürznelken, Pfefferkörnern, der Zitronenschale und 1 TL Salz in den Topf geben. Die Brühe aufkochen und alles ca. 1 Std. 30 Min. bei schwacher bis mittlerer Hitze offen kochen lassen (die Brühe soll gerade eben sieden, nicht sprudelnd kochen).

5 Damit die Brühe schön klar wird, sollten Sie von Zeit zu Zeit den Schaum, der sich oben absetzt, mit einem Schaumlöffel oder einem anderen großen Löffel abschöpfen (**Bild 5**). Das Huhn herausnehmen und abkühlen lassen. Die Brühe durch ein feines Sieb abgießen.

Für ca. 2 l
1 Suppenhuhn (ca. 1,5 kg) · 2 große Möhren
1 Stange Lauch · 1 Stück Sellerieknolle
1 Petersilienwurzel · 1 Bund Petersilie
2 Zweige Thymian · 1 Zwiebel
2 Lorbeerblätter · 4 Gewürznelken
1 TL schwarze Pfefferkörner
Schale von 1/4 Bio-Zitrone · Salz

Pro Portion (400 ml): ca. 56 kcal/230 kJ
2 g EW · 5 g F · 2 g KH

1 Das Huhn innen und außen kalt abwaschen. Den Bürzel abschneiden (**Bild 1**), denn er gäbe der Brühe ein etwas strenges Aroma. Das Huhn in den Suppentopf geben und mit ca. 2,5 l Wasser bedecken (**Bild 2**).

Tipp *Das Fleisch können Sie als Suppeneinlage verwenden für* **Nudelsuppe mit Huhn:** *Das Huhn zerteilen, die Haut abziehen und wegwerfen. Das Fleisch von den Knochen lösen und in mundgerechte Stücke schneiden. In einem Topf Suppennudeln nach Packungsanweisung in Salzwasser kochen. Die Nudeln und das Hähnchenfleisch in Suppenteller geben. Die Brühe wieder aufkochen, mit Salz abschmecken und kochend heiß darüberschöpfen. Mit Schnittlauchröllchen bestreut servieren.*

Fond aus dem Glas und gekörnte Brühe aus dem Päckchen sind tolle Küchenhelfer, wenn's schnell gehen muss. Bei selbst gemachter Brühe wissen Sie allerdings genau, was drin ist!

★
★

Gut zu wissen

- Kaufen Sie für die Brühe kein Brathähnchen, sondern ein gutes Suppenhuhn, möglichst aus Freilandhaltung. Die Tiere sind bei der Schlachtung älter, das Fleisch ist dadurch wesentlich aromatischer.

- Das wusste schon die Großmutter: Geht es in erster Linie um das Fleisch, so gibt man es ins kochende Wasser, damit der Saft drin bleibt. Will man eine gute Brühe, so setzt man es im kalten Wasser an.

- Brühe herzustellen macht zwar nicht wirklich viel Arbeit, kostet aber viel Zeit. Bereiten Sie sie also zu, wenn Sie gerade die Muße dafür haben und frieren sie auf Vorrat ein. Messen Sie die Mengen exakt ab und beschriften Ihren Vorrat gut!

- Für einen konzentrierten Fond kochen Sie die Brühe in noch einmal 2 Std. auf die Hälfte ein. Dadurch erhalten sie eine tolle Basis für Saucen.

Tausch-Tipps

*Auf die gleiche Weise können Sie mit 1,2 kg Suppenfleisch und 3–4 Markkochen eine **Rinderbrühe** herstellen, die Sie mit Gemüse, Kräutern und Gewürzen der Geflügelbrühe ca. 1 Std. 30 Min. kochen lassen. Für **Gemüsebrühe** 1 rote Zwiebel schälen. 2 Möhren und 1 Stück Knollensellerie schälen. 1 Stange Lauch aufschneiden, gründlich waschen. 1 reife Tomate waschen. Alles in Würfel schneiden und mit 3 l Wasser zum Kochen bringen. 1 Knoblauchzehe schälen und mit 1 Lorbeerblatt, 2 Gewürznelken, 1 Thymianzweig, 4 Petersilienstielen, 2 Zweigen frischem Majoran und 1 TL schwarzen Pfefferkörnern dazugeben und bei schwacher Hitze im halb geschlossenen Topf ca. 45 Min. kochen lassen. Durch ein feines Sieb abgießen und mit Salz würzen. Die Brühe hält sich im Kühlschrank ca. 3 Tage, tiefgefroren 3–6 Monate.*

Kartoffelsuppe
mit Kasseler

Für 4 Personen
2 Zwiebeln · 500 g vorwiegend festkochende Kartoffeln · 1 EL Butter
1 l Fleisch- oder Gemüsebrühe (selbst gemacht,
Rezept S. 91, oder Instant) · 2 junge Zucchini
2 Scheiben geräuchertes Kasseler (je 125 g)
1 TL Tomatenmark · Salz · Pfeffer
1 Prise gemahlener Kümmel · 1/2 Bund Dill

Pro Portion: ca. 295 kcal/1230 kJ
19 g EW · 15 g F · 22 g KH

1 Die Zwiebeln schälen, vierteln und in feine
Streifen schneiden. Die Kartoffeln schälen,
waschen und würfeln.

2 Butter im Suppentopf erhitzen. Zwiebeln darin kurz anbraten. Kartoffeln untermischen, mit
der Brühe ablöschen und zum Kochen bringen.
Zugedeckt bei mittlerer Hitze ca. 10 Min. garen.

3 Inzwischen die Zucchini waschen, putzen
und in 1 cm große Würfel schneiden. Kasseler
vom Knochen lösen und klein würfeln. Zucchi-
ni- und Kasselerwürfel zur Suppe geben, weitere
5 Min. garen, bis die Kartoffeln weich sind.

4 Das Tomatenmark in die Suppe rühren, diese
mit Salz, Pfeffer und Kümmel abschmecken.
Den Dill waschen, trocken schütteln, fein hacken
und über die Suppe streuen. Dazu schmeckt ein
kräftiges Bauernbrot oder eine Brezel.

Gut zu wissen *Die Kartoffelsuppe mit
Kasseler schmeckt **auch aufgewärmt** prima.
Sie können deshalb gut gleich eine größere
Menge davon zubereiten. Übrige Suppe lässt
sich zugedeckt im **Kühlschrank 3–4 Tage**
aufbewahren. Einfrieren dagegen ist keine so gute
Idee: Die Kartoffelstückchen werden dadurch
unschön glasig und schmecken nicht mehr.*

Kartoffel-Lauch-Suppe
mit Kräutern

Für 4 Personen
2 Stangen Lauch
500 g mehligkochende Kartoffeln
2 EL Butter
1 l Gemüse- oder Geflügelbrühe (selbst
gemacht, Rezept S. 90/91, oder Instant)
je 1 Bund Petersilie und Schnittlauch
1 Kästchen Kresse
150 g Sahne
Salz · Pfeffer
Muskatnuss, frisch gerieben

Pro Portion: ca. 280 kcal/1170 kJ
7 g EW · 18 g F · 22 g KH

1 Den Lauch putzen, längs aufschneiden,
gründlich waschen und in feine Streifen schneiden. Die Kartoffeln schälen, waschen und in
Würfel schneiden.

2 Die Butter im Suppentopf erhitzen und
den Lauch darin bei mittlerer Hitze 3–4 Min.
andünsten. 2 EL davon abnehmen und beiseite
stellen. Die Kartoffeln in den Topf geben und
1 Min. unter Rühren andünsten. Mit der Brühe
aufgießen und zum Kochen bringen. Zugedeckt
bei mittlerer Hitze ca. 15 Min. garen, bis die
Kartoffeln weich sind.

3 Petersilie und Schnittlauch waschen und trocken schütteln, beides fein schneiden. Die Kresse
vom Beet schneiden.

4 Die Suppe mit dem Pürierstab pürieren,
die Sahne einrühren und mit Salz, Pfeffer und
Muskat abschmecken. Den beiseite gestellten
Lauch, Petersilie und Schnittlauch untermischen.
Die Suppe mit Kresse bestreuen und mit Toast-
brot servieren.

50 Min. · deftig

Linsensuppe
mit Würstchen

Für 4 Personen
1 Bund Suppengrün
1 Tomate
2 Knoblauchzehen
2 EL Olivenöl
200 g braune Linsen
1,25 l Gemüsebrühe (selbst gemacht,
Rezept S. 91, oder Instant)
200 g Knoblauchwurst oder Wiener Würstchen
1 Bund Rucola oder gemischte Kräuter
3 EL Aceto balsamico
Salz · Pfeffer

Pro Portion: ca. 390 kcal/1630 kJ
20 g EW · 21 g F · 31 g KH

1 Das Suppengrün waschen, putzen und fein schneiden. Die Tomate waschen und klein würfeln. Knoblauch schälen und würfeln.

2 Das Öl im Suppentopf erhitzen, das Suppengrün und den Knoblauch darin andünsten. Die Linsen dazugeben, Brühe und Tomate untermischen. Zugedeckt bei schwacher bis mittlerer Hitze 30–40 Min. garen, bis die Linsen weich sind.

3 Die Wurst nach Belieben häuten und in Scheiben schneiden. Rucola oder Kräuter verlesen, waschen und grob hacken. Mit den Wurstscheiben in der Suppe erwärmen. Mit Balsamico-Essig, Salz und Pfeffer abschmecken.

SCHNELLE VARIANTE

*Für eine **Linsen-Tomaten-Suppe** 1 Zwiebel und 2 Knoblauchzehen würfeln und mit 200 g roten Linsen in 2 EL Olivenöl anbraten. Mit knapp 1 l Gemüsebrühe (selbst gemacht, Rezept S. 91, oder Instant) aufgießen und 400 g stückige Tomaten aus der Dose dazugeben. 10–15 Min. kochen lassen, bis die Linsen weich sind. Die Suppe mit 2–3 EL Crème fraîche verfeinern, salzen und pfeffern, mit zerzupften Basilikumblättchen bestreuen.*

30 Min. · macht richtig satt

Rote-Bohnen-Suppe
mit Hack und Möhren

Für 4 Personen
250 g Möhren · 1 Zwiebel · 2 Knoblauchzehen
2 EL Olivenöl · 200 g gemischtes Hackfleisch
1 l Fleisch- oder Gemüsebrühe (selbst
gemacht, Rezept S. 91, oder Instant)
1 Dose rote Bohnen (250 g Abtropfgewicht)
1 EL Tomatenmark · Salz · Pfeffer
Chilipulver nach Belieben · 4 EL saure Sahne

Pro Portion: ca. 285 kcal/1190 kJ
16 g EW · 18 g F · 15 g KH

1 Die Möhren schälen, putzen und in kleine Würfel schneiden. Die Zwiebel und den Knoblauch schälen, die Zwiebel klein würfeln, den Knoblauch fein hacken.

2 Das Öl in einem Suppentopf erhitzen. Möhren, Zwiebeln und Knoblauch darin bei mittlerer Hitze 2 Min. anbraten. Das Fleisch dazugeben und unter Rühren in ca. 4 Min. krümelig braten.

3 Die Brühe angießen und zum Kochen bringen. Die Bohnen in einem Sieb kalt abspülen und abtropfen lassen, in den Topf geben. 5 Min. bei mittlerer Hitze kochen lassen.

4 Die Suppe mit Tomatenmark, Salz, Pfeffer und Chilipulver nach Belieben abschmecken. In vier tiefe Teller verteilen und jeweils mit einem Klecks saurer Sahne garnieren. Dazu schmeckt herzhaftes Bauernbrot.

Vorrats-Tipp *Hackfleisch verdirbt sehr schnell, deshalb sollten Sie es immer frisch kaufen und am gleichen Tag verarbeiten. Oder sofort nach dem Kauf **einfrieren**: 200-g-Portionen abwiegen, in Gefriertüten füllen, diese vor dem Verschließen und Einfrieren ganz flach drücken. Dann müssen Sie das gefrorene Hackfleischpäckchen vor dem Anbraten nur kurz antauen lassen.*

Minestrone

Für 8 Personen
500 g festkochende Kartoffeln
1 Stange Lauch · 300 g Zucchini
300 g Möhren · 1 große Fenchelknolle
5 reife Tomaten (ca. 600 g) · 1 große
Dose weiße Bohnen (800 g) · 2 Zwiebeln
6 EL Olivenöl · 2 l Gemüsebrühe (selbst
gemacht, Rezept S. 91, oder Instant)
je 1 Bund Petersilie und Basilikum
Salz · Pfeffer · 100 g frisch geriebener
Pecorino oder Parmesan

Pro Portion: ca. 340 kcal/1420 kJ
19 g EW · 15 g F · 33 g KH

1 Die Kartoffeln schälen, waschen und würfeln.
Den Lauch längs aufschneiden, gründlich waschen und in Stücke schneiden. Die Zucchini
waschen und in ca. 1 cm große Würfel schneiden.
Die Möhren schälen, putzen und in Scheiben
schneiden. Vom Fenchel das Grün abschneiden
und beiseite legen, die Knolle waschen, längs
halbieren und würfeln.

2 Die Tomaten waschen, die Stielansätze herausschneiden (**Bild 1**). Tomaten kreuzförmig
einritzen und mit kochendem Wasser überbrühen (**Bild 2**), dann kurz kalt abschrecken, häuten
und quer halbieren. Die Kerne entfernen (**Bild 3**)
und das Tomatenfruchtfleisch grob würfeln.

3 Bohnen in ein Sieb abgießen, kalt abspülen
und abtropfen lassen. Die Brühe erhitzen. Zwiebeln schälen und fein würfeln. Das Olivenöl in
einem großen Suppentopf erhitzen, die Zwiebelwürfel darin 2 Min. glasig anbraten. Nach und
nach Lauch, Möhren, Fenchel und Zucchini hinzufügen und unter Rühren mitbraten.

4 Die heiße Brühe dazugießen. Tomaten, Kartoffeln und Bohnen dazugeben, alles zugedeckt
bei mittlerer Hitze 20–25 Min. köcheln lassen.

5 Petersilie, Basilikum und das beiseite gelegte
Fenchelgrün waschen und trocken schütteln.
Grobe Stiele entfernen, den Rest nach Belieben
fein schneiden. Die Suppe salzen und pfeffern.
Auf Teller verteilen, die Kräuter daraufgeben und
die Minestrone mit dem Käse bestreut servieren.

Vorbereitungs-Tipp *Sie können die*
*Minestrone schon **am Vortag zubereiten:***
Reduzieren Sie dafür die Kochzeit um
10 Min., lassen Sie die Minestrone abkühlen
und stellen Sie sie zugedeckt kalt. Am Party-
tag aufkochen und in 5 Min. bei schwacher Hitze
gar ziehen lassen.

Topping-Tipp
Garnieren Sie die Minestrone statt mit Käse mit
*je 1 TL **Basilikum-Pesto** (Rezept S. 338).*

1. Von den Tomaten den Stielansatz keilförmig heraussschnei-
den, die Haut oben und unten
kreuzförmig einritzen.

2. Tomaten kochend heiß überbrühen und kurz kalt ab-
schrecken – danach können Sie
die Haut ganz leicht abziehen.

3. Die Tomaten quer durchschneiden, dann lassen sich
die Kerne mit den Fingern
herausdrücken.

Glasnudelsuppe mit Tofu

Für 4 Personen

200 g Tofu · 1 EL Sesamöl · 3–4 EL helle Sojasauce · 2 Möhren · 1 Bund Frühlingszwiebeln
80 g Glasnudeln · 600 ml Geflügelbrühe
(selbst gemacht, Rezept S. 90, oder Instant)
2 Knoblauchzehen · 1–2 EL Limettensaft
weißer Pfeffer · Zucker

Pro Portion: ca. 156 kcal/650 kJ
7 g EW · 6 g F · 18 g KH

1   Den Tofu klein würfeln, mit dem Sesamöl
und 2 EL Sojasauce mischen. Die Möhren schälen und in feine Stifte schneiden (siehe Tipp).
Frühlingszwiebeln putzen und waschen, weiße
und grüne Teile separat in feine Ringe schneiden.

2   Glasnudeln in einer Schüssel mit ca. 500 ml
kochendem Wasser überbrühen und 3–4 Min.
ziehen lassen. In ein Sieb abgießen, abtropfen
lassen, mit einer Küchenschere kleiner schneiden
und in vier Suppenschalen verteilen.

3   Die Brühe aufkochen. Knoblauch schälen und
dazupressen. Möhrenstifte, weiße Frühlingszwiebeln und Tofu dazugeben, 2 Min. bei schwacher
Hitze kochen lassen. Mit der übrigen Sojasauce,
Limettensaft, weißem Pfeffer und 1 Prise Zucker
abschmecken. Die Suppe auf die Glasnudeln
schöpfen, mit Frühlingszwiebelgrün bestreuen.

Schneide-Tipp

Für alle, die öfters asiatisch kochen, lohnt sich
*die Anschaffung eines **Juliennehobels**, mit*
dem sich mühelos streichholzdünne Gemüse-
stifte schneiden lassen. Wer keinen hat, schnei-
det die Möhren erst längs in 2 mm dicke Scheiben
und diese schräg in 2 mm dicke Stifte.

Zitronengras-Kokossuppe

Für 4 Personen

250 g Hähnchenbrustfilet · 3–4 EL helle Sojasauce · 100 g Thai-Spargel · 100 g kleine
Champignons · 2 Stängel Zitronengras
4 Kaffirlimettenblätter (aus dem Asienladen,
siehe S. 104) · 400 ml Geflügelbrühe
(selbst gemacht, Rezept S. 90, oder Instant)
400 ml Kokosmilch (Dose/Tetrapak)
1 EL rote Currypaste (aus dem Asienladen)
1 Bund Koriandergrün
2–3 EL Limettensaft · Zucker

Pro Portion: ca. 123 kcal/510 kJ
18 g EW · 2 g F · 9 g KH

1   Das Fleisch kalt abwaschen, trocken tupfen,
in feine Streifen schneiden und mit 3 EL Sojasauce vermischen. Den Thai-Spargel waschen,
die Stangen in 4 cm lange Stücke schneiden.
Die Champignons putzen und vierteln. Das Zitronengras mit dem Mörserstößel (oder einem
Hammer) weich klopfen und zu Schleifen ver-
knoten. Die Limettenblätter waschen.

2   Geflügelbrühe, Kokosmilch und Currypaste
zusammen in einen Topf geben und unter
Rühren aufkochen. Zitronengras und Limettenblätter hinzufügen und 2 Min. bei mittlerer
Hitze kochen lassen. Hähnchenfleisch, Spargel
und Champignons hinzufügen und 5 Min. garen.

3   Das Koriandergrün waschen, die Blätter abzupfen, grob hacken. Das Zitronengras entfernen, die Suppe mit Limettensaft, 1 Prise Zucker
und nach Belieben noch etwas Sojasauce abschmecken. Mit Koriandergrün bestreuen.

VARIANTE MIT RIESENGARNELEN

Ersetzen Sie das Hähnchenfleisch durch 250 g rohe
Riesengarnelen, die Sie, wie auf S. 277 gezeigt,
vorbereiten und dann mit Fischsauce (statt mit
Sojasauce) marinieren.

Rote-Linsen-Suppe

Für 4 Personen
1 Zwiebel
2 Knoblauchzehen
1 frische große rote Chilischote
1 Stange Lauch · 1 Möhre
2 Stangen Staudensellerie
2 EL Butterschmalz
1/2 EL Currypulver
200 g rote Linsen
800 ml Gemüsebrühe (selbst gemacht,
Rezept S. 91, oder Instant)
Salz · Pfeffer
1–2 EL Zitronensaft

Pro Portion: ca. 250 kcal/1050 kJ
14 g EW · 8 g F · 31 g KH

1 Die Zwiebel und den Knoblauch schälen und fein würfeln. Die Chilischote waschen, längs aufschneiden, entkernen und fein würfeln. Den Lauch längs aufschneiden, gründlich waschen und in feine Streifen schneiden. Die Möhre schälen und in feine Stifte schneiden. Staudensellerie waschen und in dünne Scheiben schneiden.

2 Das Butterschmalz in einem Suppentopf erhitzen. Zwiebeln, Knoblauch, Chilischote und Currypulver darin 2 Min. bei mittlerer Hitze anbraten. Das Gemüse hinzufügen und 1 Min. mitbraten. Die Linsen unterrühren. Mit der Brühe ablöschen, aufkochen und ca. 12 Min. kochen lassen, bis die Linsen weich sind, aber noch nicht zerfallen. Mit Salz, Pfeffer und Zitronensaft abschmecken.

ITALIENISCHE VARIANTE

Braten Sie Zwiebeln, Knoblauch und Chili ohne Currypulver in 2 EL Olivenöl an. Dann Gemüse, Linsen und Brühe zufügen und wie beschrieben garen. Die Blätter von 1 Bund Basilikum grob zerzupfen und mit 2–3 EL Aceto balsamico unterrühren. Jede Portion mit 1/2 EL kalt gepresstem Olivenöl beträufeln.

Chinesische Süßsauer-Suppe

Für 4 Personen
20 g getrocknete Mu-Err-Pilze
250 g Hähnchenbrustfilet
1 frische große rote Chilischote
1 EL helle Sojasauce · 2 EL Speisestärke
1 Bund Frühlingszwiebeln
2 Möhren · 50 g Sojabohnensprossen (frisch
oder aus der Dose) · 600 ml Geflügelbrühe
(selbst gemacht, Rezept S. 90, oder Instant)
1 EL Tomatenmark · 1–2 TL Zucker
1–2 EL Reis- oder Weißweinessig

Pro Portion: ca. 150 kcal/630 kJ
21 g EW · 2 g F · 13 g KH

1 Die getrockneten Pilze in kaltem Wasser einweichen. Das Hähnchenfleisch kalt abwaschen, trocken tupfen und in feine Streifen schneiden. Die Chilischote waschen, längs aufschneiden, entkernen und fein würfeln. Das Fleisch in einer Schüssel mit Chiliwürfelchen, Sojasauce sowie 1/2 EL Speisestärke vermengen.

2 Die Frühlingszwiebeln putzen und waschen, weiße und grüne Teile separat in feine Ringe schneiden. Die Möhren schälen und in feine Stifte schneiden. Die Sojasprossen in einem Sieb kalt abbrausen und abtropfen lassen.

3 Die Brühe mit dem Tomatenmark aufkochen. Die Pilze aus dem Wasser nehmen und mit den Möhren und weißen Frühlingszwiebeln dazugeben, 2 Min. kochen lassen.

4 Die restliche Speisestärke in einer Tasse mit 3 EL kaltem Wasser anrühren, unter ständigem Rühren mit dem Schneebesen in die Suppe einfließen lassen und weiterrühren, bis die Suppe bindet. Das Hähnchenfleisch und die Sojabohnensprossen zufügen und weitere 3 Min. bei schwacher Hitze kochen lassen. Mit Zucker und Essig nach Geschmack würzen und das Frühlingszwiebelgrün unterrühren.

1 Std. · gut vorzubereiten

Mediterraner Eintopf

im Bild · Für 4 Personen
2 Hähnchenkeulen · 2 Knoblauchzehen
1 Zweig frischer Rosmarin (oder 1 TL getrockneter) · 1 EL Olivenöl · 1,5 l Fischfond
5 EL Zitronensaft · 400 g Zucchini · 400 g
Fleischtomaten · 600 g gemischte Fischfilets (z. B.
Schellfisch, Kabeljau, Dorsch) · Salz · Pfeffer

Pro Portion: ca. 330 kcal/1380 kJ
44 g EW · 14 g F · 8 g KH

1   Die Hähnchenkeulen kalt abwaschen und
trocken tupfen. Den Knoblauch schälen und fein
würfeln. Rosmarin waschen und trocken schütteln, die Nadeln fein hacken.

2   Das Öl in einem großen Topf erhitzen, Rosmarin und Knoblauch darin bei schwacher Hitze
anbraten. Fischfond und Zitronensaft angießen
und erhitzen. Die Hähnchenkeulen hineingeben,
in ca. 15 Min. zugedeckt garen.

3   Die Zucchini waschen, längs vierteln, in 1 cm
dicke Stücke schneiden. Tomaten kreuzweise einschneiden, überbrühen, kalt abschrecken und
häuten (siehe S. 95). Quer halbieren, entkernen
und das Fruchtfleisch grob würfeln.

4   Hähnchenkeulen herausnehmen, häuten, das
Fleisch ablösen und klein schneiden. Zucchini
und Tomaten in den Topf geben und ca. 5 Min.
köcheln lassen, salzen und pfeffern.

5   Fischfilet kalt abwaschen, würfeln und leicht
salzen. Mit dem Hähnchenfleisch in die Brühe
geben und 10 Min. ziehen lassen. Den Eintopf
mit knusprigem Baguette servieren.

60 Min. · mit sanfter Schärfe

Asia-Fischtopf

Für 4 Personen
20 g getrocknete Mu-Err-Pilze · 300 g Tomaten
2 Stängel Zitronengras · 1/2 Bund Koriandergrün · 1 getrocknete Chilischote · 1 EL Öl
1 l Geflügelbrühe (selbst gemacht, Rezept S. 90,
oder Instant) · 150 g Möhren · 4 Frühlingszwiebeln · 250 g Fischfilet (Schellfisch, Rotbarsch) · Salz · Pfeffer · 2 EL Zitronensaft

Pro Portion: ca. 130 kcal/540 kJ
16 g EW · 5 g F · 6 g KH

★
★
★

1   Pilze in kaltem Wasser einweichen. Tomaten
waschen und vierteln. Zitronengras waschen und
in Stücke schneiden. Koriandergrün waschen
und trocken schütteln, die Blätter fein hacken.

2   Die Chili fein würfeln. In einem Topf das Öl
erhitzen, Chiliwürfel darin kurz anrösten. Die
Brühe angießen und aufkochen. Tomaten, Zitronengras und die Hälfte des Koriandergrüns zufügen, 30 Min. bei mittlerer Hitze kochen lassen.

3   Inzwischen die Möhren schälen und putzen,
Frühlingszwiebeln waschen und putzen, beides
in sehr feine Streifen schneiden. Pilze abtropfen
lassen und klein schneiden. Fischfilet kalt abwaschen, trocken tupfen und in Würfel schneiden.

4   Die Brühe durch ein Sieb gießen, auffangen.
In den Topf zurückgeben, aufkochen und das
Gemüse darin bei schwacher Hitze ca. 5 Min.
garen. Den Fisch einlegen und in 3–5 Min. gar
ziehen lassen. Das Gericht mit Salz, Pfeffer und
Zitronensaft abschmecken, mit dem übrigen
Koriandergrün bestreut servieren.

Was ist eigentlich … *Zitronengras?* *Die Stängel wachsen in Asien in
großen Büscheln. Sie geben Suppen, Currys und Salaten eine unverwechsel-
bare herb-zitronige Note. Wenn es wie hier nicht mitgegessen wird, schneiden
Sie es in Stücke und garen es mit. Soll es mitgegessen werden, entfernen Sie die
äußeren harten Blätter und verwenden nur das untere weiche Drittel. Gibt es
frisch im Asienladen, getrocknetes Zitronengras ist nicht zu empfehlen.*

Griechischer Gemüsetopf

Für 4 Personen
1 kleine Fenchelknolle · 1 kleine Stange Lauch
2 Möhren · 2 Zweige Thymian · 75 g durchwachsener Räucherspeck · 1 kleine Zwiebel
2 EL Olivenöl · 1 Knoblauchzehe · 2 l Gemüsebrühe (selbst gemacht, Rezept S. 91, oder Instant)
100 g Kritharaki (griechische Reisnudeln)
Salz · Pfeffer · 1 TL gemahlener Kreuzkümmel
Zimtpulver · 200 g Manouri oder Feta (griechischer Schafkäse)

Pro Portion: ca. 425 kcal/1780 kJ
21 g EW · 25 g F · 29 g KH

1   Den Fenchel waschen, putzen und in Streifen
schneiden. Den Lauch putzen, längs aufschneiden, gründlich waschen und in Ringe schneiden.
Möhren schälen und in Scheiben schneiden. Den
Thymian waschen und die Blättchen abzupfen.

2   Den Speck klein würfeln, die Zwiebel schälen
und ebenfalls klein würfeln. Das Öl in einem
Topf erhitzen, den Speck darin knusprig ausbraten. Die Zwiebeln dazugeben und kurz mitbraten. Den Knoblauch schälen und dazupressen.

3   Fenchel, Möhren und Lauch hinzufügen.
Die Brühe angießen und aufkochen lassen.
Reisnudeln und Thymian einrühren. Mit Salz,
Pfeffer, Kreuzkümmel und 1 Prise Zimt würzen
und den Eintopf zugedeckt 15 Min. köcheln
lassen. Den Käse darüberbröckeln.

Wo bekomme ich eigentlich …
Kritharaki? *Die kleinen reiskorn-*
förmigen Nudeln aus Mehl, Wasser und
Salz gibt es in griechischen und türki-
schen Lebensmittelgeschäften zu kaufen.

Grüne-Bohnen-Eintopf

Für 4 Personen
500 g Lamm- oder Rindfleisch (Nacken, Brust)
1 Bund Suppengrün · 2 Zwiebeln
1 Lorbeerblatt · Salz · 600 g grüne Bohnen
3 große Kartoffeln · 5 Zweige Bohnenkraut
(ersatzweise 1 EL getrocknetes)
60 g Räucherspeck · 1 Bund Petersilie
1 EL Butterschmalz · 1 EL Mehl · Pfeffer

Pro Portion: ca. 700 kcal/2930 kJ
25 g EW · 57 g F · 22 g KH

1   Das Fleisch kalt abwaschen, in einen Topf
legen, mit gut 1,5 l Wasser bedecken und dieses
zum Kochen bringen. Das Suppengrün waschen
und putzen, die Zwiebeln schälen. Die Brühe
abschäumen (siehe unten). Das Suppengrün,
1 Zwiebel, das Lorbeerblatt und etwas Salz zur
Brühe geben und alles bei schwacher Hitze ca.
1 Std. köcheln lassen, bis das Fleisch weich ist.

2   Inzwischen die Bohnen putzen, waschen
und in 3–4 cm lange Stücke schneiden. Die Kartoffeln schälen und klein würfeln. Die Brühe
durch ein Sieb in einen zweiten Topf gießen.
Darin die Bohnen mit dem Bohnenkraut 10 Min.
kochen. Kartoffeln zugeben und 15 Min. garen.
Das Fleisch klein schneiden und dazugeben.

3   Den Speck und die zweite Zwiebel würfeln.
Die Petersilie waschen und hacken. Das Butterschmalz erhitzen, Speck und Zwiebeln darin
anbraten. Mit Mehl bestäuben und unter Rühren
etwas Brühe aufgießen. Das Ganze einmal aufkochen lassen, dann unter den Eintopf rühren.
Diesen mit Salz und Pfeffer abschmecken und
mit Petersilie bestreut servieren.

Was bedeutet denn … *Abschäumen?*
Beim Aufkochen bildet sich ein weißlich grau-
er Schaum aus Fleischeiweiß, der die Brühe
trüb machen würde. Mit einem großen Löffel
von der Oberfläche abschöpfen und entfernen.

1 Std. 30 Min. + 12 Std. Einweichen · würzig

Arabischer *Kichererbsentopf*

Für 6 Personen
250 g getrocknete Kichererbsen
1 EL gekörnte Gemüsebrühe
500 g Hähnchenbrustfilet
Salz · Cayennepfeffer · 1 EL Sesamöl
1 EL Honig · 1 große Zwiebel
500 g Möhren · 250 g Zucchini
4 EL Öl · 4 Knoblauchzehen
1 EL Baharat (Gewürzmischung aus
dem Orientladen) · 1 TL Sambal oelek

Pro Portion: ca. 340 kcal/1420 kJ
31 g EW · 13 g F · 26 g KH

1 Die Kichererbsen mindestens 12 Std. (am besten über Nacht) in 1 l kaltem Wasser einweichen. Kichererbsen abgießen, in einem Topf mit Wasser bedecken und die gekörnte Gemüsebrühe dazugeben. Aufkochen lassen und bei mittlerer Hitze ca. 45 Min. garen.

2 Inzwischen das Hähnchenfleisch kalt abwaschen und trocken tupfen. Das Fleisch in Würfel schneiden, mit Salz und Cayennepfeffer würzen, mit dem Sesamöl und dem Honig vermischen und zugedeckt 30 Min. marinieren.

3 Zwiebel schälen und grob würfeln. Die Möhren schälen und schräg in Scheiben schneiden. Die Zucchini waschen und würfeln. Die Kichererbsen in ein Sieb abgießen, dabei 100 ml Brühe auffangen, und abtropfen lassen.

4 Das Öl in einem großen Schmortopf erhitzen. Die Zwiebeln darin 2 Min. bei starker Hitze anbraten. Das marinierte Hähnchenfleisch dazugeben und 3 Min. mitbraten. Kichererbsen mit der Brühe sowie die Möhren hinzufügen und alles 10 Min. bei mittlerer Hitze zugedeckt schmoren lassen. Die Knoblauchzehen schälen und dazupressen, Zucchini dazugeben, mit Baharat, Sambal oelek und Salz würzen. Weitere 20 Min. bei schwacher Hitze schmoren lassen. Mit knusprigem Fladenbrot servieren.

35 Min. · preiswert

Kartoffelgulasch

Für 4 Personen
1 rote Zwiebel · 600 g kleine festkochende
Kartoffeln · 1 kleine Steckrübe oder 1 kleine
Sellerieknolle · 4 Möhren · 4 reife Tomaten
1 Knoblauchzehe · 1 Gewürznelke
1 Lorbeerblatt · 1 EL Olivenöl
1/2 TL gemahlene Muskatblüte (siehe Tipp)
Salz · Pfeffer · 1 Frühlingszwiebel

Pro Portion: ca. 180 kcal/750 kJ
6 g EW · 4 g F · 30 g KH

1 Die Zwiebel schälen und würfeln. Alles Gemüse waschen. Die Kartoffeln ungeschält längs vierteln. Steckrübe oder den Sellerie schälen und in ca. 4 cm lange Stifte schneiden. Möhren schälen und in 2–3 cm dicke Stücke schneiden. Tomaten klein würfeln. Knoblauch schälen und mit Nelke und Lorbeerblatt spicken.

2 Das Öl in einem Topf bei mittlerer Hitze erhitzen und die Zwiebeln, die Kartoffeln und den Knoblauch darin ca. 4 Min. dünsten. Die Steckrübe und die Möhren ca. 2 Min. mitdünsten. Die Tomaten, die Muskatblüte, Salz und Pfeffer einrühren. Alles aufkochen und bei schwacher Hitze zugedeckt ca. 10 Min. garen.

3 Die Frühlingszwiebel putzen, waschen und schräg in ca. 1 cm große Stücke schneiden. In der letzten Garminute dazugeben.

Was ist denn … *Muskatblüte? Muskatblüte oder Macis ist die Samenhülle der Muskatnuss. Sie wird zu feinem Pulver gemahlen, dessen kräftiges Aroma sowohl Süßspeisen als auch pikante Gerichte abrundet.*

Rotes Thai-Curry

mit Bambussprossen

1 Das Fleisch kalt abwaschen, trocken tupfen und in schmale Streifen schneiden. In einer Schüssel mit 2 EL Fischsauce vermischen. Bei Zimmertemperatur 10 Min. durchziehen lassen.

2 Inzwischen Kaffirlimettenblätter, Basilikum und Chilischote waschen. Vom Basilikum die Blätter abzupfen. Die Chilischote längs aufschneiden und die Kerne entfernen, die Hälften in feine Streifen schneiden. Die Bambussprossen in ein Sieb abgießen, kalt abbrausen und gut abtropfen lassen.

3 Von der Kokossahne, dem dicken Teil, der sich in der ungeschüttelten Kokosmilchdose oben gesammelt hat (**Bild 1**), 4 EL abnehmen und in einen Wok geben. Die Kokossahne bei mittlerer Hitze erwärmen, bis die sie sprudelnd kocht (**Bild 2**).

4 Currypaste sorgfältig unterrühren. Die Mischung bei mittlerer Hitze ca. 2 Min. ohne Umrühren braten, bis sich an der Oberfläche kleine Löcher bilden, aus denen Öl austritt (**Bild 3**). Vom Rand her 3 EL Kokosmilch angießen und sorgfältig unterrühren. 1 Min. weiterbraten, bis eine homogene, cremige Masse entsteht.

5 Das Fleisch hinzufügen und unter Rühren 2–3 Min. anbraten (**Bild 4**). Bambussprossen, übrige Kokosmilch, Limettenblätter und Palmzucker hinzufügen. Das Ganze wieder zum Kochen bringen. 5 Min. bei mittlerer Hitze offen kochen lassen. Vor dem Servieren die Chilistreifen und die Thai-Basilikumblätter untermischen (**Bild 5**). Mit Limettensaft und nach Belieben noch etwas Fischsauce abschmecken.

Für 2 Personen
400 g Schweine- oder Hähnchenbrustfilet
2–3 EL Fischsauce
6 Kaffirlimettenblätter
3 Zweige süßes Thai-Basilikum
(Bai horapha, siehe S. 105)
1 frische große rote Chilischote
200 g Bambussprossen
(aus der Dose, in Streifen)
1 Dose Kokosmilch (400 ml; ungeschüttelt)
1–2 EL rote Currypaste
1 EL Palmzucker (oder brauner Zucker)
1–2 EL Limettensaft

Pro Portion: ca. 345 kcal/1440 kJ
54 g EW · 4 g F · 22 g KH

BEILAGE Zu diesem und auch allen anderen Currys schmeckt thailändischer Duftreis bzw. Basmati-Reis (Rezept S. 127).

Kokossahnig und zitrusfrisch, mit bissfesten Zutaten und superscharf – so gehört ein Original-Thai-Curry. Wer an die Schärfe (noch) nicht gewöhnt ist, beginnt erst mal mit 1 EL Currypaste!

Gut zu wissen …

- Kaffirlimettenblätter in einem Curry werden mitserviert – aber nur als Dekoration.

- Currypasten bekommen Sie im Glas im Asia-Regal im Supermarkt oder im Asienladen auch frisch zubereitet im Kühlregal. Die verschiedenen Farben entstehen durch die Chilis, die immer Basis sind. Hinzu kommen Schalotten, Knoblauch, Zitronengras, Galgant und Gewürze. Grüne und rote Currypaste sind sehr scharf, die gelbe ist etwas milder.

- Thaiköche hantieren schnell und geschickt mit einem schaufelförmigen Pfannenwender. Einfacher geht es mit einem Teigschaber aus Silikon, der sich der Rundung des Woks optimal anpasst.

- Currys werden in Thailand übrigens nicht mit Stäbchen, sondern mit Löffel und Gabel gegessen. Mit der Gabel in der Linken vermischt man Reis und Curry, schiebt es auf den Löffel, der dann zum Mund geführt wird.

Tausch-Tipps

Zutaten wie Kokos-milch, Currypaste, Fischsauce und Bambussprossen bekommen Sie auch im Asia-Regal im Supermarkt. Frische Zutaten sind nur im Asienladen erhältlich.
Fischsauce *ersetzt in der Thaiküche weitgehend das Salz. Ihr etwas strenges Aroma ist eine wichtige Geschmackskomponente des Currys. Wer sich gar nicht damit anfreunden kann, ersetzt 2 EL Fischsauce durch 1/2 TL Salz.*
Palmzucker *wird aus dem Saft von Kokospalmen gewonnen. Er hat ein angenehmes Karamellaroma, das am besten durch braunen Zucker zu ersetzen ist.*
Für ***Kaffirlimettenblätter*** *und* ***Zitronengras*** *gibt es keinen Ersatz, sie lassen sich aber ausgezeichnet auf Vorrat einfrieren.*

Fisch-Curry mit Zucchini

Für 2 Personen
400 g Fischfilet (z. B. Kabeljau oder Rotbarsch)
2–3 EL Fischsauce · 250 g kleine Zucchini
1 gelbe Paprikaschote · 6 Kaffirlimettenblätter
1–2 EL gelbe Currypaste (aus dem Asienladen)
1 Dose Kokosmilch (400 ml; ungeschüttelt)
1 EL Palmzucker (oder brauner Zucker)
2 EL Limettensaft

Pro Portion: ca. 280 kcal/1170 kJ
39 g EW · 3 g F · 25 g KH

1 Den Fisch kalt abwaschen, trocken tupfen, in ca. 3 cm große Würfel schneiden und mit 2 EL Fischsauce mischen. Die Zucchini waschen, längs halbieren und in dünne Halbmonde schneiden. Die Paprikaschote halbieren, putzen, waschen und in feine Streifen schneiden. Die Kaffirlimettenblätter waschen.

2 Die Currypaste, wie auf S. 103 gezeigt, in 4 EL Kokossahne anbraten. Zucchini und Paprikastreifen hinzufügen und 2 Min. mitbraten. Restliche Kokosmilch, Limettenblätter und Zucker untermischen, aufkochen und 3 Min. kochen lassen. Den Fisch einlegen und 3 Min. bei schwacher Hitze gar ziehen lassen. Mit Limettensaft und nach Belieben noch etwas Fischsauce abschmecken.

Was sind denn … *Kaffirlimettenblätter?*
Die Blätter des asiatischen Zitrusstrauches haben ein herb-zitroniges Aroma. Im Ganzen mitgekocht, isst man sie nicht mit. In haarfeine Streifen geschnitten, z. B. in den Fischplätzchen von S. 40, sind sie ausgesprochen lecker.

Garnelen-Curry mit Ananas

Für 2 Personen
300 g rohe geschälte Riesengarnelen
2–3 EL Fischsauce
200 g frisches Ananasfruchtfleisch
1 rote Paprikaschote
1 Bund Frühlingszwiebeln
1 frische große rote Chilischote
6 Kaffirlimettenblätter
1–2 EL rote Currypaste
1 Dose Kokosmilch (400 ml; ungeschüttelt)
1 EL Palmzucker (oder brauner Zucker)
1–2 EL Limettensaft

Pro Portion: ca. 330 kcal/1380 kJ
33 g EW · 5 g F · 38 g KH

1 Die Garnelen am Rücken einschneiden und den schwarzen Darmfaden entfernen (siehe S. 277). Die Garnelen kalt abwaschen, trocken tupfen und mit 2 EL Fischsauce beträufeln.

2 Das Ananasfruchtfleisch klein würfeln. Die Paprikaschote halbieren, putzen, waschen und in feine Streifen schneiden. Die Frühlingszwiebeln putzen, waschen, weiße und grüne Teile getrennt in Ringe schneiden. Die Chilischote waschen, längs aufschneiden, entkernen und in Streifen schneiden. Die Limettenblätter waschen.

3 Die Currypaste, wie auf S. 103 gezeigt, in 4 EL Kokossahne anbraten. Ananas, Paprikastreifen und weiße Frühlingszwiebeln hinzufügen und 2 Min. mitbraten. Restliche Kokosmilch, Limettenblätter und Zucker untermischen, aufkochen lassen. Die Garnelen einlegen und 3 Min. bei schwacher Hitze gar ziehen lassen.

4 Die Chilistreifen und das Frühlingszwiebelgrün unterrühren und das Curry mit Limettensaft und nach Belieben noch etwas Fischsauce abschmecken. Am besten mit Basmati-Reis (Rezept S. 127) servieren.

★
★

30 Min. · nussig-scharf

Erdnuss-Curry
mit Schweinefleisch

Für 2 Personen
400 g Schweineschnitzel
3 EL Fischsauce · 2 junge Möhren
100 g Zuckerschoten
6 Kaffirlimettenblätter
1–2 EL rote Currypaste
1 Dose Kokosmilch (400 ml; ungeschüttelt)
1 EL Palmzucker
50 g geröstete gesalzene Erdnüsse
1/2 Bund Koriandergrün
1–2 EL Limettensaft

Pro Portion: ca. 505 kcal/2110 kJ
55 g EW · 18 g F · 30 g KH

1   Das Fleisch trocken tupfen und in feine Streifen schneiden. Mit 2 EL Fischsauce mischen. Die Möhren schälen und in dünne Scheiben schneiden. Die Zuckerschoten putzen, waschen und schräg halbieren. Limettenblätter waschen.

2   Die Currypaste, wie auf S. 103 gezeigt, in 4 EL Kokossahne anbraten. Das Fleisch darin ca. 3 Min. anbraten. Das Gemüse dazugeben und 2 Min. unter Rühren mitbraten. Die restliche Kokosmilch, Limettenblätter und Zucker untermischen, aufkochen und 5 Min. bei schwacher Hitze einkochen lassen.

3   Inzwischen die Erdnüsse im Mörser grob zerstoßen (oder im Blitzhacker grob hacken). Das Koriandergrün waschen und trocken schütteln, die Blätter abzupfen und grob hacken. Erdnüsse und Koriandergrün unter das Curry rühren und mit Limettensaft und nach Belieben noch etwas Fischsauce abschmecken.

WÜRZIGE VARIANTE

*Im Asienladen gibt es eine spezielle **Currypaste für Erdnuss-Curry,** die Panaeng-Paste. Sie enthält zusätzliche Gewürze und schmeckt noch etwas milder und »runder«.*

30 Min. · feurig-scharf

Grünes Lamm-Curry
mit Bohnen

Für 2 Personen
400 g Lammrückenfilet · 150 g grüne
Bohnen · 6 Kaffirlimettenblätter · 3 Zweige
süßes Thai-Basilikum (Bai horapha)
1 EL grüne Currypaste · 1 Dose Kokosmilch
(400 ml; ungeschüttelt) · 3 EL helle Sojasauce
1 TL brauner Zucker

Pro Portion: ca. 325 kcal/1360 kJ
44 g EW · 8 g F · 19 g KH

1   Das Fleisch trocken tupfen und in feine Streifen schneiden. Die Bohnen waschen, putzen und in 3 cm lange Stücke schneiden. Die Limettenblätter waschen. Das Thai-Basilikum waschen und trocken schütteln, die Blätter abzupfen.

2   Die Currypaste, wie auf S. 103 gezeigt, in 4 EL Kokossahne anbraten. Das Fleisch darin ca. 3 Min. anbraten. Die Bohnen dazugeben und 1 Min. unter Rühren mitbraten.

3   Restliche Kokosmilch, Sojasauce, Zucker und Limettenblätter untermischen, aufkochen und 6–7 Min. bei schwacher Hitze einkochen lassen, bis das Fleisch und die Bohnen weich sind. Vor dem Servieren das Thai-Basilikum unterrühren.

Was ist eigentlich … *Thai-Basilikum?*
Es gibt verschiedene Sorten: Bai horapha, »süßes Basilikum«, hat dunkelgrüne spitze Blätter mit frisch-würzigem Geschmack nach Anis und Lakritze. Wenn Sie keines bekommen, nehmen Sie die grob gehackten Blätter von 1 Bund Koriandergrün – schmeckt anders, aber ebenfalls sehr fein und exotisch.

Nudeln und Reis

Von superschnellen Pasta-Gerichten für zwei bis zu gebratenen Asia-Nudeln, von Risotto bis Paella – hier bringen Sie schnell und preiswert Leckeres für Familie und Gäste auf den Tisch.

Warenkunde: Nudeln

Erlaubt ist, was schmeckt

Kurze oder lange, dicke oder dünne, gefüllte oder hohle – der Vielfalt an italienischen Nudelsorten ist schier keine Grenze gesetzt. Ob Sie die Klassiker aus Hartweizengrieß oder die feineren Sorten mit Ei bevorzugen – entscheiden Sie nach Lust und Laune! Deftige Hackfleischsaucen lassen sich zwar mit kurzen Nudeln besonders gut aufgabeln, und feine Sahnesößchen verbünden sich gerne mit Eier-Bandnudeln. Im Prinzip aber können Sie alle Sorten mit allen Saucen kombinieren!

Asia-Nudeln vorbereiten

Thailändische Reisnudeln werden vor der Weiterverarbeitung (z. B. für gebratene Nudeln) in lauwarmem Wasser eingeweicht, um sie biegsam zu machen. Glasnudeln werden je nach Rezept ebenfalls eingeweicht oder mit kochendem Wasser überbrüht. Chinesische Mie-Nudeln schließlich kochen Sie nach Packungsanweisung ca. 4–5 Min. vor, um Sie anschließend in einem Wok mit Gemüse und Fleisch oder Garnelen zu braten.

Altes und neues KOCHWISSEN
Pasta richtig kochen

Die Großmutter hat Nudeln richtig weich gekocht. Da hat sich der Geschmack gewandelt: Heute ist Pasta »al dente« angesagt! Dafür in einem großen Topf pro 100 g Nudeln 1 l Wasser aufkochen. Pro 100 g Nudeln 1 TL Salz hinzufügen und die Nudeln ins Wasser schütten. 1 Min. vor Ende der auf der Packung angegebenen Garzeit fangen Sie an zu probieren: Die Nudeln sind fertig, wenn sie nicht mehr hart sind, aber noch ein wenig Biss haben. Sie dann in ein Sieb abgießen, kurz abtropfen lassen und sofort mit der Sauce mischen.

Kleine Mengenlehre

Bei italienischer Pasta: Für eine Vorspeise innerhalb eines Drei-Gänge-Menüs rechnen Sie pro Person 60–80 g (rohe, getrocknete) Nudeln, als Hauptgericht sollten es 100–120 g pro Person sein. Bei frischen Nudeln aus dem Kühlregal rechnen Sie für jeden Esser 100–120 bzw. 150–180 g. Bei asiatischen Nudeln: An Glasnudeln für asiatische Suppen und Salate reichen 100 g für 4 Personen. Für Hauptgerichte mit thailändischen Reisnudeln rechnen Sie 50–60 g, bei chinesischen Mie-Nudeln 80–100 g pro Person.

Nudeln warm halten

Die Sauce sollte auf die Nudeln warten und nicht umgekehrt! Falls es doch mal nötig ist, mischen Sie 1 EL Öl im Sieb unter die Nudeln und legen einen Deckel darauf. Oder das Öl untermischen, die Nudeln locker auf einem Backblech verteilen und bei 70° im Backofen warm halten.

Populäre Irrtümer

»Mit etwas Öl im Kochwasser kleben die Nudeln nicht zusammen.« Lassen Sie das lieber bleiben: Die Oberfläche von Teigwaren verkleistert durch Öl, sie nehmen die Sauce nicht mehr so gut auf. Kochen Sie die Nudeln stattdessen in einem ausreichend großen Topf (siehe oben)! »Nudeln müssen nach dem Kochen im Sieb kalt abgeschreckt werden.« Tun Sie das nur, wenn Sie sie zu Auflauf oder Nudelsalat weiterverarbeiten wollen. Denn so behalten sie ihren Biss.

Warenkunde: Reis

Reis als Beilage

Man unterscheidet Langkorn- und Rundkornreis, beide gibt es auch als vollwertigen Naturreis. Als Beilage eignen sich langkörnige Sorten am besten, weil sie nicht kleben, sondern locker und körnig bleiben. Dazu gehören auch Basmati- und Duftreis. Rundkornreis wird beim Kochen wegen des hohen Stärkegehalts cremig und weich, was z. B. bei Risotto erwünscht ist.

Für Risotto – Rundkornreis mit zartem Biss

Ein perfekter Risotto ist cremig, und die Reiskörner haben noch einen leichten Biss. Um dies zu erreichen, brauchen Sie speziellen Rundkornreis, der beim Garen quillt ohne aber zu zerkochen. Die besten Risottoreissorten kommen, wie könnte es anders sein, aus Italien: Arborio, Carnaroli und Vialone. Sie bekommen diese Sorten in italienischen Lebensmittelläden, aber auch im gut sortierten Supermarkt. Ein, wenn auch nicht perfekter, Ersatz ist Milchreis.

Altes und neues KOCHWISSEN
Vom »Wasserreis« zum Quellreis

Großmutter hat Reis in reichlich Salzwasser gekocht und dann durch ein Sieb abgegossen. Wirklich lecker wurden die hellen Körner auf diese Weise nicht, sie waren eher eine neutrale Beilage zur Sauce. Lassen Sie Ihren Reis lieber nach einem der Rezepte auf S. 127 mit wenig Flüssigkeit quellen. So bleiben alle wertvollen Inhaltsstoffe erhalten. Mit Brühe statt Wasser sowie exotischen Gewürzen und Kräutern wird daraus sogar eine echte Delikatesse.

Was vom Vortag übrig blieb

Gekochter Reis hält sich einige Tage im Kühlschrank, aber Sie können ihn auch portionsweise in Gefrierbeuteln oder -dosen einfrieren. Ist viel übrig geblieben, so bereiten Sie doch einen leckeren Reissalat daraus zu: Für 250 g gekochtem Langkornreis (entspricht etwa 100 g im Rohzustand) in einer Schüssel 2 EL Weißweinessig mit je einer kräftigen Prise Salz, Zucker und Cayennepfeffer verrühren und 4 EL neutrales Pflanzenöl unterschlagen. Je 1 rote und gelbe Paprikaschote halbieren, putzen, waschen und fein würfeln. 1 Stück frische Ananas (ca. 150 g) schälen, den Strunk entfernen und das Fruchtfleisch ebenfalls klein würfeln. Beides zusammen mit 150 g gegarten Garnelen (Partygambas) unter den Reis mischen.

Kleine Mengenlehre

Als Beilage zu Fleisch- oder Fischgerichten rechnet man 40–60 g ungekochten Reis pro Person. Als Vorspeise innerhalb eines Drei-Gänge-Menüs nehmen Sie für ein Risotto ca. 60–70 g. Ist Reis das Hauptgericht, so sollten Sie 80–100 g pro Person nehmen.

Asiatische Resteverwertung

Die Lieblingsspeise vieler Asiaten (und nicht weniger Asien-Urlauber) ist gebratener Reis (Rezepte S. 132), der aus dem übrig gebliebenen Reis vom Vortag zubereitet wird. Sie können den Reis dafür aber auch frisch zubereiten. Wichtig ist nur, dass er vor dem Braten vollständig abgekühlt ist. Anderenfalls saugt er sich mit Sauce voll und wird matschig.

Grundrezept

Tomatensauce

Für 4 Personen
1 Zwiebel
2 Knoblauchzehen
4 EL Olivenöl
1 große Dose stückige Tomaten (800 g)
1–2 Zweige frischer Thymian
oder Rosmarin (nach Belieben)
Salz · Pfeffer

Pro Portion: ca. 155 kcal/650 kJ
3 g EW · 13 g F · 7 g KH

1 Die Zwiebel und den Knoblauch schälen und in feine Würfel schneiden. Das Öl in einem Topf erhitzen. Zwiebeln und Knoblauch darin 1 Min. bei mittlerer Hitze anbraten.

2 Die Tomaten in den Topf geben. Die Kräuter waschen und dazulegen. Die Sauce salzen und pfeffern und 20 Min. bei schwacher Hitze kochen lassen, gelegentlich umrühren.

3 Die Kräuterzweige entfernen und die Sauce noch einmal mit Salz und Pfeffer abschmecken.

Wie wär's mal …

MIT SCHÄRFE

Für Pasta »all'arrabbiata« (»nach Art der zornigen Frau«) 1–2 Peperoncini (kleine getrocknete Chilischoten) in den Topf bröseln und zusammen mit Zwiebeln und Knoblauch anbraten. Über das fertige Nudelgericht gehackte Petersilie streuen.

MIT THUNFISCH

Braten Sie mit Zwiebeln und Knoblauch den abgetropften Inhalt einer Dose Thunfisch in Öl (185 g) 1 Min. an. Dann die Tomaten und 1 TL getrockneten Oregano dazugeben. 5 Min. vor Ende der Garzeit nach Belieben 2 EL kleine Kapern (aus dem Glas) untermischen.

MIT GEMÜSE

1 Möhre schälen und grob raspeln. 2 Stangen Staudensellerie waschen und in feine Scheiben schneiden, 2 kleine Zucchini waschen und fein würfeln. Zwiebeln und Knoblauch anbraten. Möhre, Staudensellerie und 1 EL Tomatenmark dazugeben und 2 Min. mitbraten. Tomaten dazugeben, 15 Min. kochen lassen. Zucchini unterrühren und die Sauce in 5 Min. fertig garen.

Praxis-Tipp *Wenn Sie im Hochsommer mal an wirklich **aromatische, reife Freilandtomaten** kommen, dann greifen Sie zu, und bereiten Sie die Sauce daraus zu (1 kg Tomaten, wie auf S. 95 gezeigt, überbrühen, häuten, entkernen und klein schneiden). Da das bei uns eher selten der Fall ist, sind **sonnengereifte Dosentomaten** meist die bessere Wahl. Ob Sie geschälte ganze oder stückige Tomaten wählen, ist dabei Ihnen überlassen.*

Penne
mit Blitz-Bolognese

Für 4 Personen
150 g Champignons
1 Zwiebel · 2 EL Olivenöl
250 g gemischtes Hackfleisch
1 kleine Dose stückige Tomaten (400 g)
1 TL getrockneter Thymian
Salz · Pfeffer
1 Prise Chilipulver nach Belieben
400 g Penne

Pro Portion: ca. 605 kcal/2530 kJ
27 g EW · 20 g F · 79 g KH

1 Die Pilze putzen und in Scheiben schneiden. Die Zwiebel schälen und fein würfeln.

2 Das Öl erhitzen, das Hackfleisch darin krümelig braten. Pilze und Zwiebeln kurz mitbraten. Die Tomaten untermischen. Das Ragout mit gerebeltem Thymian, Salz, Pfeffer und nach Belieben etwas Chilipulver abschmecken und bei schwacher Hitze offen 10 Min. köcheln lassen.

3 Inzwischen in einem großen Topf Wasser zum Kochen bringen, salzen und die Nudeln darin nach Packungsanweisung bissfest garen. In ein Sieb abgießen, abtropfen lassen und mit der Bolognese servieren.

VARIANTEN

Statt Hackfleisch können Sie für die Sauce auch **rohe Bratwürste** *nehmen: Die Masse in kleinen Stücken aus der Haut drücken, wie das Hackfleisch braten und krümelig werden lassen.*
Für eine orientalisch gewürzte Variante die Pilze weglassen und statt des gemischten Hackfleisches **Gehacktes vom Lamm** *nehmen (bekommen Sie am besten in türkischen Lebensmittelläden). Mit den Zwiebeln 2 fein gehackte Knoblauchzehen anbraten und den Thymian durch 1 TL Baharat (orientalische Würzmischung aus dem Orient- oder Bioladen) ersetzen.*

Bandnudeln
mit Lachssahne

Für 4 Personen
400 g Lachsfilet (frisch oder TK und aufgetaut)
1 EL Zitronensaft
Salz · Pfeffer
400 g Bandnudeln
100 ml Fischfond (aus dem Glas)
125 g Sahne
2 Kästchen Gartenkresse

Pro Portion: ca. 650 kcal/2720 kJ
34 g EW · 27 g F · 71 g KH

1 Das Lachsfilet kalt abwaschen und trocken tupfen. In mundgerechte Würfel schneiden und mit dem Zitronensaft, Salz und Pfeffer mischen.

2 In einem großen Topf Wasser zum Kochen bringen, salzen und die Nudeln darin nach Packungsanweisung bissfest garen.

3 Für die Sauce den Fischfond mit der Sahne erhitzen und cremig einkochen lassen. Die Lachswürfel in die Sauce geben und ca. 2 Min. darin ziehen lassen. Die Kresse vom Beet schneiden und bis auf einen kleinen Rest unter die Sauce mischen. Mit Salz und Pfeffer abschmecken.

4 Die Nudeln abgießen, vorsichtig mit der Lachssahne mischen und in vorgewärmte Teller verteilen. Mit der übrigen Kresse bestreut möglichst sofort servieren.

VARIANTE
MIT RÄUCHERLACHS UND DILL

Dafür statt des frischen Fischfilets 150 g Räucherlachs in Streifen schneiden. Mit den gehackten Spitzen von 1 Bund Dill 1 Min. in der Sauce erwärmen und die Nudeln untermischen.

25 Min. · raffiniert

Farfalle
mit Zwiebelragout

Für 4 Personen
400 g kleinere rote Zwiebeln
1 kleine Bio-Orange
1 Bund Schnittlauch
1 frische grüne Chilischote
Salz · 400 g Farfalle
1 EL Butter
125 ml Gemüsebrühe (selbst gemacht,
Rezept S. 91, oder Gemüsefond aus dem Glas)
2 TL Zitronensaft
1 Döschen gemahlener Safran (0,1 g)
Pfeffer · Muskatnuss, frisch gerieben
50 g Parmesan am Stück

Pro Portion: ca. 470 kcal/1960 kJ
19 g EW · 7 g F · 81 g KH

1 Die Zwiebeln schälen und achteln. Die Orange heiß waschen und abtrocknen. Mit dem Sparschäler ein Stück Schale abschneiden und sehr fein schneiden. Dann den Saft auspressen. Den Schnittlauch waschen und in Röllchen schneiden. Die Chilischote waschen, längs aufschneiden, entkernen und in feine Streifen schneiden.

2 In einem großen Topf Wasser zum Kochen bringen, salzen und die Farfalle darin nach Packungsanweisung bissfest garen.

3 Inzwischen die Butter in einem Topf erhitzen und die Zwiebelachtel darin in 2–3 Min. bei mittlerer Hitze anbraten. Die Chilistreifen untermischen. Mit dem Orangensaft und der Brühe ablöschen. Den Zitronensaft und den Safran untermischen und mit Salz, Pfeffer und Muskat abschmecken. Die Zwiebeln zugedeckt bei mittlerer Hitze ca. 10 Min. dünsten.

4 Die Nudeln abgießen. Das Zwiebelragout mit Orangenschale und Schnittlauch verfeinern und mit den Nudeln mischen. In vorgewärmte Teller verteilen. Den Parmesan mit einem Sparschäler über die Nudeln hobeln.

20 Min. · cremig mit zartem Biss

Spinatnudeln
mit Mandeln

Für 4 Personen
Salz · 500 g Tagliatelle (schmale
Bandnudeln) · 1 EL Butter
60 g Mandelstifte (wahlweise Pinienkerne)
450 g TK-Blattspinat
200 g Crème fraiche · Pfeffer
Muskatnuss, frisch gerieben

Pro Portion: ca. 770 kcal/3220 kJ
22 g EW · 32 g F · 98 g KH

1 In einem großen Topf Wasser zum Kochen bringen, salzen und die Nudeln darin nach Packungsanweisung bissfest garen.

2 Die Butter in einer Pfanne erhitzen, die Mandelstifte darin ca. 2 Min. rösten. Den Spinat dazugeben und zugedeckt bei mittlerer Hitze auftauen lassen, dann die Crème fraîche unterrühren, alles einmal aufkochen lassen. Mit Salz, Pfeffer und 1 Prise Muskat würzen.

3 Tagliatelle in ein Sieb abgießen, abtropfen lassen. Mit dem Spinat vermengen und servieren.

VARIANTEN

*Statt Spinat können Sie auch in Streifen geschnittenen frischen **Mangold, Wirsing oder Austernpilze** verwenden. Die Nudeln schmecken besonders herzhaft, wenn Sie mit den Mandeln 100 g gewürfelten Räucherspeck anbraten.*
*Die Spinatnudeln schmecken auch **als Gratin** sehr gut: Den Backofen auf 200° (Umluft 180°) vorheizen. Die gegarten Nudeln mit dem Spinat aus der Pfanne in eine gebutterte, feuerfeste Form füllen und vermengen. Mit grob geriebenem Parmesan und Butterflöckchen bestreuen. Im Ofen (Mitte) ca. 15–20 Min. überbacken.*

25 Min. · macht was her

Tagliatelle mit Mohnbutter

im Bild · *Für 4 Personen*
400 g junge Möhren
Salz · 400 g Tagliatelle
1/2 Bund Petersilie (nach Belieben)
2 EL Butter · 3 EL Mohnsamen
Pfeffer · Koriander- oder Petersilienblättchen zum Garnieren

Pro Portion: ca. 460 kcal/1920 kJ
15 g EW · 9 g F · 81 g KH

1   Die Möhren schälen, putzen und in ca. 5 cm
lange Stücke schneiden. Diese der Länge nach
teilen und in ca. 1/2 cm dicke Stifte schneiden.
Die Möhrenstifte in kochendem Salzwasser
3–4 Min. blanchieren (siehe S. 163), kalt abschrecken und gut abtropfen lassen.

2   In einem großen Topf Wasser zum Kochen
bringen, salzen und die Nudeln darin nach
Packungsanweisung bissfest garen.

3   Inzwischen die Petersilie – falls verwendet –
waschen, die Blättchen abzupfen und sehr fein
hacken. Butter in einer mittelgroßen Pfanne erhitzen. Den Mohn darin unter Rühren ca. 1 Min.
bei mittlerer Hitze anrösten. Die Möhren mit
der Petersilie dazugeben und heiß werden lassen.
Mit Salz und Pfeffer würzen.

4   Die Nudeln in ein Sieb abgießen und nur
wenig abtropfen lassen, damit das Gericht schön
feucht ist. Nudeln mit den Möhren mischen und
in vorgewärmten Tellern anrichten, mit Korian-
der- oder Petersilienblättchen garnieren.

25 Min. · gelingt ganz leicht

Penne mit Gorgonzola

Für 4 Personen
Salz · 400 g Penne
400 g rote und gelbe Paprikaschoten
1 Knoblauchzehe
150 g Gorgonzola
1 EL Pinienkerne · 1 EL Olivenöl
100 g Sahne · Pfeffer

Pro Portion: ca. 640 kcal/2680 kJ
22 g EW · 26 g F · 79 g KH

1   In einem großen Topf Wasser zum Kochen
bringen, salzen und die Penne darin nach
Packungsanweisung bissfest garen.

2   Inzwischen die Paprikaschoten halbieren,
putzen, waschen und klein würfeln. Den Knoblauch schälen. Den Gorgonzola würfeln. Die
Pinienkerne bei schwacher Hitze in einer trockenen Pfanne goldbraun rösten.

3   Das Öl in einem Topf erhitzen. Die Paprika-
würfel darin unter Rühren bei mittlerer Hitze
ca. 2 Min. anbraten.

4   Die Sahne mit dem Gorgonzola und 4 EL
Nudelkochwasser dazugeben und erhitzen.
Die Sauce bei schwacher Hitze köcheln lassen,
bis der Käse geschmolzen ist. Den Knoblauch
dazupressen und die Sauce mit Salz und Pfeffer
abschmecken.

5   Die Nudeln in ein Sieb abgießen, abtropfen
lassen und mit der Sauce mischen. In vorgewärmten Tellern anrichten und mit den Pinienkernen bestreut servieren.

Wo bekomme ich denn … *Mohnsamen?* *Sehen Sie mal
im Supermarkt ins Backzutatenregal. Wenn Sie da nicht fündig
werden, bekommen Sie sie in jedem Fall im Bioladen. Sie werden
allerdings schnell ranzig, deshalb besser eine kleine Menge kaufen
(auf das Haltbarkeitsdatum achten!) und in einem Schraubglas
kühl und dunkel aufbewahren. Die Mohnsamen geben den Möhren
ein würzig-nussiges Aroma, eine leckere Alternative sind Sesamsamen.*

Spontan Lust auf einen Teller Pasta? Dann setzen Sie schon mal Wasser für die Nudeln auf. Bis die nämlich gekocht sind, ist auch eine dieser sechs köstlichen Saucen fertig.

6 x Nudeln für zwei in 15 Minuten auf dem Tisch

1 Spaghetti mit Zitronensauce

Preiswert und erfrischend: Für die Nudeln in einem Topf Wasser zum Kochen bringen. Inzwischen je 3 Zweige Petersilie und Zitronenmelisse waschen und trocken schütteln, die Blättchen abzupfen und fein hacken. 1–2 Knoblauchzehen schälen und fein würfeln.

Sobald das Wasser kocht, salzen und 250 g Spaghetti darin nach Packungsanweisung bissfest kochen. Inzwischen 1 Bio-Zitrone heiß waschen und abtrocknen. Die Schale fein abreiben, den Saft auspressen. Saft und Schale mit 2 EL gutem Olivenöl verrühren. Das restliche Öl in einer großen beschichteten Pfanne erhitzen. Den Knoblauch dazupressen und hellgelb anbraten (nicht braun werden lassen, sonst schmeckt er bitter!). Die Zitronen-Öl-Mischung dazugießen und bei schwacher Hitze langsam erwärmen. Petersilie und Zitronenmelisse unterrühren, die Sauce mit Salz und Pfeffer würzen. Die Spaghetti in ein Sieb abgießen, gut abtropfen lassen und in die Pfanne geben. Alles gut durchmischen, auf vorgewärmte Teller verteilen und nach Belieben mit frisch geriebenem Parmesan servieren.

Für eine luxuriöse Variante reduzieren Sie die Nudelmenge auf 200 g und erwärmen mit der Zitronen-Öl-Mischung 150 g vorgegarte Garnelen (aus der Supermarkt-Kühltheke).

2 Olivennudeln

Für die Nudeln in einem Topf Wasser zum Kochen bringen, salzen und 250 g Tagliatelle (italienische Bandnudeln) darin nach Packungsanweisung bissfest kochen. Inzwischen 1 Knoblauchzehe schälen. 2 EL Olivenöl in einer Pfanne erhitzen, den Knoblauch dazupressen und 100 g grüne Oliven ohne Stein dazugeben. Beides bei mittlerer Hitze ca. 2 Min. anbraten. In ein hohes Aufschlaggefäß umfüllen, 4 EL Nudelkochwasser dazugeben und das Ganze mit dem Pürierstab pürieren. Mit Salz und Pfeffer abschmecken. Die Sauce wieder in die Pfanne geben und zugedeckt warm halten, bis die Nudeln fertig sind. Die Nudeln in ein Sieb abgießen, abtropfen lassen und unter die Sauce mischen. In zwei vorgewärmte Teller verteilen und mit dem Sparschäler ca. 50 g Parmesan oder Pecorino (Hartkäse aus Schafmilch) darüberhobeln.

3 Griechische Tomatennudeln

Eine kleine Zwiebel schälen und klein würfeln. 2 EL Olivenöl in einem Topf erhitzen, die Zwiebelwürfel darin bei mittlerer Hitze 1 Min. anbraten. 1 kleine Dose geschälte Tomaten samt Saft (400 g) dazugeben, die Tomaten mit einem Kochlöffel zerdrücken. 100 g griechische Reisnudeln (Kritharaki, siehe S. 100) und 1 TL getrockneten Oregano einrühren, alles zugedeckt bei schwacher Hitze ca. 10 Min. kochen lassen, gelegentlich umrühren. Mit Salz und Pfeffer würzen. Die Tomatennudeln zwei tiefe Teller verteilen und jeweils ca. 40 g milden Feta (griechischer Schafkäse) darüberbröckeln.

1   2   3   4   5   6

4   Schinkennudeln

In einem Topf Wasser zum Kochen bringen, salzen und 150 g Hörnchennudeln darin nach Packungsanweisung bissfest garen. Inzwischen 1/2 rote Paprikaschote putzen, waschen und in feine Streifen schneiden. 2 Frühlingszwiebeln waschen, putzen und mit dem knackigen Grün in feine Ringe schneiden. 100 g gekochten Schinken würfeln. Die Nudeln in ein Sieb abgießen, kalt abschrecken und abtropfen lassen. 1 EL Butter in einer Pfanne erhitzen. Die Paprikastreifen darin unter Rühren anbraten, Nudeln und Frühlingszwiebeln dazugeben und einige Minuten mitbraten. Schinken untermischen und erhitzen. 1 Ei mit 5 EL Sahne in einer kleinen Schüssel verquirlen, salzen und pfeffern. Über die Schinkennudeln gießen und unter Rühren stocken lassen.

5   Thunfisch-Pasta

In einem Topf Wasser zum Kochen bringen, salzen und 250 g Penne darin nach Packungsanweisung bissfest kochen. Inzwischen 1 kleine Zwiebel schälen, fein würfeln. 1 Dose Thunfisch (in Öl, 185 g Abtropfgewicht) in ein Sieb abgießen und abtropfen lassen. 100 g Kirschtomaten waschen und klein schneiden. 1 EL Olivenöl in einer Pfanne erhitzen, die Zwiebeln und 1 EL Tomatenmark darin 1 Min. unter Rühren anbraten. Den Thunfisch und nach Belieben 1 EL Kapern (aus dem Glas) dazugeben. 4 EL Nudelkochwasser, die Tomaten und 1/2 TL getrockneten Thymian unterrühren und bei mittlerer Hitze 3–4 Min. köcheln lassen, mit Salz und Pfeffer abschmecken. Die Nudeln durch ein Sieb abgießen, abtropfen lassen und untermischen. Wer mag, kann noch etwas gehackte Petersilie darüberstreuen.

6   Tortellini mit Tomatensahne

2 Tomaten waschen, quer halbieren und die Kerne entfernen. Die Hälften sehr fein würfeln, die Stielansätze dabei entfernen. 1 Knoblauchzehe schälen und fein würfeln. In einem Topf Wasser zum Kochen bringen, salzen und 300 g frische Tortellini (aus dem Kühlregal, Füllung nach Belieben) darin nach Packungsanweisung garen. Inzwischen 150 g Sahne mit dem Knoblauch in einer Pfanne aufkochen. Die Tomatenwürfelchen dazugeben, 2 Min. bei mittlerer Hitze einkochen lassen, mit Salz und Cayennepfeffer würzen. Die Tortellini durch ein Sieb abgießen, abtropfen lassen und in die Pfanne geben. Die Blätter von 1/2 Bund Basilikum grob zerzupfen und untermischen. Das Gericht auf zwei vorgewärmte Teller verteilen und mit geriebenem Parmesan servieren.

Tausch-Tipp *Frische Tortellini, d. h. die aus dem Kühlregal, schmecken besonders lecker – Sie können für dieses Gericht aber auch getrocknete verwenden. Sie haben allerdings eine längere Garzeit. Und die Tomatensahne passt natürlich auch zu anderer Pasta, z. B. zu Penne oder Farfalle.*

Nudel-Auberginen-Gratin

Für 4 Personen
Salz · 300 g Penne · 300 g Tomaten
2 Auberginen (ca. 500 g) · 3–4 Zweige frische
Minze · 1 frische rote Chilischote nach Belieben
2 Knoblauchzehen · 5 EL Olivenöl · Pfeffer
Cayennepfeffer · 250 g Feta (griechischer
Schafkäse) · 150 g griechischer Joghurt
(10 % Fett) · 8–12 schwarze Oliven

Pro Portion: ca. 620 kcal/2590 kJ
22 g EW · 30 g F · 62 g KH

1 In einem großen Topf Wasser zum Kochen
bringen, salzen und die Penne darin nach
Packungsanweisung bissfest garen. In ein Sieb
abgießen, kalt abschrecken und abtropfen lassen.

2 Inzwischen die Tomaten kreuzweise einritzen
und mit kochendem Wasser überbrühen (siehe
S. 95). Kalt abschrecken, häuten, quer halbieren
und die Kerne entfernen. Die Hälften klein würfeln, dabei die Stielansätze entfernen.

3 Auberginen waschen und ohne Stielansatz
ca. 1 cm groß würfeln. Die Minze waschen und
trocken schütteln, die Blättchen fein hacken.
Nach Wunsch die Chilischote waschen, längs
aufschneiden, entkernen und fein würfeln.
Den Knoblauch schälen und fein würfeln.

4 Den Backofen auf 200° vorheizen. 2 EL Öl
in einer Pfanne erhitzen, die Hälfte der Auberginen darin 3–4 Min. braten, in eine Schüssel
umfüllen. Wieder 2 EL Öl in die Pfanne geben,
die übrigen Auberginen darin braten. Zum
Schluss im restlichen Öl den Knoblauch und
die Chili 1 Min. braten.

5 Auberginen, Knoblauch, Chili, Nudeln, Tomaten und Minze in der Schüssel mischen und mit
Salz, Pfeffer und Cayennepfeffer abschmecken.

6 Die Auberginen-Nudel-Mischung in einer
ofenfesten Form verteilen. Feta mit einer Gabel
zerdrücken, mit Joghurt mischen und diesen

pfeffern. Die Mischung über das Nudel-Gratin
geben und die Oliven darauf verteilen. Das
Ganze im heißen Ofen (Mitte, Umluft 180°)
ca. 35 Min. backen.

Lasagne mit Spinat und Ricotta

Für 6 Personen
1 kg Blattspinat · Salz
2 Knoblauchzehen · 1 Zwiebel
2 EL Olivenöl · weißer Pfeffer
1 Bund Suppengrün · 1 große Dose geschälte Tomaten (800 g) · 1 getrocknete Chilischote nach Belieben · 4–5 Zweige Rosmarin
1 Bund Basilikum · 400 g Ricotta (aus
dem Kühlregal) · 2 Eier · 150 g Parmesan,
frisch gerieben · 250 g Lasagneblätter
250 g Mozzarella · 1 EL kalte Butter

Pro Portion: ca. 600 kcal/2510 kJ
39 g EW · 31 g F · 40 g KH

1 Den Spinat verlesen, mehrmals gründlich in
stehendem kaltem Wasser waschen, von dicken
Stielen befreien. In einem großen Topf reichlich
Salzwasser zum Kochen bringen. Spinat darin
ca. 2 Min. blanchieren (siehe S. 163), kalt abschrecken, abtropfen lassen und grob hacken.

2 Knoblauch und Zwiebel schälen und fein
würfeln. 1 EL Öl in einer Pfanne erhitzen. Knoblauch und Zwiebeln darin glasig dünsten. Spinat
hinzufügen, alles unter Rühren weitergaren, bis
die Flüssigkeit verdampft ist, salzen und pfeffern.

3 Das Suppengrün putzen, waschen und fein
hacken. Das übrige Öl in einem Topf erhitzen.
Das Gemüse dazugeben und anbraten. Die
Tomaten unterrühren. Das Ragout salzen, pfeffern und nach Wunsch mit der zerkrümelten
Chilischote würzen. Offen bei mittlerer Hitze
ca. 20 Min. garen.

4 Die Kräuter waschen und trocken schütteln,
die Blätter und Nadeln fein schneiden und unter
die Tomatensauce mischen.

5 Den Ricotta mit einer Gabel zerdrücken, mit den Eiern und der Hälfte des Parmesans gründlich verrühren, salzen und pfeffern.

6 Die Lasagneblätter in reichlich sprudelnd kochendem Salzwasser in ca. 8 Min. nicht ganz weich garen. Herausheben, kalt abschrecken und nebeneinander auf der Arbeitsfläche ausbreiten. Den Mozzarella abtropfen lassen und in Scheiben schneiden.

7 Ofen auf 200° vorheizen. Eine große Auflaufform lagenweise füllen: eine Schicht Nudelblätter, etwas Ricottacreme, Spinat, Mozzarellascheiben, Lasagneblätter, Tomatensauce, Spinat, Mozzarella. Die letzte Schicht soll aus Nudelblättern bestehen. Mit dem übrigen Parmesan bestreuen, mit der Butter in Flöckchen belegen.

8 Lasagne im heißen Ofen (Mitte, Umluft 180°) ca. 40 Min. backen, bis sie schön gebräunt ist.

 Tipp *Schneller steht der Auflauf-Klassiker mit 2 Packungen aufgetautem **TK-Blattspinat** (je 300 g) und **Lasagneblättern ohne Vorkochen** (steht auf der Packung) auf dem Tisch.*

45 Min. + 40 Min. Backen · raffiniert

Cannelloni mit Kürbis
und Oliven

Für 4 Personen
1 Stück Kürbis (ca. 1 kg; geputzt 750 g)
Salz · 1 Bund Frühlingszwiebeln
2 Knoblauchzehen · 2 Bund Basilikum
50 g gehäutete Mandeln · 2 EL Kapern
80 g schwarze Oliven · 125 g Mozzarella
150 g Crème fraîche
150 g Pecorino, frisch gerieben
Pfeffer · Cayennepfeffer
400 g Tomaten · 2 EL Olivenöl
250 g Cannelloni-Rollen (ohne Vorkochen)

Pro Portion: ca. 815 kcal/3410 kJ
36 g EW · 46 g F · 64 g KH

1 Den Kürbis schälen, die Kerne und Fasern herauskratzen und das Fruchtfleisch in Würfel schneiden. In einem Topf Wasser zum Kochen bringen und salzen. Den Kürbis darin ca. 5 Min. kochen lassen, in ein Sieb abgießen, kalt abschrecken und abtropfen lassen. Dann im Mixer nicht allzu fein zerkleinern.

2 Die Frühlingszwiebeln putzen, gründlich waschen und mit dem zarten Grün in feine Ringe schneiden. Den Knoblauch schälen und durch die Presse drücken. Das Basilikum waschen, die Blättchen in Streifen schneiden. Die Mandeln fein hacken und in einer trockenen Pfanne bei schwacher Hitze unter Rühren goldgelb rösten. Die Kapern abtropfen lassen und fein hacken. Die Oliven in Streifen vom Stein schneiden. Den Mozzarella abtropfen lassen und in feine Würfel schneiden.

3 Das Kürbispüree mit diesen zerkleinerten Zutaten, der Crème fraîche und 100 g Pecorino mischen, mit Salz, Pfeffer und Cayennepfeffer pikant abschmecken.

4 Die Tomaten kreuzweise einschneiden, mit kochendem Wasser überbrühen, kalt abschrecken, häuten, entkernen und sehr fein würfeln (siehe S. 95). Salzen und 1 EL Olivenöl untermischen.

5 Backofen auf 180° vorheizen. Die Cannelloni-Rollen mit der Kürbismasse füllen (am besten mit einem Spritzbeutel ohne Tülle, vgl. S. 37) und nebeneinander in eine große feuerfeste Form legen. Mit der Tomatenmasse bedecken, mit dem restlichen Pecorino bestreuen und mit dem übrigen Olivenöl beträufeln.

6 Die Cannelloni im Backofen (Mitte, Umluft 160°) ca. 40 Min. backen, bis die Oberfläche schön gebräunt ist.

 Tipp *Wenn aromatische Tomaten und/oder Zeit Mangelware sind: Schneller geht die Zubereitung, wenn Sie anstelle von frischen Tomaten **stückige Tomaten (Pizzatomaten) aus der Dose** verwenden.*

Nudeln
selbst machen

2   Die Nudelmaschine installieren. Vom Teig ein Stück (ca. ein Viertel) abschneiden, den Rest wieder sorgfältig einwickeln, damit der Teig nicht austrocknet. Den Teig durch die Walze drehen und den Teigstreifen immer dünner werdend ausrollen – bei 9 Stufen bis zur Stufe 7 (**Bild 3**). Dazwischen immer mit etwas Mehl bestäuben, damit der Teig nicht klebt.

3   Den Teigstreifen quer halbieren und durch die Bandnudel-Schneidewalze drehen (**Bild 4**). Die fertigen Nudeln für 1 Std. zum Trocknen über einen Besenstiel oder über Metallkleiderbügel hängen (**Bild 5**). Auf diese Weise den gesamten Teig verarbeiten.

4   Die gewünschte Sauce zubereiten. In einem großen Topf reichlich Wasser zum Kochen bringen. Wenn das Nudelwasser kocht, Salz hinzufügen und die Nudeln hineingeben. Nach 2 Min. immer wieder probieren, denn frische Nudeln brauchen nur 2–3 Min. Dann die Nudeln in ein Sieb abgießen und sofort in einer angewärmten Schüssel mit der Sauce vermischen.

Für 4 Personen
400 g Mehl
4 sehr frische Eier (Größe L)
2 EL Olivenöl
1 gestrichener TL Salz

Pro Portion: ca. 480 kcal/2010 kJ
18 g EW · 13 g F · 71 g KH

1   Das Mehl auf die Arbeitsfläche sieben, eine Mulde in die Mitte drücken und die Eier hineinschlagen (**Bild 1**). Das Olivenöl und das Salz hinzufügen und alles zu einem glatten Teig verkneten. Die fertige Teigkugel in Klarsichtfolie wickeln (**Bild 2**) und ca. 30 Min. bei Zimmertemperatur ruhen lassen.

Ohne Nudelmaschine geht's auch:
*Auch unsere Großmütter haben Nudeln selbst gemacht, schon weil es früher die getrocknete Fabrikware gar nicht oder zumindest nicht in der heutigen Formenvielfalt gab. Sie haben den Teig **mit dem Nudelholz** dünn ausgerollt, mit Mehl bestreut, mehrfach **ziehharmonikaförmig gefaltet** und in Streifen geschnitten. Die Streifen wurden dann locker auf dem Küchenbrett ausgelegt und mit Mehl bestäubt, damit sie nicht zusammenklebten.*

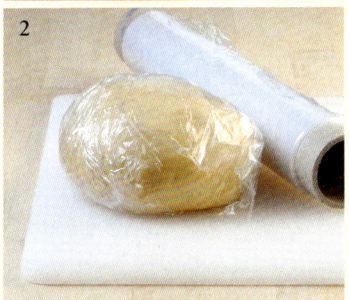

Selbst gemachte Nudeln schmecken wunderbar. Zugegeben, es macht schon ein wenig Mühe, aber mit einer Nudelmaschine kriegen Sie das hin, und Ihre Gäste werden begeistert sein!

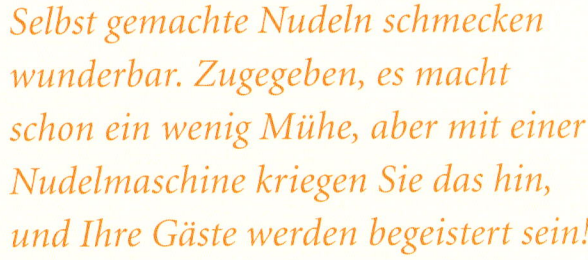

Gut zu wissen …

- Die Konsistenz des Teiges hängt von der Größe der Eier ab. Ist die Masse beim Kneten zu trocken und bröselig, so befeuchten Sie die Hände und kneten weiter, bis der Teig nicht mehr an den Händen klebt.

- Ist der Teig hingegen zu klebrig, so teilen Sie ihn in 2–3 Portionen und kneten jeweils eine kleine Menge Mehl unter – das geht leichter als mit dem gesamten Teig auf einmal.

- Der Teig muss vor dem Ausrollen ruhen, damit er sich entspannt. Statt der Klarsichtfolie können Sie auch eine heiß ausgespülte Schüssel darüberstülpen.

Mit Geschmack noch besser *Für **Bärlauchnudeln** 1 Bund Bärlauch waschen und trocken schütteln, die Stiele entfernen. Die Blätter mit 2 EL Olivenöl, 1 TL Salz und 1 TL Zitronensaft im Mixer oder mit dem Pürierstab sehr fein pürieren. Zu den Eiern in die Mehlmulde geben und zu einem geschmeidigen Teig verkneten. Schmeckt gut mit einer leichten Sahnesauce.*
*Für **Safrannudeln** 2 Döschen Safranfäden (0,2 g) in 2 EL heißem Wasser auflösen und abkühlen lassen. Mit 1 TL Salz in die Mehlmulde geben und unterkneten. Schmeckt fein zu Fischgerichten mit sahniger Sauce.*
*Für **Tomatennudeln** 50 g in Öl eingelegte getrocknete Tomaten gut abtropfen lassen und mit Küchenpapier trocken tupfen. Fein schneiden und im Blitzhacker oder mit dem Pürierstab fein pürieren. Mit den Eiern unter das Mehl kneten.*

123

Chinesische Nudeln
mit Garnelen

Für 2 Personen

Salz · 250 g Mie-Nudeln (chin. Weizennudeln)
200 g gegarte geschälte Garnelen
200 g Sojabohnensprossen
1 Frühlingszwiebel
2–3 frische rote Chilischoten
3 EL neutrales Pflanzenöl
1/2 TL Fünf-Gewürz-Pulver · Pfeffer

Pro Portion: ca. 730 kcal/3050 kJ
37 g EW · 23 g F · 95 g KH

1 In einem großen Topf Wasser zum Kochen bringen, salzen und die Nudeln darin nach Packungsanweisung 4–5 Min. garen. In ein Sieb abgießen und abtropfen lassen.

2 Die Garnelen trocken tupfen. Die Sojabohnensprossen in einem Sieb kalt abbrausen und gut abtropfen lassen. Die Frühlingszwiebel waschen, putzen und in feine Ringe schneiden. Die Chilischoten waschen, längs aufschneiden, entkernen und klein würfeln.

3 1 EL Öl im Wok (oder in einer tiefen Pfanne) erhitzen, die Sojabohnenprossen und die Frühlingszwiebeln darin ca. 30 Sek. pfannenrühren, dann an den Rand schieben. 1 weiteren EL Öl erhitzen. Die Garnelen darin kurz anbraten, ebenfalls an den Rand schieben.

4 1 weiterer EL Öl im Wok erhitzen und die Chilis darin kurz anbraten. Die Nudeln dazugeben und unter ständigem Rühren ca. 1 Min. braten. Alles zusammenrühren und mit dem Fünf-Gewürz-Pulver, Salz und Pfeffer würzen.

 **Gut zu wissen** *Fünf-Gewürz-Pulver (aus dem Asienladen) ist eine* **chinesische Gewürzmischung** *aus Zimt, Koriander, Nelken, Fenchelsamen und weißem oder auch Szechuan-Pfeffer.*

Glasnudeln mit Hackfleisch und Tofu

Für 4 Personen

200 g Tofu · 1 EL Reiswein
2 EL helle Sojasauce · 2 Msp. Sambal oelek
150 g Glasnudeln · 1 Zwiebel
3 Knoblauchzehen · 1 Stück frischer
Ingwer (ca. 30 g) · 3 Frühlingszwiebeln
1 frische rote Chilischote · 3 EL neutrales
Pflanzenöl · 200 g Schweinehackfleisch
100 ml Fleischbrühe (selbst gemacht,
Rezept S. 91, oder Instant)
100 ml passierte Tomaten (Fertigprodukt)
2 EL dunkle Sojasauce · Salz · Pfeffer

Pro Portion: ca. 235 kcal/958 kJ
17 g EW · 13 g F · 25 g KH

1 Den Tofu in ca. 1 cm große Würfel schneiden. Den Reiswein, die helle Sojasauce und das Sambal oelek verrühren und den Tofu darin ca. 2 Std. marinieren. Die Glasnudeln ca. 10 Min. in lauwarmem Wasser einweichen, abgießen und mit einer Küchenschere kleiner schneiden.

2 Die Zwiebel, den Knoblauch und den Ingwer schälen und klein würfeln. Die Frühlingszwiebeln putzen, waschen und schräg in ca. 1 cm lange Stücke schneiden. Die Chilischote waschen, längs aufschneiden, entkernen und in feine Streifen schneiden.

3 1 EL Öl im Wok (oder in einer tiefen Pfanne) erhitzen, Zwiebeln, Knoblauch, Ingwer, Chili und Frühlingszwiebeln darin bei mittlerer Hitze in 2 Min. glasig anbraten, an den Rand schieben. Das Hackfleisch im übrigen Öl krümelig braten.

4 Brühe und passierte Tomaten angießen, die Bratrückstände unter ständigem Rühren lösen. Den Tofu mit der Marinade sowie die dunkle Sojasauce dazugeben. Mit Salz und Pfeffer würzen. Alles unter ständigem Rühren aufkochen lassen. Die Glasnudeln unterheben und das Ganze noch 1–2 Min. zusammen garen.

30 Min. · macht was her

Asia-Nudeln
mit Lamm und Spargel

Für 4 Personen
300 g Mie-Nudeln (chin. Weizennudeln)
Salz · 250 g grüner Spargel
300 g Lammrückenfilet · Pfeffer
2 Knoblauchzehen · 2 Frühlingszwiebeln
3 EL neutrales Pflanzenöl · 2 EL helle Sojasauce
1–2 EL weiße Sesamsamen

Pro Portion: ca. 525 kcal/2200 kJ
24 g EW · 22 g F · 57 g KH

1 Die Nudeln in reichlich kochendem Salzwasser nach Packungsanweisung 4–5 Min. garen. Abgießen und abtropfen lassen. Inzwischen den Spargel waschen, im unteren Drittel schälen und die Enden abschneiden. Die Stangen in kochendem Salzwasser 3–4 Min. garen, abgießen, abtropfen und etwas auskühlen lassen. Den Spargel schräg in ca. 3 cm lange Stücke schneiden.

2 Das Lammfilet in feine Streifen schneiden und mit Pfeffer würzen. Den Knoblauch schälen und fein würfeln. Die Frühlingszwiebeln putzen, waschen und in feine Ringe schneiden.

3 1 EL Öl im Wok (oder in einer tiefen Pfanne) erhitzen, den Knoblauch mit den Frühlingszwiebeln darin ca. 1 Min. pfannenrühren (siehe S. 163), an den Rand schieben (oder herausnehmen und warm halten). 1 weiteren EL Öl im Wok erhitzen, die Fleischstreifen ca. 2 Min. pfannenrühren, ebenfalls an den Rand schieben (oder herausnehmen und warm halten).

4 Das restliche Öl in den Wok geben und die Nudeln mit dem Spargel ca. 2 Min. pfannenrühren. Alles zusammenrühren, mit der Sojasauce, Salz und Pfeffer würzen und kurz erhitzen.

5 Die Sesamsamen in einer kleinen beschichteten Pfanne ohne Fett anrösten und über die Nudeln streuen.

45 Min. · Klassiker

Bami Goreng
(Wok-Nudelpfanne)

Für 4 Personen
250 g chin. Eiernudeln · Salz
1–2 Möhren (ca. 100 g) · 100 g Weißkohl
1 Frühlingszwiebel · 100 g Sojabohnensprossen · 2 Knoblauchzehen
1 Stück frischer Ingwer (ca. 30 g)
je 100 g Hähnchenbrust-, Schweine- und Rinderfilet · 3 EL neutrales Pflanzenöl
2 TL Sambal oelek · 4 EL dunkle Sojasauce
2 EL Zitronensaft · Pfeffer

Pro Portion: ca. 420 kcal/1760 kJ
28 g EW · 13 g F · 50 g KH

1 Die Nudeln in reichlich kochendem Salzwasser nach Packungsanweisung 4–5 Min. garen. Abgießen und abtropfen lassen. Inzwischen die Möhren waschen, putzen, schälen und in Stifte schneiden. Den Weißkohl in feine Streifen schneiden. Frühlingszwiebel putzen, waschen und in feine Ringe schneiden. Die Sojabohnensprossen in einem Sieb kalt abbrausen und gut abtropfen lassen. Knoblauch und Ingwer schälen und in Scheibchen schneiden.

2 Das Hähnchenfleisch kalt abwaschen und trocken tupfen. Das Hähnchen-, Schweine- und Rinderfilet in dünne Streifen schneiden.

3 1 EL Öl im Wok (oder in einer tiefen Pfanne) erhitzen, Möhren und Kohl darin ca. 2 Min. pfannenrühren (siehe S. 163) und an den Rand schieben. Frühlingszwiebeln, Sprossen, Knoblauch und Ingwer im Wok ca. 1 Min. pfannenrühren, dann ebenfalls an den Rand schieben.

4 1 weiteren EL Öl im Wok erhitzen, alle Fleischsorten darin ca. 3 Min. pfannenrühren und an den Rand schieben. Nudeln in dem restlichen Öl unter ständigem Rühren ca. 2 Min. im Wok braten. Alles zusammenrühren, mit Sambal oelek, Sojasauce, Zitronensaft, Salz und Pfeffer würzen.

Grundrezepte
Reis kochen

Für 4 Personen
250 g Langkornreis · Salz
1 EL Butter und 2 EL gehackter Dill oder
gehacktes Koriandergrün (nach Belieben)
oder:
250 g Naturreis · 2 EL Öl · 600 ml Gemüsebrühe (selbst gemacht, Rezept S. 91, oder Instant)
oder:
250 g thailändischer Duftreis bzw. Basmati-Reis

Pro Portion: ca. 240 kcal/1000 kJ
4 g EW · 3 g F · 49 g KH

1 Für einfachen Beilagenreis den Langkornreis
mit der ca. 2 1/2-fachen Menge Wasser (also ca.
625 ml) sowie 1/2 TL Salz in einen Topf geben
und aufkochen. Dann zugedeckt bei schwacher
Hitze ohne Umrühren in ca. 20 Min. ausquellen
lassen (**im Bild oben**). Nach Belieben Butter
und/oder gehackten Dill oder Koriandergrün
untermischen.

2 Für vollwertigen Naturreis den Reis in einem
Sieb gründlich waschen und abtropfen lassen.
Das Öl in einem Topf erhitzen, den Reis darin
1 Min. unter Rühren anbraten. Mit der Gemüsebrühe ablöschen und zugedeckt bei schwacher
Hitze in ca. 45 Min. ausquellen lassen, gelegentlich umrühren. (**im Bild unten rechts**)

3 Für Duftreis bzw. Basmati-Reis den Reis in
einem Sieb gründlich waschen. Mit 600 ml Wasser in einen Topf geben, ohne Salz aufkochen
und zugedeckt ohne Umrühren in ca. 15 Min.
bei schwacher Hitze garen. (**im Bild unten links**)

Wie wär's mal mit …

BRASILIANISCHEM KNOBLAUCHREIS

250 g Basmati-Reis in ein Sieb geben und so
lange kaltes Wasser darüberlaufen lassen, bis es
klar abläuft. Den Reis im Sieb abtropfen lassen.
4 Knoblauchzehen schälen und fein würfeln.
In 2 EL Öl anbraten, Reis hinzufügen und 1 Min.
mitbraten. 500 ml Wasser und 1/2 TL Salz hinzufügen, aufkochen und zugedeckt bei schwächster
Hitze in ca. 20 Min. garen. Schmeckt fein zu
Fischgerichten.

SAFRAN-PISTAZIEN-REIS

250 g Basmati-Reis im Sieb waschen (wie oben
beim Knoblauchreis) und abtropfen lassen.
1 Döschen Safranfäden öffnen, die Fäden über
einer Tasse zwischen den Fingern zerreiben.
3 EL heißes Wasser zufügen und den Safran darin
auflösen. 40 g geschälte ungesalzene Pistazienkerne grob hacken. 1 EL Butterschmalz in einem
Topf erhitzen. Die Pistazien, 1 Zimtstange und
5 grüne Kardamomkapseln unter Rühren darin
braten. Den Reis unterrühren und 1 Min. mitbraten. Die Safranlösung und 500 ml Wasser
hinzufügen, alles aufkochen, salzen und den
Reis zugedeckt bei schwacher Hitze ca. 20 Min.
garen. Passt gut zu indischen Currys.

Küchenpraxis *Noch einfacher und schneller geht's mit **Parboiled-Reis aus
dem Kochbeutel:** Nach Packungsanweisung ca. 10 Min. in kochendem Salzwasser garen, abtropfen lassen. Das wird noch getoppt durch im Mikrowellen-
gerät gekochten **Expressreis,** der in 2 Min. auf dem Tisch steht. Die enthalte-
nen Zusatz- und Konservierungsstoffe sind allerdings nicht jedermanns Sache.*

Pfifferlingreis
mit Estragon

Für 4 Personen
250 g frische Pfifferlinge
600 ml Gemüsebrühe (selbst gemacht,
Rezept S. 91, oder Instant)
1 Zwiebel · 1 Knoblauchzehe
1 EL Butter · 250 g Langkornreis
1 Bund Estragon
Salz · Pfeffer

Pro Portion: ca. 260 kcal/1090 kJ
6 g EW · 4 g F · 51 g KH

1 Die Pfifferlinge putzen und trocken abreiben (nicht waschen, siehe S. 161), kleine Pilze ganz lassen, größere halbieren oder vierteln. Die Gemüsebrühe erhitzen.

2 Die Zwiebel und den Knoblauch schälen und fein würfeln. Die Butter in einer Pfanne mit hohem Rand erhitzen, Zwiebeln und Knoblauch darin 1 Min. bei mittlerer Hitze glasig braten. Die Pilze hinzufügen und 3 Min. mitbraten.

3 Den Reis hinzufügen und 1–2 Min. unter ständigem Rühren mitbraten, bis auch er glasig ist. Die Brühe angießen, aufkochen und zugedeckt bei schwacher Hitze in ca. 20 Min. ausquellen lassen.

4 Den Estragon waschen und trocken schütteln, die Blättchen grob hacken. Unter den Reis mischen und mit Salz und Pfeffer abschmecken.

Gut zu wissen *Frische Pfifferlinge sind ziemlich teuer und nicht immer erhältlich. Sie können den Reis aber auch mit in Scheiben geschnittenen* **Egerlingen** *zubereiten. Estragon hat ein feinwürziges, leicht säuerliches Aroma, das hervorragend mit Pilzen harmoniert. Falls Sie keinen bekommen, können Sie dem Pfifferlingreis* **mit Zitronenmelisse oder Basilikum** *eine andere Kräuternote verleihen.*

Tomatenreis
mit Rucola

Für 4 Personen
600 ml Gemüsebrühe (selbst gemacht,
Rezept S. 91, oder Instant)
1 Zwiebel · 1 Knoblauchzehe
2 EL Olivenöl
250 g Langkornreis
100 g Kirschtomaten
1 Bund Rucola
Salz · Pfeffer

Pro Portion: ca. 295 kcal/1230 kJ
6 g EW · 7 g F · 52 g KH

1 Die Brühe erhitzen. Die Zwiebel und den Knoblauch schälen und fein würfeln. Das Öl in einer Pfanne mit hohem Rand erhitzen, die Zwiebel- und Knoblauchwürfel darin 1 Min. bei mittlerer Hitze glasig anbraten.

2 Den Reis in die Pfanne geben und 1–2 Min. unter ständigem Rühren mitbraten, bis auch er glasig ist. Die Brühe angießen, aufkochen und den Reis zugedeckt bei schwacher Hitze 18 Min. quellen lassen.

3 Inzwischen die Kirschtomaten waschen, vierteln und die Stielansätze entfernen. Die Rucola waschen und trocken schütteln, grobe Stiele entfernen, die Blätter grob hacken.

4 Tomaten und Rucola unter den Reis mischen und in 2 Min. gar ziehen lassen. Mit Salz und reichlich frisch gemahlenem Pfeffer würzen.

FRÜHLINGSVARIANTE MIT BÄRLAUCH

Ersetzen Sie die Rucola durch 1 Bund Bärlauch: Die Blätter in Streifen schneiden und mit den Tomaten untermischen. Wer möchte, kann kurz vor dem Servieren noch 50 g in kleine Würfel geschnittenen Gorgonzola unterrühren.

30 Min. · Klassiker

Curryreis
mit Huhn und Erbsen

Für 4 Personen
1 Zwiebel
2 Knoblauchzehen
2 EL Butter
4 TL Currypulver
300 g Langkornreis
600 ml Gemüse- oder Geflügelbrühe (selbst
gemacht, Rezept S. 90/91, oder Instant)
150 g TK-Erbsen
400 g Hähnchenbrustfilets
Salz · Pfeffer
2 EL neutrales Pflanzenöl
4 EL saure Sahne oder Joghurt

Pro Portion: ca. 525 kcal/2190 kJ
33 g EW · 14 g F · 66 g KH

1   Die Zwiebel und den Knoblauch schälen
und fein würfeln. Die Butter in einem Topf erhitzen, Zwiebeln und Knoblauch darin andünsten.
Mit 3 TL Currypulver bestäuben und bei mittlerer Hitze 1 Min. anbraten. Den Reis dazugeben
und gut unterrühren.

2   Die Brühe angießen und aufkochen. Den
Reis zugedeckt ca. 12 Min. bei schwacher Hitze
garen. Die Erbsen untermischen, das Ganze wieder aufkochen und 5 Min. weitergaren, bis Reis
und Erbsen bissfest sind.

3   Inzwischen das Hähnchenfleisch kalt abwaschen, trocken tupfen und in dünne Streifen
schneiden. Mit Salz, Pfeffer und dem übrigen
Currypulver würzen. Das Öl in einer Pfanne
erhitzen und die Hähnchenstreifen darin unter
Rühren 3–4 Min. braten.

4   Die Hähnchenstreifen mit saurer Sahne oder
Joghurt unter den Reis mischen, mit Salz und
Pfeffer abschmecken und servieren.

30 Min. · orientalisch inspiriert

Rosinenreis
mit Zucchini und Paprika

Für 4 Personen
1 Zwiebel
1 gelbe Paprikaschote
2 junge Zucchini
2 EL Olivenöl · 2 EL Mandelstifte
300 g Langkornreis
2 EL Rosinen · 600 ml Gemüsebrühe
(selbst gemacht, Rezept S. 91, oder Instant)
Salz · Pfeffer
4 feste Bananen · 2 EL Butter
1/2 TL gemahlene Kurkuma (siehe S. 146)

Pro Portion: ca. 580 kcal/2424 kJ
10 g EW · 15 g F · 101 g KH

1   Die Zwiebel schälen und fein würfeln. Die
Paprikaschote und die Zucchini waschen, putzen
und in kleine Würfel schneiden.

2   Das Olivenöl in einem Topf erhitzen und die
Mandelstifte mit den Zwiebeln darin anbraten.
Paprika- und Zucchiniwürfel dazugeben und
1 Min. mitbraten.

3   Den Reis untermischen. Rosinen und Brühe
dazugeben, mit Salz und Pfeffer würzen und alles
zugedeckt bei schwacher Hitze in 15–20 Min.
ausquellen lassen, bis der Reis körnig ist.

4   Die Bananen schälen und der Länge nach
halbieren. Die Butter in einer Pfanne bei mittlerer Hitze erhitzen. Kurkuma einrühren und die
Bananenhälften darin pro Seite 1–2 Min. braten.
Den Reis mit den Bananen servieren.

VARIANTE MIT MÖHREN UND ZUCKERSCHOTEN

*Ersetzen Sie Paprikaschoten und Zucchini durch
2 junge, in Scheiben geschnittene Möhren und
200 g geputzte, schräg halbierte Zuckerschoten.
Vor dem Servieren 1 fein geschnittene Frühlingszwiebel unter den Reis rühren.*

Risotto
mit Bärlauch und Spargel

1 Den Spargel im unteren Drittel schälen, die Enden abschneiden. Die Stangen schräg in 2 cm lange Stücke schneiden (**Bild 1**). Die Schalotten schälen und fein würfeln. Die Brühe erhitzen.

2 In einem Topf das Öl erhitzen. Die Schalotten darin 1 Min. bei mittlerer Hitze glasig anbraten. Reis hinzufügen und 1 Min. mitbraten, bis auch dieser glasig ist (**Bild 2**). Die Hälfte des Weins angießen und vollständig einkochen lassen, regelmäßig umrühren. Den übrigen Wein angießen, wieder einkochen lassen.

3 Ab jetzt immer, wenn der Reis die Flüssigkeit aufgesogen hat, eine Kelle voll heißer Brühe dazugeben (**Bild 3**) und unterrühren. Nach 10 Min. die Spargelstücke hinzufügen.

4 Den Bärlauch waschen und trocken schütteln, die harten Stiele entfernen, die Blätter in Streifen schneiden (**Bild 4**). Den Parmesan fein reiben.

5 Nach insgesamt 20 Min. Garzeit, sollten Sie regelmäßig probieren: Der Risotto ist fertig, wenn er cremig ist, die Reiskörner aber noch etwas Biss haben. Noch eine Viertel Kelle Brühe, die Butter, den Parmesan und den Bärlauch unterrühren (**Bild 5**). Den Risotto mit Salz und Pfeffer abschmecken, vor dem Servieren 3 Min. zugedeckt ruhen lassen.

VARIANTE

*Noch »spargeliger« schmeckt der Risotto, wenn Sie den Bärlauch weglassen und statt grünem 350 g **weißen Spargel** nehmen: Aus den Schalen und Abschnitten, 1 l Wasser, je 1/2 TL Salz und Zucker sowie 1 TL Butter einen Fond kochen und den Risotto statt mit der relativ neutralen Gemüsebrühe mit diesem Spargelfond zubereiten.*

Für 4 Personen
250 g grüner Spargel
2 Schalotten
750 ml Gemüsebrühe (selbst gemacht, Rezept S. 91, oder Instant)
2 EL Olivenöl
300 g Risotto-Reis (z. B. Arborio)
250 ml trockener Weißwein (oder weitere Brühe)
1 Bund Bärlauch
50 g Parmesan am Stück
50 g Butter
Salz · Pfeffer

Pro Portion: ca. 525 kcal/2170 kJ
13 g EW · 21 g F · 63 g KH

Rühren, rühren, rühren! Das ist das ganze Geheimnis beim Risotto. Neben guten Zutaten wie original italienischem Risottoreis, feiner Brühe und knackfrischem Gemüse, versteht sich!

Gut zu wissen …

- Bereiten Sie den Risotto immer frisch zu! Denn wenn er längere Zeit steht, ist es leider vorbei mit der wunderbaren Cremigkeit. Der Reis saugt dann alle Flüssigkeit auf und wird in Verbindung mit dem Käse kompakt und klebrig. Ist das doch einmal passiert, versuchen Sie, den Risotto folgendermaßen zu retten: Fügen Sie esslöffelweise heiße Brühe hinzu, und rühren Sie sie vorsichtig unter. Zum Schluss noch einmal ein paar Butterflöckchen untermischen.

- Mit übrigem Risotto vom Vortag können Sie leckere Reistaler zubereiten: Aus dem (kalten) Reis ca. 5 cm große flache Pflänzchen/Frikadellen/ Buletten formen. Diese in einer Pfanne bei mittlerer Hitze in Öl oder Butterschmalz auf beiden Seiten in jeweils 2–3 Min. goldbraun braten.

Tausch-Tipps
Statt Spargel und Bärlauch, die ja nur im Frühling Saison haben, können Sie den Risotto z. B. mit **Zucchini und Blattspinat** *zubereiten: 2 kleine Zucchini waschen, längs halbieren und in dünne Halbmonde schneiden. 100 g Babyspinat waschen und gut abtropfen lassen. 5 Min. vor Ende der Garzeit untermischen und eine geschälte Knoblauchzehe dazupressen. Oder für* **Kürbis-Risotto** *250 g Butternut-Kürbis (der ist besonders zart) schälen, Fasern und Kerne entfernen und das Fruchtfleisch in 1/2 cm große Würfel schneiden. 10 Min. mitgaren und mit Butter und Parmesan 2 EL gehackte Zitronenmelisseblätter unterrühren.*

Nasi Goreng
(Wok-Reispfanne)

Für 4 Personen
5 Frühlingszwiebeln · 2 Knoblauchzehen
2 frische rote Chilischoten
200 g Hähnchenbrustfilet
400 g geschälte gegarte Garnelen
2 Eier (Größe M) · 3 EL helle Sojasauce
1–2 Msp. Sambal oelek · Salz
3 EL neutrales Pflanzenöl
500 g gekochter Reis vom Vortag
(aus 200 g Basmati-Reis)
1–2 EL Röstzwiebeln (Fertigprodukt)

Pro Portion: ca. 410 kcal/1710 kJ
38 g EW · 14 g F · 32 g KH

1   Die Frühlingszwiebeln putzen, gründlich waschen und in Ringe schneiden. Den Knoblauch schälen und in feine Scheiben schneiden. Chili waschen, längs aufschneiden, entkernen und in feine Streifen schneiden. Das Hähnchenbrustfilet kalt abwaschen, trocken tupfen und klein würfeln. Die Garnelen ebenfalls trocken tupfen. Die Eier mit 1 EL heller Sojasauce, Sambal oelek und 1 Prise Salz verquirlen.

2   1 EL Öl im Wok (oder in einer tiefen Pfanne) erhitzen, die Frühlingszwiebeln mit dem Knoblauch und den Chilis darin 3–5 Min. pfannenrühren (siehe S. 163) und an den Rand schieben. 1 weiterer EL Öl in den Wok geben, das Hähnchenfleisch kurz darin anbraten. Die Garnelen dazugeben, mitbraten, dann ebenfalls an den Rand schieben.

3   Die Eiermasse in den Wok gießen, unter Rühren stocken lassen, etwas zerteilen und an den Rand schieben. Den gekochten Reis im Wok in 1 EL Öl unter ständigem Rühren 2–4 Min. braten, bis er heiß ist. Alles zusammenrühren, mit der restlichen Sojasauce und Salz würzen. Die Röstzwiebeln darüberstreuen.

Gebratener Reis
mit Meeresfrüchten

Für 4 Personen
500 g gemischte TK-Meeresfrüchte
Salz · 2 Knoblauchzehen
1 Zwiebel · 1 kleiner Zucchino
1/2 Bund Koriandergrün (oder Petersilie)
3 EL neutrales Pflanzenöl · 500 g gekochter
Reis vom Vortag (aus 200 g Basmati-Reis)
2 EL helle Sojasauce · 1 EL Fischsauce
1 Msp. Sambal oelek

Pro Portion: ca. 305 kcal/1280 kJ
18 g EW · 10 g F · 35 g KH

1   Die Meeresfrüchte auftauen lassen. In 2 l kochendem Salzwasser ca. 2 Min. garen, in ein Sieb abgießen und sehr gut abtropfen lassen.

2   Den Knoblauch und die Zwiebel schälen und in feine Würfel schneiden. Den Zucchino waschen, putzen und in ca. 1 cm große Würfel schneiden. Das Koriandergrün waschen und trocken schütteln, die Blättchen fein hacken.

3   1 EL Öl im Wok (oder in einer tiefen Pfanne) erhitzen, Knoblauch und Zwiebeln darin anbraten. Die Meeresfrüchte mit zwei Dritteln des Koriandergrüns dazugeben und kurz mitbraten. Dann die Zucchiniwürfel ca. 1 Min. mitbraten. Alles an den Rand schieben.

4   Das restliche Öl dazugeben und den Reis unter Rühren anbraten. Alles vermischen, mit den Saucen und Gewürzen abschmecken. Das übrige Koriandergrün darüberstreuen.

Praxis-Tipp *Falls Sie keinen Wok haben und stattdessen* **in einer Pfanne braten,** *kann es darin beim Reisbraten zu eng werden. Dann einfach die schon* **gebratenen Zutaten herausnehmen,** *warm halten und den Reis separat anbraten. Vor dem Abschmecken die warm gehaltenen Zutaten unterrühren.*

1 Std. 30 Min. · spanische Spezialität

Paella

Für 4–6 Personen
2 große reife Tomaten
1 große rote Paprikaschote
4 Knoblauchzehen
150 g grüne Kenia-Bohnen
2 Hähnchenbrustfilets (je ca. 150 g)
2 Kaninchenkeulen (oder mageres
Schweinefleisch) · 250 g frische
Tintenfischringe · 12 große Miesmuscheln
8 küchenfertige Riesengarnelen
(ca. 250 g, geschält und ohne Kopf)
6 EL Olivenöl · Salz
ca. 800 ml Geflügel-brühe (selbst
gemacht, Rezept S. 90, oder Instant)
1 TL Safranfäden (0,5 g)
1 EL edelsüßes Paprikapulver
400 g Paella-Reis · 1 Bio-Zitrone

Bei 4 Personen pro Portion: ca. 930 kcal/3890 kJ
77 g EW · 32 g F · 84 g KH

1 Die Tomaten kreuzweise einschneiden, mit kochendem Wasser überbrühen, kalt abschrecken und häuten (siehe S. 95). Die Tomaten quer halbieren, entkernen und das Fruchtfleisch würfeln. Die Paprikaschote vierteln, putzen, waschen und in feine Streifen schneiden. Den Knoblauch schälen und fein würfeln. Die Bohnen putzen und waschen und quer halbieren.

2 Das Fleisch kalt abwaschen und trocken tupfen. Jedes Hähnchenbrustfilet in 6–8 Stücke schneiden. Die Kaninchenkeulen auslösen und das Fleisch in mundgerechte Stücke schneiden.

3 Tintenfischringe kalt abbrausen und in einem Sieb abtropfen lassen. Die Muscheln gründlich waschen und abbürsten. Die Riesengarnelen am Rücken einschneiden und entdarmen (siehe S. 277), kalt abwaschen und trocken tupfen.

4 In einer Paella-Pfanne (siehe Tipp rechts) 4 EL Öl erhitzen und die Paprikastreifen darin 1 Min. bei starker Hitze anbraten. Herausfischen

und beiseite stellen. Den Knoblauch und die Hähnchen- und Kaninchenstücke ins heiße Öl geben und rundherum bei starker Hitze in 5–7 Min. goldbraun braten. Salzen und aus der Pfanne nehmen.

5 Das restliche Öl in der Pfanne erhitzen, die Tintenfischringe, Muscheln und Tomaten darin 2 Min. braten. Die Fleischstücke samt Fleischsaft wieder dazugeben.

6 750 ml Brühe angießen und zum Kochen bringen. Safran und Paprikapulver und eine kräftige Prise Salz unterrühren. Den Reis hinzufügen, gleichmäßig in der Pfanne verteilen. Die Bohnen darauf verteilen. Jetzt nicht mehr umrühren. Die Paella 12 Min. bei mittlerer Hitze kochen lassen. Gegebenenfalls noch weitere Gemüsebrühe zugießen.

7 Die Hitze reduzieren. Die Garnelen und Paprikastreifen dekorativ auf der Reisoberfläche verteilen. Die Paella in ca. 8 Min. bei schwacher Hitze fertig garen. Vom Herd nehmen und vor dem Servieren noch einige Minuten zugedeckt ruhen lassen. Die Zitrone heiß waschen, abtrocknen, in Schnitze schneiden und die Paella damit garnieren. Die Paella sofort servieren.

Gut zu wissen *Die hier beschriebene Paella enthält reichlich Fleisch und Meeresfrüchte, so bereitet man sie in Spanien für Gäste zu. Für den Alltag können Sie natürlich die* **Menge an Reis erhöhen** *(und entsprechend die Brühemenge!), dann werden 6–8 Personen satt. Wer die Mischung aus Fleisch und Meeresfrüchten nicht so gerne mag, kann die Paella natürlich auch nur mit einem von beiden zubereiten. Eine »paellera«, die flache Henkelpfanne, in der die Paella zubereitet und traditionell auch serviert wird, bekommen Sie für wenig Geld im Haushaltswarengeschäft. Oder Sie bereiten die Paella offen* **in einem Schmortopf** *zu. Größere »paelleras«, z. B. für Sommerfeste, können Sie beim Geschirrverleih (siehe Gelbe Seiten) ausleihen.*

Kartoffeln
und *Eier*speisen

Preiswert und einfach: Aus Kartoffeln
und Eiern zaubern Sie Kartoffelsalate, Bratkartoffeln, Gratins und
Tortillas. Nicht zu vergessen süße
Pfannkuchen und Kaiserschmarren.

Warenkunde: Kartoffeln

Welche Kartoffel wofür?

Für Suppen, Püree, Eintöpfe und Knödel sind mehlig-kochende Kartoffeln die richtige Wahl. Sie sind sehr stärkehaltig, zerfallen leicht und machen die Speisen wunderbar sämig. Vorwiegend festkochende Sorten sind ideal für Pellkartoffeln, Bratkartoffeln, Aufläufe, Gratins und Pommes frites. Festkochende Sorten enthalten weniger Stärke und bleiben beim Kochen saftig und schnittfest. Das ist besonders für Kartoffelsalate und Salzkartoffeln gefragt.

Kartoffeln richtig lagern

Kühl und dunkel, aber nicht im Kühlschrank! Auf diese einfache Formel lassen sich die idealen Lagerbedingungen für Kartoffeln bringen. Die Großmutter hatte dafür ihren Vorratskeller oder die kühle Speisekammer. Wenn Sie keines von beiden besitzen, kaufen Sie jeweils nur die Menge, die Sie in 4–6 Wochen verbrauchen. Lagern Sie sie in einer Papiertüte, einem Korb oder einer Kiste am kühlsten Ort der Küche.

Altes und neues KOCHWISSEN
Kartoffeln machen dick? Nein!

Was die Nährstoffbilanz angeht, muss die Kartoffel sich nicht verstecken: Durch den hohen Anteil an Stärke macht sie satt – bei gerade mal 77 kcal pro 100 g. Dazu enthält sie Vitamin C und wertvolles pflanzliches Eiweiß. Zwei Dinge sind wichtig: Schneiden Sie grüne Stellen großzügig weg, sie sind giftig. Und: Geschälte Kartoffeln werden an der Luft schnell unansehnlich braun. Also die Knollen gleich kochen oder bis zum Garen in kaltes Wasser legen.

Salzkartoffeln

Sie passen zu vielen Gerichten mit Sauce: Für 4 Personen 800 g festkochende Kartoffeln schälen und in ca. 3 cm große Stücke schneiden. In einen Topf geben, mit Wasser bedecken und salzen. Aufkochen und in 10–12 Min. weich kochen. Wasser abgießen und nach Belieben 1 EL Butter untermischen. Für Petersilienkartoffeln noch 2 EL gehackte Petersilie untermischen. Durch 1 TL gemahlene Kurkuma (S. 146) im Kochwasser bekommen die Kartoffeln eine goldgelbe Farbe und ein feinwürziges Aroma.

Pellkartoffeln

Sie schmecken als Beilage zu vielerlei Gemüse und Fischgerichten – insbesondere zu solchen mit reichlich Sauce. Pellkartoffeln müssen aber nicht immer nur die Nebenrolle spielen. Servieren Sie sie doch einfach mal solo, nur mit Salz und Butter: Für 4 Personen 600 g vorwiegend festkochende Kartoffeln gründlich waschen. Die Kartoffeln in einen Topf geben, 5 cm hoch Wasser angießen, dieses aufkochen lassen und die Kartoffeln zugedeckt bei schwacher Hitze in 20–25 Min. weich garen. Wenn sie sich mit einem spitzen Messer leicht einstechen lassen, sind die Pellkartoffeln fertig.

Balsamico-Kartoffeln

Besonders lecker zu mediterranen Gerichten: 600 g kleine Kartoffeln zu Pellkartoffeln kochen (siehe links), vollständig abkühlen lassen und pellen. Die Kartoffeln dann in 2 EL Olivenöl in einer Pfanne in 7–8 Min. bei mittlerer Hitze rundherum goldbraun braten und aus der Pfanne nehmen. 2 EL Honig und 4 EL Aceto balsamico in die Pfanne geben und 1 Min. einkochen lassen. Die Kartoffeln darin schwenken und salzen.

Warenkunde: Eier

Je frischer, desto besser

Eier sind durch ihre Kalkschale gut geschützt, halten deshalb auch ungekühlt 2–3 Wochen. Falls sie aber durch Salmonellen infiziert sind (sie sitzen auf der Schale, die mit der Zeit porös und durchlässig wird), vermehren diese sich bei Zimmerwärme rasant. Und nachdem kein Huhn und kein Ei 100-prozentig sicher salmonellenfrei ist, bewahren Sie Eier am besten immer im Kühlschrank auf. Ob braune oder weiße Schale spielt für den Geschmack übrigens keine Rolle.

Buchstaben- und Zahlen-Codes

Die Gewichtsklassen sind mit Buchstaben bezeichnet: S = small, M = medium, L = large, XL = extra large. Wenn im Buch nicht anders vermerkt, werden Eier der Größe M verwendet. Daneben gibt es die Länder-Codes: DE steht für die Herkunft aus Deutschland, AT für Österreich und NL für die Niederlande. An den Zahlen können Sie die Haltungsbedingungen der Hühner ablesen: 0 steht für Öko-Eier, 1 für Freilandhaltung, 2 für Bodenhaltung und 3 für Eier aus Käfighaltung.

Altes und neues KOCHWISSEN
Wie erkenne ich ein frisches Ei?

Legen Sie es in kaltes Wasser. Wenn es vollständig zu Boden sinkt, ist es ganz frisch. Das stumpfe Ende hebt sich deutlich nach oben? Dann besser nicht mehr fürs Frühstücksei verwenden, sondern vollständig durchgaren. Noch ein Test: Sie haben versehentlich gekochte und rohe Eier vermischt? Versetzen Sie sie in eine Kreiselbewegung: Eier, die sich schnell drehen, sind gekocht, diejenigen, die sich langsam und torkelnd drehen, sind roh.

Eier richtig kochen

Pieksen Sie die Eier vor dem Kochen an der stumpfen Seite mit einer Nadel an (in Haushaltwarengeschäften gibt es dafür sogar spezielle Eier-Piekser). Unter der Schale befindet sich nämlich eine Luftblase, die sich bei Wärme ausdehnt und das Ei im kochenden Wasser zum Platzen bringen könnte. Die Eier dann einzeln vorsichtig mit einem Esslöffel in das kochende Wasser einlegen. Eier der Gewichtsklasse M sind in 4–5 Min. weich, in 5–6 Min. wachsweich und in 8–10 Min. hart gekocht. Fertig gekochte Eier mit dem Esslöffel herausheben und unter fließendem kaltem Wasser kurz abschrecken, damit sie sich leichter pellen lassen. Harte Eier abkühlen lassen, dann lassen sie sich mit dem Messer oder Eierschneider leichter teilen.

Eierspätzle

Für Spätzle als Beilage für 4 Personen 250 g Mehl in einer Schüssel mit 125 ml Milch und 2 Eiern zu einem glatten Teig verrühren. Mit Salz und 1 Prise Muskat würzen, zugedeckt 10 Min. ruhen lassen. In einem Topf Wasser aufkochen und salzen. Den Teig mit einem Spätzlehobel oder einer -presse ins kochende Wasser drücken. Könner schaben den Teig mit einem Messer von einem Brettchen. Wenn die Spätzle oben schwimmen, sie abgießen und 1 EL Butter untermischen.

Spiegeleier

1 TL Butter in einer Pfanne erhitzen. Die Eierschale am Pfannenrand aufschlagen und das Ei vorsichtig in die Pfanne setzen, ohne das Eigelb zu verletzen. Ca. 2 Min. bei mittlerer Hitze braten, bis das Eiweiß gestockt ist. Das Spiegelei salzen und pfeffern, mit dem Pfannenwender auf einen Teller schieben.

Grundrezept
Kartoffelpüree

Für 4 Personen
800 mehligkochende Kartoffeln
Salz · 200 ml Milch · 40 g Butter
Muskatnuss, frisch gerieben

Pro Portion: ca. 235 kcal/980 kJ
5 g EW · 10 g F · 30 g KH

1 Die Kartoffeln schälen und in große Würfel schneiden. In einem Topf mit Wasser bedecken, 1 TL Salz hinzufügen und in etwa 15 Min. weich kochen.

2 Die Kartoffeln in ein Sieb abgießen, abtropfen und ausdampfen lassen. Zurück in den Topf geben und mit dem Kartoffelstampfer nach Wunsch fein oder etwas gröber zerstampfen.

3 Die Milch in einem zweiten Topf erwärmen. Die gestampften Kartoffeln bei schwacher Hitze ebenfalls erwärmen und nach und nach so viel heiße Milch unterrühren, dass ein luftiges Püree entsteht. Die Butter unterziehen und das Püree mit Salz und 1 Prise Muskat abschmecken.

Was Großmutter schon wusste
Jemand behauptet, Instant-Kartoffelpüree sei genauso gut? Glauben Sie ihm kein Wort – es geht nichts über das selbst gemachte! Dass nur mehligkochende Kartoffelsorten genügend Stärke enthalten, um ein luftiglockeres Püree herzustellen, wussten schon unsere Großmütter. Und ein Kartoffelstampfer war damals auch in jedem Haus, schon weil es den Pürierstab noch nicht gab. Den lassen Sie bitte auch heute im Schrank, denn er würde die Kartoffeln zu einer zähen Masse zerquetschen. Wer keinen Kartoffelstampfer hat, nimmt eine saubere Flasche mit geradem Boden. Auch eine Spätzle-Presse lässt sich gut zweckentfremden.

Wie wär's mal …

MIT WIRSING UND SPECK

100 g geräucherten Speck (ohne Schwarte) fein würfeln. 250 g Wirsingblätter waschen, die Rippen entfernen, die Blätter in feine Streifen schneiden. Den Speck in 1 EL Öl anbraten, den Wirsing hinzufügen und zugedeckt 5 Min. dünsten. Mit Salz, Pfeffer und nach Belieben etwas Kümmel würzen. Unter das Püree mischen.

MIT SELLERIE UND PETERSILIE

1 kleine Knolle Sellerie (ca. 400 g) schälen und würfeln, mit 400 g mehligkochenden Kartoffeln zusammen weich kochen. 1 Bund Petersilie waschen und trocken schütteln, die Blätter fein schneiden. 50 g Butter in einem Pfännchen erhitzen, die Petersilie darin 1 Min. braten. Kartoffeln und Sellerie zusammen stampfen, erst 200 ml heiße Milch, dann die Petersilienbutter unterziehen. Mit Salz, Pfeffer und Muskat abschmecken.

MIT OLIVEN UND JOGHURT

Mit den Kartoffeln 3 geschälte Knoblauchzehen und 1 Lorbeerblatt mitkochen. 8 schwarze Oliven (ohne Stein) fein würfeln. Kartoffeln abgießen und das Lorbeerblatt entfernen. Kartoffeln und Knoblauch zerstampfen. 200 g Joghurt unterrühren und das Püree erwärmen. Anstatt der Milch nach und nach 6 EL Olivenöl unterschlagen, Oliven unterrühren und das Püree mit Salz und Pfeffer abschmecken.

Bratkartoffeln

Für 4 Personen
600 g festkochende Kartoffeln
4 EL neutrales Pflanzenöl (oder Butterschmalz)
Salz · Pfeffer

Pro Portion: ca. 200 kcal/840 kJ
3 g EW · 12 g F · 20 g KH

1 Am Vortag die Kartoffeln waschen, in einen Topf geben und mit Wasser bedecken. Halb zugedeckt in ca. 25 Min. weich kochen. Abgießen, abkühlen lassen und bis zum nächsten Tag in den Kühlschrank stellen.

2 Die Kartoffeln pellen und in ca. 3 mm dicke Scheiben schneiden. Öl oder Butterschmalz in einer sehr großen Pfanne (oder in 2 Pfannen) erhitzen. Die Kartoffeln hineingeben, wobei sie sich möglichst wenig überlappen sollten.

3 4–5 Min. bei mittlerer Hitze offen braten, bis alle Scheiben goldbraune Ränder bekommen. Dann die Kartoffeln mit einem Pfannenwender umdrehen, wieder darauf achten, dass möglichst alle Scheiben Pfannenkontakt haben. In weiteren 4–5 Min. fertig braten, salzen und pfeffern.

VARIANTE
BLITZ-RÖSTKARTOFFELN

Aus frisch gekochten Kartoffeln schmecken Bratkartoffeln nicht besonders. Bei spontaner Kartoffellust geröstete Kartoffelscheiben aus rohen Kartoffeln im Backofen zubereiten. Ofen auf 200° vorheizen. Rohe Kartoffeln schälen, in Scheiben schneiden, in kaltem Wasser waschen und trocken tupfen. Ein Backblech mit Backpapier belegen, leicht ölen. Die Kartoffelscheiben darauf verteilen. Im Ofen (Mitte, Umluft 180°) ca. 25 Min. backen, nach der Halbzeit wenden, zum Schluss salzen.

Kartoffelknödel

Für 8 Stück
1 kg mehligkochende Kartoffeln
2 Eier · Salz · 4–5 EL Kartoffelstärke
(oder Weizenmehl)

Außerdem:
Geschirrtuch

Pro Stück: ca. 125 kcal/520 kJ
4 g EW · 2 g F · 23 g KH

1 Ein Drittel der Kartoffeln waschen, in einen Topf geben und mit Wasser bedecken. Halb zugedeckt in ca. 25 Min. weich kochen. Abgießen, ausdampfen lassen und pellen. Durch die Kartoffelpresse drücken (wer keine hat, zerstampft die Kartoffeln im Topf ganz fein) und vollständig auskühlen lassen.

2 Inzwischen die übrigen Kartoffeln schälen und fein reiben. In das Geschirrtuch geben, dieses zusammendrehen und die gesamte Flüssigkeit herauspressen. Gekochte und rohe Kartoffeln zusammen in eine Schüssel geben. Die Eier und 1 TL Salz hinzufügen und alles gut verkneten. So viel Kartoffelstärke hinzufügen (hängt vom Stärkegehalt der Kartoffeln ab) und unterkneten, bis ein gut formbarer Teig entsteht.

3 In einem großen Topf Wasser aufkochen, salzen. Aus der Kartoffelmasse mit angefeuchteten Händen 8 Knödel formen, im kochenden Wasser bei schwacher Hitze in ca. 20 Min. gar ziehen lassen. Die Knödel passen gut zu Schweinebraten und anderen Fleischgerichten mit Sauce.

VARIANTE MIT FÜLLUNG

2 Scheiben altbackenes Toastbrot entrinden und klein würfeln. 1 EL Butter in einer Pfanne erhitzen. Die Brotwürfel mit 1 EL gehackter Petersilie darin goldbraun und knusprig braten. Die Kartoffelmasse jeweils flach drücken, etwas von den **Toastwürfelchen in die Mitte geben** *und den Teig darüber zusammendrücken.*

40 Min. · würzige Beilage

Kartoffelsalat

Für 4 Personen
800 g festkochende Kartoffeln
1 TL Kümmel (nach Belieben)
Salz · 2 Schalotten
100 ml Fleisch- oder Gemüsebrühe
(selbst gemacht, Rezept S. 91, oder Instant)
2 EL Weißweinessig
3 EL neutrales Pflanzenöl
Pfeffer (nach Belieben)
1/2 Bund Schnittlauch

Pro Portion: ca. 220 kcal/920 kJ
4 g EW · 9 g F · 29 g KH

1   Die Kartoffeln waschen, in einen Topf geben und mit Wasser bedecken. Nach Belieben den Kümmel hinzufügen, die Kartoffeln halb zugedeckt in ca. 25 Min. weich kochen.

2   Die Kartoffeln abgießen und etwas ausdampfen lassen. Noch warm pellen. Die Kartoffeln in Scheiben schneiden, diese in eine Schüssel geben und leicht salzen.

3   Die Schalotten schälen und sehr fein würfeln. Die Brühe aufkochen, die Schalotten hinzufügen und vom Herd nehmen. Essig und Öl unterrühren und die Mischung über die Kartoffeln gießen. Vorsichtig mischen und mit Salz und nach Belieben Pfeffer abschmecken.

4   Den Schnittlauch waschen, trocken schütteln, in feine Röllchen schneiden und über den Kartoffelsalat streuen.

Küchenpraxis *Am besten schmeckt der Kartoffelsalat* **lauwarm.** *Wenn Sie ihn vorbereiten und einige Zeit stehen lassen, sollten Sie ihn vor dem Servieren noch einmal mit Salz und eventuell* **etwas Essig abschmecken,** *weil die Kartoffeln viel Würze absorbieren.* **Kümmel im Kochwasser** *intensiviert das Aroma der Kartoffeln, wird aber nicht mitgegessen.*

VARIANTEN

Für einen **Kartoffel-Gurken-Salat** die Kartoffeln wie beschrieben vorbereiten, Schalotten und Brühe weglassen. 1 Salatgurke nach Belieben schälen und in feine Scheiben hobeln. In einer Schüssel mit 1 TL Salz mischen und 10 Min. Wasser ziehen lassen. Danach mit den Händen gründlich ausdrücken. Die Gurke mit je 1 EL Weißweinessig und Öl anmachen und unter den Kartoffelsalat mischen. Schmeckt sehr gut zu Würstchen, Wiener Schnitzel oder paniertem Fischfilet.

Für einen **Grünen Kartoffelsalat** je 1 Bund Petersilie und Basilikum waschen und trocken schütteln, die Blätter abzupfen. Mit 10 Haselnüssen, 2 EL Öl und 1 TL Zitronensaft in den Mixer geben und fein zerkleinern (oder in einem hohen Aufschlaggefäß mit dem Pürierstab fein pürieren). Nach Belieben 1 kleine Knoblauchzehe schälen und dazupressen. 50 ml Brühe erwärmen, mit 2 EL Essig, etwas Salz und Pfeffer unter das Kräuter-Nuss-Püree rühren. Die Mischung über die Kartoffeln geben und unterheben. Schmeckt ausgezeichnet zu Putenschnitzeln oder Schweinefiletmedaillons oder auch zu gegrilltem Fleisch oder Fisch.

Ein echter Partyhit ist dieser **Spanische Kartoffelsalat:** 3 Eier in ca. 10 Min. hart kochen, kalt abschrecken, pellen und klein würfeln. Die Kartoffeln kochen, pellen und in ca. 1/2 cm große Würfel schneiden. 1 Dose Thunfisch (in Öl, 185 g Abtropfgewicht) in einem Sieb abtropfen lassen und den Thunfisch mit einer Gabel grob zerpflücken. 100 g grüne Oliven (ohne Stein) in Scheiben schneiden. 4 EL Salatmayonnaise (30 % Fett) mit 1 EL mittelscharfem Senf verrühren, alle Zutaten unterheben, mit Salz und Pfeffer abschmecken. Passt gut auf Sommerfestbüfetts oder als Beilage zu gegrilltem Schweinefleisch.

★ ★

Kartoffelpuffer
auf drei Arten

★
★

Für 4 Personen
Für das Grundrezept:
1,2 kg mehligkochende Kartoffeln
Salz · Pfeffer
reichlich Butterschmalz zum Braten
200 g Schmand (ersatzweise Crème fraîche)
200 g Joghurt

Für italienische Puffer:
6 Sardellenfilets · 100 ml Mineralwasser
1 Bund Petersilie · 1 EL kleine
Kapern (Nonpareilles, ersatzweise
normale Kapern aus dem Glas)
1 Knoblauchzehe
50 g frisch geriebener Parmesan

Für indische Puffer:
1 TL Koriandersamen
1 EL Sesamsamen · 1 EL Currypulver
4 Frühlingszwiebeln
1 haselnussgroßes Stück frischer Ingwer

Für klassische Puffer:
1 Zwiebel

Außerdem:
Geschirrtuch

*Pro Portion (Grundrezept): ca. 500 kcal/2090 kJ
9 g EW · 32 g F · 44 g KH*

1   Für die **italienischen Kartoffelpuffer (im Bild Mitte)** die Sardellen 30 Min. im Mineralwasser einlegen, dann klein schneiden. Die Petersilie waschen und die Blättchen hacken. Von den Kapern nur die größeren hacken, kleine ganz lassen. Den Knoblauch schälen und würfeln.

2   Für die **indischen Kartoffelpuffer (im Bild unten)** die Koriander- und Sesamsamen in einer trockenen Pfanne 1 Min. rösten, Curry dazugeben und alles abkühlen lassen. Frühlingszwiebeln putzen, längs halbieren, waschen und in feine Streifen schneiden. Ingwer schälen und reiben.

3   Für die **klassischen Kartoffelpuffer (im Bild oben)** die Zwiebel schälen und reiben.

4   Die Kartoffeln schälen und nicht zu fein reiben. Die Masse im Geschirrtuch soweit ausdrücken, dass sie noch etwas feucht ist. Die Kartoffelmasse dritteln. Je ein Drittel mit den vorbereiteten Zutaten mischen. Mit Salz und Pfeffer würzen.

5   Reichlich Butterschmalz in einer Pfanne erhitzen. Mit dem Esslöffel jeweils etwas Masse in das Fett setzen und glatt streichen. Die Puffer (je Sorte 6–8 Stück) nacheinander in etwa 3–5 Min. auf beiden Seiten knusprig braten. Fertige Puffer im Backofen bei 100° warm halten. Schmand und Joghurt verrühren und zu den Puffern servieren.

Praxis-Tipps *Sie wollen **nur eine Sorte Puffer** braten? Kein Problem – Sie brauchen nur die jeweils ergänzenden Zutaten zu verdreifachen. Den Dip können Sie nach Lust und Laune abwandeln – etwa **mit Tomaten** für die italienischen und für die indischen Puffer **mit Mango-Chutney**. Und zum Klassiker gehört natürlich **Apfelmus**.
Übrigens: Ein echter Kartoffelpuffer braucht **kein Ei** – die Stärke der richtigen Kartoffelsorte reicht, dem Puffer Halt zu geben, ohne dass er trocken wird.*

145

Kurkumakartoffeln

Für 2 Personen
400 g festkochende Kartoffeln
2 Zwiebeln · 1 frische grüne Chilischote
2 EL neutrales Pflanzenöl · 1 gestrichener
TL gemahlene Kurkuma · Salz

Pro Portion: ca. 245 kcal/1020 kJ
4 g EW · 12 g F · 29 g KH

1   Die Kartoffeln unter fließendem Wasser abbürsten, in einem Topf mit Wasser bedecken.
Das Wasser aufkochen und die Kartoffeln bei
mittlerer Hitze ungefähr 20 Min. kochen, bis sie
sich mit dem Messer einstechen lassen, aber
nicht zu weich sind.

2   Die Kartoffeln abgießen, abkühlen lassen,
pellen und längs achteln. Die Zwiebeln schälen
und auch achteln. Die Chilischote waschen,
den Stielansatz wegschneiden und die Schote
mit den Kernen in Ringe schneiden.

3   Das Öl in einer Pfanne erhitzen. Die Zwiebelachtel darin bei mittlerer Hitze ca. 10 Min. braten, immer mal wieder durchrühren. Kartoffeln
und Chili dazugeben und 6–8 Min. mitbraten,
bis die Kartoffeln leicht braun sind. Kurkuma
und 125 ml Wasser dazugeben und bei starker
Hitze ca. 2 Min. unter Rütteln einkochen lassen,
bis alles schön gelb ist. Mit Salz abschmecken.

Was ist denn … *Kurkuma?* *Das gelbe
Pulver wird aus einer Wurzel mit leuchtend
orangefarbenem Fleisch gewonnen. Es ist der
Hauptbestandteil des Currypulvers und wird
vor allem in der indischen Küche verwendet.*

Gewürzkartoffeln

Für 4 Personen
2 Knoblauchzehen
1 Zweig frischer Rosmarin
4 Wacholderbeeren
8 EL Olivenöl
1 kg vorwiegend festkochende
Kartoffeln mit dünner Schale
Meersalz · Pfeffer
1 EL Sesamsamen
1 TL Koriandersamen

Pro Portion: ca. 300 kcal/1250 kJ
3 g EW · 26 g F · 14 g KH

1   Den Knoblauch schälen und in feine Würfel
schneiden. Den Rosmarin waschen, die Nadeln
abstreifen und fein hacken. Die Wacholderbeeren
hacken. Alles mit 6 EL Öl verrühren.

2   Den Backofen auf 175° vorheizen. Die Kartoffeln sehr gründlich waschen und längs halbieren.
Die Schnittflächen mit dem Würzöl bestreichen
und mit Salz und Pfeffer würzen.

3   Übriges Öl auf dem Backblech verstreichen,
Sesam und Koriander daraufstreuen und die
Kartoffeln mit der Schnittfläche darauflegen.

4   Die Kartoffeln im Ofen (Mitte, Umluft 160°)
45 Min. backen, dann die Hitze auf 225° (Umluft 200°) erhöhen, die Kartoffeln wenden und
in 10–15 Min. fertig backen.

VARIANTEN

*Die Gewürzkartoffeln sind offen für viele Aromen:
Versuchen Sie auch mal* **Kümmel-, Fenchel- oder
Senfsamen.** *An Kräutern bieten sich noch Oregano, Thymian, Majoran und* **sogar Lavendel** *an,
statt Sesam können Sie auch Leinsamen, Kürbis-
oder* **Sonnenblumenkerne** *aufs Blech streuen.*

25 Min. + 30 Min. Kühlen · knusprige Beilage

Berner Rösti

Für 4 Personen
800 g große vorwiegend
festkochende Kartoffeln
Salz · Pfeffer
Muskatnuss, frisch gerieben
4 EL Schweine- oder Butterschmalz

Pro Portion: ca. 240 kcal/1000 kJ
4 g EW · 12 g F · 28 g KH

1   Die Kartoffeln waschen, in einem Topf mit Wasser bedecken und in 20 Min. knapp gar kochen. Abgießen und auskühlen lassen.

2   Die Kartoffeln pellen und auf der groben Seite der Universalreibe in eine Schüssel raspeln. Mit Salz, Pfeffer und 1 Prise Muskatnuss würzen und vermengen.

3   2 EL Schmalz in einer großen Pfanne erhitzen. Pro Rösti 1 gehäuften EL Kartoffelmischung hineingeben und jeweils zu einem runden Plätzchen flach drücken. Bei mittlerer Hitze 3–4 Min. braten. Die Rösti mit einem Pfannenwender umdrehen und auf der anderen Seite in weiterer 3–4 Min. kross und goldbraun braten.

4   Die fertigen Rösti herausnehmen und auf Küchenpapier abtropfen lassen. Wieder Schmalz in die Pfanne geben und die übrigen Rösti darin ausbacken.

WÜRZIGE KRÄUTER-VARIANTEN

Mischen Sie die gehackten Nadeln von 3 Zweigen frischem Rosmarin oder die gehackten Blättchen von 1/2 Bund Thymian unter die Kartoffelmasse – passt besonders gut zu mediterranen Gerichten mit Lammfleisch.

30 Min. · mit feinen Kräutern

Zitronenkartoffeln

Für 4 Personen
1 kg große neue Kartoffeln
3 große Knoblauchzehen · 3 EL Olivenöl
150 ml Gemüsebrühe (selbst gemacht,
Rezept S. 91, oder Instant) · Salz · Pfeffer
1 Bio-Zitrone · je 2 Zweige Thymian,
Petersilie und Minze · 1 TL Mehl

Pro Portion: ca. 255 kcal/1070 kJ
5 g EW · 9 g F · 39 g KH

1   Die Kartoffeln waschen, abbürsten und grob würfeln. Die Knoblauchzehen schälen und in Scheiben schneiden.

2   Das Olivenöl in einem Topf erhitzen und den Knoblauch darin goldbraun anbraten. Die Kartoffeln dazugeben und kurz mit anbraten. Die Gemüsebrühe angießen und die Kartoffeln mit Salz und Pfeffer würzen. 10–15 Min. zugedeckt bei mittlerer Hitze garen, bis die Kartoffeln weich sind.

3   Die Zitrone heiß waschen und abtrocknen. Die Schale fein abreiben und den Saft auspressen. Die Kräuter waschen und trocken schütteln, die Blättchen abzupfen und fein hacken. Kräuter, Zitronensaft und -schale in einer Tasse mit dem Mehl glatt rühren. Die Mischung zu den Kartoffeln geben, alles gut vermengen und noch einmal kurz aufkochen lassen. Schmeckt gut zu mediterranen Fleischgerichten.

 Praxis-Tipp *Neue Kartoffeln* müssen nicht geschält, sondern nur unter fließendem Wasser *abgebürstet* werden. Die Schale schmeckt und liefert eine Extra-Portion gesunder Stoffe.

Kartoffelgratin

2 Milch und Sahne mischen und gleichmäßig über das Gratin gießen. Die restliche Butter in Flöckchen daraufsetzen (**Bild 3**). Im heißen Backofen (Mitte, Umluft 180°) 30 Min. backen.

3 Sahne und Milch kochen jetzt am Rand der Form hoch. Drücken Sie das Gratin sanft mit einem Pfannenwender flach (**Bild 4**), damit alle Kartoffeln gleichmäßig befeuchtet sind. In weiteren 20 Min. fertig backen.

4 Das Kartoffelgratin herausnehmen und vor dem Portionieren 10 Min. mit Alufolie abgedeckt ruhen lassen (**Bild 5**). Mit einem scharfen Messer das Gratin bis auf den Boden der Form in Stücke schneiden und diese mit einem Pfannenwender herausheben.

VARIANTEN

*Für ein **Kartoffel-Brokkoli-Gratin** (reicht für 4–6 Personen) 450 g TK-Brokkoli auftauen lassen, die Stiele abschneiden und klein würfeln, die Röschen halbieren. Erst die Hälfte der Kartoffeln einschichten, darauf den Brokkoli verteilen, kräftig mit Salz, Pfeffer und Muskat würzen. Je 2 EL trocken in der Pfanne geröstete Mandelstifte und geriebenen Parmesan über den Brokkoli streuen. Mit den übrigen Kartoffeln abdecken. Schmeckt fein als vegetarisches Hauptgericht oder als Beilage zu Kalbfleisch oder Wild.*

*Besonders lecker zu Fischgerichten schmeckt ein **Kartoffel-Kohlrabi-Gratin**: 500 g mehligkochende Kartoffel und 3 kleine Kohlrabiknollen schälen und in Scheiben schneiden. Abwechselnd in die gefettete Form schichten und mit Salz, weißem Pfeffer und Muskat würzen.*

Alle Gratins ebenfalls mit der Sahne-Milch begießen und im vorgeheizten Ofen ca. 50 Min. backen. Vor dem Servieren ruhen lassen.

Für 4 Personen
40 g Butter
800 g mehligkochende Kartoffeln
Salz · Pfeffer
Muskatnuss, frisch gerieben
200 g Sahne · 200 ml Milch

Pro Portion: ca. 390 kcal/1630 kJ
7 g EW · 26 g F · 32 g KH

1 Den Backofen auf 200° vorheizen. Eine ofenfeste Form mit etwas Butter ausfetten. Die Kartoffeln schälen und in dünne Scheiben schneiden (**Bild 1**). Die Kartoffeln dachziegelartig in die Form schichten (**Bild 2**). Jede Schicht mit Salz, Pfeffer und Muskat würzen.

★ ★

Ob als preiswertes Hauptgericht im Alltag oder als gästefeine Beilage zu Fleisch oder Fisch: Ein Kartoffelgratin macht zwar etwas Mühe, schmeckt aber zum Dahinschmelzen gut!

Gut zu wissen …

- Gratinkartoffeln müssen ausreichend Stärke enthalten, um Sahne und Milch gut aufzusaugen und eine schöne Bindung einzugehen. Neue Kartoffeln sind daher ungeeignet.

- Nehmen Sie zum Kartoffelschneiden besser keinen Gemüsehobel, sondern schneiden die Kartoffeln mit der Hand in ca. 3 mm dicke Scheiben. Wegen der etwas unterschiedlichen Dicke kann die Milch-Sahne-Mischung besser eindringen, und das Gratin gart schön gleichmäßig.

- Lassen Sie das Gratin vor dem Servieren 10 Min. abgedeckt ruhen. So haben die Kartoffeln Zeit, die Flüssigkeit und alle köstlichen Aromen aufzusaugen! Danach ist das Gratin leichter zu portionieren.

Tausch-Tipps

*Sie können das Gratin auch mit 400 ml **Sahne** statt der Mischung aus Milch und Sahne zubereiten. Es wird dadurch allerdings sehr üppig und kalorienreich. Wer möchte, kann es vor dem Backen mit ein wenig **geriebenem Käse** (z. B. junger Gouda oder Fontina) bestreuen. Sehr lecker zu gebratener Entenbrust (Rezept S. 239): Ersetzen Sie ein Drittel der Kartoffeln durch **2 reife Birnen.** Diese vierteln, schälen und in dünne Scheiben schneiden und sofort mit 1 EL Zitronensaft beträufeln, damit sie schön hell bleiben. Im Wechsel mit den Kartoffelscheiben in die Form schichten und 15 Min. vor Ende der Backzeit 3 EL grob gehackte Walnüsse über das Gratin streuen.*

Kartoffel-Tortilla
(Tortilla española)

Für 2 Personen
400 g Kartoffeln · 2 Frühlingszwiebeln
1 Knoblauchzehe · 4 Eier
Salz · Cayennepfeffer
neutrales Pflanzenöl zum Braten

Pro Portion: ca. 410 kcal/1710 kJ
17 g EW · 24 g F · 31 g KH

1 Die Kartoffeln schälen und in Pommes-frites-Form schneiden. Die Frühlingszwiebeln putzen, waschen und in feine Ringe schneiden. Den Knoblauch schälen und fein würfeln.

2 In einer Pfanne 3 cm hoch Öl erhitzen. Die Kartoffeln darin bei mittlerer Hitze in ca. 8 Min. weich, aber nicht braun braten. Frühlingszwiebeln und Knoblauch dazugeben und 2 Min. mitbraten. Den Pfanneninhalt in ein Sieb abgießen (das Öl auffangen, es kann wiederverwendet werden!), gut abtropfen lassen und salzen.

3 Eier in einer Schüssel verquirlen mit je 1 kräftigen Prise Salz und Cayennepfeffer würzen. 2 EL vom aufgefangenen Öl in der Pfanne erhitzen. Die Kartoffeln unter die Eier mischen, in das heiße Öl gießen und 2 Min. bei starker Hitze anbraten. Temperatur reduzieren und die Tortilla zugedeckt bei mittlerer Hitze 5 Min. stocken lassen.

4 Zum Wenden der Tortilla einen flachen Deckel (oder eine Platte) mit einer Hand auf die Pfanne drücken und die Pfanne umdrehen. Die Tortilla vom Deckel wieder in die Pfanne gleiten lassen und in etwa 5 Min. fertig backen. Warm oder kalt servieren.

VARIANTEN

Im Prinzip können Sie alles Mögliche mit einbacken: Garnelen, Schinkenstreifen, in Scheiben geschnittene Pilze oder Zucchini, Erbsen, Paprikastreifen oder Tomatenwürfelchen.

Kartoffeln
mit Steinpilzfüllung

Für 4 Personen
20 g getrocknete Steinpilze
4 große mehligkochende
Kartoffeln (ca. 1 kg)
4 EL Crème fraîche
Salz · Pfeffer
Muskatnuss, frisch gerieben
1 Bund Schnittlauch

Pro Portion: ca. 240 kcal/1000 kJ
6 g EW · 9 g F · 34 g KH

1 Den Backofen auf 180° vorheizen. Die Steinpilze in lauwarmem Wasser einweichen. Die Kartoffeln gründlich waschen und trocken reiben. Im Backofen (Mitte, Umluft 160°) etwa 1 Std. backen. Herausnehmen und abkühlen lassen.

2 Den Backofen auf 250° (Umluft 230°) vorheizen. Das Backblech mit Backpapier belegen. Die Kartoffeln halbieren und bis auf einen etwa 1 cm dicken Rand aushöhlen.

3 Das entnommene Kartoffelfleisch hacken, mit der Crème fraîche vermischen und mit Salz, Pfeffer und Muskat würzen. Die Steinpilze abtropfen lassen und fein hacken. Den Schnittlauch waschen, trocken schütteln und fein schneiden. Beides unter die Kartoffelmischung heben.

4 Die ausgehöhlten Kartoffeln mit der Mischung füllen, auf das Blech setzen und im Backofen (Mitte) etwa 10 Min. backen.

VARIANTE MIT SCHINKEN

Schneiden Sie 50 g luftgetrockneten Schinken in feine Streifen. 2 Frühlingszwiebeln putzen, waschen und in feine Ringe schneiden. Beides in 1 EL Öl 1 Min. anbraten und statt des Schnittlauchs unter die Kartoffelmasse mischen.

1 Std. 15 Min. · raffinierte Beilage

Kartoffelpfanne
mit Artischocken

Für 4 Personen
800 g kleine festkochende Kartoffeln
2 Knoblauchzehen
3 Zweige Rosmarin · Salz
2 junge Artischocken (je 150 g; ersatzweise 6 Artischockenherzen aus dem Glas)
6 EL Olivenöl · 1 TL Zucker
6 EL Aceto balsamico
Pfeffer · Mehl zum Wenden

Pro Portion: ca. 335 kcal/1400 kJ
5 g EW · 18 g F · 38 g KH

1   Die Kartoffeln gründlich waschen. Den Knoblauch schälen, den Rosmarin abbrausen. Die
Kartoffeln mit Knoblauch und 1 Rosmarinzweig
in Salzwasser in 20–25 Min. garen. Vom übrigen
Rosmarin die Nadeln abstreifen und hacken.

2   Inzwischen die Artischocken waschen, achteln
und von Stielen und Heu befreien (siehe S. 165).
4 EL Öl erhitzen. Die Artischocken im Mehl
wenden, bei schwacher Hitze in 10 Min. im Öl
bissfest und knusprig braten und aus der Pfanne
nehmen. Die Artischockenherzen aus der Dose
nur halbieren.

3   Kartoffeln abgießen, ausdampfen lassen
und pellen. Die Pfanne auswischen. Übriges Öl
erhitzen, Kartoffeln darin bei schwacher Hitze
10 Min. braten. Die Hitze erhöhen, Rosmarin
und Zucker darüberstreuen und die Kartoffeln
in 5 Min. unter Wenden knusprig braten.

4   Artischocken dazugeben und die Hitze reduzieren. Balsamico-Essig dazugießen und unter
Rütteln der Pfanne einkochen lassen, bis die Kartoffeln gleichmäßig überzogen sind. Mit Salz und
Pfeffer würzen.

45 Min. · türkische Spezialität

Scharfe Kartoffeln
mit Joghurt

Für 4 Personen
600 g Joghurt
800 g mittelgroße festkochende Kartoffeln
4 frische grüne türkische Peperoni
100 ml Olivenöl
Salz · Pfeffer
8 getrocknete lange rote Chilischoten
4–6 Knoblauchzehen
1 TL edelsüßes Paprikapulver
1 EL fein gehackte Petersilie
(oder etwas getrocknete Minze)

Pro Portion: ca. 460 kcal/1920 kJ
9 g EW · 30 g F · 37 g KH

1   Den Joghurt in einem feinen Sieb abtropfen
lassen. Die Kartoffeln schälen und längs in
Schnitze (etwas dicker als Pommes frites) schneiden. Mit Küchenpapier trocken tupfen. Die
frischen Peperoni waschen, längs aufschlitzen
und entkernen, in 2 cm lange Stücke schneiden.

2   Das Öl in einem Topf erhitzen. Die Kartoffeln
darin bei mittlerer Hitze in ca. 12 Min. hellbraun
braten. Herausheben, abtropfen lassen und auf
eine Platte legen, leicht salzen. Die Peperoni-
stücke im Öl anbraten, bis sie leicht bräunen.
Herausheben, zwischen den Kartoffeln verteilen
und pfeffern.

3   Die getrockneten Chilis kurz im Öl braten,
bis sie leicht zu bräunen beginnen. Sofort herausheben und sternförmig auf den Kartoffeln
anrichten. Den Knoblauch schälen, grob würfeln
und über das Ganze streuen.

4   Den abgetropften Joghurt mit etwas Salz
glatt rühren und über das Gemüse verteilen.
2 EL Bratöl mit dem Paprikapulver verrühren
und über den Joghurt träufeln. Den Joghurt
am Rand mit gehackter Petersilie oder mit zer-
riebener Minze bestreuen. Am besten lauwarm
mit türkischem Fladenbrot servieren.

40 Min. · italienisch

Florentiner Eier

im Bild · *Für 4 Personen*
1 kg frischer Blattspinat · 2 Schalotten
1 Knoblauchzehe · 4 EL Olivenöl
Salz · Muskatnuss, frisch gerieben
100 g Sahne · 75 g frisch
geriebener Parmesan · 4 Eier

Pro Portion: ca. 380 kcal/1590 kJ
20 g EW · 31 g F · 3 g KH

1   Den Spinat putzen, gründlich waschen und die groben Stiele entfernen. In einem Sieb abtropfen lassen. Die Schalotten und den Knoblauch schälen und klein würfeln.

2   Den Backofen auf 200° (Umluft 180°) vorheizen. Vier ofenfeste Portionsförmchen (oder eine flache Auflaufform) mit etwas Olivenöl ausstreichen. Das restliche Öl in einer Pfanne erhitzen. Schalotten- und Knoblauchwürfel darin glasig dünsten. Den Spinat nach und nach hinzufügen und zugedeckt bei schwacher Hitze zusammenfallen lassen. Mit Salz und 1 Prise Muskat würzen. Sahne und die Hälfte des Parmesans untermischen.

3   Den Spinat in die Förmchen verteilen und jeweils eine Mulde eindrücken. In jede Vertiefung 1 aufgeschlagenes Ei geben. Den übrigen Parmesan darüberstreuen. Im heißen Backofen (Mitte) ca. 10 Min. überbacken, bis das Eiweiß fest ist. Die Förmchen aus dem Ofen nehmen und die Eier heiß servieren. Wer möchte, streut noch ein paar geröstete Pinienkerne darüber. Dazu passt knuspriges Ciabatta-Brot oder Pellkartoffeln.

30 Min. · spanisch

Eier auf Flamenco-Art

Für 2 Personen
1 rote Paprikaschote
1 kleiner Zucchino
100 g Kirschtomaten
1 Zwiebel · 2 Knoblauchzehen
1 frische große rote Chilischote
100 g Chorizo · 2 EL Olivenöl
Salz · Pfeffer · 2 Eier

Pro Portion ca. 230 kcal/960 kJ
19 g EW · 35 g F · 9 g KH

1   Die Paprikaschote halbieren, putzen, waschen und in Streifen schneiden. Den Zucchino waschen, längs halbieren und in dünne Halbmonde schneiden. Die Tomaten waschen und halbieren.

2   Die Zwiebel und den Knoblauch schälen, fein würfeln. Die Chilischote waschen, den Stielansatz wegschneiden und die Schote in Ringe schneiden, die Kerne nach Belieben entfernen. Die Chorizo in Scheiben schneiden.

3   Das Öl in einer Pfanne erhitzen. Zwiebeln und Knoblauch darin 2 Min. anbraten. Chili, Chorizo, Paprikastreifen und Zucchini dazugeben und unter Rühren 2 Min. mitbraten. Die Tomaten untermischen, salzen und pfeffern.

4   Das Gemüse so in der Pfanne verteilen, dass zwei Mulden entstehen. In diese Vertiefungen je 1 Ei schlagen. Die Eier zugedeckt bei schwacher Hitze in 4–5 Min. stocken lassen. Alles vorsichtig auf zwei Teller verteilen und mit je einem Stück herzhaftem Bauernbrot servieren.

Was ist denn … *Chorizo?* *Eine spanische scharf gewürzte Paprikawurst, die es allerdings nur in spanischen Läden und gut sortierten Metzgereien gibt. Wer sie nicht bekommt, kann sie durch Kabanossi ersetzen.*

Eier-Curry

Für 4 Personen
8 Eier · 2 Zwiebeln · 1 Knoblauchzehe
1 walnussgroßes Stück frischer Ingwer
1 frische grüne Chilischote · 3 EL Sonnenblumenöl · 1/2 TL Kreuzkümmel
1/2 TL Kurkuma · 50 g Sahne · 1 Dose
stückige Tomaten (425 g) · 1 EL Tomatenmark
1 TL Garam Masala · 1/2 TL Cayennepfeffer
Salz · 1/2 Bund Koriandergrün

Pro Portion: ca. 315 kcal/1320 kJ
15 g EW · 25 g F · 7 g KH

1   Die Eier in ca. 10 Min. hart kochen. Zwiebeln, Knoblauch und Ingwer schälen und fein würfeln. Die Chili waschen, längs halbieren, entkernen und in feine Streifen schneiden.

2   Das Öl in einer Pfanne erwärmen. Kreuzkümmel, Kurkuma, Zwiebeln, Knoblauch, Ingwer und Chili darin bei mittlerer Hitze 2 Min. anbraten. Sahne dazugeben, etwas einkochen lassen. Tomaten und Tomatenmark unterrühren. 2 Min. köcheln lassen. Mit Garam Masala, Cayennepfeffer und Salz würzen.

3   Das Koriandergrün waschen und trocken schütteln, die Blättchen abzupfen. Die Eier pellen und längs halbieren. Eihälften mit der Schnittseite nach oben vorsichtig in die Pfanne legen und darin erwärmen. Die Korianderblättchen darüberstreuen.

Was ist denn … *Garam Masala?* *Dafür werden Kardamom, Kreuzkümmel, Zimt, Nelken, Pfeffer, Koriander und Muskat geröstet und fein gemahlen. Bekommen Sie als fertige indische Gewürzmischung im Asienladen.*

Eiergratin

Für 4 Personen
3 große mehligkochende Kartoffeln (750 g)
Salz · 4 Eier
3 Frühlingszwiebeln
2 EL Butter
150 ml Milch · Pfeffer
Muskatnuss, frisch gerieben
1/2 Päckchen gemischte TK-Kräuter
100 g Emmentaler, gerieben

Pro Portion: ca. 380 kcal/1590 kJ
19 g EW · 20 g F · 31 g KH

1   Die Kartoffeln schälen, waschen und grob würfeln. In einem Topf mit Salzwasser bedecken und in ca. 15 Min. garen. Die Eier in einem anderen Topf in ca. 10 Min. hart kochen.

2   Die Frühlingszwiebeln putzen, waschen und mit dem Grün in sehr feine Ringe schneiden. Die Eier kalt abschrecken, pellen und vierteln.

3   Den Backofen auf 225° (Umluft 200°) vorheizen. Eine Gratinform mit 1/2 EL Butter ausstreichen. Die Kartoffeln abgießen, abtropfen lassen und mit dem Kartoffelstampfer fein zerdrücken. Übrige Butter einrühren, die Milch unterrühren. Mit Salz, Pfeffer, Muskat und den Kräutern würzen.

4   Das Kartoffelpüree in die Gratinform geben, Frühlingszwiebeln darüberstreuen. Die Eier mit den Schnittflächen nach oben leicht in das Püree hineindrücken, Käse darüberstreuen. Das Gratin im heißen Backofen (Mitte) in ca. 10 Min. goldgelb überbacken.

TURBO-VARIANTE

*Noch schneller geht's, wenn Sie übrige **Kartoffeln vom Vortag** zu Püree verarbeiten können oder **Püree aus der Packung** nehmen.*

30 Min. · Frankfurter Spezialität

Grüne Sauce mit Ei

Für 4 Personen
800 g neue Kartoffeln · 4 Eier
je 1 großes Bund Sauerampfer, Pimpernelle,
Schnittlauch, Borretsch und Petersilie
1 Handvoll Kerbel
1 Kästchen Kresse · 2 Schalotten
je 250 g Crème fraîche
und saure Sahne
1 EL mittelscharfer Senf
Salz · Pfeffer

Pro Portion: ca. 545 kcal/2280 kJ
15 g EW · 38 g F · 36 g KH

1 Die Kartoffeln unter fließendem Wasser abbürsten, in einem Topf mit Wasser bedecken und in ca. 25 Min. weich kochen. Die Eier in einem anderen Topf in ca. 10 Min. hart kochen.

2 Inzwischen die Kräuter waschen und trocken schütteln bzw. trocken tupfen. Die groben Stiele entfernen, Die Kresse vom Beet schneiden und die Kräuter etwas zerkleinern. Die Schalotten schälen und fein würfeln.

3 Crème fraîche und saure Sahne mit dem Senf und je 1 kräftigen Prise Salz und Pfeffer in den Mixer (oder in ein hohes Aufschlaggefäß) geben. Kräuter und Schalotten dazugeben und im Mixer oder mit dem Pürierstab fein pürieren.

4 Die Eier kalt abschrecken, etwas abkühlen lassen, pellen und vierteln. Die Kartoffeln abgießen und ausdampfen lassen. Die grüne Sauce in vier tiefe Teller verteilen, mit den Eivierteln garnieren und den Kartoffeln servieren.

Küchenpraxis *In eine original Frankfurter* **Grüne Sauce** *gehören die* **sieben Kräuter** *aus der Zutatenliste. In ihrer Heimatregion bekommt man diese auch schon fertig zusammengestellt zu kaufen. Nicht-Frankfurter dürfen gerne das eine oder andere Kräutlein durch Basilikum, Zitronenmelisse o. Ä. ersetzen!*

25 Min. · thailändisch

Eier in Tamarindensauce

Für 4 Personen
25 g gepresste Tamarinde · 8 Eier
100 g Schalotten · 4 EL neutrales Pflanzenöl
2 EL Palmzucker (oder braunen Zucker)
2 EL Fischsauce (oder 1/2 TL Salz)

Pro Portion: ca. 315 kcal/1320 kJ
14 g EW · 24 g F · 11 g KH

1 Die Tamarinde 10 Min. in 200 ml warmem Wasser einweichen. Die Eier in ca. 10 Min. hart kochen. Die Schalotten schälen, längs halbieren und in feine Streifen schneiden. Die aufgeweichte Tamarinde in dem Einweichwasser kräftig durchkneten, durch ein feines Sieb in eine Schüssel pressen, die Fasern wegwerfen.

2 Das Öl in einer Pfanne erhitzen und die Schalottenstreifen darin in 3–4 Min. goldbraun braten. Herausnehmen. Den Tamarindensaft hineingießen, Palmzucker und Fischsauce dazugeben und unter Rühren bei mittlerer Hitze in 4–5 Min. sämig einkochen.

3 Die Eier pellen, halbieren und je 4 Hälften auf vier Tellern anrichten. Die Schalotten unter die Sauce rühren und über die Eier verteilen. Dazu schmeckt indischer Basmati-Reis oder thailändischer Duftreis (Rezept S. 127).

Was ist eigentlich … Tamarinde? *Tamarindenbäume sind in Südamerika und Asien heimisch. Das Fruchtfleisch der Schoten hat ein unvergleichlich säuerlichfruchtiges Aroma. Frische Tamarinde ist bei uns schwer zu bekommen, in gepresster Form bekommen Sie sie in jedem Asienladen.*

40 Min. · Kinderglück

Apfelpfannkuchen

im Bild oben · *Für 4 Personen*
400 g Mehl · 1 Prise Salz
4 Eier · 650 ml Milch
70 g Zucker · 700 g säuerliche Äpfel
1 EL Zitronensaft · Zimtpulver
ca. 50 g Butter zum Ausbacken

Pro Portion: ca. 770 kcal/3220 kJ
23 g EW · 24 g F · 116 g KH

1   Das Mehl mit dem Salz in eine Rührschüssel geben. Eier, Milch und 2 EL Zucker mit dem Schneebesen unterschlagen. Den Teig zugedeckt 15 Min. quellen lassen.

2   Inzwischen die Äpfel vierteln, schälen und von den Kerngehäusen befreien. Der Länge nach in schmale Schnitze schneiden und mit dem Zitronensaft mischen. Den übrigen Zucker mit einer kräftigen Prise Zimt mischen.

3   In einer (beschichteten) Pfanne etwas Butter erhitzen. Etwa 2 Schöpfkellen Teig in die Pfanne gießen und verteilen – er soll gut 1/2 cm dick sein. Den Teig mit einigen Apfelschnitzen belegen und mit Zimtzucker bestreuen. Bei mittlerer Hitze etwa 2 Min. backen. Die Pfannkuchen wenden und noch einmal etwa 2 Min. backen, bis der Zucker karamellisiert.

4   Aus dem restlichen Teig und den übrigen Äpfeln weitere Pfannkuchen backen. Die fertigen Pfannkuchen gleich servieren oder bei 70° im Backofen warm halten, bis alle fertig sind.

30 Min. · aus Österreich

Kaiserschmarren

im Bild unten · *Für 4 Personen*
50 g Rosinen · 50 ml Apfelsaft
1 EL Zitronensaft · 50 g Butter
6 Eier · 300 g Mehl · Salz
2 Päckchen Vanillezucker
450 ml Milch · 2 EL Butterschmalz
2 EL Puderzucker · 1 EL kalte Butter

Pro Portion: ca. 720 kcal/3010 kJ
22 g EW · 32 g F · 86 g KH

★
★

1   Die Rosinen mit dem Apfel- und Zitronensaft mischen und etwa 15 Min. quellen lassen.

2   Inzwischen die 50 g Butter schmelzen, aber nicht bräunen. Die Eier trennen, die Eiweiße steif schlagen und in den Kühlschrank stellen.

3   Das Mehl mit Salz und Vanillezucker mischen, die Eigelbe, die flüssige Butter und die Milch mit dem Schneebesen gut unterrühren. Die Rosinen hinzufügen und den Eischnee vorsichtig unterheben.

4   Das Butterschmalz in einer großen Pfanne erhitzen, den Teig hineingießen und bei mittlerer Hitze etwa 5 Min. braten. Wenden und nochmals etwa 4 Min. braten. Dann mit zwei Gabeln in Stücke zupfen.

5   Den Puderzucker darübersieben und die kalte Butter in Flöckchen dazugeben. Die Teigstücke unter Rühren rundherum schön braun werden lassen. Dazu schmeckt Apfelmus oder Zwetschgenkompott.

Wie wendet man denn … *die Pfannkuchen?* *Wer mutig ist (und es ein paar mal unbeobachtet über der pflegeleichten Arbeitsfläche probiert hat), wirft den Pfannkuchen mit leichtem Vorwärtsschwung noch oben, sodass er sich in der Luft dreht, und fängt ihn wieder auf. Geht am besten mit einer Pfanne mit flachem Rand! Alle anderen schieben den Pfannenwender unter den Pfannkuchen und wenden ihn damit.*

Vegetarische
Gerichte

Fleischlos glücklich! – Sie brauchen allerdings kein Vegetarier zu sein, um sich frischen Spargel, bunte Gemüse-pfannen und würzige Gemüse-Currys und Linsen-Dal schmecken zu lassen.

Warenkunde: Gemüse

Saison beachten

Auch wenn man heute im Supermarkt fast alles ganzjährig bekommt – Gemüse aus der Region, das gerade Saison hat, ist in puncto Geschmack und Nährstoffgehalt immer die bessere Wahl. Durch kurze Transportwege kommt es erntefrisch auf den Markt und in die Läden. Klar, Artischocken, Paprikaschoten, Auberginen & Co. wachsen nun mal nur im Süden. Ob aber Spargel aus Chile im Dezember sein muss, ist – Stichwort Umwelt! – eine andere Frage.

Ganzjährig verfügbar

Viele Gemüsesorten gibt es heute, fix und fertig geputzt, tiefgekühlt oder in der Dose. In Saucen und Suppen schmecken geschälte Tomaten aus der Dose oft besser als frische. Gegarte Bohnenkerne, Kichererbsen & Co. aus der Dose ersparen die lange Einweich- und Kochzeit. Bei Gemüse ist TK-Ware eine bessere Wahl als Dosenkonserven. Erntefrisch eingefroren steht es frischem Gemüse nicht nach. Viele Fertigprodukte enthalten aber reichlich Fett und Zusatzstoffe, daher besser zu purem Gemüse ohne Sauce greifen.

Altes und neues KOCHWISSEN
Lieber weich oder bissfest?

Früher hat man hierzulande Gemüse gerne sehr weich gekocht. Unsere Großeltern mögen es oft heute noch so. Durch den Einfluss der mediterranen und *asiatischen Küche hat sich bei den meisten der Geschmack verändert! Blanchieren und in Butter schwenken, vitaminschonend dünsten oder blitzschnelles Pfannenrühren sind die heute favorisierten Garmethoden für Gemüse (siehe S. 163).*

Blumenkohl und Brokkoli vorbereiten

Teilen Sie die Köpfe in Röschen, indem Sie diese an ihren Stielen vom dicken Strunk schneiden. Waschen Sie die Kohlröschen in kaltem Wasser. Lassen Sie das Gemüse aber nie allzu lange im Waschwasser, es werden dadurch unnötig Nährstoffe ausgeschwemmt. Zuletzt den Strunk schälen, in kleine Stücke schneiden und diese mitverwenden.

Spinat waschen

Wer schon einmal frischen Spinat zubereitet hat, weiß: Aus einem Riesenberg Blättern wird ein kleines Häufchen Blattspinat. Das aber so köstlich schmeckt, dass es die Mühe lohnt: Die Blätter im stehenden Wasser gründlich waschen, in ein Sieb geben und abtropfen lassen. Dann die groben Stiele entfernen und die Blätter noch einmal waschen. Sie nun entweder blanchieren oder tropfnass mit etwas Salz in einen großen Topf geben und zugedeckt bei starker Hitze zusammenfallen lassen.

Pilze putzen

Bei Zuchtpilzen (z. B. Austernpilzen, Champignons, Egerlingen) schneiden Sie die Stiele frisch an und säubern die Köpfe mit Küchenpapier oder einem Pinsel. Die Pilze möglichst nicht waschen. Sind sie sehr schmutzig (z. B. Waldpilze) 1 EL Mehl ins Wasser geben und die Pilze darin schnell (!) waschen. Herausnehmen und auf Küchenpapier abtropfen lassen. Das Mehl sorgt dafür, dass sich Sand und Erde besser lösen und die Pilze sich nicht allzu schnell voll Wasser saugen.

Küchenpraxis: Gemüse

Voller Vitamingehalt

Knackiges Gemüse liegt voll im Trend. Gut so, denn nur kurz gegart bleiben Vitamine und Mineralstoffe weit besser erhalten, als wenn Sie das Gemüse lange weich kochen. Je nach Sorte blanchieren Sie das Gemüse kurz vor oder dünsten es in wenig Fett. Für eine Gemüse-suppe garen Sie es in Brühe vor und verwenden diese dann gleich mit.

Perfekt gegart

Möhren, Paprikaschoten, Zuc-chini, Spinat – unterschiedliche Gemüsesorten haben unter-schiedliche Garzeiten. Für eine Gemüsepfanne schneiden Sie alles in mundgerechte Stücke und geben die Sorten je nach Garzeit nacheinander in Pfanne oder Wok (feste Gemüsesorten wie Möhren und Paprika also zuerst, zartes Gemüse wie Spinat erst kurz vor dem Servieren). Für jeden, der gerne asiatisch kocht, lohnt sich da eventuell ein Juliennehobel (Tipp S. 96), mit dem Sie ratzfatz perfekte Stifte schneiden.

Altes und neues KOCHWISSEN
Spinat und Pilze aufwärmen

Die Großmutter hat noch davor gewarnt: Spinat und Pilze niemals aufgewärmt essen! Da kann Entwarnung gegeben werde, die Regel stammt aus der Zeit vor Erfindung des Kühlschranks. Tatsäch-lich enthalten Pilze empfindliche Eiweiße, die sich schnell zersetzen und Giftstoffe ausbilden können. Und Spinat ist eine Pflanze, die Nitrat speichert, welches sich beim Erwärmen in giftiges Nitrit umwandelt. Wenn Sie die Speisen sofort nach dem Abkühlen zugedeckt in den Kühlschrank stellen, ist einmal (rasch) Aufwärmen erlaubt: Schnelles Runterkühlen von Pilzen und Spinat stoppt die chemischen Reaktionen.

Blanchieren

Das Gemüse putzen und mundgerecht schneiden. Wasser auf-kochen, leicht salzen und das Gemüse darin je nach Rezept einige Minuten sprudelnd kochen lassen. Wenn Sie darin noch anderes Gemüse blanchieren möchten, mit dem Schaumlöffel herausheben, sonst in ein Sieb abgießen. Das Gemüse dann sofort für 1–2 Min. in Eiswasser geben: Mischen Sie in einer Schüssel kaltes Wasser mit Eiswürfeln. So kühlt das Gemüse schnell ab, behält seine frische Farbe und seine Bissfestigkeit, weil der Garvorgang unterbrochen ist. Dann durch ein Sieb abgießen und gut abtropfen lassen. Zum Servieren in Butter schwenken und würzen oder nach Rezept weiterverarbeiten.

Dünsten

Von Dünsten spricht man beispielsweise, wenn gehackte Zwiebeln in Fett bei mittlerer Hitze angebraten werden. Das enthaltene Wasser tritt dabei aus (man verwendet dafür auch den Begriff »Anschwitzen«) und lässt die Zwiebel glasig werden. Viele Gemüsesorten, z. B. Möhren, Kohlrabi, Kürbis, dünsten Sie in Öl oder Butter an und garen sie dann zugedeckt bei schwacher bis mittlerer Hitze im eigenen Saft oder unter Zugabe von etwas Wein bzw. Brühe weich.

Pfannenrühren

Eine asiatische Garmethode, bei der sehr klein geschnittene Zutaten bei starker Hitze unter ständigem Rühren im Wok gebraten werden. Alles wird nacheinander auf dem heißeren Wokboden in Öl angebraten, an den Rand geschoben, zum Schluss vermischt und gewürzt. Das Gemüse behält so knackigen Biss, und alle Vitamine und Mineralstoffe bleiben optimal erhalten.

★

30 Min. · würzige Vorspeise

Sizilianisches
Auberginengemüse

im Bild · *Für 4 Personen*
1/2 Staude Staudensellerie · 1 Zwiebel
2 Auberginen (ca. 500 g) · 4 EL Olivenöl
1 kleine Dose stückige Tomaten (400 g)
10 schwarze Oliven (ohne Stein)
2 EL Rotweinessig · 1 Prise Zucker · Salz
weißer Pfeffer · 2 EL Kapern · 2 EL Pinienkerne

Pro Portion: ca. 215 kcal/900 kJ
5 g EW · 17 g F · 10 g KH

1 Den Sellerie waschen, die Stangen in dünne
Scheiben schneiden. Die Zwiebel schälen und
fein würfeln. Die Auberginen waschen, putzen
und in kleine Würfel schneiden.

2 In einem Topf 2 EL Öl erhitzen. Sellerie und
Zwiebeln darin 2 Min. bei mittlerer Hitze glasig
anbraten. Die Auberginen und das restliche Öl
dazugeben und unter Rühren 3–4 Min. weiterbraten, bis die Auberginen leicht gebräunt sind.
Die Tomaten untermischen.

3 Die Oliven zum Gemüse geben. Mit dem
Essig, Zucker, je 1 kräftigen Prise Salz und Pfeffer
würzen und das Gemüse zugedeckt bei schwacher Hitze ca. 10 Min. garen. Kapern und Pinienkerne untermischen und nochmals abschmecken. Warm oder kalt servieren.

30 Min. · für Knoblauchfans

Artischocken
mit Knoblauch-Dip

Für 4 Personen
4 Artischocken · 1/2 Zitrone
1 Knolle junger Knoblauch · Salz
Pfeffer · 4 EL Olivenöl · 1 Grundrezept
Mayonnaise (S. 61 oder 300 g aus dem Glas)
100 g Joghurt · 2 EL gehackte Petersilie

Pro Portion: ca. 715 kcal/2990 kJ
5 g EW · 72 g F · 11 g KH

1 Die Artischocken waschen, die Blattspitzen
kürzen (**Bild 1**). Die Stiele abschneiden, Schnittflächen mit Zitrone einreiben (**Bild 2**). Knoblauch schälen, 4 Zehen beiseite legen, den Rest
längs halbieren. Artischockenblätter spreizen,
Knoblauchhälften tief dazwischenstecken.

2 In einen Topf, in dem die Artischocken gerade
Platz haben, 5 cm hoch Wasser geben, leicht salzen, aufkochen. Artischocken aufrecht hinein-
stellen. Salzen, pfeffern, 4 EL Öl darüberträufeln.
Zugedeckt bei mittlerer Hitze 12–15 Min. garen.

3 Für den Dip die Mayonnaise mit Joghurt und
Petersilie verrühren, den beiseite gelegten Knoblauch dazupressen und unterrühren. Die Artischocken sind fertig, wenn sich die Blätter ganz
leicht herausziehen lassen. Das Gericht servieren
und essen wie unten gezeigt (**Bild 3**).

1. Die harten Spitzen der Artischockenblätter mit einer
Küchenschere ca. 1 cm kürzen.

2. Den Artischockenboden
sofort mit Zitrone einreiben,
damit er nicht braun wird.

3. Zum Essen die Blätter einzeln
herausziehen, das untere Ende
eindippen und abbeißen.

Grüne Bohnen *mit Mozzarella*

Für 2 Personen (Hauptgericht)
250 g Kenia- oder Bobby-Bohnen · Salz
1/2 TL getrocknetes Bohnenkraut · 3 Frühlings-
zwiebeln (mit bauchigen Zwiebelchen)
2 Knoblauchzehen · je 1 EL Butter und Olivenöl
2 Tomaten · 125 g Mini-Mozzarellakugeln
Pfeffer · 1 Zweig Bohnenkraut oder Basilikum

Pro Portion: ca. 300 kcal/1250 kJ
17 g EW · 22 g F · 10 g KH

1 Die Bohnen putzen, waschen und in wenig Salzwasser mit dem Bohnenkraut in 8 Min. bissfest garen. Die Bohnen abgießen und abtropfen lassen.

2 Inzwischen von den Frühlingszwiebeln die Wurzeln und den dunkelgrünen Teil abschneiden. Die Zwiebeln waschen, kleinere ganz lassen, größere längs halbieren oder vierteln. Den Knoblauch schälen und vierteln.

3 Butter und Olivenöl in einem Topf erhitzen, Zwiebeln und Knoblauch darin bei mittlerer Hitze in 3–5 Min. unter Rühren weich, aber nicht braun braten. Bei Bedarf 2–3 EL Wasser dazugeben, beiseite stellen.

4 Wasser aufkochen. Die Tomaten kreuzweise einritzen, überbrühen, abschrecken, häuten und entkernen (siehe S. 95). Die Tomaten grob würfeln und mit den Bohnen zu den Zwiebeln geben.

5 Die Mozzarellakugeln abtropfen lassen und mit etwas Pfeffer unter das Bohnengemüse rühren. Das Ganze kurz erhitzen, bis der Käse leicht schmilzt. Die Kräuterblättchen abzupfen und darüberstreuen.

Turbo-Tipp *Verwenden Sie aufgetaute grüne **TK-Bohnen** und anstelle von frischen Tomaten 200 g abgetropfte stückige **Tomaten aus der Dose.***

Knackiges *Joghurtgemüse*

Für 4 Personen (Hauptgericht)
2 Stangen Staudensellerie · 1 Stange Lauch
1 Stück frischer Ingwer (ca. 2 cm)
2 Knoblauchzehen · 3 Möhren
1 Dose Maiskölbchen (225 g Abtropfgewicht)
500 g fettarmer Joghurt · 1 1/2 TL Mehl
1 EL Öl · 1–2 EL Currypulver
2–3 EL helle Sojasauce zum Abschmecken

Pro Portion: ca. 290 kcal/1210 kJ
11 g EW · 5 g F · 49 g KH

1 Den Sellerie waschen, putzen und in Scheibchen schneiden. Den Lauch längs aufschneiden, gründlich waschen und in feine Scheiben schneiden. Ingwer und Knoblauchzehen schälen und klein würfeln.

2 Die Möhren schälen, längs halbieren und in Scheiben schneiden. Die Maiskölbchen in einem Sieb abtropfen lassen. Den Joghurt mit dem Mehl glatt rühren.

3 Das Öl im Wok (oder in einer tiefen Pfanne) erhitzen, Ingwer und Knoblauch darin unter Rühren kurz anbraten. Das vorbereitete Gemüse dazugeben und ca. 4 Min. bei starker Hitze pfannenrühren (siehe S. 163).

4 Je nach gewünschter Schärfe 1–2 EL Currypulver über das Gemüse streuen, 1 Min. mitbraten und mit 2 EL Wasser ablöschen. Den Joghurt unterrühren, das Gericht mit Sojasauce abschmecken und noch 1–2 Min. kochen lassen. Dazu schmeckt Basmati-Reis (siehe S. 127).

Wieso hell … *ist Sojasauce denn nicht gleich Sojasauce?* Nein, es gibt zwei sehr unterschiedliche Sorten: Die helle ist dünnflüssig und ersetzt in der Asia-Küche oft das Salz. Die dunkle Sojasauce ist zähflüssig und schmeckt süß. Helle Sojasauce finden Sie auch im Asienregal im Supermarkt, die dunkle bekommen Sie im Asienladen.

30 Min. · aus Spanien

Mangold *mit Rosinen*

Für 2 Personen (Beilage oder Vorspeise)
2 EL Rosinen
2 EL Sherry medium (oder Orangensaft)
500 g Mangold · Salz
1–2 Knoblauchzehen
2 EL Olivenöl
2 EL Mandelstifte
weißer Pfeffer
1 EL Zitronensaft

Pro Portion: ca. 255 kcal/1070 kJ
8 g EW · 18 g F · 16 g KH

1 Die Rosinen in einer Tasse mit dem Sherry beträufeln. Den Mangold waschen und putzen. Die Blätter abschneiden und grob hacken. Die Stiele in Streifen schneiden.

2 In einem großen Topf reichlich Salzwasser zum Kochen bringen. Die Mangoldstiele hineingeben und ca. 2 Min. blanchieren (siehe S. 163). Die Blätter hinzufügen und ca. 1 Min. mitblanchieren. Alles in ein Sieb abgießen, kalt abschrecken und gut abtropfen lassen.

3 Den Knoblauch schälen und fein würfeln. Das Öl in einer Pfanne erhitzen. Mandelstifte darin unter Rühren anrösten. Sherryrosinen und Knoblauch dazugeben und kurz mitbraten.

4 Den Mangold dazugeben, salzen und pfeffern und zugedeckt bei schwacher Hitze noch ca. 5 Min. schmoren. Mit Zitronensaft abschmecken. Das Gemüse als Beilage heiß servieren, lauwarm oder abgekühlt schmeckt es als Vorspeise.

Tausch-Tipp *Mangold hat einen Eigengeschmack, den nicht jeder mag. Sie können das Gericht **auch mit Blattspinat** zubereiten. Den müssen sie gar nicht vorher blanchieren, sondern können die gründlich gewaschenen, gut abgetropften Blätter direkt in die Pfanne geben und zugedeckt zusammenfallen lassen.*

30 Min. · raffiniert

Kalifornisches *Grillgemüse*

Für 2 Personen (Hauptgericht)
1 Topinambur · 1 kleiner Zucchino
1/2 Aubergine · 100 g Austernpilze
1 Fenchelknolle · 1 Tomate · je 1 kleiner Zweig
Rosmarin und Thymian · 1 Prise gemahlener
Kreuzkümmel · Salz · Pfeffer · 1 EL Olivenöl
1 TL Sesamsamen · 1–2 EL Zitronensaft

Pro Portion: ca. 170 kcal/710 kJ
9 g EW · 8 g F · 15 g KH

1 Alles Gemüse waschen und putzen, Topinambur schälen. Zucchino, Aubergine, Austernpilze, Fenchel und Topinambur in 1/2 cm dicke Scheiben schneiden. Rosmarin und Thymian waschen und trocken tupfen.

2 Die Tomate halbieren und die Schnittflächen mit Rosmarinnadeln belegen. Die Topinambur- und Zucchinischeiben mit Thymianblättchen würzen. Die Auberginen mit dem Kreuzkümmel bestreuen. Alles salzen und pfeffern.

3 Eine Grillpfanne erhitzen und die Stege mit Öl bepinseln. Das Gemüse darin portionsweise braten: die Tomaten mit der Schnittfläche nach oben ca. 4 Min.; Pilze, Aubergine, Topinambur, Zucchino, Fenchel und Zwiebeln pro Seite jeweils 1–2 Min. Fertig gebratenes Gemüse warm stellen. Den Sesam in einer kleinen Pfanne rösten, bis er duftet. Das Gemüse damit bestreuen und mit Zitronensaft beträufeln.

Was ist eigentlich … Topinambur?
Die stärkehaltige Knolle stammt aus Nordamerika. Ihr leicht süßlich schmeckendes Fruchtfleisch kann im Gegensatz zur Kartoffel auch – frisch geraspelt – roh verzehrt werden.

Spargel
mit neuen Kartoffeln

1 Den weißen Spargel schälen. Dabei die Stange in die Hand nehmen und das Ende auf dem Handgelenk aufliegen lassen. Mit dem Sparschäler, 1 cm unterhalb des Spargelkopfes ansetzend, zum Ende hin abschälen (**Bild 1**). Die Stange jeweils ein Stückchen drehen und weiterschälen. Seien Sie dabei sehr sorgfältig, Schalenreste machen sich später beim Essen sonst unangenehm bemerkbar!

2 Der grüne Spargel muss nur im unteren Drittel geschält werden (**Bild 2**). Nach dem Schälen bei beiden Spargelsorten die Enden abschneiden.

3 Die Kartoffeln unter fließendem Wasser abbürsten. In einem Topf mit Wasser bedecken, aufkochen und in 20–25 Min weich kochen.

4 Gleichzeitig in einem flachen Topf, in dem die Spargelstangen gut Platz haben, 6 cm hoch Wasser zum Kochen bringen. Je 1 gestrichenen 1 TL Salz und Zucker und 20 g Butter dazugeben. Den weißen Spargel einlegen und bei schwacher Hitze 10 Min. köcheln lassen (**Bild 3**). Den grünen Spargel dazugeben und beide Spargelsorten in weiteren 10–15 Min. fertig garen.

5 Kurz vor Ende der Garzeit die übrige Butter in einem Pfännchen bei schwacher Hitze erhitzen, aber nicht braun werden lassen (**Bild 4**).

6 Die Kartoffeln abgießen und ausdampfen lassen. Neue Kartoffeln müssen nicht gepellt werden. Wenn Sie die Schalen nicht mögen, die Kartoffeln jetzt pellen. Den Spargel herausheben (**Bild 5**) und auf vorgewärmte Teller verteilen. Die Butter darüberträufeln. Etwas Kresse vom Beet schneiden und darüberstreuen. Mit den Kartoffeln servieren.

Für 2 Personen (Hauptgericht)
je 500 g weißer und grüner Spargel
300 g kleine neue Kartoffeln
Salz · Zucker
60 g Butter
1/2 Kästchen Kresse

Pro Portion: ca. 415 kcal/1730 kJ
12 g EW · 26 g F · 33 g KH

*Der erste frische Spargel im Frühling –
für jeden Feinschmecker ein Highlight
im kulinarischen Jahreskalender.
Hier ganz einfach mit flüssiger Butter
und neuen Kartoffeln – ein Gedicht!*

Gut zu wissen …

- Spargel wächst unter der Erde in einer Art Hügelbeet. Damit die Stangen bis in die Spitze weiß bleiben, dürfen sie kein Tageslicht abbekommen. Der edelste Spargel wird gestochen, bevor die Spitze die Erde durchbricht. Wenn das doch passiert, verfärben sich die Spitzen zartviolett. Grüner Spargel wächst insgesamt über der Erde und hat ein kräftigeres, würziges Aroma.

- Je frischer der Spargel, desto besser schmeckt er! Und das erkennen Sie so: Knackfrischer Spargel knirscht ganz leicht, wenn man die Stangen aneinander reibt. Außerdem sollten die Enden frisch wirken.

- Am besten bereiten Sie den Spargel am selben Tag zu. Wenn er doch mal übernachten muss, dann umwickeln Sie ihn mit angefeuchtetem Küchenpapier und legen ihn ins Gemüsefach des Kühlschranks. Die sehr empfindlichen Spitzen sollten unbedeckt bleiben.

Tausch-Tipps

*Statt der flüssigen Butter können Sie auch eine **Sauce hollandaise** (Rezept S. 67) zum Spargel servieren. Oder Sie gratinieren den Spargel mit **Parmesan**: 1 kg weißen Spargel wie beschrieben in 15–20 Min. bissfest garen, in eine gebutterte Auflaufform geben. 250 g Crème fraîche mit 2 EL Weißwein, 1 Eigelb, 2 EL geriebenem Parmesan und je 1 Prise Salz und weißem Pfeffer verrühren. Über den Spargel gießen und weitere 2 EL Parmesan darüberstreuen. Im auf ca. 220° vorgeheizten Backofen unter dem Backofengrill in 6–8 Min. goldbraun überbacken. Mit Schnittlauchröllchen bestreut servieren (reicht als Hauptgericht für 2, als Beilage für 4 Personen).*

Spargel mit Zuckerschoten

Für 2 Personen (Hauptgericht)
400 g weißer Spargel · 2 Kohlrabi
150 g Zuckerschoten
2 TL kalt gepresstes Olivenöl
6 EL Gemüsebrühe (selbst gemacht,
Rezept S. 91, oder Instant)
Salz · Pfeffer · ca. 1 EL Zitronensaft
1/2 EL rosa Pfeffer (siehe S. 84)

Pro Portion: ca. 130 kcal/540 kJ
8 g EW · 5 g F · 12 g KH

1 Den Spargel schälen, die Enden abschneiden. Die Stangen längs halbieren und in 1 1/2 cm große Stücke schneiden. Die Kohlrabi schälen und in 1 cm große Würfel schneiden. Die Zuckerschoten waschen, putzen (siehe unten) und schräg halbieren.

2 Das Öl im Wok (oder in einer tiefen Pfanne) erhitzen. Die Kohlrabi darin bei mittlerer Hitze ca. 2 Min. anbraten. Spargel hinzufügen und 3 Min. mitbraten. Die Brühe und die Zuckerschoten dazugeben, aufkochen lassen und alles in ca. 3 Min. bissfest garen. Das Gemüse mit Salz und Pfeffer abschmecken.

3 Das Gemüse in zwei tiefe Tellern verteilen und mit Zitronensaft beträufeln. Den rosa Pfeffer im Mörser (oder mit dem Messerrücken) groß zerstoßen und darüberstreuen.

Gegrillter grüner Spargel

Für 2 Personen (Vorspeise oder Beilage)
500 g grüner Spargel
30 g Parmesan am Stück
1 EL Olivenöl
Salz · Pfeffer
2 EL kalt gepresstes Olivenöl

Pro Portion: ca. 255 kcal/1060 kJ
10 g EW · 22 g F · 4 g KH

1 Den Spargel im unteren Drittel schälen, die Enden abschneiden. Die Spargelstangen längs halbieren. Den Parmesan reiben.

2 Eine Grillpfanne erhitzen und die Stege mit dem einfachen Öl einpinseln. Den Spargel mit den Schnittflächen in die Pfanne legen und 2–3 Min. bei mittlerer Hitze grillen, dabei noch nicht bewegen, damit sie die dekorativen Grillstreifen bekommen.

3 Den Spargel wenden (geht am besten mit einer Grillzange – wer keine hat, nimmt den Pfannenwender). Auf der anderen Seite in weiteren 2–3 Min. fertig grillen. Salzen und pfeffern und auf Teller verteilen.

4 Jeweils 1 EL kalt gepresstes Olivenöl darüberträufeln und etwas Parmesan darüberstreuen. Schmeckt als warme vegetarische Vorspeise oder als Beilage zu Steak.

Wie putzt man … *Zuckerschoten?*
Von jungen, zarten Exemplaren knipsen Sie nur die Enden ab. Größere Schoten haben oft an den Seiten harte Fäden, die Sie besser abziehen sollten.

Küchenpraxis *Geben Sie nicht zu viel Öl in die Pfanne, sondern pinseln Sie nur die Stege der Grillpfanne damit ein. Nur wenn das Gemüse nicht ganz im Öl liegt, bekommt es die **charakteristischen Grillstreifen.** Zum Bepinseln reicht übrigens einfaches Olivenöl oder anderes neutrales Pflanzenöl. Gutes, kalt gepresstes Olivenöl würde nur verbrennen. Das träufeln Sie erst zum Schluss als Würze darüber.*

35 Min. · indisch · mit sanfter Schärfe

Blumenkohl-Erbsen-Curry

Für 2 Personen (Hauptgericht)
1 kleiner Blumenkohl (ca. 500 g)
2 Knoblauchzehen
1 Stück frischer
Ingwer (ca. 2 cm)
1 kleine Zwiebel
2 EL neutrales Pflanzenöl
1 EL Currypulver
200 g TK-Erbsen
200 g Sahne
Salz · Pfeffer

Pro Portion: ca. 560 kcal/2340 kJ
14 g EW · 45 g F · 25 g KH

1   Den Blumenkohl in Röschen teilen, diese waschen und in einem Sieb abtropfen lassen. Größere Röschen teilen, kleine ganz lassen, den Strunk in ca. 1 cm große Würfel schneiden.

2   Den Knoblauch und den Ingwer schälen und fein würfeln. Die Zwiebel schälen, längs halbieren und die Hälften in feine Spalten schneiden.

3   Das Öl in einem Topf erhitzen. Knoblauch, Ingwer, Zwiebeln und Currypulver darin 2 Min. bei mittlerer Hitze unter ständigem Rühren anbraten. Den Blumenkohl unterrühren, 4 EL Wasser hinzufügen und das Ganze 10 Min. zugedeckt bei schwacher Hitze dünsten.

4   Die unaufgetauten Erbsen unterrühren und die Sahne angießen. Wieder aufkochen lassen und bei mittlerer Hitze zugedeckt 5–6 Min. garen, bis der Blumenkohl gar, aber noch bissfest ist. Mit Salz und Pfeffer abschmecken. Schmeckt mit Reis als vegetarisches Hauptgericht oder als Beilage zu Fleisch oder Fisch für 4 Personen.

40 Min. · aus der Türkei

Okraschoten mit Tomaten

Für 2 Personen (Hauptgericht)
350 g gleich große Okraschoten · 1 Zwiebel
1–2 Knoblauchzehen · 200 g Tomaten
2 EL Olivenöl · Salz · weißer Pfeffer
1/2 TL rosenscharfes Paprikapulver
1/2 Bund Petersilie · 1/2 EL Zitronensaft

Pro Portion: ca. 175 kcal/730 kJ
9 g EW · 12 g F · 12 g KH

★

1   Die Okraschoten waschen, die Stielansätze bleistiftförmig anspitzen. Die Schoten der Länge nach 2–3 mal einritzen.

2   Zwiebel und Knoblauch schälen und fein würfeln. Tomaten kreuzweise einschneiden, überbrühen, kalt abschrecken und häuten (siehe S. 95). Die Tomaten quer halbieren, entkernen und das Fruchtfleisch grob würfeln.

3   Das Öl in einem Topf erhitzen. Zwiebeln und Knoblauch darin bei mittlerer Hitze 1 Min. glasig anbraten. Die Okraschoten hinzufügen und 1 Min. mitbraten.

4   Die Tomaten und ca. 80 ml Wasser dazugeben. Mit Salz, Pfeffer und Paprikapulver abschmecken und zugedeckt bei schwacher Hitze ca. 10 Min. schmoren lassen.

5   Inzwischen die Petersilie waschen und trocken schütteln, die Blätter fein hacken. Mit dem Zitronensaft unter das Gemüse mischen. Mit Salz und Pfeffer abschmecken. Schmeckt mit Reis als leichtes vegetarisches Hauptgericht für 2 oder als Beilage zu Lammfleisch für 4 Personen.

Was sind denn … *Okraschoten?*
Eine der ältesten Gemüsesorten der Welt, heute vor allem in der afrikanischen, asiatischen und Mittelmeerküche zuhause. Bei uns gibt es sie in türkischen und griechischen Läden. Die schotenförmigen Früchte können leicht schleimig schmecken, was sich verhindern lässt, indem Sie sie anspitzen und längs einritzen.

1 Std. · italienisch

Polenta-Rauten
mit Selleriesauce

im Bild · *Für 4 Personen (Hauptgericht)*
Salz · 250 g Polenta-Grieß · 200 g Sellerieknolle · 1 Zwiebel · 2 Knoblauchzehen
ca. 3 EL Olivenöl · 1 kleine Dose stückige
Tomaten (400 g) · Salz · Pfeffer
1 Bund Basilikum · 1 EL Butter

Pro Portion: ca. 350 kcal/1460 kJ
8 g EW · 13 g F · 51 g KH

1 In einem Topf 1 l Wasser mit 1 gehäuften
TL Salz zum Kochen bringen. Den Polenta-
Grieß langsam unter Rühren einrieseln lassen
und nach Packungsanweisung zu einem Brei
kochen. Polenta auf ein mit Backpapier belegtes
Blech geben, 1–2 cm dick ausstreichen und an
einem kühlen Ort vollständig auskühlen lassen.

2 Inzwischen den Sellerie schälen und in 1 cm
große Würfel schneiden. Zwiebel und Knoblauch
schälen und fein würfeln. 2 EL Öl in einem Topf
erhitzen. Zwiebeln und Knoblauch darin 1 Min.
bei mittlerer Hitze anbraten. Sellerie dazugeben
und 2 Min. mitbraten. Tomaten hinzufügen, das
Ganze salzen und pfeffern, 20 Min. bei schwacher
Hitze kochen lassen, gelegentlich umrühren.

3 Polenta in 5–6 cm große Rauten schneiden.
Eine Grillpfanne erhitzen, die Stege mit Öl einpinseln. Polenta-Rauten darin bei mittlerer Hitze
von jeder Seite 2–3 Min. braten.

4 Basilikum waschen, trocken schütteln, die
Blätter, bis auf einige für die Dekoration, grob
schneiden. Mit der Butter unter die Sauce ziehen.
Die Polenta-Rauten mit der Selleriesauce anrichten, mit Basilikum garnieren.

Was ist eigentlich … *Polenta?*
Polenta ist ein Maisgrieß, der in Italien
als Brei zu Fleischragouts serviert wird
oder zu Rauten oder Talern geformt
und gebraten wird.

50 Min. · raffiniert

Fenchel
mit Parmesankruste

Für 4 Personen (Hauptgericht)
4 Fenchelknollen (ca. 1 kg)
2 Knoblauchzehen
2 EL Olivenöl · 3 EL Butter
1 kleine Dose stückige Tomaten (400 g)
Pfeffer · je 1/2 Bund Basilikum,
Oregano und Thymian
50 g Semmelbrösel
50 g Parmesan, frisch gerieben
abgeriebene Schale von 1 Bio-Zitrone
Butter für die Form

Pro Portion: ca. 290 kcal/1210 kJ
13 g EW · 18 g F · 19 g KH

1 Die Fenchelknollen putzen, waschen und
längs halbieren. In einem Topf Wasser aufkochen, salzen. Den Fenchel darin in ca. 10 Min.
bissfest kochen, abgießen und abtropfen lassen.

2 Inzwischen den Knoblauch schälen und
in feine Würfel schneiden. Das Olivenöl und
1 EL Butter in einem Topf erhitzen. Knoblauch,
Tomaten und je 1 Prise Salz und Pfeffer dazugeben und bei mittlerer Hitze in ca. 15 Min.
einkochen lassen, dabei ab und zu umrühren.

3 Den Backofen auf 200°(Umluft 180°) vorhei-
zen. Die Kräuter waschen und trocken schütteln,
Blätter und Nadeln abzupfen und fein hacken.
Die Kräuter unter die Tomatensauce rühren.

4 Eine Gratinform fetten, die Fenchelknollen
hineinlegen, mit der Tomatensauce begießen.
Semmelbrösel, Parmesan und Zitronenschale
mischen und darüberstreuen. Die übrige Butter
in Flöckchen darauf verteilen. Im Backofen
(Mitte) ca. 15 Min. überbacken.

Süßkartoffelpüree

Für 4 Personen (Beilage)
800 g Süßkartoffeln · 1 Zwiebel
1 Bio-Orange · 8 grüne Kardamomkapseln
2 EL neutrales Pflanzenöl · Salz
Cayennepfeffer · 2 EL Butter
Muskatnuss, frisch gerieben

Pro Portion: ca. 315 kcal/1320 kJ
3 g EW · 12 g F · 48 g KH

1 Die Süßkartoffeln schälen und ca. 1 cm groß würfeln. Die Zwiebel schälen und fein würfeln.

2 Die Orange heiß waschen und abtrocknen. Die Schale fein abreiben, den Saft auspressen. Die Kardamomkapseln im Mörser grob zerstoßen (oder mit dem Messerrücken zerdrücken).

3 Das Öl in einem Topf erhitzen. Zwiebeln und Kardamom darin 1 Min. anbraten. Süßkartoffeln dazugeben und 1 Min. mitbraten. Orangensaft und -schale dazugeben, mit Salz und Cayennepfeffer würzen. Die Süßkartoffeln zugedeckt bei schwacher Hitze in ca. 15 Min. weich dünsten.

4 Die Süßkartoffeln mit dem Pürierstab pürieren, die Butter untermixen und das Püree mit 1 Prise geriebener Muskatnuss, eventuell noch etwas Salz sowie mit Cayennepfeffer abschmecken. Das Püree passt gut zu Schweinefleisch, zu Thunfisch oder Schwertfischsteaks.

 **Küchenpraxis** *Die orangefarbenen* **Süßkartoffeln** *haben ein nussig-süßes Aroma und sind weniger stärkehaltig als normale Kartoffeln. Deshalb dürfen Sie bei diesem Rezept – anders als bei Kartoffelpüree (Rezept S. 141) – auch mit dem* **Pürierstab** *ran.*

Zucchini-Minz-Püree

Für 4 Personen (Beilage)
600 g Zucchini
1 kleine Zwiebel
1 Knoblauchzehe
1 EL Olivenöl
Salz · Pfeffer
Cayennepfeffer
50 ml Gemüsebrühe (selbst gemacht, Rezept S. 91, oder Instant)
1 Bund Minze
1/2 Bund Petersilie
2 EL Zitronensaft

Pro Portion: ca. 65 kcal/270 kJ
3 g EW · 4 g F · 5 g KH

1 Die Zucchini waschen, putzen und auf einem Gemüsehobel grob raspeln. Zwiebel und Knoblauch schälen und klein würfeln.

2 Das Olivenöl in einem Topf erhitzen und die Zwiebel- und Knoblauchwürfel darin 1 Min. bei mittlerer Hitze anbraten. Die Zucchiniraspel dazugeben und 2–3 Min. mitbraten, bis sie leicht bräunen. Mit Salz, Pfeffer und Cayennepfeffer würzen, die Brühe angießen und 12–15 Min. zugedeckt garen.

3 Inzwischen Minze und Petersilie waschen und trocken schütteln. Die Blätter abzupfen und hacken. Die Zucchini vom Herd nehmen und 2 Min. abkühlen lassen.

4 Minze, Petersilie und Zitronensaft zu den Zucchini geben und alles fein pürieren. Das Püree schmeckt fein zu Lammkoteletts, aber auch zu gedünstetem oder gegrilltem Fisch.

VARIANTE MIT BISS

Wer keine Minze mag, lässt sie weg und streut vor dem Servieren **2 EL geröstete Pinienkerne** *auf das Zucchinipüree.*

30 Min. · indisch

Würziger Rahmspinat

Für 4 Personen (Beilage)
1 kg Spinat
1 frische rote Chilischote
1 Stück frischer Ingwer (2–3 cm)
2 Knoblauchzehen
1 EL Ghee (oder Butterschmalz, siehe S. 184)
100 g Sahne · 1–2 TL Garam
Masala (siehe S. 154) · Salz

Außerdem:
Eiswürfel

Pro Portion: ca. 145 kcal/610 kJ
6 g EW · 12 g F · 3 g KH

1   Den Spinat zweimal im stehenden Wasser gründlich waschen, grobe Stiele entfernen. Eine Schüssel mit kaltem Wasser und Eiswürfeln bereitstellen. In einem großen Topf Wasser aufkochen, salzen und den Spinat darin 2–3 Min. blanchieren (siehe S. 163). In ein Sieb abgießen, 1 Min. ins Eiswasser geben. Abgießen, abtropfen lassen und gut ausdrücken.

2   Die Chilischote waschen, längs aufschneiden, entkernen und fein schneiden. Den Ingwer und den Knoblauch schälen und fein würfeln.

3   Ghee oder Butterschmalz in einem Topf erhitzen. Chili, Ingwer und Knoblauch darin 1 Min. bei mittlerer Hitze anbraten. Spinat und Sahne hinzufügen, aufkochen und 3 Min. bei mittlerer Hitze garen. Garam Masala unterrühren und mit Salz abschmecken.

TURBO-VARIANTE

*So steht der würzige Rahmspinat in 20 Min. auf dem Tisch: Verwenden Sie statt des frischen Spinats und der Sahne 600 g **TK-Rahmspinat.** Chili, Ingwer und Knoblauch anbraten, den Rahmspinat unaufgetaut dazugeben. Zugedeckt bei schwacher Hitze auftauen lassen, gelegentlich umrühren. Zum Schluss mit Garam Masala und Salz würzen, fertig!*

15 Min. · mit Knusper-Topping

Brokkoli mit Walnüssen

Für 4 Personen (Beilage)
500 g Brokkoli · Salz
10 Walnusshälften
2 EL Butter
Pfeffer (nach Belieben)

Pro Portion: ca. 110 kcal/460 kJ
5 g EW · 8 g F · 4 g KH

1   Den Brokkoli in Röschen teilen, waschen und in einem Sieb gut abtropfen lassen. Den Stiel schälen und in 1 cm große Würfel schneiden.

2   In einem Topf Wasser aufkochen, kräftig salzen und den Brokkoli darin in ca. 5 Min. bissfest garen. Mit einem Schaumlöffel herausholen (oder in ein Sieb abgießen), gut abtropfen lassen.

3   Inzwischen die Walnüsse im Mörser grob zerstoßen (oder mit dem Messer mittelfein hacken). Die Butter in einem Pfännchen erhitzen und die Walnüsse darin 1–2 Min. anrösten.

4   Den Brokkoli als Beilage auf die Teller verteilen und die Walnussbutter mit einem Esslöffel darüber verteilen. Nach Belieben etwas Pfeffer darübermahlen. Schmeckt fein zu Schweinefilet oder Wild.

GRATINIERTE VARIANTE

*Als Hauptgericht für 2 Personen: 1 große mehligkochende Kartoffel (200 g) schälen und in 1 cm große Würfel schneiden. Mit dem Brokkoli 5 Min. im Salzwasser garen. Den Backofen auf 200° vorheizen, eine Auflaufform mit etwas Butter ausstreichen. Brokkoli und Kartoffel abgießen, im Sieb gut abtropfen lassen und in der Form verteilen. 1/2 Grundrezept **Béchamelsauce** (Rezept S. 75) zubereiten und darübergießen. Walnüsse und 30 g geriebenen **Gratinkäse** (z. B. Gouda, aus dem Kühlregal) darüberstreuen. Im heißen Backofen (Mitte, Umluft 180°) in 20 Min. goldbraun überbacken.*

30 Min. · würzig

Hirsotto mit Kräutern und Schafkäse

im Bild · *Für 4 Personen (Hauptgericht)*
1 Zwiebel · 2 Knoblauchzehen
250 g Hirse · 750 ml Gemüsebrühe
(selbst gemacht, Rezept S. 91, oder Instant)
2 EL Olivenöl · 2 Frühlingszwiebeln
je 1 Bund Rucola, Petersilie und Minze
150 g Feta (griechischer Schafkäse)
Salz · Pfeffer

Pro Portion: ca. 420 kcal/1760 kJ
16 g EW · 16 g F · 53 g KH

1 Die Zwiebel und den Knoblauch schälen und sehr fein würfeln. Die Hirse in einem Sieb mit kaltem Wasser abbrausen und gut abtropfen lassen. Die Brühe erhitzen.

2 Das Öl in einer Schmorpfanne erhitzen und die Zwiebel- und Knoblauchwürfel darin bei mittlerer Hitze 1 Min. anbraten. Die Hirse hinzufügen und 2–3 Min. unter Rühren mitbraten. Mit der Brühe ablöschen und zugedeckt bei schwacher Hitze ca. 20 Min. quellen lassen.

3 Inzwischen die Frühlingszwiebeln putzen, gründlich waschen und in feine Ringe schneiden. Kräuter waschen und trocken schütteln, die Blätter abzupfen und, bis auf einige für die Dekoration, fein schneiden. Den Feta mit einer Gabel fein zerdrücken.

4 Die geschnittenen Kräuter unter die Hirse mischen, mit Salz und Pfeffer abschmecken. Das Gericht in vier tiefe Teller verteilen und den Feta darüberstreuen, mit Kräutern garnieren.

40 Min. · bunt und lecker

Couscous-Gemüse-Pfanne

Für 4 Personen (Hauptgericht)
2 kleine Möhren · 1 Bund Frühlingszwiebeln · 2 kleine Zucchini
300 ml Gemüsebrühe (selbst gemacht, Rezept S. 91 oder Instant)
2 EL neutrales Pflanzenöl
200 g Instant-Couscous (mittelfein)
2 EL Butter · 50 g Mandelstifte
Salz · Cayennepfeffer

Pro Portion: ca. 380 kcal/1590 kJ
11 g EW · 19 g F · 40 g KH

1 Die Möhren schälen und in dünne Scheiben schneiden. Die Frühlingszwiebeln putzen und waschen, weiße und grüne Teile separat in feine Ringe schneiden. Die Zucchini waschen, längs halbieren und in Scheiben schneiden. Die Brühe in einem Topf erhitzen.

2 Das Öl in einer Schmorpfanne erhitzen. Weiße Frühlingszwiebeln und Möhren darin 2 Min. bei mittlerer Hitze unter Rühren anbraten. Die Zucchini und den Couscous dazugeben und 1 Min. mitbraten. Die heiße Brühe angießen und den Couscous darin bei schwacher Hitze nach Packungsanweisung 5–7 Min. zugedeckt quellen lassen.

3 Inzwischen die Butter in einem Pfännchen erhitzen und die Mandeln darin bei schwacher Hitze goldgelb rösten.

4 Den Couscous mit einer Gabel auflockern und mit Salz und Cayennepfeffer abschmecken. Das Frühlingszwiebelgrün und die Mandelbutter unter den Couscous mischen.

Was sind denn … *Hirse und Couscous?*
Die beiden afrikanischen Grundnahrungsmittel sehen sich zum Verwechseln ähnlich. Hirse ist eine tropische Getreideart, Couscous dagegen ein vorbehandelter Hartweizengrieß.

Auberginen-Parmigiana
(Überbackene Auberginen)

Für 4 Personen (Hauptgericht)
1 kg Auberginen · Salz
2 große Dosen geschälte Tomaten (je 800 g)
1 Bund Basilikum · Pfeffer · 1 TL Zucker
3 Kugeln Mozzarella (je 125 g)
8–10 EL Olivenöl · 100 g Parmesan,
frisch gerieben · Öl für die Form

Pro Portion: ca. 690 kcal/2890 kJ
36 g EW · 53 g F · 17 g KH

1 Die Auberginen waschen, putzen und in Scheiben schneiden. Auf Küchenpapier nebeneinander legen, salzen und ca. 10 Min. Wasser ziehen lassen.

2 Die Tomaten in ein Sieb abgießen, abtropfen lassen und grob zerkleinern; die Flüssigkeit wird nicht verwendet. Das Basilikum waschen und trocken schütteln, die Blätter hacken. Unter die Tomaten mischen, mit Salz, Pfeffer und Zucker würzen. Den Mozzarella abtropfen lassen und in Würfel schneiden. Die Auberginen trocken tupfen.

3 In zwei großen Pfannen jeweils 1–2 EL Olivenöl erhitzen, die Auberginen darin portionsweise auf beiden Seiten braun braten. Immer wieder etwas Öl nachgießen. Herausheben und auf Küchenpapier abtropfen lassen.

4 Den Backofen auf 200° vorheizen. Eine Auflaufform mit Öl ausstreichen. Ein Drittel der Auberginen in die Form schichten. Darüber die Hälfte der Tomaten und die Hälfte des Mozzarellas einschichten. Jeweils eine weitere Lage Auberginen, Tomaten und Mozzarella daraufgeben, mit einer Lage Auberginen abdecken.

5 Das Ganze mit Parmesan überstreuen und den Auflauf im heißen Ofen (Mitte, Umluft 180°) in ca. 30 Min. goldbraun überbacken.

Gefüllte Zucchini
mit Weinsauce

Für 4 Personen (Hauptgericht)
4 mittelgroße Zucchini (ca. 800 g)
2 Schalotten · 250 g Champignons
4 EL Butter · 150 ml trockener Weißwein
1/2 Bund Petersilie · 1/2 Bund Estragon
1 EL Semmelbrösel
2 Eigelbe · Salz · Pfeffer
100 ml Gemüsebrühe (selbst gemacht, Rezept S. 91, oder Instant)
1 EL Crème fraîche · Butter für die Form

Pro Portion: ca. 230 kcal/960 kJ
8 g EW · 16 g F · 9 g KH

1 Die Zucchini waschen, abtrocknen, längs halbieren und mit einem Löffel aushöhlen, dabei ca. 1/2 cm Fruchtfleisch an der Schale lassen. Das herausgekratzte Fruchtfleisch grob hacken.

2 Die Schalotten schälen und fein würfeln. Die Champignons abreiben und hacken. 2 EL Butter erhitzen, die Schalotten darin 1 Min. anbraten, Pilze und Zucchinifleisch dazugeben und einige Minuten mitbraten. 50 ml Weißwein dazugießen, unter Rühren die Flüssigkeit einkochen lassen.

3 Den Backofen auf 180° vorheizen. Eine große flache Auflaufform mit Butter ausstreichen. Die Kräuter waschen und trocken schütteln, die Blätter hacken. Mit dem Pfanneninhalt, Semmelbröseln und 1 Eigelb vermischen, salzen und pfeffern. Die Zucchinihälften damit füllen und in die Form legen. Übrige Butter in Flöckchen darauf verteilen, übrigen Wein und die Brühe angießen. Die Zucchini im Backofen (Mitte, Umluft 160°) ca. 20 Min. überbacken.

4 Die Zucchini aus der Form nehmen und warm stellen. Die Weinbrühe in einen kleinen Topf gießen, Crème fraîche und übriges Eigelb unterrühren. Unter Rühren erhitzen, bis die Sauce leicht andickt, aber nicht kochen lassen. Die Sauce zu den gefüllten Zucchini servieren.

★
★

45 Min. · aus Griechenland

Zucchinipuffer

Für 4 Personen (Hauptgericht)
2 Zucchini (ca. 250 g) · 1 Zwiebel
4 EL Olivenöl · 50 g fester Schafkäse
einige Zweige frische Minze (oder Dill)
50 g Weizen- oder Dinkelmehl
2 Eier · Salz · Pfeffer

Außerdem:
Geschirrtuch

Pro Portion: ca. 230 kcal/960 kJ
8 g EW · 17 g F · 11 g KH

1   Die Zucchini waschen, abtrocknen und fein
raspeln. Die Raspel in das Geschirrtuch geben,
das Tuch fest zusammendrehen und die Flüssigkeit gut ausdrücken. Die Zwiebel schälen und
ebenfalls raspeln.

2   In einer Pfanne 1 EL Öl erhitzen, Zucchini
und Zwiebeln darin bei starker Hitze braten,
bis die Flüssigkeit, die dabei austrat, verdampft
ist. Das Gemüse in eine Schüssel füllen.

3   Den Schafkäse reiben oder fein zerkrümeln.
Die Minze oder den Dill waschen, die Blättchen
fein hacken. Beides mit Mehl und Eiern zur
Zucchinimasse geben und gründlich mischen,
mit wenig Salz (der Schafkäse bringt schon Salz
mit!) und Pfeffer würzen.

4   Das übrige Öl in der Pfanne erhitzen. Von
der Zucchinimasse kleine Häufchen hineinsetzen (jeweils 1 gehäufter EL) und mit dem Löffel
etwas flach drücken. Bei mittlerer Hitze in ca.
7 Min. goldbraun braten, dann wenden und in
ca. 3 Min. fertig braten. Heiß oder kalt servieren.
Dazu schmeckt das Tzatziki von S. 62.

Gut zu wissen *Immer häufiger findet man
auch **gelbe Zucchini** am Gemüsestand: Sie
sehen hübsch aus, v. a. in Mischung mit den
grünschaligen Exemplaren, unterscheiden
sich aber geschmacklich nicht von diesen.*

25 Min. + 25 Min. Backen · schmeckt auch kalt

Gefüllte Champignons

Für 4 Personen (Hauptgericht)
12 große Champignons (je 50 g)
1 Zwiebel · 1 Möhre
1 Stange Staudensellerie
200 g Räuchertofu
4 EL Olivenöl
Salz · Pfeffer
1/2 Bund Petersilie
50 g Butter
3 EL Semmelbrösel

Pro Portion: ca. 180 kcal/750 kJ
7 g EW · 13 g F · 9 g KH

1   Die Champignons mit Küchenpapier abreiben. Die Stiele herausdrehen, die Pilzhüte etwas
aushöhlen. Die Stiele und das Herausgeschnit-
tene fein hacken.

2   Die Zwiebel schälen und fein würfeln. Die
Möhre schälen und grob raspeln. Den Sellerie
waschen und abtrocknen, erst längs in Streifen,
dann quer in kleine Würfelchen schneiden. Den
Tofu ebenfalls klein würfeln.

3   2 EL Öl in einer Pfanne erhitzen und die
Zwiebeln darin glasig anbraten. Den Tofu dazugeben und 2 Min. mitbraten. Möhre, Sellerie
und gehackte Pilze hinzufügen und weitere
3 Min. zugedeckt bei mittlerer Hitze schmoren
lassen. Salzen und pfeffern.

4   Den Backofen auf 200° vorheizen. Die Petersilie waschen und trocken schütteln, die Blätter
fein hacken. Die Butter mit den Semmelbröseln
und der Petersilie verkneten.

5   Eine große ofenfeste Form mit Öl auspinseln.
Die Pilzhüte mit dem restlichen Öl bestreichen,
mit der Tofu-Gemüse-Mischung füllen und
nebeneinander in die Form setzen. Die Brösel-
butter in Flöckchen darauf verteilen. Im heißen
Ofen (Mitte, Umluft 180°) ca. 25 Min. backen.
Jeweils 3 gefüllte Champignons auf Tellern anrichten. Dazu schmeckt Reis und grüner Salat.

Käse-Fondue
mit Pilzen

★
★

Für 4 Personen
150 g Steinpilze
150 g Champignons
1 Zwiebel · 1/2 Bund Petersilie
1 großes Stangenweißbrot
1 EL Butter · Salz
Pfeffer · 1 Knoblauchzehe
400 g Greyerzer, frisch gerieben
200 g Emmentaler, frisch gerieben
3 TL Speisestärke
300 ml trockener Weißwein
1 TL Zitronensaft
Muskatnuss, frisch gerieben

Pro Portion: ca. 960 kcal/4010 kJ
56 g EW · 54 g F · 48 g KH

1   Die Pilze putzen und in Scheiben schneiden. Die Zwiebel schälen und fein würfeln. Die Petersilie waschen und trocken schütteln, die Blätter fein hacken. Das Brot in 2–3 cm große Würfel schneiden und beiseite stellen.

2   Die Butter in einer Pfanne erhitzen und die Zwiebeln darin 1 Min. bei mittlerer Hitze glasig anbraten. Die Pilze dazugeben und 4–5 Min. dünsten, bis der Saft verdampft ist. Petersilie untermischen, mit Salz und Pfeffer würzen.

3   Einen Fonduetopf mit Knoblauch ausreiben: Dazu den Knoblauch schälen und längs halbieren. Die Topfinnenseite mit den frischen Schnittflächen ausreiben (**Bild 1**).

4   Beide Käsesorten und die Speisestärke in den Fonduetopf geben und darin vermischen. Wein und Zitronensaft angießen und auf dem Herd bei mittlerer Hitze unter Rühren erhitzen, bis der Käse vollständig geschmolzen ist (**Bild 2**). Die Pilze unterziehen (**Bild 3**), das Ganze mit Pfeffer und Muskatnuss würzig abschmecken.

5   Das Käse-Fondue auf das Rechaud stellen. Jeder spießt die Brotwürfel auf Fonduegabeln und zieht sie durch die Käse-Pilz-Masse. Dazu schmeckt ein Tomaten-Rucola-Salat.

VARIANTE *Sie können das Fondue auch mit Egerlingen zubereiten und die Käsecreme mit getrockneten Steinpilzen aromatisieren.*

10 g getrocknete Steinpilze in 125 ml trockenem Weißwein einweichen, dann abtropfen lassen und sehr fein hacken. Auch den Wein vom Einweichen für das Fondue verwenden.

1. Den Fonduetopf mit halbierten Knoblauchzehen ausreiben.

2. Unter Rühren den Käse bei nur mittlerer Hitze schmelzen.

3. Erst dann die Pilzmischung unterziehen.

181

Spargel-Pilz-Pfanne mit Tofu

Für 4 Personen
500 g Spargel
1 rote Paprikaschote
3 Frühlingszwiebeln
600 g Champignons
400 g Tofu · 1 EL neutrales Pflanzenöl
1 EL Currypulver
4 EL Sojasauce · 4 EL Sahne
Salz · Pfeffer
2 TL frisch gehacktes Koriandergrün
(oder Petersilie)

Pro Portion: ca. 175 kcal/730 kJ
16 g EW · 9 g F · 8 g KH

1   Den Spargel schälen und die Enden abschneiden, die Stangen schräg in ca. 4 cm lange Stücke schneiden. Die Paprikaschote halbieren, putzen, waschen und in fingerdicke Streifen schneiden. Die Frühlingszwiebeln putzen, waschen und schräg in ca. 2 cm lange Stücke schneiden. Die Champignons putzen, trocken abreiben und vierteln. Den Tofu in kleine Stücke schneiden.

2   Das Öl im Wok (oder in einer tiefen Pfanne) erhitzen. Die Paprikastreifen darin 1 Min. anbraten. Nacheinander unter Rühren Spargel, Frühlingszwiebeln und die Pilze zugeben. Das Gemüse mit dem Currypulver bestäuben und 2–3 Min. weiter pfannenrühren (siehe S. 163).

3   Die Sojasauce und die Sahne unter das Gemüse rühren, aufkochen lassen, salzen und pfeffern. Den Tofu und das Koriandergrün unterheben und 2 Min. darin erwärmen.

Was ist eigentlich … *Tofu?* *Aus getrockneten, pürierten Sojabohnen und Wasser wird eine quarkähnliche Masse hergestellt und zu Blöcken gepresst. Tofu ist eiweißreich und geschmacksneutral, kann daher in der vegetarischen Küche vielfältig zum Kochen und Braten als Fleisch- oder Fischersatz verwendet werden.*

Paprikagemüse süßsauer

Für 4 Personen
je 1 grüne, gelbe, rote Paprikaschote
200 g kleine Kirschtomaten
1/4 Ananas
100 g Zuckerschoten
1 rote Zwiebel
1 Knoblauchzehe
1 Stück frischer Ingwer (ca. 2 cm)
1 EL neutrales Pflanzenöl
Salz · Pfeffer
1 EL Honig · 3 EL Reisessig

Pro Portion: ca. 120 kcal/500 kJ
3 g EW · 4 g F · 19 g KH

1   Die Paprikaschoten halbieren, putzen, entkernen, waschen und in Streifen schneiden. Die Kirschtomaten waschen und mit einem spitzen Messer die Stielansätze herausschneiden.

2   Die Ananas schälen, den Strunk entfernen, das Fruchtfleisch ca. 1 cm groß würfeln. Die Zuckerschoten waschen, die Enden abschneiden und die Schoten schräg halbieren.

3   Die Zwiebel schälen, längs halbieren und die Hälften in feine Spalten schneiden. Den Knoblauch schälen und in Scheiben schneiden. Den Ingwer schälen und fein reiben.

4   Das Öl in einer Pfanne erhitzen. Zwiebeln, Knoblauch und Paprikaschoten darin ca. 3 Min. bei mittlerer Hitze anbraten. Tomaten, Ananas und Zuckerschoten hinzufügen und mit Salz, Pfeffer, Honig, Essig und Ingwer würzen.

5   Das Paprikagemüse noch einmal aufkochen und vor dem Servieren ca. 3 Min. bei schwacher Hitze ziehen lassen.

★
★

35 Min. + 2 Std. Marinieren · aus dem Wok

Gemüse-Curry mit Tofu

Für 2 Personen
200 g Tofu · 1 TL rote Currypaste (Asienladen)
100 ml Gemüsebrühe (selbst gemacht,
Rezept S. 91, oder Instant)
je 2 EL helle und dunkle Sojasauce
1–2 Möhren (ca. 100 g) · 150 g Sojabohnensprossen · 1 Frühlingszwiebel
500 ml neutrales Pflanzenöl zum Frittieren
1/2 TL gemahlene Kurkuma

Pro Portion: ca. 380 kcal/1590 kJ
14 g EW · 31 g F · 11 g KH

1   Den Tofu in ca. 1 cm große Würfel schneiden.
1 Msp. Currypaste mit 3 EL Gemüsebrühe und
je 1 EL heller und dunkler Sojasauce verrühren.
Den Tofu darin wenden und zugedeckt im Kühlschrank 2 Std. durchziehen lassen.

2   Inzwischen die Möhren waschen, putzen und
in Stifte schneiden. Die Sprossen waschen und
abtropfen lassen. Die Frühlingszwiebel putzen,
waschen und in dünne Ringe schneiden.

3   Den Tofu abtropfen lassen und trocken tupfen. Im Wok (oder in einer tiefen Pfanne) 5 cm
hoch Öl erhitzen. Es ist heiß genug, wenn an
einem hineingehaltenen Holzstäbchen sofort
Bläschen aufsteigen. Den Tofu im heißen Öl portionsweise 2 Min. frittieren, mit einem Schaumlöffel herausheben und auf Küchenpapier abtropfen lassen.

4   Das Öl bis auf 1 EL abgießen, die Möhren
ca. 2 Min. darin pfannenrühren (siehe S. 163),
an den Rand schieben. 1 weiteren EL Öl in den
Wok geben, Frühlingszwiebelringe und Sojabohnensprossen darin ca. 1 Min. pfannenrühren,
auch an den Rand schieben.

5   Die restliche Brühe angießen, restliche Currypaste darin auflösen. Die restlichen Sojasaucen
und Kurkuma einrühren. Alle Zutaten vom
Rand unterrühren, alles kurz aufkochen lassen.
Den Tofu unterheben und kurz darin erwärmen.

25 Min. + 2 Std. Marinieren · würzig

Sesam-Tofu-Spieße

Für 2 Personen
250 g fester Tofu · 2 EL helle Sojasauce
1 EL dunkles Sesamöl (aus gerösteten Samen)
1 TL Honig · 1/4 TL Cayennepfeffer
1 Knoblauchzehe · 1 EL Sesamsamen
1 kleiner Zucchino · 1 gelbe Paprikaschote
4 Frühlingszwiebeln (mit runden Zwiebelchen)
2 EL neutrales Pflanzenöl · Öl für die Spieße

Außerdem:
4 lange Holzspieße

Pro Portion: ca. 370 kcal/1550 kJ
16 g EW · 27 g F · 16 g KH

1   Tofu in 12 gleich große Würfel schneiden.
Sojasauce, Sesamöl und Honig mit Cayennepfeffer verrühren. Den Knoblauch schälen und
dazupressen. Die Tofuwürfel in dieser Mischung
wenden und 2 Std. zugedeckt durchziehen lassen.
Die Sesamsamen in einer Pfanne ohne Fett bei
schwacher Hitze rösten, bis sie duften.

2   Den Zucchino waschen und in 1/2 cm dicke
Scheiben schneiden. Die Paprikaschote halbieren, putzen, waschen und in ca. 3 x 3 cm große
Stücke schneiden. Die Frühlingszwiebelchen abschneiden (das Grün anderweitig verwenden),
putzen und halbieren.

3   Die Spieße einölen. Marinierten Tofu mit
Küchenpapier abtupfen und im Wechsel mit
Zucchinischeiben, Paprikastücken und Früh-
lingszwiebelhälften auf die Spieße stecken.

4   Das Öl in einer Pfanne erhitzen, die Spieße
darin bei mittlerer Hitze von allen Seiten in
insgesamt 7–8 Min. goldbraun braten. Mit den
gerösteten Sesamsamen bestreut servieren.

Küchenpraxis *Wenn Sie die* **Holzspieße**
*vor dem Bestücken einölen, hängen die
Zutaten beim Braten nicht so fest an und
lassen sich auf dem Teller dann leicht von
den Spießen abstreifen.*

Linsen-Dal

3 Die Tomaten kreuzweise einschneiden, mit kochendem Wasser überbrühen, kalt abschrecken und häuten (siehe S. 95). Die Tomaten quer halbieren, entkernen und das Fruchtfleisch grob würfeln.

4 5 Min. bevor die Linsen gar sind, das Ghee in einer Pfanne erhitzen. Zwiebeln und Knoblauch darin bei mittlerer Hitze unter Rühren in 3–4 Min. goldbraun braten. Ingwer, Chiliwürfelchen und Kreuzkümmel hinzufügen und 1 Min. mitbraten (**Bild 3**).

5 Die Mischung aus der Pfanne, die Tomaten und das Garam Masala unter die Linsen rühren und mit Salz abschmecken. Das Dal in tiefe Teller verteilen und jeweils 1 EL Joghurt daraufsetzen.

Küchenpraxis *Garam Masala* können Sie fertig kaufen oder auch selbst machen: 10 schwarze Pfefferkörner, 1 EL Koriandersamen, 1 TL Kreuzkümmelsamen, 1 kleine Zimtstange, 10 Gewürznelken, 6 grüne Kardamomkapseln und 1/4 TL frisch geriebene Muskatnuss im Mörser (oder mit dem Blitzhacker) fein zermahlen *(Bild 4)*. In einem Schraubglas hält sich die Gewürzmischung, die Sie über viele indische Gerichte streuen können, 2–3 Monate. *Ghee* ist eine Art indisches Butterschmalz, das angenehm nussig schmeckt und sehr gut verdaulich ist. Sie bekommen es im Asienladen *(Bild 5)*, können es aber auch durch normales Butterschmalz ersetzen. Wer häufiger indisch kocht, kann Ghee auch selbst herstellen: 500 g Butter in Würfel schneiden. In einem Topf bei schwacher Hitze schmelzen, aber nicht braun werden lassen. Dann einmal aufkochen und bei schwächster Hitze offen ca. 30 Min. köcheln lassen, bis das Schmalz goldgelb und ganz klar ist. Durch ein sauberes Tuch in ein Gefäß abseihen und im Kühlschrank aufbewahren. Hält einige Wochen.

Für 4 Personen
300 g bunte Linsenmischung (Bioladen)
Salz · 1 Zwiebel · 4 Knoblauchzehen
1 Stück frischer Ingwer (ca. 50 g)
1 frische große rote Chilischote · 2 Tomaten
3 EL Ghee (oder Butterschmalz)
1 TL Kreuzkümmelsamen
1–2 TL Garam Masala
4 EL cremiger Vollmilchjoghurt

Pro Portion: ca. 350 kcal/1460 kJ
19 g EW · 11 g F · 43 g KH

1 Die Linsen in ein Sieb geben und gründlich mit kaltem Wasser abbrausen (**Bild 1**). Mit 1,2 l Wasser und 1/2 TL Salz in einem Topf aufkochen und zugedeckt bei schwacher Hitze nach Packungsanweisung ca. 25 Min. garen.

2 Inzwischen die Zwiebel und den Knoblauch schälen und fein würfeln. Ingwer schälen und fein reiben (**Bild 2**). Die Chilischote waschen, längs aufschneiden, entkernen und fein würfeln.

So einfach, so lecker und überaus preiswert! Clevere Vegetarier hier zu Lande haben die nussig-würzigen Linsengerichte daher längst für sich entdeckt. Aber auch als Beilage zu Fleisch und Fisch schmecken die energiereichen »Inder« prima!

Gut zu wissen ...

- »Dal« ist das indische Wort für Hülsenfrüchte und gleichzeitig auch für die daraus hergestellten Gerichte. Da alle Arten von Hülsenfrüchten viel wertvolles pflanzliches Eiweiß enthalten, sind sie in Indien das Grundnahrungsmittel schlechthin.

- Wenn Sie die Linsen kochen, entsteht an der Oberfläche ein hässlicher grauer Schaum. Keine Sorge, das ist nur Eiweiß! Schöpfen Sie den Schaum einfach einige Male ab.

- Braten Sie Zwiebeln und Knoblauch langsam richtig goldbraun an. Denn Zwiebeln enthalten Zucker, der dabei karamellisiert und dem Gericht ein feines Aroma verleiht.

- Die getrockneten Linsen sind übrigens kühl und trocken gelagert über Jahre haltbar.

Tausch-Tipps
*Schauen Sie mal im Asienladen ins Hülsenfrüchte-Regal: Da gibt es **unzählige Linsen-Sorten:** geschälte und halbierte, weiße, rote, gelbe, braune. Trauen Sie sich, und mischen Sie mal selbst nach Lust und Laune. Statt mit Joghurt können Sie das Linsen-Dal auch mit **saurer Sahne, mit Schmand oder geschlagener Sahne** garnieren. Wer möchte, mischt zum Schluss noch 1 in sehr feine Ringe geschnittene **Frühlingszwiebel** und etwas fein gehacktes Koriander-grün unter das Dal.*

Fruchtiges Linsengemüse

Für 4 Personen (Beilage)
200 g grüne Puy-Linsen
150 ml Gemüsebrühe (selbst gemacht,
Rezept S. 91, oder Instant)
150 ml Cidre oder Apfelsaft
1 Bund Frühlingszwiebeln
2 kleine rotschalige Äpfel · 2 EL Zitronensaft
Salz · Pfeffer · 2 EL Apfelessig

Pro Portion: ca. 210 kcal/880 kJ
13 g EW · 1 g F · 37 g KH

1   Die Linsen zusammen mit der Gemüsebrühe
und dem Cidre oder Apfelsaft in einem Topf zum
Kochen bringen. Zugedeckt 20 Min. bei mittlerer
Hitze kochen lassen.

2   Inzwischen die Frühlingszwiebeln putzen,
waschen und in feine Ringe schneiden. Die Äpfel
waschen und gut abreiben. Äpfel vierteln, das
Kerngehäuse entfernen und quer in Spalten
schneiden. Sofort mit Zitronensaft beträufeln.

3   Frühlingszwiebelringe und Apfelspalten
zu den Linsen geben. Das Ganze mit Salz und
Pfeffer würzen und 5–10 Min. kochen lassen,
bis die Linsen bissfest sind. Mit dem Apfelessig
abschmecken. Passt gut zu Hähnchenbrustfilet
oder auch zu Würstchen.

VARIANTE MIT BRAUNEN LINSEN

Wer die besonders feinen, schwarz-grünen Puy-
Linsen nicht bekommt, nimmt die bei uns übli-
chen braunen Linsen. Deren Garzeit ist aller-
dings länger: Mit je 200 ml Brühe und Cidre in
ca. 45 Min. weich kochen, dann die übrigen Zu-
taten hinzufügen und wie beschrieben fertig garen.

Praxis-Tipp *Linsen und Essig passen*
großartig zusammen. Aber Achtung: Bei
allen Linsengerichten den **Essig erst zum**
Schluss *unterrühren, weil die Linsen sonst*
nicht weich werden.

Rote-Linsen-Curry

Für 4 Personen (Beilage)
1 Zwiebel · 1 Knoblauchzehe
1 walnussgroßes Stück frischer Ingwer
1 frische rote Chilischote
1 Stängel Zitronengras
1 EL neutrales Pflanzenöl
1 TL rote Currypaste (Asienladen)
je 1/4 TL gemahlener Kreuzkümmel,
Koriander und Kurkuma
200 g rote Linsen
150 ml Gemüsebrühe (selbst gemacht,
Rezept S. 91, oder Instant)
200 ml Kokosmilch (Dose/Tetrapak)
3 Zweige Koriandergrün

Pro Portion: ca. 210 kcal/880 kJ
12 g EW · 4 g F · 31 g KH

1   Die Zwiebel, den Knoblauch und den Ingwer
schälen und fein würfeln. Die Chili waschen,
längs aufschneiden, entkernen und fein würfeln.
Die äußeren harten Blätter vom Zitronengras
entfernen und das untere weiche Drittel in sehr
feine Ringe schneiden.

2   Das Öl im Wok (oder in einer tiefen Pfanne)
erhitzen. Zwiebeln, Knoblauch, Ingwer, Chili
und Zitronengras darin 2 Min. bei mittlerer
Hitze unter Rühren anbraten. Die Currypaste
und die gemahlenen Gewürze unterrühren und
1 Min mitbraten.

3   Die Linsen dazugeben. Die Brühe und die
Kokosmilch angießen. Die Linsen zugedeckt
ca. 8 Min. garen. Das Koriandergrün waschen
und trocken schütteln, die Blättchen grob hacken
und vor dem Servieren darüberstreuen.

Servier-Tipp *Das Rote-Linsen-Curry*
reicht für 4 Personen als würzige **Beilage**
zu Schnitzel oder Fischfilet, *es schmeckt*
2 Personen **mit Basmati-Reis** *(siehe S. 127)*
als vegetarisches Hauptgericht.

20 Min. + 1 Std. 45 Min. Garen
+ 12 Std. Einweichen · preiswert

Geschmorte weiße Bohnen
mit Salbei

Für 4 Personen (Hauptgericht)
250 g getrocknete weiße Bohnen
(Cannellinibohnen) · Salz · 4 Knoblauchzehen
3 Zweige Salbei · 4–5 EL Olivenöl · 1 kleine
Dose stückige Tomaten (400 g) · Pfeffer

Pro Portion: ca. 320 kcal/1340 kJ
15 g EW · 16 g F · 29 g KH

1   Die Bohnen in einer Schüssel mindestens
12 Std. (am besten über Nacht) in reichlich
Wasser einweichen.

2   Die Bohnen durch ein Sieb abgießen. Mit
frischem Wasser in einem Topf mit 1/2 TL Salz
aufkochen und bei schwacher Hitze in ca. 1 Std.
30 Min. halb zugedeckt weich kochen lassen.
Abgießen und abtropfen lassen.

3   Den Knoblauch schälen und fein würfeln.
Salbei waschen und trocken schütteln, 6 große
Blätter in feine Streifen schneiden.

4   In einem Topf 3 EL Öl erhitzen. Knoblauch
und Salbeistreifen darin 1 Min. anbraten. Bohnen und Tomaten dazugeben und 15 Min. bei
schwacher Hitze schmoren lassen.

5   Das übrige Öl in einer kleinen Pfanne erhitzen. Die übrigen Salbeiblätter abzupfen und
darin 1 Min. kross ausbraten (Vorsicht, kann
spritzen!). Die Bohnen mit Salz und reichlich
frisch gemahlenem Pfeffer würzen. In tiefe Teller
verteilen und mit den Salbeiblättern garnieren.

TURBO-VARIANTE

*Sehr viel schneller geht es **mit weißen Bohnen
aus der Dose:** 1 große Dose (850 g) weiße Bohnen
in ein Sieb abgießen, kalt abbrausen und abtropfen lassen. Weiterverarbeiten wie ab Arbeitsschritt
3 beschrieben.*

25 Min. + 30 Min. Schmoren
orientalisch gewürzt

Kichererbsen-Auberginen-Curry

Für 2 Personen (Hautpgericht)
1 Aubergine (ca. 250 g)
1 Dose Kichererbsen (240 g Abtropfgewicht)
1 Zwiebel · 2 Knoblauchzehen
1 Stück frischer Ingwer (2–3 cm)
1 frische rote Chilischote
5 EL neutrales Pflanzenöl
je 1 TL gemahlene Kurkuma und Kreuzkümmel · 2 TL gemahlener Koriander
1/2 TL Zimtpulver
150 g Naturjoghurt · Salz

Pro Portion: ca. 455 kcal/1900 kJ
11 g EW · 33 g F · 28 g KH

1   Die Aubergine waschen und in ca. 1 cm große
Würfel schneiden, den Stielansatz entfernen.
Die Kichererbsen in ein Sieb abgießen, kalt ab-
brausen und gut abtropfen lassen.

2   Die Zwiebel, die Knoblauchzehen und den
Ingwer schälen und alles fein schneiden. Die
Chili waschen, längs aufschneiden, entkernen
und ebenfalls fein schneiden.

3   Im Wok (oder in einer tiefen Pfanne) 4 EL Öl
erhitzen. Die Auberginenwürfel darin 4–5 Min.
bei mittlerer Hitze unter Rühren braun anbraten,
dann herausnehmen.

4   Das übrige Öl in den x geben, die Gewürze
darin bei mittlerer Hitze 1 Min. anrösten, bis sie
duften. Zwiebeln, Knoblauch, Ingwer und Chili
dazugeben und 2 Min. unter Rühren mitbraten.

5   Kichererbsen, Auberginen, Joghurt und
100 ml Wasser untermischen, alles aufkochen
und zugedeckt bei mittlerer Hitze ca. 30 Min.
schmoren lassen. Gelegentlich umrühren und
bei Bedarf noch 2–3 EL Wasser hinzufügen. Das
Curry mit Salz abschmecken und mit knusprigem Fladenbrot servieren.

Quiches, Pizza und Aufläufe

Aah, wie das duftet, wenn feine Quiches, lecker belegte Pizzen und Flammkuchen oder süße Aufläufe frisch und knusprig aus dem Backofen kommen. Wer kann da schon widerstehen?

Küchenpraxis: Quiche & Co.

Frisch aus dem Backofen

Pizza und Flammkuchen schmecken am besten frisch aus dem Backofen. Eine Quiche dagegen wartet gerne auch mal ein wenig auf ihren Einsatz. Sie schmeckt kalt oder lauwarm mindestens ebenso gut. Mit einem leckeren Auflauf werden viele preiswert satt. Und was nicht aufgegessen wird, lässt sich am nächsten Tag wunderbar noch einmal aufwärmen.

Gemüse quichefertig vorbereiten

Aromatisch, zart und bissfest soll es sein, das Gemüse auf der Quiche. Bevor es unter den schützenden Eier-Sahne-Guss kommt, müssen Sie es vorbereiten: Das Gemüse klein schneiden und, je nach Rezept, in Salzwasser vorgaren oder in der Pfanne weich dünsten. Immer kräftig abschmecken, denn der Guss schluckt viel Würze. Nach dem Vorgaren gut abtropfen lassen, damit das Gemüse den Teigboden nicht aufweicht.

Altes und neues KOCHWISSEN
Keine Angst vor Hefeteig!

Hefeteig für Pizza und Gemüsekuchen ist nicht schwierig, er braucht nur viel Zeit. Während er geht, also die Hefe ihre Arbeit tut und das Volumen des Teiges vergrößert, sollte er an einem warmen Ort (z. B. in der Nähe eines Heizkörpers) und ohne Zugluft stehen. Wenn's schnell gehen soll, greifen Sie auf TK-Pizzateig oder Fertigteig aus dem Kühlregal zurück. Teigmischungen aus der Packung sind weniger empfehlenswert.

Teig mit Geschmack

Es muss nicht immer Weizenmehl der Type 405 sein. Nehmen Sie auch mal – ganz oder zur Hälfte – Dinkel- oder Weizen-Vollkornmehl. Der Teig bekommt dadurch eine würzige Note und eine Extraportion Vitalstoffe obendrein. Ebenfalls sehr lecker: Ersetzen Sie die Hälfte des Weizenmehls durch Buchweizenmehl (aus dem Bioladen). Mit ihm wird der Teig dunkler braun, schmeckt herrlich nussig und passt besonders gut zu Gemüse wie Zucchini und Kürbis.

Egal welches Mehl, damit es nicht muffig wird, sollten Sie es kühl und trocken lagern und nach dem Einkauf am besten in dicht schließende Vorratsgläser umfüllen.

Knuspriger Quicheteig

Dafür aus Mehl, Salz, Ei oder Eigelb und eiskalter Butter einen salzigen Mürbeteig herstellen. Da Eier verschieden groß sind, fällt der Teig mal fester, mal weicher aus. Fühlt er sich zu trocken an, fügen Sie ein paar Tropfen kaltes Wasser hinzu. Ist er zu weich und klebt? Dann noch etwas Mehl unterkneten. Nach 1 Std. Kühlzeit (mindestens!) den Teig auf wenig Mehl gleichmäßig ausrollen. Beim Transport in die Form ist der Teig eingerissen? Dann drücken Sie die Risse einfach wieder zusammen.

Saftiger Belag

Damit der Quiche-Belag schön saftig bleibt, begießt man ihn mit einer Mischung aus Eiern und Sahne oder Crème fraîche. Der Guss schmeckt noch besser, wenn Sie ihn mit 1 TL geröstetem Sesamöl und, je nach Rezept, mit Kräutern und 1 durchgepressten Knoblauchzehe verfeinern.

15 Min. + 20 Min. Backen · raffiniert

Gorgonzolaküchlein

im Bild · *Für 4 Stück*
4 quadratische Scheiben
TK-Blätterteig (je 45 g)
4 EL Mango-Chutney
(Rezept S. 341 oder aus dem Glas)
8 Feigen
200 g Gorgonzola
Pfeffer nach Belieben

Außerdem:
4 Förmchen (10 cm Ø)

Pro Stück: ca. 440 kcal/1840 kJ
13 g EW · 29 g F · 33 g KH

1 Die Blätterteigscheiben aus der Packung nehmen, nebeneinander legen und antauen lassen. Den Backofen auf 220° (Umluft 200°) vorheizen.

2 Die Förmchen mit dem Blätterteig auslegen. Je 1 EL Mango-Chutney hineingeben und auf dem Teigboden verstreichen. Feigen waschen, die Stiele entfernen. Die Feigen in Spalten schneiden und fächerförmig auf den Teig legen.

3 Den Gorgonzola in kleine Würfel schneiden und gleichmäßig über die Feigen verteilen. Die Küchlein im Backofen (unten) in 15–20 Min. goldbraun backen. Vor dem Servieren nach Belieben mit Pfeffer übermahlen.

30 Min. · supereinfach

Blätterteigpizzen

Für 4 Stück
4 quadratische Scheiben
TK-Blätterteig (je 45 g)
4 EL stückige Tomaten aus der Dose
2 EL Olivenöl
1 EL Tomatenmark
1/4 TL getrockneter Oregano
Salz · Pfeffer
1 Knoblauchzehe
1 Kugel Mozzarella (125 g)

Pro Stück: ca. 310 kcal/1300 kJ
9 g EW · 24 g F · 16 g KH

1 Den Backofen auf 200° (Umluft 180°) vorheizen. Ein Backblech mit Backpapier belegen. Die Blätterteigscheiben nebeneinander aufs Blech legen und antauen lassen.

2 Inzwischen die Tomaten mit dem Öl, dem Tomatenmark, Oregano sowie je 1 Prise Salz und Pfeffer in ein Schüsselchen geben. Den Knoblauch schälen, dazupressen und alles gut verrühren. Den Mozzarella abtropfen lassen und in 8 Scheiben schneiden.

3 Die Tomatenmischung so auf dem Blätterteig verstreichen, dass überall ein 2 cm breiter Rand frei bleibt. Je 2 Mozzarellascheiben darauflegen. Im heißen Backofen (Mitte) in ca. 15 Min. goldbraun und knusprig backen. Die 4 Minipizzen reichen als Imbiss für 2 Personen.

Ist Schimmel … *denn nicht eigentlich schädlich?* Gorgonzola ist ein Edelpilzkäse, bei dem der pasteurisierten Milch Edelpilzsporen beigemengt werden, um die typische Äderung und den würzigen Geschmack herbeizuführen. Nicht zu verwechseln mit Schimmel, der sich bei Überlagerung bildet. Lebensmittel, die davon befallen sind, ausnahmslos wegwerfen!

20 Min. + Auftauzeit + 45 Min. Backen
griechischer Spinatkuchen

Spanakopita

Für 1 Springform (26 cm Ø), 8 Stücke
900 g TK-Blattspinat
1/2 Bund Frühlingszwiebeln
1 Bund Petersilie
je 3 Zweige Dill und Minze
300 g Feta (griechischer Schafkäse)
3 Eier · 300 g Joghurt
4 EL Pinienkerne
1 EL edelsüßes Paprikapulver
Salz · Pfeffer
5 Blätter Filoteig (ca. 40 x 60 cm)

Pro Stück: ca. 630 kcal/2630 kJ
17 g EW · 44 g F · 40 g KH

1 Spinat (am besten über Nacht zugedeckt in einer Schüssel im Kühlschrank) auftauen lassen.

2 Den Backofen auf 200° vorheizen. Den Spinat gut ausdrücken. Die Frühlingszwiebeln putzen, waschen und mit dem zarten Grün in feine Ringe schneiden. Die Kräuter waschen und trocken schütteln, Blätter bzw. Spitzen fein hacken.

3 Den Feta fein zerbröckeln und mit Spinat, Frühlingszwiebeln, Kräutern, Eiern, Joghurt und Pinienkernen gut mischen. Mit Paprika, Salz und Pfeffer würzig abschmecken.

4 Die Teigblätter übereinander so in die Springform legen, dass sie an den Seiten überhängen. Die Füllung hineingeben und den Teig von den Seiten her darüberschlagen. Im heißen Backofen (unten, Umluft 180°) ca. 45 Min. backen. Zum Servieren in 8 Stücke schneiden.

> **Küchenpraxis** *Filo-Teig* ist ein hauchdünner Teig aus Mehl und Wasser. Sie bekommen ihn in **griechischen** Lebensmittelläden (oder einen sehr ähnlichen Teig unter dem Namen »Yufka« in türkischen Läden). Sind beide nicht zu bekommen, nehmen Sie **Strudelteig aus dem Kühlregal** im Supermarkt.

45 Min. + 30 Min. Backen
herzhaft

Zwiebel-Apfel-Kuchen

Für 1 Backblech, 16 Stücke
450 TK-Pizzateig (oder Fertigteig aus dem Kühlregal)
1 kg Gemüsezwiebeln
150 g Räucherspeck
3 EL Olivenöl
1 EL frische Thymianblättchen
1/2 TL getrocknete zerbröselte Chilischoten
Salz · Pfeffer
750 g kleine säuerliche Äpfel
(z. B. Cox Orange)
3 Eier · 400 g Schmand
30 g Sonnenblumenkerne
Fett für das Blech

Pro Stück: ca. 310 kcal/1300 kJ
7 g EW · 23 g F · 19 g KH

1 Den Teig nach Packungsangabe auftauen und kurz gehen lassen, bis der Belag fertig ist.

2 Inzwischen die Zwiebeln schälen und in dünne Ringe schneiden. Den Speck in kleine Würfel schneiden. Das Öl in einer breiten Pfanne erhitzen und die Speckwürfel darin bei mittlerer Hitze in 2–3 Min. ausbraten. Zwiebeln dazugeben und 10 Min. mitbraten, mit Thymian, Chili, Salz und Pfeffer würzen.

3 Die Äpfel vierteln, schälen und entkernen, die Viertel in nicht zu dünne Spalten schneiden. Mit den warmen Zwiebeln mischen.

4 Den Backofen auf 200° vorheizen. Das Backblech fetten. Den Teig auf das Blech heben und bis an den Rand ausziehen. Ringsum einen gut 1 cm hohen Rand hochdrücken.

5 Die Eier mit dem Schmand verrühren und auf den Teig gießen. Apfel-Zwiebel-Mischung darauf verteilen, die Sonnenblumenkerne aufstreuen. Den Kuchen im Backofen (Mitte, Umluft 180°) 30 Min. backen.

1 Std. + 40 Min. Backen
Partyhit

Möhren-Brokkoli-Strudel

Für 4 Personen
200 g Möhren · 500 g Brokkoli
Salz · 125 g Schmand
3 Eigelbe · Pfeffer
Muskatnuss, frisch gerieben
1 Paket TK-Blätterteig (450 g)
40 g Butter · 50 g Semmelbrösel
100 g Bergkäse, gerieben · 3 EL Sesamsamen
Mehl für die Arbeitsfläche

Außerdem:
Geschirrtuch

Pro Portion: ca. 875 kcal/3660 kJ
24 g EW · 63 g F · 54 g KH

1 Das Gemüse waschen und putzen. Die Möhren schälen und klein würfeln. 100 g sehr kleine Brokkoliröschen zurecht schneiden, den Rest beiseite legen. In einem Topf 5 cm hoch Wasser aufkochen, salzen und die Möhren darin 3 Min. zugedeckt garen. Die kleinen Brokkoliröschen 3 Min. mitgaren. Beides mit einem Schaumlöffel herausheben und gut abtropfen lassen.

2 Den übrigen Brokkoli klein schneiden, den Stiel schälen und würfeln. Beides in den Topf geben und darin zugedeckt 10 Min. garen. In ein Sieb abgießen und etwas abkühlen lassen.

3 Den Brokkoli mit Schmand und den Eigelben in den Mixer (oder in ein hohes Aufschlaggefäß) geben und darin (oder mit dem Pürierstab) fein pürieren. Mit Salz, Pfeffer und 1 Prise Muskat pikant abschmecken. Die vorgegarten Möhren und Brokkoliröschen untermischen.

4 Den Backofen 200° vorheizen, ein Backblech mit Backpapier belegen. Die Blätterteigscheiben nebeneinander legen und auftauen lassen. Dann auf der bemehlten Arbeitsfläche aufeinander legen und mit dem Nudelholz zu einem Rechteck von 35 x 50 cm Größe ausrollen. Den Teig auf das Geschirrtuch legen.

5 Die Butter in einem Pfännchen schmelzen, die Hälfte davon auf dem Teig verstreichen, dabei einen Rand von 3–4 cm frei lassen. Die Teigoberfläche mit den Semmelbröseln bestreuen. Die vorbereitete Gemüsecreme und den Käse darüber verteilen, auch hier den Rand frei lassen.

6 Den Teig mit Hilfe des Geschirrtuchs von der Längsseite her aufrollen, dabei die Schmalseiten etwas nach innen einschlagen, damit die Füllung nicht herausquellen kann.

7 Den Strudel auf das Blech heben und mit der Naht nach unten drauflegen. Mit der restlichen Butter bestreichen und mit den Sesamsamen bestreuen. Im Backofen (Mitte, Umluft 180°) in 40 Min. goldbraun backen.

VARIANTE
MIT SPITZKOHL UND WALNÜSSEN

Sie können den Strudel auch mit dieser Gemüse-Nuss-Mischung füllen: 2 Knoblauchzehen und ein Stück frischen Ingwer (ca. 3 cm) schälen und fein würfeln. Im Wok (oder in einer tiefen Pfanne) in 2 EL Öl anbraten. 250 g in feine Streifen geschnittenen Spitzkohl und 250 grob geraspelte Möhren darin 2 Min. mitbraten. 1 Bund geputzte, in feine Ringe geschnittene Frühlingszwiebeln unterrühren, das Gemüse mit Salz und Pfeffer würzen, dann abkühlen lassen. 50 g Walnusskerne grob hacken und untermischen. Den Strudel wie beschrieben füllen, mit einer Mischung aus 1 Eigelb und 1 EL Milch bestreichen und backen.

Servier-Tipp *Lassen Sie den Strudel vor dem Anschneiden noch 10 Min. mit einem Geschirrtuch* **abgedeckt ruhen.** *Der Blätterteig lässt sich dann besser schneiden: Den Strudel mit einem scharfen Messer schräg in Stücke schneiden und diese mit einem Pfannenwender auf die Teller heben. Dazu schmeckt ein* **frischer Blattsalat** *und ein fruchtiger Weißwein.*

Gemüsequiche

Für 1 Springform (26 cm Ø), 8 Stücke
Für den Teig:
250 g Weizenvollkornmehl · 1 Ei
1 Eigelb · Salz · 100 g kalte Butter
Mehl für die Arbeitsfläche

Für den Belag:
1 rote Paprikaschote · 1 Stange Lauch
250 g Brokkoli · 1 Stück Kürbis
(300 g, ergibt ca. 250 g Kürbisfleisch)
1 EL neutrales Pflanzenöl · Salz
Pfeffer · Muskatnuss, frisch gerieben
150 g Bergkäse · 4 Eier
200 ml Milch · 200 g Sahne
3 EL Speisestärke

Pro Stück: ca. 475 kcal/1990 kJ
17 g EW · 31 g F · 31 g KH

1 Für den Teig das Mehl auf die Arbeitsfläche sieben und in die Mitte eine Mulde drücken. Das Ei und das Eigelb hineingeben, 1 Prise Salz hinzufügen. Die Butter in kleine Würfel schneiden, dazugeben (**Bild 1**) und alles schnell zu einem glatten Teig verkneten. Diesen in Folie wickeln (**Bild 2**) und ca. 1 Std. im Kühlschrank ruhen lassen.

2 Inzwischen die Paprikaschote halbieren, entkernen, putzen, waschen und in Streifen schneiden. Den Lauch längs aufschneiden, gründlich waschen und in Stücke schneiden. Den Brokkoli waschen, putzen und in kleine Röschen teilen. Den Kürbis schälen, Fasern und Kerne entfernen, das Fruchtfleisch klein würfeln.

3 Das Öl in einer Pfanne erhitzen. Das Gemüse darin bei starker Hitze unter ständigem Rühren 5 Min. anbraten, abkühlen lassen. Mit Salz, Pfeffer und Muskat würzen.

4 Den Backofen auf 200° vorheizen. Den Teig auf der bemehlten Arbeitsfläche etwas größer als die Form ausrollen. Mit nicht zu viel Druck arbeiten, so wird der Teig gleichmäßig dick. Teig in die Form legen, dabei einen ca. 3 cm hohen Rand formen (**Bild 3**). Den Teigboden mehrfach mit einer Gabel einstechen (**Bild 4**). Den Käse reiben, mit dem Gemüse mischen und auf dem Teig verteilen.

5 Die Eier mit Milch, Sahne, Speisestärke und je 1 Prise Salz, Pfeffer und Muskat verquirlen. Die Mischung über das Gemüse gießen (**Bild 5**). Die Quiche im heißen Backofen (unten, Umluft 180°) in 45–55 Min. goldbraun backen. Vor dem Anschneiden 10 Min. ruhen lassen.

Ob frisch aus dem Ofen mit einem kleinen Salat oder abgekühlt als Teil eines kalten Büfetts – Quiches mit knusprigem Boden und leckerem Belag isst fast jeder gerne.

Gut zu wissen …

- Damit der Teig die richtige Konsistenz bekommt, muss die Butter kühlschrankkalt sein.

- Der Teig ist zu fest, lässt sich kaum kneten? Mischen Sie ein paar Tropfen kaltes Wasser unter und kneten weiter.

- Der Teig ist zu weich und klebt an den Fingern? Dann kneten Sie noch ein bisschen mehr Mehl unter.

- Wenn Sie den Teigboden mehrfach mit der Gabel einstechen, sorgen Sie dafür, dass er gleichmäßig bäckt und keine Blasen bekommt.

- Gießen Sie den Eierguss erst kurz vor dem Backen auf die Quiche, damit er den Teigboden nicht aufweicht.

- Wenn Sie die Quiche warm servieren, lassen Sie sie vor dem Anschneiden noch 10 Min. ruhen, dann lässt sie sich besser portionieren.

Tausch-Tipp
Belegen Sie die Quiche doch mal mit **Lauch, Gorgonzola und Walnüssen** *– passt ebenfalls sehr gut zum Vollkorn-Quicheteig: 2 Stangen Lauch längs aufschneiden, gründlich waschen und klein schneiden. 3 EL Walnusskerne grob hacken, zusammen mit dem Lauch in 1 EL Öl anbraten, mit Salz und Pfeffer würzen. 200 g Gorgonzola, 4 Eier, 200 ml Milch, 150 g saure Sahne und 2 EL Speisestärke mit dem Pürierstab mixen, mit Salz, Pfeffer und 1 Prise Muskat würzen. Die Quiche wie im Rezept angegeben zubereiten, mit der Käsemischung übergießen und backen.*

197

30 Min. + 1 Std. Ruhen + 45 Min. Backen
schmeckt warm oder kalt

Spargelquiche

Für 1 Springform (26 cm Ø), 8 Stücke
Für den Teig:
250 g Mehl · 1 Ei · 1 Eigelb
100 g kalte Butter · Salz
Butter und Mehl für die Form
Mehl für die Arbeitsfläche

Für den Belag:
1 kg weißer Spargel · 20 g Butter · Salz
Zucker · 50 g junger Gouda, gerieben
3 Zweige Basilikum · 2 Eier
150 g Crème fraîche · 1 TL Sesamöl
Muskatnuss, frisch gerieben
Cayennepfeffer

Pro Stück: ca. 375 kcal/1570 kJ
10 g EW · 26 g F · 25 g KH

1   Für den Teig Mehl, Ei, Eigelb, kalte Butter
in Stückchen und 1 Prise Salz schnell zu einem
glatten Teig verkneten (siehe S. 196). In Folie
wickeln, 1 Std. im Kühlschrank ruhen lassen.

2   Inzwischen den Spargel schälen und schräg
in 3 cm lange Stücke schneiden. Die Butter in
einer Pfanne erwärmen und den Spargel darin
1 Min. bei mittlerer Hitze anbraten. Je 1 Prise
Salz und Zucker dazugeben, zugedeckt 5 Min.
dünsten. Den Spargel in ein Sieb abgießen, abtropfen und abkühlen lassen.

3   Den Backofen auf 200° vorheizen. Den Teig
auf der bemehlten Arbeitsfläche ausrollen und
die Form damit auskleiden. Den Boden mit einer
Gabel einstechen (siehe S. 197) und den Gouda
daraufstreuen. Die Basilikumblätter abzupfen,
in feine Streifen schneiden und unter den Spargel
mengen. Den Spargel in der Form verteilen.

4   Eier, Crème fraîche und Sesamöl verquirlen
und mit Salz, Muskat und Cayennepfeffer abschmecken. Die Eimasse über den Spargel gießen. Die Quiche im heißen Ofen (Mitte, Umluft
180°) ca. 45 Min. backen.

45 Min. + 40 Min. Backen
Klassiker auf neue Art

Zucchiniquiche

Für 1 Quiche- oder Tarteform (26 cm Ø),
6 Stücke
Für den Teig:
125 g Mehl · Salz · 125 g kalte Butter
125 Magerquark · 1 EL Essig
Mehl für die Arbeitsfläche

Für den Belag:
5 kleine gelbe und grüne Zucchini
(insgesamt ca. 700 g)
1 Ei · 100 g saure Sahne
80 g Greyerzer, gerieben
Salz · Pfeffer
Muskatnuss, frisch gerieben

Pro Stück: ca. 370 kcal/1550 kJ
13 g EW · 27 g F · 19 g KH

1   Mehl, 1 Prise Salz, kalte Butter in Stückchen,
Quark und Essig schnell zu einem glatten Teig
verkneten. In Klarsichtfolie wickeln und 30 Min.
ruhen lassen.

2   Inzwischen die Zucchini längs in 1/2 cm dicke
Scheiben schneiden und 1 Min. in kochendem
Wasser blanchieren (siehe S. 163). In ein Sieb
abgießen, kalt abbrausen und abtropfen lassen.
Ei, Sahne und Käse verquirlen und mit Salz,
Pfeffer und 1 Prise Muskat abschmecken.

3   Den Backofen auf 200° vorheizen. Den Teig
auf der bemehlten Arbeitsfläche ausrollen, in
die Form legen und ringsum einen kleinen
Rand hochziehen. Den Boden mehrfach mit
einer Gabel einstechen. Im Ofen (Mitte, Umluft
180°) 15 Min. vorbacken.

4   Die Form aus dem Ofen nehmen und die
Zucchinischeiben strahlenförmig überlappend
auf den Teigboden legen. Die Eimasse darübergießen, die Quiche in 25 Min. fertig backen.
Sollte sie zu braun werden, mit Pergamentpapier
abdecken. Die Quiche warm mit einem grünen
Salat servieren.

45 Min. + 1 Std. Ruhen + 45 Min. Backen
schmeckt auch kalt

Kürbiskuchen

Für 1 Springform (26 cm Ø), 8 Stücke
Für den Teig:
200 g Dinkelmehl (Type 630)
Salz · 1 Eigelb · 100 g kalte Butter
Mehl für die Arbeitsfläche
Butter für die Form

Für den Belag:
800 g Kürbis (z. B. Hokkaido)
1 EL neutrales Pflanzenöl
100 g Tahina (Sesampaste aus dem
türkischen Laden) · 1 Bund Petersilie
3 EL Sesamsamen · 2 EL Honig
2 EL Zitronensaft · 1 EL Speisestärke · 2 Eier · Salz · Pfeffer
 gemahlener Ingwer

Pro Stück: ca. 350 kcal/1470 kJ
8 g EW · 22 g F · 29 g KH

1   Mehl, 1 Prise Salz, Eigelb und die kalte Butter
in Stückchen mit 3–4 EL kaltem Wasser schnell
zu einem glatten Teig verkneten. In Klarsichtfolie
wickeln und 1 Std. kalt stellen.

2   Inzwischen den Kürbis schälen, Kerne und
Fasern entfernen, das Fruchtfleisch grob raspeln.
Das Öl in einer Pfanne erhitzen, die Kürbisraspel
darin bei mittlerer Hitze 5 Min. braten, beiseite
stellen und Tahina unterrühren.

3   Den Backofen auf 200° vorheizen. Die Form
mit etwas Butter ausstreichen. Die Petersilie
waschen und trocken schütteln, die Blätter fein
hacken. Die Sesamsamen ohne Fett in einer
Pfanne bei schwacher Hitze rösten.

4   Den Teig ausrollen, die Form damit auskleiden, dabei einen ca. 3 cm hohen Rand formen.
Kürbis, Petersilie, Sesam, Honig, Zitronensaft,
Stärke und Eier mischen. Mit Salz, Pfeffer und
1 Msp. gemahlenem Ingwer würzen. Die Masse
auf dem Teig verteilen. Den Kuchen im Backofen
(Mitte, Umluft 180°) ca. 45 Min. backen.

1 Std. + 50 Min. Backen · raffiniert

Pfannkuchentorte *mit Mangold*

Für 1 Springform (26 cm Ø), 8 Stücke
200 g Weizenmehl · 200 ml Milch · 5 Eier
Salz · 1,8 kg Mangold · 2 Tomaten
4–8 mittelscharfe eingelegte Peperoni
1 Zwiebel · 2 EL Olivenöl · 200 ml Gemüsebrühe (selbst gemacht, Rezept S. 91, oder Instant)
Pfeffer · 250 g halbfester Ziegenkäse
Öl zum Braten

Pro Stück: ca. 300 kcal/1250 kJ
19 g EW · 15 g F · 21 g KH

1   Das Mehl in einer Schüssel mit der Hälfte der
Milch glatt rühren. Dann die übrige Milch, 2 Eier
und 1 kräftige Prise Salz unterrühren. Den Pfann-
kuchenteig 15 Min. zugedeckt ruhen lassen.

2   Inzwischen den Mangold waschen, Stiele entfernen und anderweitig verwenden. Die Blätter
(ca. 700 g) in fingerbreite Streifen schneiden.
Tomaten waschen und würfeln. Peperoni in Ringe schneiden. Zwiebel schälen und fein würfeln.

3   Das Olivenöl in einer Pfanne erhitzen, die
Zwiebeln darin bei mittlerer Hitze in 1 Min.
glasig anbraten. Mangold zugeben, 2 Min. mitbraten. Brühe angießen, Tomaten und Peperoni
unterrühren, 5 Min. dünsten. Mit Salz und Pfeffer würzen und abkühlen lassen.

4   Für die Pfannkuchen jeweils 1/2 EL Öl in
einer Pfanne (26 cm Ø) erhitzen. 1 Schöpfkelle
Teig hineingeben, je Seite 2–3 Min. braten.
So nacheinander 4–5 Pfannkuchen backen.

5   Den Backofen auf 200° vorheizen. Die Form
mit Backpapier auslegen. Den Käse zerbröckeln,
100 g davon beiseite stellen. Übrigen Käse und
übrige 3 Eier unter das Gemüse mischen.

6   Pfannkuchen und Füllung abwechselnd in
die Form schichten, dabei mit Pfannkuchen
beginnen und mit Gemüse enden. Restlichen
Käse darüberstreuen. Im Ofen (unten, Umluft
180°) in 40–50 Min. goldbraun backen.

★
★

Grundrezept
Pizza Margherita

★
★

Für 4 Personen
Für den Teig:
300 g Mehl · 1/2 Würfel frische
Hefe (21 g) · 1/4 TL Zucker
Salz · 2 EL Olivenöl
Mehl für die Arbeitsfläche
Olivenöl für das Blech

Für den Belag:
1 kleine Dose stückige Tomaten (400 g)
2 EL Tomatenmark
Salz · Pfeffer
4 EL frisch geriebener Parmesan
1 Bund Basilikum
2 Kugeln Mozzarella (je 125 g)
6 EL Olivenöl zum Beträufeln

Pro Portion: ca. 680 kcal/2840 kJ
27 g EW · 38 g F · 57 g KH

1 Das Mehl in eine Schüssel sieben, in die Mitte eine Mulde drücken. Hefe mit Zucker in 150 ml lauwarmem Wasser auflösen, in die Mulde gießen. Zugedeckt 30 Min. gehen lassen.

2 Mehl, Hefevorteig, 1 TL Salz und Olivenöl vermischen. Auf die Arbeitsfläche geben und 10 Min. kräftig kneten, bis ein elastischer Teig entsteht. Zu einer Kugel formen, mit Mehl bestreuen und zugedeckt nochmals 1 Std. 30 Min. gehen lassen.

3 Den Backofen auf 250° (Umluft 230°) vorheizen. Ein Blech einölen. Den Teig auf der bemehlten Arbeitsfläche in Blechgröße ausrollen (der Rand darf gerne etwas dicker sein) und auf das Blech legen.

4 Die Tomaten und das Tomatenmark verrühren. Die Mischung dünn auf dem Teig verstreichen, dabei einen Rand von ca. 3 cm frei lassen. Mit Salz und Pfeffer würzen und den Parmesan darüberstreuen.

5 Basilikumblätter abzupfen, ein paar für die Garnitur zurückbehalten, den Rest auf die Pizza streuen. Mozzarella abtropfen lassen, in dünne Scheiben schneiden und darauf verteilen. Die Pizza mit dem Öl beträufeln und im heißen Ofen (Mitte) 15 Min. backen, bis der Käse zerläuft. Mit dem restlichen Basilikum garniert servieren.

Wie wär's mal …

MIT PARMASCHINKEN UND RUCOLA

Beide werden nicht mitgebacken, sondern kommen frisch auf die Pizza Margherita. 1 Bund Rucola waschen und trocken schütteln, die groben Stiele entfernen. 100 g Parmaschinken vom Fettrand befreien und jede Scheibe in 2–3 Stücke pflücken. Beides auf die heiße Pizza verteilen und sofort servieren.

MIT THUNFISCH UND ZWIEBELN

2 Dosen Thunfisch (in Öl, je 185 g Abtropfgewicht) in ein Sieb abgießen, abtropfen lassen und mit einer Gabel zerpflücken. 2 Zwiebeln schälen und in dünne Ringe schneiden. 2 gelbe Paprikaschoten halbieren, putzen, waschen und in Streifen schneiden. Alles auf der Tomatenmischung verteilen, salzen und pfeffern. Mozzarella drauflegen und Öl darüberträufeln.

MIT SALAMI UND PEPERONI

1 TL getrockneten Oregano unter die Tomatenmischung rühren und die Pizza damit bestreichen. Nur leicht salzen (die Salami bringt auch Salz mit) und pfeffern. 150 g Salami in Scheiben und 10–12 gut abgetropfte scharfe Peperoni (aus dem Glas) auf der Pizza verteilen. Geriebenen Käse für Pizza (Fertigprodukt aus dem Kühlregal) daraufstreuen und ab damit in den Ofen!

50 Min. + 2 Std. Ruhen · vegetarisch

Pizza mit Artischocken

Für 4 Personen
1 Grundrezept Pizzateig (S. 201)
2 kleine Auberginen · 2 rote Paprikaschoten
10 EL Olivenöl · 1/2 TL Chilipulver
2 Knoblauchzehen · 6 kleine Artischocken
1/2 Zitrone · Salz
150 g Feta (griechischer Schafkäse)
100 g Mozzarella · Pfeffer
Öl für das Blech · Mehl für die Arbeitsfläche

Pro Portion: ca. 780 kcal/3260 kJ
26 g EW · 47 g F · 62 g KH

1   Nach dem Rezept auf S. 201 den Teig zubereiten und gehen lassen.

2   Den Backofen auf 200° vorheizen, ein Blech
einölen. Auberginen waschen und in Scheiben
schneiden. Paprikaschoten halbieren, putzen
und waschen. Alles auf das Blech geben. 6 EL Öl
mit dem Chilipulver verrühren, den Knoblauch
schälen und dazupressen. Die Auberginen dünn
damit bestreichen. Im Ofen (Mitte, Umluft 180°)
ca. 20 Min. backen.

3   Inzwischen von den Artischocken die Blattspitzen und die Stiele abschneiden, den Boden
mit Zitrone einreiben (siehe S. 165). Wasser in
einem großen Topf aufkochen lassen, salzen und
die Artischocken darin ca. 20 Min. garen und
abgießen. Das Gemüse aus dem Ofen nehmen.
Die Paprikahälften häuten und in feine Streifen
schneiden. Die Artischocken vierteln, das »Heu«
(die Fasern im Inneren) entfernen.

4   Den Teig vierteln, jeden Teil auf der bemehlten Arbeitsfläche zu 20 cm Ø ausrollen, je zwei
auf ein Blech setzen. Mit dem restlichen Chili-
Öl bestreichen. Das Gemüse darauf verteilen,
den Feta darüberbröckeln. Den Mozzarella in
Scheiben schneiden, darauf verteilen. Mit dem
übrigen Olivenöl beträufeln und mit Salz und
Pfeffer würzen. Im Backofen bei 250° (Mitte,
Umluft 230°) pro Blech ca. 20 Min. backen.

35 Min. + 2 Std. Ruhen · vegetarisch

Pizza mit Austernpilzen

Für 4 Personen
1 Grundrezept Pizzateig (S. 201)
150 g Austernpilze
3 EL Olivenöl
1 kleine Dose geschälte Tomaten (400 g)
1 Kugel Mozzarella (125 g)
Salz · Pfeffer
4 EL geriebener Parmesan
1/2 Bund Basilikum
Öl für das Blech
Mehl für die Arbeitsfläche

Pro Portion: ca. 530 kcal/2220 kJ
21 g EW · 24 g F · 58 g KH

1   Nach dem Rezept auf S. 201 den Teig zubereiten und gehen lassen.

2   Inzwischen die Austernpilze putzen und in
breite Streifen schneiden. In einer Pfanne 1 EL
Olivenöl erhitzen und die Pilze darin 2–3 Min.
braten. Die Tomaten in ein Sieb abgießen und
gut abtropfen lassen. Den Mozzarella trocken
tupfen und in kleine Würfel schneiden.

3   Den Backofen auf 250° (Umluft 225°) vorheizen. Ein Backblech gut fetten. Den Teig auf
der bemehlten Arbeitsfläche dünn ausrollen,
das gefettete Blech damit auskleiden.

4   Die Tomaten und die Austernpilze auf dem
Teig verteilen, die Mozzarellawürfel darüber
verteilen. Alles mit Salz und Pfeffer würzen, mit
Parmesan bestreuen und mit dem restlichen
Olivenöl beträufeln.

5   Die Pizza im Ofen (unten) in 10–15 Min.
goldbraun backen. Inzwischen das Basilikum
waschen und trocken schütteln, die Blättchen
abzupfen. Die heiße Pizza mit dem Basilikum
bestreuen und sofort servieren.

20 Min. + 25 Min. Backen · herzhaft

Schweizer Brotgratin

Für 4 Personen
1 Knoblauchzehe
12 Scheiben Weißbrot vom Vortag
4 EL trockener Weißwein
300 g Greyerzer oder Raclette in Scheiben
3 Eier · 400 ml Milch
Muskatnuss, frisch gerieben
Salz · Pfeffer
etwas Butter für die Form

Pro Portion: ca. 750 kcal/3140 kJ
41 g EW · 39 g F · 56 g KH

1 Den Backofen auf 175° vorheizen. Den Knoblauch schälen, halbieren und eine Gratinform damit ausreiben. Dann die Form mit etwas Butter ausstreichen. Die Brotscheiben toasten und anschließend mit dem Wein beträufeln.

2 Brotscheiben im Wechsel mit den Käsescheiben dachziegelartig in die Gratinform schichten.

3 Die Eier mit der Milch verquirlen, mit Muskat, Salz und Pfeffer würzen, über die Brot- und Käsescheiben gießen. Das Gratin im Backofen (Mitte, Umluft 160°) 25 Min. backen. Dazu einen grünen Salat servieren.

ALKOHOLFREIE VARIANTE

*Essen beispielsweise Kinder mit, bestreichen Sie die Brotscheiben mit **2 EL Kräuterbutter,** statt sie mit Wein zu beträufeln.*

45 Min. + 30 Min. Backen · gut vorzubereiten

Chicken Pie

Für 4 Personen
450 g TK-Blätterteig
250 g Champignons
1 Zwiebel
800 g Hähnchenbrustfilets
Salz · Pfeffer
1 EL neutrales Pflanzenöl
1 EL Butter
200 ml Weißwein (oder Gemüsebrühe)
400 g Sahne · 1 EL Zitronensaft
1 Ei · Mehl für die Arbeitsfläche

Pro Portion: ca. 1100 kcal/4600 kJ
62 g EW · 72 g F · 43 g KH

1 Den Blätterteig aus der Packung nehmen und die Scheiben nebeneinander auftauen lassen.

2 Inzwischen die Champignons putzen und vierteln. Die Zwiebel schälen und fein würfeln. Das Hähnchenfleisch kalt abwaschen, trocken tupfen, in mundgerechte Stücke schneiden, salzen und pfeffern.

3 Den Backofen auf 200° vorheizen. Das Öl in einer Pfanne erhitzen, das Fleisch darin in zwei Portionen bei starker Hitze 2–3 Min. scharf anbraten, herausnehmen. Die Butter in die Pfanne geben, erhitzen und die Zwiebeln darin bei mittlerer Hitze in ca. 1 Min. glasig anbraten. Den Wein angießen und zur Hälfte einkochen lassen.

4 Die Sahne zugeben und 3 Min. einkochen lassen. Fleisch und Champignons unterrühren und einmal aufkochen lassen. Mit Zitronensaft, Salz und Pfeffer abschmecken und in eine ofenfeste Form füllen.

5 Die Blätterteigscheiben aufeinander legen und auf der bemehlten Arbeitsfläche etwas größer als die Form ausrollen. Das Ei verquirlen und den äußeren Rand der Form damit einpinseln. Den Teig darauflegen und am Rand festdrücken. Mit dem übrigen Ei bestreichen. Die Pie im Ofen (unten, Umluft 180°) 20–30 Min. backen.

★
★

Flammkuchen

Für 8 Stücke
400 g Backmischung für Bauernbrot
180 g durchwachsener Speck
1 EL neutrales Pflanzenöl
300 g saure Sahne
1 Bund Frühlingszwiebeln
Pfeffer · Mehl für die Arbeitsfläche

Pro Stück: ca. 355 kcal/1480 kJ
13 g EW · 16 g F · 38 g KH

1 Die Backmischung nach Packungsanweisung
zubereiten und gehen lassen. Inzwischen den
Speck fein würfeln. Das Öl in einer Pfanne erhitzen und den Speck darin 5 Min. bei mittlerer
Hitze braten. Das Bratfett abscheiden (**Bild 1**).

2 Den Backofen auf 250° (Umluft 230°) vorheizen. Zwei Backbleche mit Backpapier belegen.
Den Teig in acht Portionen teilen, diese auf der
bemehlten Arbeitsfläche jeweils ca. 1 cm dick
oval ausrollen (**Bild 2**). Die Fladen auf die Bleche
legen, mit saurer Sahne bestreichen (**Bild 3**). Den
Speck darauf verteilen. Ca. 10 Min. gehen lassen.

3 Die Fladen im Ofen (unten) in 10–15 Min.
knusprig backen. Inzwischen die Frühlingszwiebeln putzen, waschen und in sehr feine Ringe
schneiden. Die fertig gebackenen Flammkuchen
mit etwas Pfeffer übermahlen und mit Frühlingszwiebeln bestreuen.

VARIANTE
MIT BIRNE UND GORGONZOLA

*4 reife Birnen nach Belieben schälen, vierteln,
die Kerngehäuse entfernen, in dünne Spalten
schneiden und mit 2 EL Zitronensaft mischen.
200 g Gorgonzola in kleine Würfel schneiden
(geht am besten, wenn er sehr kalt ist!). Den Teig
ausrollen, die Flammkuchen mit saurer Sahne
bestreichen und mit den Birnenspalten belegen.
Den Gorgonzola darüber verteilen und die Flammkuchen wie beschrieben backen.*

SÜSSE VARIANTE
MIT ÄPFELN

*Zu einem kompletten »Flammkuchen-Menü«
gehört in Süddeutschland die süße Variante als
Nachspeise: Den Teig ausrollen und aufs Blech
legen. 4 aromatische Äpfel (z. B. Cox Orange)
nach Belieben schälen, vierteln, die Kerngehäuse
entfernen, das Fruchtfleisch in dünne Spalten
schneiden. In einer Schüssel mit 2 EL Zitronensaft mischen. 300 g saure Sahne mit 2 Eigelben
verrühren und auf die ausgerollten Teigovale
streichen. Die Flammkuchen mit den Apfelspalten
belegen und wie im Rezept beschrieben backen.
3 EL Zucker mit 1/2 TL Zimtpulver mischen und
vor dem Servieren darüberstreuen.*

1. Den gebratenen Speck in ein
Sieb geben und das Bratfett
abtropfen lassen.

2. Jedes Teigstück oval ausrollen.
Mit etwas Mehl arbeiten, damit
der Teig nicht anklebt.

3. Auf jeden Fladen einen
Klecks saure Sahne geben
und verstreichen.

Gemüseauflauf

Für 4 Personen
300 g grüne Bohnen · 200 g Möhren
200 g Kartoffeln · Salz · 30 g Butter
30 g Mehl · 100 g Crème fraîche
1 Knoblauchzehe · Pfeffer
120 g Gorgonzola · Butter für die Form

Pro Portion: ca. 360 kcal/1500 kJ
10 g EW · 27 g F · 19 g KH

1   Die Bohnen putzen, waschen und schräg in
ca. 3 cm lange Stücke schneiden. Die Möhren
und Kartoffeln schälen, waschen und in Scheiben schneiden.

2   Die Bohnen in reichlich kochendem Salzwasser 5 Min. vorgaren. Die Kartoffel- und
Möhrenscheiben dazugeben und alles 5 Min.
weitergaren. Das Gemüse durch ein Sieb abgießen, dabei 250 ml Kochwasser auffangen.

3   Den Backofen auf 200° vorheizen. Eine Auflaufform einfetten. Die Butter in einem Topf erhitzen und das Mehl darin unter Rühren 30 Sek.
anschwitzen. Gemüsewasser und Crème fraîche
nach und nach unterrühren, 1 Min. aufkochen
lassen. Den Knoblauch schälen und dazupressen.
Die Sauce mit Salz und Pfeffer abschmecken.

4   Das Gemüse in die vorbereitete Auflaufform geben und die Sauce darübergießen. Den
Gorgonzola in Würfel schneiden und auf dem
Gemüse verteilen. Im Backofen (Mitte, Umluft
180°) in 25–30 Min. überbacken.

Pannenhilfe *Damit die Sauce gut gelingt,
müssen Sie das heiße* **Gemüsewasser portionsweise zugießen,** *jeweils sorgfältig unterrühren und dann etwas einkochen lassen.
Falls sich doch einmal Klümpchen gebildet
haben, mixen Sie die Sauce kurz mit dem Pürierstab durch und lassen sie noch einmal aufkochen.*

Zucchini-Tomaten-Auflauf

Für 4 Personen
500 g Zucchini
300 g Tomaten
je 2 Zweige Basilikum, Oregano und Thymian
1/2 Bund Petersilie
10 schwarze Oliven
2 Knoblauchzehen
200 g Feta (griechischer Schafkäse)
Salz · Pfeffer
4 EL Olivenöl
Olivenöl für die Form

Pro Portion: ca. 270 kcal/1130 kJ
12 g EW · 22 g F · 6 g KH

1   Den Backofen auf 200° vorheizen. Eine große
flache Auflaufform mit Olivenöl ausstreichen.
Zucchini und Tomaten waschen, trocken reiben
und in dünne Scheiben schneiden, dabei die
Stielansätze entfernen.

2   Die Kräuter waschen, trocken schütteln und
hacken. Die Oliven entsteinen und fein würfeln.
Den Knoblauch schälen und in Scheiben schneiden. Den Feta zerbröckeln.

3   Die Zucchini- und Tomatenscheiben abwechselnd dachziegelartig in die Form einschichten.
Mit Salz und Pfeffer bestreuen. Knoblauch, gehackte Kräuter und Oliven darübergeben und
zuletzt das Olivenöl und den Feta darüber verteilen. Das Gemüse im Backofen (Mitte, Umluft
180°) ca. 20 Min. überbacken.

VARIANTE

*Gehaltvoller wird's, wenn Sie mit Tomaten und
Zucchini noch* **in Scheiben geschnittene mehligkochende Kartoffeln** *einschichten. Den Auflauf
30 Min. vorbacken, dann erst den Feta darüberbröckeln und in 15 Min. fertig garen.*

45 Min. · raffiniert

Kohlrabi-Möhren-Auflauf

Für 4 Personen
400 g Kohlrabi
400 g dicke Möhren
Salz · 2 Eier
250 g Sahne
Muskatnuss, frisch gerieben
abgeriebene Schale von 1/2 Bio-Orange
3 TL Speisestärke
3 EL Orangensaft
1 EL grob gehackte Haselnüsse
Butter für die Form

Pro Portion: ca. 335 kcal/1500 kJ
8 g EW · 27 g F · 14 g KH

1   Die Kohlrabi und die Möhren waschen, putzen, schälen und in dünne Scheiben schneiden. In einem Topf Wasser aufkochen, salzen und die Kohlrabi darin ca. 4 Min. blanchieren (siehe S. 163). Mit einem Schaumlöffel herausheben und gut abtropfen lassen. Die Möhren in den Topf geben und ebenfalls 4 Min. blanchieren, abgießen und separat abtropfen lassen.

2   Den Backofen auf 200° vorheizen. Die Eier trennen, d. h. die Eier aufschlagen und das Eiweiß vorsichtig in ein hohes Aufschlaggefäß gleiten lassen. Die Sahne mit den Eigelben verrühren, mit Muskat würzen und die Orangenschale hinzufügen. Stärkemehl und Orangensaft vermischen und unterrühren. Eiweiße mit 1 Prise Salz steif schlagen und unterheben.

3   Eine feuerfeste Form einfetten und mit einer Schicht Kohlrabischeiben auslegen. Darauf eine Lage Möhren legen und etwas von der Eimischung daraufgeben. Je nach Größe der Auflaufform mehrere Schichten legen. Mit der Eimischung abschließen. Die Haselnüsse daraufstreuen und den Auflauf im Backofen (Mitte, Umluft 180°) ca. 20 Min. backen.

50 Min. · venezianische Spezialität

Rosenkohlauflauf

Für 4 Personen
500 g mehligkochende Kartoffeln
Salz · 700 g Rosenkohl
4 Tomaten · 2 Knoblauchzehen
je 2 Zweige Oregano, Thymian und Basilikum
12 schwarze Oliven
1 Prise Chilipulver · 1 EL Kapern
3 EL Olivenöl · 300 g Mozzarella
40 g Parmesan, frisch gerieben
1 EL kalte Butter
Butter für die Form

Außerdem:
Dämpfeinsatz (Tipp S. 266)

Pro Portion: ca. 490 kcal/2050 kJ
29 g EW · 30 g F · 25 g KH

1   Die Kartoffeln schälen und in dünne Scheiben schneiden. In Salzwasser 15 Min. garen, in ein Sieb abgießen, abtropfen lassen.

2   Inzwischen den Rosenkohl waschen, die Röschen putzen, das Stielende kürzen und an der Schnittfläche kreuzförmig einschneiden. In einen Topf mit Dämpfeinsatz 5 cm hoch Wasser geben, erhitzen und den Rosenkohl darin 10 Min. dämpfen (wer keinen Dämpfeinsatz hat, kocht den Rosenkohl 10–12 Min. in Salzwasser).

3   Die Tomaten waschen und grob würfeln. Knoblauch schälen und fein würfeln. Kräuter waschen und trocken schütteln, die Blätter fein hacken. Oliven entsteinen und klein schneiden. Den Backofen auf 200° vorheizen.

4   Eine Auflaufform fetten. Kartoffeln hineinlegen, Rosenkohl darüberschichten, darauf die Tomaten verteilen, salzen. Chilipulver, Oliven, Kapern, Knoblauch und Kräuter mischen, über das Gemüse geben und mit Olivenöl beträufeln. Mozzarella in Scheiben schneiden, darauflegen und mit Parmesan bestreuen. Die kalte Butter in Flöckchen darauf verteilen. Auflauf im Backofen (Mitte, Umluft 180°) ca. 15 Min. backen.

Italienische

Ostertorte

Für 1 Springform (26 cm Ø), 6 Stücke
1 kg Spinat · Salz
Muskatnuss, frisch gerieben
2 EL Olivenöl
6 Scheiben TK-Blätterteig (450 g)
8 Eier
500 g Ricotta (italienischer Frischkäse)
60 g frisch geriebener Parmesan
Mehl für die Arbeitsfläche
Olivenöl zum Bestreichen

Außerdem:
1 Spießchen (zum Einstechen)

Pro Stück: ca. 725 kcal/3030 kJ
29 g EW · 55 g F · 29 g KH

1   Den Spinat gründlich waschen und die Stiele entfernen. In einem großen Topf Wasser aufkochen, salzen und den Spinat darin 2–3 Min. blanchieren (siehe S. 163). In ein Sieb abgießen, kalt abschrecken und auskühlen lassen. Den abgekühlten Spinat gut ausspressen, fein hacken und in einer Schüssel mit Salz, Muskat und Öl vermischen.

2   Die Blätterteigplatten nebeneinander legen und auftauen lassen. 6 Eier in einem Topf in 7 Min. nicht ganz hart kochen, kalt abschrecken

und pellen. In einer Schüssel die übrigen Eier mit Ricotta und 40 g Parmesan verrühren. Den Spinat unterheben und mit Salz abschmecken.

3   Den Backofen auf 175° vorheizen. Die Form dünn mit Öl ausstreichen. Jeweils 2 Blätterteigplatten aufeinander legen und auf der bemehlten Arbeitsfläche ausrollen: Zwei der drei Teigfladen (für den Boden) sollten deutlich größer als die Form sein, der dritte (für den Deckel) sollte etwa Formgröße haben. Einen großen Fladen in die Form geben, er sollte über den Rand hinausstehen, mit Öl bestreichen und den zweiten großen Teigfladen darauflegen.

4   Die Füllung auf den Teig in der Form geben (**Bild 1**). Eier mit der Spitze nach unten hineinsetzen (**Bild 2**) und das Ganze mit dem übrigem Parmesan bestreuen. Den kleineren Teigfladen mit Öl bestreichen und über die Füllung legen. Den an der Seite überlappenden Teig nach innen rollen und andrücken (**Bild 3**).

5   Mit einem Spießchen kleine Löcher in die Teigoberfläche stechen. Die Torte im heißen Ofen (Mitte, Umluft 160°) 1 Std. backen, herausnehmen und etwas abkühlen lassen.

1. Zwei Lagen Teig in die Form legen, am Rand überhängen lassen. Spinatmasse einfüllen.

2. Die Eier kranzförmig angeordnet mit der Spitze nach unten in die Spinatmasse setzen.

3. Den Teigdeckel auflegen, überlappenden Teig nach innen rollen, andrücken.

Grießauflauf mit Beeren

Für 4 Personen
1 l Milch · Salz · 1 Stück Schale von
einer Bio-Zitrone · 200 g Weichweizengrieß
250 g gemischte Beeren (z. B. Himbeeren,
Brombeeren, Johannisbeeren) · 4 Eier
100 g weiche Butter · 75 g Zucker
1 EL kalte Butter und Butter für die Form

Pro Portion: ca. 720 kcal/2010 kJ
21 g EW · 40 g F · 69 g KH

1 Die Milch mit 1 Prise Salz und dem Stück
Zitronenschale aufkochen, den Grieß einstreuen
und unter Rühren kochen, auskühlen lassen.
Die Beeren verlesen, waschen und gut abtropfen
lassen. Die Auflaufform ausbuttern. Den Backofen auf 200° vorheizen.

2 Die Eier trennen, Eiweiße steif schlagen. Die
weiche Butter mit dem Handrührgerät schaumig
schlagen, abwechselnd Zucker und die Eigelbe
unterschlagen. Den abgekühlten Grießbrei löffelweise unterrühren. Ein Drittel des Eischnees
unterrühren, den Rest vorsichtig unterheben.

3 Die Hälfte der Masse in die Form geben, die
Hälfte der Beeren darauf verteilen. Die übrige
Grießmasse aufstreichen, übrige Beeren darauflegen. Die kalte Butter in Flöckchen daraufsetzen
und den Auflauf im Ofen (Mitte, Umluft 180°) in
50–60 Min. goldbraun backen.

Was heißt denn … »Beeren verlesen«?
Sortieren Sie matschige und verdorbene Exemplare aus. Empfindliche Beeren wie Himbeeren
möglichst nicht waschen. Außerhalb der Saison
können Sie TK-Beeren verwenden.

Reisauflauf mit Kirschen

Für 4 Personen
150 g Rundkornreis
500 ml Milch
Salz · 100 g Zucker
100 g Zartbitter-Schokolade
1 Glas Schattenmorellen (370 g Abtropfgewicht)
4 Eier · Butter für die Form
Puderzucker und Kakaopulver zum Bestäuben

Pro Portion: ca. 620 kcal/2590 kJ
15 g EW · 21 g F · 90 g KH

1 Den Reis in einem Sieb kalt abbrausen, dann
mit Milch, gut 125 ml Wasser, 1 Prise Salz und
2 EL Zucker in einem Topf aufkochen. Zugedeckt
bei sehr schwacher Hitze in ca. 15 Min. ausquellen lassen. Dann offen lauwarm abkühlen lassen.

2 Den Backofen auf 180° vorheizen. Die Scho-
lade in kleine Stücke schneiden. Die Kirschen in
einem Sieb abtropfen lassen.

3 Die Eier trennen. Die Eigelbe unter den Reis
mischen. Die Schokolade und die abgetropften
Kirschen ebenfalls unterrühren. Die Eiweiße mit
dem übrigen Zucker steif schlagen und sorgfältig
unter den Reis heben.

4 Eine Auflaufform mit etwas Butter einfetten,
die Masse einfüllen und im Backofen (Mitte,
Umluft 160°) ca. 40 Min. backen, bis die Oberfläche schön gebräunt ist. Mit Puderzucker und
etwas Kakaopulver bestäuben.

VARIANTEN

*Versuchen Sie den Auflauf auch einmal **mit Bul-
gur oder Hirse,** die genau wie der Reis gekocht
werden. Statt Kirschen können Sie auch gemischte
**TK-Beeren, Birnenspalten oder Aprikosen-
hälften** (beides aus der Dose) nehmen. Wenn sie
gerade Saison haben, schmecken natürlich auch
frische Früchte wie Brombeeren, Heidelbeeren,
Johannisbeeren, Aprikosen, Zwetschgen oder Pfirsiche sehr gut.*

★
★

50 Min. + 45 Min. Backen
Klassiker neu aufgelegt

Scheiterhaufen

Für 4 Personen
je 250 ml Milch und Apfelsaft
1 gestr. TL Zitronenzucker
(Backzutatenregal im Supermarkt)
150 g Zucker
5 Eier
6 altbackene Brötchen
750 g saftige Äpfel (z. B. Idared)
500 g Speisequark
50 g Rosinen
1 EL kalte Butter
Butter für die Form

Pro Portion: ca. 865 kcal/3615 kJ
30 g EW · 30 g F · 120 g KH

1   Die Milch mit dem Apfelsaft, Zitronenzucker
und 50 g Zucker verrühren. 3 Eier verquirlen und
mit dem Schneebesen unter die Milchmischung
schlagen.

2   Die Brötchen in Scheiben schneiden und mit
drei Viertel der Eiermilchmischung übergießen.
Die Äpfel schälen, vierteln, die Kerngehäuse entfernen und in dünne Spalten schneiden.

3   Den Backofen auf 200° vorheizen. Die beiden
übrigen Eier trennen. Die Eiweiße zu Eischnee
schlagen. Die Eigelbe mit dem restlichen Zucker
schaumig schlagen. Den Quark unterrühren und
den Eischnee unterziehen.

4   Eine Auflaufform mit etwas Butter einfetten.
Lagenweise eingeweichte Brötchenscheiben,
Quarkmasse, Apfelspalten und Rosinen einschichten. Als letzte Schicht Brötchenscheiben
verwenden und die restliche Eiermilchmischung
darübergießen.

5   Den Auflauf mit der kalten Butter in Flöckchen belegen und in ca. 45 Min. im Backofen
(Mitte, Umluft 180°) goldbraun backen.

20 Min. + 15 Min. Backen
macht was her

Salzburger Nockerln

Für 4 Personen
4 Eier · Salz · 75 g Zucker · 50 g weiche Butter
1 Päckchen Vanillezucker · 2 EL Mehl
2 EL Puderzucker · Butter für die Form

Pro Portion: ca. 320 kcal/1340 kJ
7 g EW · 18 g F · 33 g KH

1   Den Backofen auf 200° (Umluft 180°) vorheizen. Eine Auflaufform ausbuttern.

2   Die Eier trennen. Die Eiweiße mit 1 Prise Salz
steif schlagen, 25 g Zucker einrieseln lassen und
weiterrühren, bis sich der Zucker aufgelöst hat
und der Eischnee Spitzen zieht.

3   Die Butter mit Eigelben, restlichem Zucker
und Vanillezucker schaumig rühren. Den Eischnee auf die Schaummasse legen, das Mehl
darübersieben und beides rasch, aber vorsichtig
unter die Schaummasse ziehen. Nicht zu stark
rühren, damit die Masse ihr Volumen behält!

4   Die Nockerlmasse mit einem großen Löffel
in vier Portionen in die Form einlegen und im
Backofen (Mitte) in 12–15 Min. goldgelb backen.
Die Nockerln in der Form mit dem Puderzucker
bestäuben und sofort servieren.

Wie trennt man denn … *ein Ei?* *Das
Ei am Schüsselrand aufschlagen, die Hälften
auseinanderklappen, dabei das Eiweiß in ein
Aufschlaggefäß abfließen lassen. Die Hälfte
mit dem Eigelb vorsichtig kippen und in die
andere Schalenhälfte gleiten lassen. Gehen Sie
dabei vorsichtig vor! Wenn Sie aus den Eiweißen
Schnee schlagen möchten, darf kein Tröpfchen
Eigelb hineingelangen!*

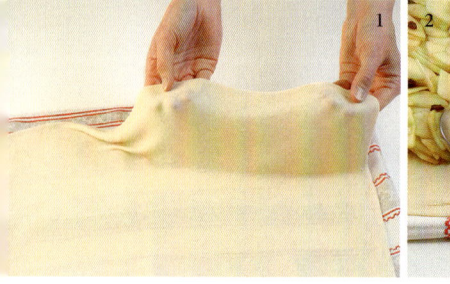

Apfelstrudel

Für 6–8 Personen
Für den Teig:
200 g Mehl
Salz · 1 Ei
1 EL neutrales Pflanzenöl

Für die Füllung:
2–3 EL Rosinen
1–2 EL Rum
6 säuerliche Äpfel (ca. 1,2 kg, z. B. Boskoop)
2 EL Zitronensaft
50 g Butter
100 g Zucker
1 TL Zimtpulver
3 EL Semmelbrösel
2 EL Puderzucker
Mehl für die Arbeitsfläche

Außerdem:
Geschirrtuch

Bei 8 Personen pro Portion: ca. 320 kcal/1340 kJ
5 g EW · 9 g F · 56 g KH

1 Das Mehl auf die Arbeitsfläche sieben, eine Mulde eindrücken. 1 Prise Salz, das Ei und das Öl hineingeben und untermischen. Nach und nach ca. 5 EL lauwarmes Wasser hinzufügen und alles zu einem glatten, geschmeidigen Teig verkneten. So lange weiterkneten, bis der Teig einen seidigen Glanz bekommt. Eine Schüssel heiß ausspülen, abtrocknen und über den Teig stülpen, 30 Min. ruhen lassen.

2 Inzwischen die Rosinen in einer Tasse mit dem Rum beträufeln. Die Äpfel vierteln, schälen, die Kerngehäuse entfernen und die Apfelviertel quer in dünne Scheiben schneiden. In einer Schüssel mit dem Zitronensaft mischen.

3 Den Teig in zwei gleich große Teile teilen. Die eine Hälfte auf der bemehlten Arbeitsfläche ausrollen, auf das Geschirrtuch legen und weiter dünn ausrollen. Mit bemehlten Händen unter

den Teig greifen und ihn mit den Handrücken vorsichtig auf eine Größe von ca. 50 x 40 cm ausziehen (**Bild 1**).

4 Den Backofen auf 200° vorheizen. Ein Backblech mit Backpapier belegen. Die Butter schmelzen. Zucker und Zimt unter die Äpfel mischen. Den Teig mit etwas Butter einpinseln und mit der Hälfte der Semmelbrösel bestreuen.

5 Die Hälfte der Äpfel so auf dem Teig verteilen, dass an allen Seiten ein Rand von ca. 5 cm frei bleibt (**Bild 2**). Die Hälfte der Rumrosinen aufstreuen. Den Strudel von einer Längsseite mit Hilfe des Geschirrtuches aufrollen, dabei die Seiten etwas einschlagen (**Bild 3**), damit die Füllung nicht herausquellen kann.

6 Den Strudel mit der Naht nach unten auf das Blech legen. Das zweite Teigstück wie beschrieben ebenfalls ausrollen, ausziehen, belegen und aufrollen (ab Arbeitsschritt 3). Beide Strudel mit der übrigen Butter bestreichen. Im heißen Backofen (Mitte, Umluft 180°) ca. 50 Min. backen. Herausnehmen, etwas abkühlen lassen und den Puderzucker darübersieben.

VARIANTE *Der Strudel schmeckt auch ausgezeichnet mit dieser Quarkfüllung:*

Dafür 750 g Magerquark in ein Geschirrtuch geben und so viel Flüssigkeit wie möglich auspressen. 3 Eier trennen, die Eiweiße mit 1 Prise Salz zu festem Schnee schlagen. 80 g weiche Butter in einer Schüssel mit 100 g Zucker und den Eigelben mit dem Handrührgerät schaumig schlagen. Die abgeriebene Schale von 1 Bio-Zitrone und den Quark unterrühren und den Eischnee unterheben. Den Quark auf dem ausgezogenen Strudelteig verteilen, dabei einen breiten Rand frei lassen. Nach Belieben Rumrosinen aufstreuen und den Teig aufrollen. Mit Butter bestreichen und im heißen Backofen ca. 40 Min. backen. Vor dem Servieren mit Puderzucker bestäuben.

Fleisch und Geflügel

Ob Steak, Schnitzel oder großer Braten, ob Hähnchenbrust oder Weihnachtsgans, ob Lamm, Kaninchen oder Reh – dieses Kapitel ist den Freunden fleischlicher Genüsse gewidmet.

Warenkunde: Fleisch

Welches Fleisch wofür?

Zum Kurzbraten brauchen Sie zartes Fleisch von jungen Tieren mit kurzen Fasern wie Filet, Lende oder Schnitzelfleisch. Billigere Stücke müssen nicht schlechter sein, sie eignen sich zum Schmoren, für Gulasch oder Eintöpfe. Bio-Fleisch aus der Region ist immer die beste Wahl! Vernünftige Haltung und kurze Transportwege sind nicht nur praktizierter Tierschutz, sie sind außerdem mitverantwortlich für besten Fleischgeschmack.

Richtig aufbewahren

Lassen Sie die Kühlkette nicht abreißen, sprich, legen Sie das Fleisch nach dem Einkauf so bald wie möglich in den Kühlschrank. Je kleiner geschnitten, desto kürzer sollten Sie es aufbewahren, weil sich durch das Zerkleinern die Angriffsfläche für Bakterien und Keime vergrößert: Hackfleisch immer am selben Tag verbrauchen (oder beim Metzger vakuumieren lassen, dann hält es einige Tage und lässt sich auch einfrieren). Schnitzel und Steaks innerhalb von 2 Tagen, Bratenstücke innerhalb von 3 Tagen zubereiten.

Altes und neues KOCHWISSEN
Zart durch Marinieren

In Vor-Kühlschrank-Zeiten hat die Großmutter Fleisch eingelegt (mariniert) und es so länger haltbar gemacht. Heute geht es uns beim Marinieren in erster Linie um den Geschmack. Das Einlegen in Zitronensaft, Öl und Gewürzen macht nämlich auch weniger edle Fleischstücke zart und aromatisch. Einige Rezepte für Marinaden finden Sie auf S. 333. Wichtig: Kein Salz hinzufügen, es entzieht dem Fleisch Saft und macht es zäh!

Schweinefleisch

Es sollte eine kräftig rosige Farbe haben, die Schnittflächen müssen fest und mattglänzend sein. Das zarteste und teuerste Stück ist das Filet – für Medaillons und Geschnetzeltes die beste Wahl. Schweineschnitzel, die ebenfalls zart und kurzfasrig sind, schneidet man aus der Hüfte oder Keule. Sie können die Schnitzel kurzbraten oder schnetzeln und mit Sauce schmoren. Ebenfalls zum Kurzbraten geeignet ist das ausgelöste Kotelettstück. Für einen Braten mit Kruste wählen Sie ein Stück aus der Schulter oder eine Hachse. Für eine knackige Kruste schneiden Sie die Schwarte rautenförmig ein und bestreichen sie während des Bratens im Ofen regelmäßig mit Bier oder Salzwasser.

Kalb und Rind

Kalbfleisch ist sehr mild im Geschmack, auch hier ist das Filet am edelsten. Die besten Kalbsschnitzel (z. B. fürs Wiener Schnitzel) werden aus einem Teil der Keule geschnitten. Wer kräftigeres Aroma liebt, greift zum Fleisch von Jungbullen. Für Steaks sind Filet und Entrecôtes (das Rippenstück) die erste Wahl. Für Schmorbraten lassen Sie sich vom Metzger ein Stück aus dem Rücken oder aus der Hüfte geben. Es sollte dunkelrot sein und eine Marmorierung durch feine Fettadern aufweisen, dann wird Ihr Braten zart und saftig.

Lammfleisch

Lämmer nennt man die Jungtiere bis zu einem Jahr. Gut zu wissen: Je jünger das Lamm, desto dezenter ist sein typisches Aroma. Beim Einkauf daher auf die Farbe des Fleisches achten: Ist es hell- bis ziegelrot und hat weißes Fett, stammt es von ganz jungen Tieren.

Das Rückenfilet und die Keulen sind die begehrtesten Stücke zum Braten. Fleisch aus der Schulter eignet sich gut für Eintöpfe. Zum Kurzbraten oder Grillen empfehlen sich Lammkoteletts. So oder so: Der würzige Geschmack harmoniert besonders gut mit Knoblauch und mediterranen Kräutern.

Warenkunde: Geflügel

Ente, Gans & Co.

Ein Enten- oder Gänsebraten ist beim ersten Mal immer eine Herausforderung. Doch er gelingt leichter als Sie denken, denn die Hauptarbeit übernimmt Ihr Backofen. Was es bei großen Geflügelbraten zu beachten gilt, lesen Sie auf den Seiten 242 und 243. Und denken Sie daran, je besser die Fleischqualität, desto besser Ihr Festtagsbraten! Ein Freilandhähnchen oder eine Freilandgans, die Auslauf hatten und vernünftig gefüttert wurden, schmecken einfach besser!

Hähnchen zerteilen

Halbieren Sie das Hähnchen zunächst mit einer Geflügelschere (oder einem scharfen Messer). Durchtrennen Sie dann die Gelenke zwischen Körper und Keulen mit einem Messer, und schneiden Sie die Keulen heraus; ebenso die Flügel. Teilen Sie die Brüste quer in zwei Hälften. So erhalten Sie acht Teile. Wer möchte, teilt die Keulen noch einmal im Gelenk. Wie Sie einen gebratenen Vogel tranchieren, sehen Sie auf S. 243.

Altes und neues KOCHWISSEN
Auf Hygiene achten

Ob heute oder zu Großmutters Zeiten: Salmonellen können in Geflügel und Eiern vorkommen. Doch unser großer Vorteil heute: bessere Hygienemaßnahmen und bessere Kühlmöglichkeiten, die der Ausbreitung von Salmonellen entgegenwirken.

Ebenso wichtig ist die Sorgfalt bei der Zubereitung: Waschen Sie alle Utensilien wie Brett, Messer etc., die mit dem Geflügel in Berührung gekommen sind, sorgfältig mit Spülmittel und heißem Wasser, damit mögliche Keime nicht auf Salat oder Gemüse gelangen. Und arbeiten Sie in der Geflügelküche mit Einwegtüchern statt mit Geschirrtüchern.

Kleine Mengenlehre

Rechnen Sie bei Geflügel ohne Knochen 150–180 g, mit Knochen 250–400 g pro Person. Ein Hähnchenbrustfilet ist, im Ganzen zubereitet oder geschnetzelt, für 1 Person also genau richtig. Bei Entenbrüsten (je ca. 280 g) sollten Sie 2 Stück für 3 Personen zubereiten. Ein Hähnchen (ca. 1200 g) reicht mit Beilagen für 3–4 Personen. Ein Ente (ca. 2–2,5 kg) für 4–6 Personen. Von einer Gans (ca. 4 kg) schließlich werden, je nach Beilagen, 6–8 Personen satt.

TK-Geflügel richtig auftauen

Nehmen Sie das TK-Hähnchen (oder die Ente oder Gans) aus der Folienverpackung, legen es auf eine Platte, und lassen Sie es über Nacht im Kühlschrank auftauen. Das Auftauwasser weggießen (Vorsicht, kann Salmonellen enthalten!). Das aufgetaute Geflügel vor der Zubereitung innen und außen gründlich mit kaltem Wasser abwaschen und mit Küchenpapier abtrocknen. TK-Geflügel wegen möglicher Keime bitte immer vollständig durchgaren.

Brust oder Keule?

Wie Sie eine Entenbrust perfekt rosa braten, lesen Sie auf S. 239. Die Entenkeulen eignen sich weniger zum Braten oder Grillen. Sie schmecken aber umwerfend, wenn Sie sie in einem Bräter rundherum goldbraun anbraten und anschließend ca. 2 Std. mit reichlich Knoblauch, mediterranen Kräutern (Rosmarin, Thymian, Salbei) und über Nacht eingeweichten weißen Bohnen zugedeckt im Backofen schmoren.

Küchenpraxis: Braten & Schmoren

Welche Pfanne ist die beste?

Universell einsetzbar ist eine gute Alugusspfanne mit Titanbeschichtung. Sie hat der Teflonpfanne inzwischen den Rang abgelaufen, denn ihre Beschichtung ist ungleich widerstandsfähiger und sorgt für die gewünschte Kruste bei Kurzgebratenem. Wer Gegrilltes liebt, sollte sich darüber hinaus eine Grillpfanne zulegen, in der man besonders fettarm braten kann.

Fett zum Braten

Bratfett muss hoch erhitzbar sein, darf nicht verbrennen. Ideal ist deshalb neutrales, raffiniertes Pflanzenöl. Eine gute Wahl, weil reich an hochwertigen ungesättigten Fettsäuren, sind Rapsöl, Sojaöl und Erdnussöl. Nicht geeignet sind kalt gepresste Öle wie Keimöle und Nussöle, denn sie vertragen ebenso wenig hohe Temperaturen wie Butter. Soll Gebratenes ein buttriges Aroma bekommen, verwenden Sie am besten Butterschmalz.

 ### Altes und neues KOCHWISSEN
Vor dem Anschneiden ruhen lassen

Das machte schon Großmutter so: Einen großen Braten lässt man vor dem Anschneiden 10 Min. zugedeckt ruhen. In dieser Zeit verteilen sich die Säfte. Heute können wir das Fleisch zum Ruhen in Alufolie wickeln und ab und an umdrehen – dann verteilen sich die Fleischsäfte noch besser! Wenn Sie den Braten dann in Scheiben schneiden (immer quer zur Faser), fließt kaum Saft heraus – heute noch wichtiger, weil wir Braten gerne mit einem saftigen rosigen Kern servieren (außer beim Schweinebraten, da ist die durchgebratene Variante leckerer).

Kurzbraten in der Pfanne

Ob ein Steak oder Schnitzel zart oder zäh wird, hängt wesentlich von der Fleischqualität ab. Mindestens ebenso wichtig aber ist die richtige Brattemperatur: Erwärmen Sie die Pfanne auf mittlere Hitze und geben das Öl hinein. Um zu testen, ob es heiß genug ist, halten Sie eine Ecke des Steaks oder Schnitzels hinein. Wenn es sofort sanft zu brutzeln anfängt, können Sie es einlegen. Die Poren schließen sich sofort, und der Saft bleibt im Fleisch. Wichtig: Bei zu geringer Hitze verliert das Fleisch an Saft, bei zu viel Hitze wird es leicht zäh. Einzige Ausnahme: Mariniertes Fleisch können Sie in der sehr heißen Grillpfanne braten, um den typischen Grillgeschmack zu erhalten.

Schmoren

Bei dieser Zubereitungsart wird das Fleisch im Schmortopf oder Bräter rundherum angebraten, bis sich die Poren schließen, d. h. die Oberfläche gebräunt ist und keine rohen Stellen mehr aufweist. Durch das Anbräunen bilden sich Röststoffe, die der Sauce Geschmack geben. Dann mit Wein oder Brühe ablöschen, sodass die Flüssigkeit ca. 2 cm hoch steht. Auf dem Herd oder im Backofen bei schwacher Hitze zugedeckt langsam garen, gelegentlich umrühren und eventuell etwas Flüssigkeit nachgießen.

Braten im Backofen

Für saftigen Knusper-Genuss: Große Fleischstücke (z. B. Roastbeef oder Lammkeule) gut trockentupfen (sonst kann keine Kruste entstehen) und in einem Bräter in wenig Fett rundherum anbraten, bis sich alle Poren geschlossen haben. Dann offen im vorgeheizten Backofen weiterbraten. Nach dem Braten fest in Alufolie wickeln und das Fleisch ca. 10 Min. ruhen lassen – so kann sich der Fleischsaft im Inneren gleichmäßig verteilen. Einen ganzen Vogel (z. B. Gans oder Ente) gleich in den Backofen geben und regelmäßig mit Bratflüssigkeit begießen.

25 Min. · spanisch

Filet mit Chorizo

im Bild · *Für 2 Personen*
250 g Schweinefilet
1/2 EL Schweineschmalz (oder Olivenöl)
1 Chorizo (spanische Paprikawurst,
ca. 125 g; siehe Tipp auf S. 153)
1 Knoblauchzehe
1 Lorbeerblatt
je 1/2 TL getrockneter Oregano
und edelsüßes Paprikapulver
Salz · Pfeffer
4 EL trockener Sherry

Pro Portion: ca. 440 kcal/1840 kJ
39 g EW · 29 g F · 1 g KH

1 Das Schweinefilet in ca. 2 cm große Würfel schneiden. Das Schweineschmalz in einer Pfanne erhitzen und die Fleischwürfel darin bei mittlerer Hitze rundherum 5 Min. anbraten.

2 Inzwischen die Chorizo in Scheiben schneiden. Die Knoblauchzehe schälen und längs halbieren. Chorizo und Knoblauch in die Pfanne geben und 2 Min. mitbraten.

3 Das Lorbeerblatt in die Pfanne geben und alles mit Oregano, Paprikapulver, Salz und Pfeffer würzen. Das Ganze mit dem Sherry übergießen und zugedeckt ca. 10 Min. bei schwacher Hitze schmoren lassen. Das Gericht auf Portionsteller oder -schalen verteilen und mit knusprigem Weißbrot servieren.

25 Min. · französisch

Medaillons mit Apfelsauce

Für 2 Personen
300 g Schweinefilet (Mittelstück)
Salz · Pfeffer
2 Schalotten
1 aromatischer Apfel (z. B. Cox Orange)
1 EL Butterschmalz
2 EL Calvados (nach Belieben)
100 g Apfelsaft
100 g Sahne

Pro Portion: ca. 455 kcal/1900 kJ
34 g EW · 25 g F · 16 g KH

1 Das Filet in 6 gleich dicke Scheiben schneiden und mit dem Handballen etwas flach drücken. Von beiden Seiten salzen und pfeffern. Die Schalotten schälen und längs halbieren, die Hälften in feine Spalten schneiden. Den Apfel waschen, vierteln, nach Belieben schälen, das Kerngehäuse entfernen und die Viertel in Spalten schneiden.

2 Das Butterschmalz in einer Pfanne erhitzen. Die Medaillons darin von jeder Seite 2 Min. bei mittlerer Hitze anbraten. Herausnehmen und warm halten. Die Schalotten und Äpfel in die Pfanne geben und 2 Min. braten. Nach Belieben den Calvados dazugeben und einkochen lassen. Äpfel und Schalotten aus der Pfanne nehmen.

3 Den Apfelsaft und die Sahne in die Pfanne geben und 2 Min. einkochen lassen. Medaillons, Apfelspalten und Schalotten dazugeben und 5 Min. darin bei schwacher Hitze ziehen lassen. Dazu schmecken Bandnudeln.

Was sind eigentlich … *Schalotten?* *Sie sind die kleinen Verwandten der Zwiebel. Sie haben eine zart-rosa Färbung und schmecken feiner und weniger scharf als Zwiebeln. Für feine Gerichte sind sie diesen deshalb vorzuziehen.*

Sahnegeschnetzeltes

Für 4 Personen
500 g Kalbfleisch
400 g Champignons (oder Egerlinge)
2 Schalotten
1 EL Butterschmalz
Salz · Pfeffer
50 ml Weißwein (ersatzweise 1 EL Zitronensaft)
200 g Sahne
Muskatnuss, frisch gerieben

Pro Portion: ca. 330 kcal/1380 kJ
31 g EW · 20 g F · 3 g KH

1   Das Fleisch trocken tupfen und in Streifen schneiden. Die Pilze putzen, trocken abreiben und in Scheiben schneiden. Die Schalotten schälen und fein würfeln.

2   Das Butterschmalz in einer Pfanne erhitzen und das Fleisch darin in zwei Portionen bei starker Hitze jeweils 2–3 Min. anbraten. Salzen, pfeffern und herausnehmen. Die Schalotten in die Pfanne geben und kurz anbraten. Die Pilze hinzufügen und 5 Min. weiterbraten. Mit dem Weißwein ablöschen und einkochen lassen.

3   Das Fleisch wieder in die Pfanne geben, die Sahne dazugießen. 6–8 Min. bei schwacher Hitze zugedeckt schmoren lassen, bis die Sauce cremig wird. Mit Salz, Pfeffer und Muskat abschmecken. Dazu schmecken Berner Rösti (Rezept S. 147).

VARIANTE

*Kalbfleisch ist vergleichsweise teuer, Sie können das Geschnetzelte auch **mit Putenfleisch** zubereiten (vorher kalt abwaschen!).*

Topping-Tipp *Das Gericht schmeckt fabelhaft, sieht ohne Garnitur aber etwas farblos aus. Geben Sie daher auf jede Portion einen **Thymian- oder Rosmarinzweig** oder streuen Sie frisch gehackte Petersilie darüber.*

Senfschnitzel
mit Gurkengemüse

Für 4 Personen
1 große Salatgurke (ca. 600 g)
2 Tomaten (ca. 200 g)
1 Zwiebel
2 EL Butter
Salz · Pfeffer
1 Bund Dill
4 dünne Schweineschnitzel (je ca. 150 g)
4 TL mittelscharfer Senf
1 EL neutrales Pflanzenöl

Pro Portion: ca. 265 kcal/1110 kJ
35 g EW · 12 g F · 5 g KH

1   Die Gurke schälen, längs halbieren und die Kerne mit einem Teelöffel herauskratzen. Die Gurkenhälften quer in ca. 1/2 cm dicke Halbmonde schneiden. Die Tomaten waschen und sehr klein würfeln, die Stielansätze dabei entfernen. Die Zwiebel schälen und würfeln.

2   In einem Topf 1 EL Butter erhitzen. Die Zwiebeln darin 1 Min. bei mittlerer Hitze andünsten. Gurken hinzufügen und 1 Min. mitdünsten. Die Tomaten untermischen, mit Salz und Pfeffer würzen und zugedeckt bei schwacher Hitze ca. 10 Min. schmoren lassen.

3   Inzwischen den Dill waschen und trocken schütteln, die Spitzen abzupfen und fein hacken. Die Schnitzel salzen, pfeffern und dünn mit Senf bestreichen.

4   Das Öl mit der übrigen Butter in einer Pfanne erhitzen. Die Schnitzel darin bei mittlerer Hitze ca. 5 Min. braten, dabei einmal wenden. Den Dill unter das Gurkengemüse mischen, abschmecken und mit den Schnitzeln servieren. Dazu passen Bratkartoffeln (Rezept S. 142).

40 Min. · heißen auch Frikadellen

Fleischpflanzerl

Für 4 Personen
3 altbackene Brötchen (150 g)
150 ml Milch · 1 Zwiebel
3 Zweige Petersilie · 1 TL Butter
500 g gemischtes Hackfleisch
1 Ei · 1 EL mittelscharfer Senf
je 1 TL getrockneter Majoran und
edelsüßes Paprikapulver
Salz · Pfeffer
4 EL neutrales Pflanzenöl

Pro Portion: ca. 565 kcal/2360 kJ
29 g EW · 40 g F · 23 g KH

1   Die Brötchen in sehr feine Scheiben schneiden oder hobeln. Die Milch aufkochen, über die Brötchen gießen und aufweichen lassen.

2   Die Zwiebel schälen und in feine Würfel schneiden. Die Petersilie waschen und trocken schütteln, die Blätter abzupfen und fein schneiden. Die Butter in einem Pfännchen erhitzen, Zwiebeln mit der Petersilie darin bei schwacher Hitze in 1–2 Min. glasig dünsten.

3   Das Hackfleisch mit den eingeweichten Brötchen, der Zwiebelmischung, Ei, Senf und den Gewürzen in eine Schüssel geben und kräftig salzen und pfeffern. Alles sorgfältig durchkneten. Aus der Masse mit angefeuchteten Händen acht Kugeln formen und diese zu ca. 2 cm dicken Pflänzchen flach drücken.

4   Öl in einer Pfanne erhitzen und die Fleischpflanzerl darin (eventuell in zwei Portionen) von jeder Seite bei mittlerer Hitze 4–5 Min. braten. Dazu schmeckt Kartoffelsalat (Rezepte S. 143).

MEDITERRANE VARIANTE

Ersetzen Sie Senf, Majoran und Paprikapulver durch je 1 TL getrockneten Oregano (wilder Majoran) und Thymian und pressen noch 2 geschälte Knoblauchzehen dazu. Dazu schmeckt der Rucolasalat mit Feta von S. 48.

50 Min. · gut vorzubereiten

Königsberger Klopse

Für 4 Personen
1 Bio-Zitrone · 1 Brötchen vom Vortag
1 Zwiebel · 3 EL Butter · 1 l Fleischbrühe
(selbst gemacht, Rezept S. 91, oder Instant)
500 g gemischtes Hackfleisch · 2 Eier
Salz · Pfeffer · Muskatnuss, frisch gerieben
2 EL Mehl · 200 g Sahne · 80 g Kapern

Pro Portion: ca. 665 kcal/2780 kJ
32 g EW · 53 g F · 16 g KH

1   Die Zitrone heiß waschen und abtrocknen, erst die Schale fein abreiben, dann den Saft auspressen. Das Brötchen in kaltem Wasser einweichen und gut ausdrücken. Die Zwiebel schälen, würfeln, in 1 EL Butter in einer Pfanne bei schwacher Hitze in 1–2 Min. glasig dünsten.

2   Die Brühe in einem Topf aufkochen. Das Hackfleisch in eine Schüssel geben. Zwiebeln, Zitronenschale, Brötchen und Eier sorgfältig unterkneten und kräftig mit Salz, Pfeffer und Muskat würzen. Aus der Masse mit angefeuchteten Händen tischtennisballgroße Klößchen formen. In die Brühe einlegen und darin 20 Min. bei schwacher Hitze ziehen lassen.

3   Das Mehl in der übrigen Butter anschwitzen. Nach und nach so viel Brühe unterrühren, dass eine sämige Sauce entsteht. 5 Min. bei schwacher Hitze kochen lassen. Sahne und Kapern zugeben und mit Zitronensaft abschmecken.

4   Die Klopse aus der Brühe nehmen, abtropfen lassen, in die Sauce geben und darin 10 Min. bei schwacher Hitze zugedeckt ziehen lassen. Dazu schmecken Salzkartoffeln (siehe S. 137).

FEINE VARIANTE

*Das **Königsberger Originalrezept** wird mit 500 g sehr fein durchgedrehtem Kalbfleisch, 2 Eigelben, 1 eingeweichten Brötchen, 10 g gehackten Sardellenfilets und 1 TL abgeriebener Zitronenschale zubereitet.*

Rumpsteak
mit Baked Potatoes und Bärlauchbutter

Für 4 Personen
Für die Kartoffeln:
4 große mehligkochende Kartoffeln (je ca. 350 g)
ca. 1 EL Öl · Salz · 200 g Schmand

Außerdem:
4 Stücke Alufolie

Für die Bärlauchbutter:
1/2 Bund Bärlauch · 150 g weiche Butter
1 TL mittelscharfer Senf · Salz
Pfeffer · Zucker · Cayennepfeffer

Für die Steaks:
4 Rumpsteaks (ca. 2 cm dick, je ca. 180 g)
Salz · Pfeffer · 4 EL neutrales Pflanzenöl

Pro Portion: ca. 1050 kcal/4390 kJ
44 g EW · 75 g F · 50 g KH

1 Den Backofen auf 200° vorheizen. Kartoffeln waschen und gründlich abbürsten. Die Schale mehrfach mit einer Gabel einstechen. Die Kartoffeln mit Öl einreiben und einzeln in Alufolie wickeln (**Bild 1**). Im Backofen aufs Blech legen (Mitte, Umluft 180°) und ca. 45 Min. backen.

2 Den Bärlauch waschen und trocken schütteln, grobe Stiele entfernen, die Blätter fein hacken. Butter und Senf mit dem Handrührgerät schaumig schlagen, je 1 kräftige Prise Salz und Pfeffer und 1 Msp. Zucker unterrühren. Den Bärlauch untermischen, mit Cayennepfeffer würzig abschmecken. Auf ein Stück Alu- oder Klarsichtfolie geben und zu einer Rolle formen (**Bild 2**). In den Kühlschrank legen.

3 Die fertig gegarten Kartoffeln im ausgeschalteten Ofen warm halten. Die Steaks trocken tupfen und auf beiden Seiten salzen und pfeffern. Eine Pfanne erhitzen, 2 EL Öl hineingeben und 1 Min. bei starker Hitze erwärmen. Für ein »rare« gebratenes Steak, das noch einen blutigen Kern hat (**Bild 3**), die Steaks jeweils 1 Min. je Seite scharf anbraten. Dann den Herd abschalten und das Fleisch noch zugedeckt 3 Min. nachziehen lassen, bis es innen warm ist.

4 Für ein Steak »medium« (**Bild 4**) das Fleisch jeweils 1 Min. pro Seite scharf anbraten, dann bei mittlerer Hitze noch 1–2 Min. pro Seite weiterbraten. Für ein durchgebratenes Steak (**Bild 5**) nach dem scharfen Anbraten 3 Min. pro Seite bei reduzierter Hitze braten.

5 Die Bärlauchbutter in Scheiben schneiden. Die Baked Potatoes auswickeln, aufbrechen, salzen und jeweils einen Klecks Schmand daraufsetzen. Die Steaks dazulegen und die Bärlauchbutter daraufgeben.

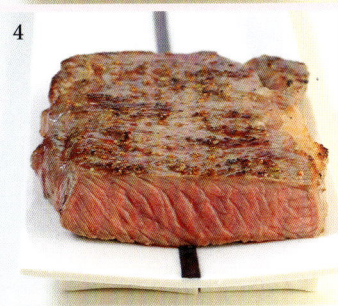

Ein ordentliches Stück Fleisch auf dem Teller – für viele Feinschmecker ab und an ein Muss. Gute Qualität, sorgfältig gebraten, mit würziger Butter – immer wieder ein Hochgenuss!

★ ★

Gut zu wissen …

- Nehmen Sie das Fleisch 30 Min. vorher aus dem Kühlschrank, damit es beim Anbraten Zimmertemperatur hat.

- Überfüllen Sie die Pfanne nicht: Besser jeweils nur 2 Steaks braten, damit die Pfannentemperatur nicht zu stark absinkt.

- Wählen Sie zum Braten ein neutrales Pflanzenöl wie Rapsöl oder Sonnenblumenöl, das sich hoch erhitzen lässt. Wer buttrigen Geschmack liebt, kann auch Butterschmalz verwenden. Butter und kalt gepresste Öle sind nicht geeignet.

- Vorher oder nachher salzen – daran schieden sich lange die Geister. Nach neuesten wissenschaftlichen Erkenntnissen ist es völlig in Ordnung, das Fleisch kurz (!) vor dem Braten zu salzen. Nur wenn Sie es lange stehen lassen, entzieht es dem Fleisch wertvollen Saft (deshalb Marinaden niemals salzen!).

Tausch-Tipps

Natürlich können Sie auch **Filetsteaks oder Entrecôtes** *auf diese Weise zubereiten. Die Garzeit orientiert sich dabei an der Dicke. So prüfen Sie den Gargrad: Wenn das Fleisch auf Fingerdruck noch weich nachgibt, ist es innen noch blutig. Gibt es nur leicht nach, ist es innen rosig. Sobald es sich fest anfühlt, ist es durchgebraten. Außerhalb der Bärlauchzeit ersetzen Sie den Bärlauch durch 1 Handvoll* **Basilikumblätter** *und eine kleine durchgepresste Knoblauchzehe.*

Auch lecker ist **Tomatenbutter:** *Die Butter mit 1 TL Tomatenmark aufschlagen, salzen und pfeffern. 4 fein gewürfelte getrocknete Tomaten, 2 EL gehackte Rucolablätter und 1–2 zerbröselte Peperoncini untermischen.*

Szegediner Gulasch

Für 6 Personen
je 4 Zwiebeln und Knoblauchzehen
je 500 g Rinder- und Schweinegulasch
Salz · Pfeffer · 1 TL gehackter
Kümmel · 2 EL Schweineschmalz
1 1/2 EL rosenscharfes Paprikapulver
2 EL Tomatenmark · 1 Lorbeerblatt
1 l Fleischbrühe (Rezept S. 91 oder
Instant) · 1 rote Paprikaschote
1 Dose Sauerkraut (520 g Abtropfgewicht)
200 g saure Sahne · 1 EL Mehl

Pro Portion: ca. 310 kcal/1300 kJ
40 g EW · 11 g F · 10 g KH

1 Die Zwiebeln schälen und in feine Scheiben schneiden. Den Knoblauch schälen und fein hacken. Das Fleisch trocken tupfen, die Würfel eventuell etwas kleiner schneiden. Mit Salz, Pfeffer und Kümmel würzen.

2 Das Schmalz in einem Schmortopf erhitzen. Die Zwiebeln darin 2 Min. bei mittlerer Hitze unter Rühren andünsten. Das Paprikapulver daraufstreuen, mit 1/2 Tasse Wasser ablöschen und einkochen lassen, bis das Wasser fast verdampft ist.

3 Das Fleisch hinzufügen und 10 Min. unter gelegentlichem Rühren anbraten. Knoblauch, Tomatenmark und Lorbeerblatt dazugeben. Die Hälfte der Brühe angießen und das Ganze zugedeckt bei schwacher Hitze 45 Min. schmoren lassen, gelegentlich umrühren.

4 Inzwischen die Paprikaschote halbieren, putzen, waschen und würfeln. Mit dem Sauerkraut unter das Fleisch mengen und so viel Brühe zugießen, dass alles bedeckt ist. Aufkochen und weitere 30 Min. bei schwacher Hitze garen.

5 Die Sahne und das Mehl verquirlen, unter das Gulasch rühren und 2 Min. weiterkochen lassen, bis die Sauce leicht andickt. Dazu schmecken Salzkartoffeln (Rezept S. 137)

Rinderrouladen

Für 4 Personen
3 große Zwiebeln
2 Gewürzgurken (aus dem Glas)
4 dünne Rindsrouladen (je ca. 150 g)
Salz · Pfeffer · 4 EL scharfer Senf
100 g fetter Speck (vom Metzger in
dünne Scheiben schneiden lassen)
ca. 500 ml Fleischbrühe (selbst gemacht,
Rezept S. 91, oder Instant)
2 EL Butterschmalz · 1 EL Mehl

Außerdem:
Rouladennadeln oder Küchengarn

Pro Portion: ca. 410 kcal/1710 kJ
36 g EW · 26 g F · 6 g KH

1 Die Zwiebeln schälen und fein würfeln. Die Gewürzgurken in Streifen schneiden.

2 Die Rouladen auf beiden Seiten salzen und pfeffern. Ausbreiten, mit Senf bestreichen und mit gut zwei Dritteln der Zwiebelwürfel bestreuen. Mit Speckscheiben und Gurkenstreifen belegen, dabei einen Rand von ca. 2 cm frei lassen. Die Rouladen von der Schmalseite her fest aufrollen, die Seiten dabei so nach innen schlagen, dass die Füllung nicht herausquellen kann. Mit Rouladennadeln feststecken oder mit Küchengarn umwickeln und binden. Die Brühe erhitzen.

3 Das Schmalz erhitzen und die Rouladen darin bei starker Hitze in 4–5 Min. rundum kräftig anbraten. Die übrigen Zwiebeln dazugeben und 1 Min. mitbraten. Mit so viel Brühe ablöschen, dass die Rouladen halb bedeckt sind. Zugedeckt 1 Std. 30 Min. köcheln lassen, bei Bedarf etwas Brühe nachgießen.

4 Rouladen herausheben, Nadeln oder Garn entfernen, die Rouladen warm stellen. Das Mehl mit 3 EL kaltem Wasser anrühren und mit einem Schneebesen unter die Sauce rühren. Aufkochen lassen, bis die Sauce bindet. Dazu schmecken Bandnudeln oder Kartoffelpüree (S. 141).

30 Min. + 3 Std. Schmoren · macht was her

Bœuf bourguignon

Für 4 Personen
2 Zwiebeln
800 g Rindfleisch aus der Schulter ohne
Knochen (ersatzweise Rindergulasch)
1 Knoblauchzehe
1 Möhre
100 g durchwachsener Räucherspeck
1 Zweig frischer Thymian
1 Lorbeerblatt
1 Streifen Schale von 1 Bio-Orange
2 EL Olivenöl · 1 EL Mehl
500–750 ml trockener Rotwein (am besten
Burgunder; ersatzweise Fleischbrühe)
1 Bund Petersilie
Salz · Pfeffer · Zucker
Muskatnuss, frisch gerieben

Außerdem:
Küchengarn

Pro Portion: ca. 525 kcal/2190 kJ
51 g EW · 33 g F · 6 g KH

1   Zwiebeln schälen und vierteln. Das Fleisch
in ca. 5 cm große Würfel schneiden. Den Knoblauch schälen. Die Möhre putzen, schälen und
in grobe Stücke schneiden. Den Speck ohne
Schwarte klein würfeln.

2   Den Thymianzweig waschen, mit dem Lorbeerblatt und der Orangenschale mit Küchengarn zusammenbinden.

3   Das Olivenöl in einem großen Schmortopf
erhitzen, die Zwiebeln darin 3 Min. anbraten
und dann herausnehmen. Die Fleischwürfel
in den Schmortopf geben und von allen Seiten
ca. 8 Min. kräftig anbraten.

4   Das Mehl durch ein Sieb über das Fleisch
stäuben und unterrühren. Knoblauch dazupressen. Zwiebeln, Möhre, Speck, 500 ml Rotwein und das Kräuterbund dazugeben.

5   Das Ganze zugedeckt ca. 3 Std. bei schwacher
Hitze köcheln lassen. Gelegentlich kontrollieren,
ob noch genug Flüssigkeit da ist, eventuell etwas
Wein nachgießen.

6   Die Petersilie waschen und trocken schütteln,
die Blättchen fein hacken. Vor dem Servieren
das Kräuterbund entfernen, das Fleisch mit Salz,
Pfeffer, Zucker und 1 Prise Muskatnuss würzen
und mit der Petersilie bestreuen. Dazu passt Kartoffelpüree (Rezept S. 141).

VARIANTE

Noch mehr Geschmack erhält das Gericht, wenn
Sie die Fleischwürfel ca. 4 Std. mit dem Rotwein,
dem Kräuterbund, den geviertelten Zwiebeln
und der grob gewürfelten Möhre marinieren.
Dann das Fleisch und die restlichen marinierten
Zutaten abtropfen lassen und wie in den Steps 3
und 4 beschrieben weiterverarbeiten. Die Mari-
nierflüssigkeit zum Aufgießen verwenden. Das
Bœuf bourguignon schmeckt übrigens auch aufgewärmt ganz vorzüglich. Sie können deshalb gut
gleich die doppelte oder dreifache Menge zubereiten und den Rest portionsweise einfrieren. Braten
Sie die Zutaten in diesem Fall in einem großen
Bräter an, und lassen Sie das Gericht dann zugedeckt bei 180° im Backofen schmoren.

Pannenhilfe Das Bœuf bourguignon ist
Ihnen versehentlich **zu salzig** geraten? Dann
gießen Sie 250 ml Wasser an, legen Sie einige
geschälte und in große Würfel geschnittene
Kartoffeln ein, und lassen Sie diese 10 Min.
mitgaren. Die Kartoffelstücke ziehen das Salz aus
der Sauce, Sie sollten sie vor dem Servieren deshalb
wieder herausfischen.

Wiener Schnitzel
mit Kartoffel-Rucola-Salat

Rucolablättern die harten Stiele abschneiden. Rucola waschen, die Blätter in mundgerechte Stücke zupfen, in einem Sieb abtropfen lassen.

2 Für die Schnitzel die Brötchen so gut es geht entrinden und im Blitzhacker zu feinen Bröseln verarbeiten. Die Brösel auf einem Teller verteilen, das Mehl auf einen weiteren Teller geben. Das Ei in einem tiefen Teller mit der Sahne verquirlen.

3 Kartoffeln abgießen und etwas ausdampfen lassen. Noch warm pellen, in Scheiben schneiden und in eine Schüssel geben. Die Kartoffeln salzen, pfeffern und mit Essig und dem Öl anmachen. Die Rucola untermischen und den Salat abschmecken.

4 Die Schnitzel mit der glatten Seite des Fleischklopfers flach klopfen (**Bild 1**). Mit Salz und Pfeffer würzen. Zuerst im Mehl wenden und den Überschuss abklopfen. Dann die Schnitzel durch das verschlagene Ei ziehen (**Bild 2**) und etwas abtropfen lassen. Zum Schluss das Fleisch in den Bröseln wenden (**Bild 3**) und die Panade sanft andrücken.

5 In einer Pfanne 1 cm hoch Butterschmalz erhitzen. Die Schnitzel darin bei mittlerer Hitze von jeder Seite in 2–3 Min. goldbraun braten (**Bild 4**). Sorgen Sie dafür, dass das flüssige Butterschmalz immer wieder auf die Schnitzel schwappt: Dadurch bekommen sie die charakteristische wellige Knusperhülle. Die Schnitzel herausheben und auf Küchenpapier abtropfen lassen (**Bild 5**).

6 Den Kartoffel-Rucola-Salat vor dem Servieren noch einmal abschmecken und zusammen mit den Schnitzeln servieren.

BEILAGEN Zum Wiener Schnitzel passt statt des Kartoffel-Rucola-Salates auch gut Kartoffel-Gurken-Salat (Rezept S. 143).

Für 2 Personen
Für den Salat:
400 g festkochende Kartoffeln · 1 Bund Rucola
Salz · Pfeffer · 2 EL Weißweinessig · 3 EL Öl
Für die Schnitzel:
2 altbackene Brötchen
3 EL Mehl · 1 Ei · 1 EL Sahne
4 dünne Kalbsschnitzel (je 140 g,
aus der Oberschale) · Salz · Pfeffer
Butterschmalz zum Ausbacken

Pro Portion: ca. 935 kcal/3910 kJ
67 g EW · 41 g F · 66 g KH

1 Die Kartoffeln waschen, in einem Topf mit Wasser bedecken und halb zugedeckt in ca. 25 Min. weich kochen. Inzwischen von den

1

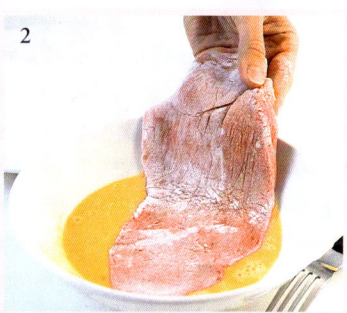

2

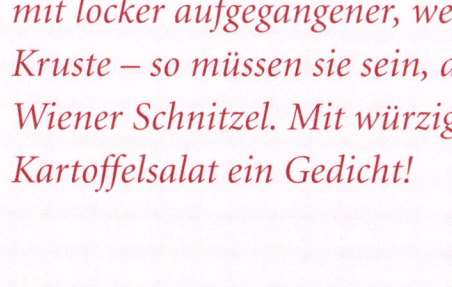

3

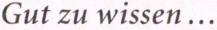

4

5

Goldbraun und knusprig gebacken, mit locker aufgegangener, welliger Kruste – so müssen sie sein, die echten Wiener Schnitzel. Mit würzigem Kartoffelsalat ein Gedicht!

Gut zu wissen …

• Ein echtes Wiener Schnitzel wird aus dünn geschnittenem magerem Kalbfleisch, am besten aus der Oberschale, zubereitet. Panierte Schweine- oder Putenschnitzel heißen »Schnitzel Wiener Art«.

• Zum Braten ideal sind gut gepflegte Eisenpfannen oder Pfannen aus beschichtetem Aluguss. Auch wenn die Beschichtungen heute recht widerstandsfähig sind, sollten Sie trotzdem idealerweise Holz- oder Plastikpfannenwender benutzen.

• Das Bratfett muss sich hoch erhitzen lassen. Neutrales Pflanzenöl (nicht kalt gepresst) und Butterschmalz eignen sich am besten zum Ausbacken der Schnitzel. Kalt gepresste Öle verbrennen schnell und sind auch zu geschmacksintensiv.

Tausch-Tipps

Mit den selbst gemachten Semmelbröseln schmecken die Wiener Schnitzel am besten. Wenn's schnell gehen soll, ersetzen Sie diese durch 4 EL **fertige Semmelbrösel.** *Kaufen Sie aber möglichst keine Fertigpanade, denn sie enthält unnötige Würzmittel und Geschmacksverstärker. Durch* **Zitrone** *bekommt die Panade einen frischen Akzent: Beträufeln Sie die Schnitzel 10 Min. vorher mit Zitronensaft, und mischen Sie die abgeriebene Schale von 1 Bio-Zitrone unter die Brösel.* **Parmesanschnitzel** *sind besonders lecker zu Spargel (Rezept S. 168): Ersetzen Sie dafür die Hälfte der Semmelbrösel durch frisch geriebenen Parmesan. Weitere Ideen für leckere Knusperschnitzel finden Sie auf den beiden nächsten Seiten!*

231

Frisch aus der Pfanne, goldbraun und würzig – solche Schnitzel lieben einfach alle! Und bei dieser Auswahl an Knusperhüllen könnten panierte Schnitzel doch glatt jeden Tag auf den Tisch kommen.

Die 6 knusprigsten Schnitzelpanaden

1 Pecorino-Kräuter-Kruste

Thymian und Rosmarin eignen sich gut als würzige Beigabe zu Parmesan und Bröseln. Sie haben ein kräftiges Aroma, das auch beim Braten nicht verlorengeht. Für 2 Schnitzel 1 altbackenes Brötchen mit 2 EL Kräuterblättern und/oder -nadeln im Blitzhacker fein zerkleinern. 30 g Pecorino (würziger Hartkäse aus Schafmilch) reiben und unter die Kräuterbrösel mischen. Die Schnitzel (von Kalb, Schwein oder Pute) salzen und pfeffern. Erst in Mehl, dann in verschlagenem Ei, schließlich in der Käse-Kräuter-Mischung wenden und die Panade leicht andrücken. In einer Pfanne 1 cm hoch Öl erhitzen. 1 Knoblauchzehe ungeschält zerdrücken und hineingeben. Die Schnitzel im heißen Öl bei mittlerer Hitze von jeder Seite ca. 3 Min. braten. Dazu schmeckt ein Rucola-Tomaten-Salat.

2 Rosa-Pfeffer-Kruste

Rosa Pfeffer gibt den Schnitzeln eine tolle Schärfe: 1 EL davon im Mörser fein zerstoßen und mit 3 EL Semmelbröseln mischen. 2 Schnitzel (von Schwein oder Pute) oder 6 Lammkoteletts salzen. Erst in Mehl, dann in verschlagenem Ei, schließlich in der Pfeffermischung wenden. Die Schnitzel von jeder Seite 3 Min. (Lammkoteletts von jeder Seite 2 Min.) ausbacken. Auf Küchenpapier abtropfen lassen. Dazu schmeckt Feldsalat mit Joghurt-Kräuter-Dressing (S. 29).

3 Nusskruste

Ob Haselnüsse, Mandeln, Erdnüsse, Cashewkerne, Sonnenblumenkerne, Kürbiskerne oder Pistazien – Sie können Ihre Schnitzel statt mit Semmelbröseln mit so ziemlich allen Nüssen und Samen panieren, die Ihnen einfallen. Da die meisten aber empfindliche Öle enthalten, die schnell verbrennen, sollten Sie allerdings zwei Dinge beachten: 1. Klopfen Sie die Schnitzel möglichst dünn, damit sie schnell durch sind. 2. Wählen Sie eine mäßige Brattemperatur, bei der die Schnitzel gerade eben in der Pfanne brutzeln.

Schweineschnitzel bekommen durch **Erdnüsse und Chili** einen exotischen Touch: 50 g geröstete gesalzene Erdnüsse mit 2 kleinen getrockneten Chilischoten im Mörser mittelfein zerstoßen. 2 Schweineschnitzel erst in Mehl, dann in verschlagenem Ei und schließlich in der Chili-Erdnuss-Mischung wenden. In Öl von jeder Seite 2 Min. braten. Putenschnitzel schmecken mit **Haselnusspanade** (für 2 Schnitzel ca. 60 g gehackte Haselnüsse) besonders gut. Kalbsschnitzel machen sich sehr gut mit einer **Mandelkruste** (für 2 Schnitzel 40 g Mandelblättchen) oder mit einer **Pistazienpanade** (aus 50 g ungesalzenen Pistazienkernen, die Sie mit 1 (gerne altbackenen) Scheibe Toast im Blitzhacker zerkleinern.

1   2   3   4   5   6

4 *Sesamkruste*

Sesamsamen lassen sich mühelos direkt ans
Fleisch drücken und haften auch ohne Vorbe-
reitung mit Mehl und Ei ganz prima. Sie können zum Panieren sowohl geschälte als auch
ungeschälte Sesamsamen verwenden. Ob Pute,
Schwein oder Kalb – wählen Sie das Fleisch,
das Ihnen am besten schmeckt, und wenden
Sie die gesalzenen und gepfefferten Schnitzel
in den Sesamsamen. Sesam gut andrücken und
die Schnitzel bei mittlerer Hitze von jeder Seite
3 Min. in Öl ausbraten.
Für eine würzige **Meerrettich-Sesam-Kruste**
bestreichen Sie die Schnitzel auf jeder Seite dünn
mit geriebenem Meerrettich aus dem Glas und
panieren sie dann mit Sesam wie oben beschrieben. Dazu schmeckt Rote-Beten-Salat (Rezept
S. 49) ganz ausgezeichnet.

5 *Kokoskruste*

Kokosraspel verleihen Schweine- und Putenschnitzeln einen exotischen Touch. Sie sind jedoch recht hitzeempfindlich, also dünne Schnitzel verwenden und bei mäßiger Temperatur
braten. Ein besonders frisches Kokosaroma
bekommen Ihre Schnitzel mit Kokoschips
aus dem Naturkostladen. Die Chips etwas zerbröseln, die Schnitzel mit verquirltem Eiweiß
einpinseln und in den Kokosbröseln wenden.
Bei mäßiger Hitze von jeder Seite 3 Min. braten.

6 *Kartoffelkruste*

Diese raffinierte Kruste aus Kartoffelstiften
macht so richtig was her: Nehmen Sie für
2 Personen 4 kleine dünne Kalbsschnitzel
(je 70 g). Außerdem Mehl und verschlagenes
Ei bereitstellen. 2 Stücke Klarsichtfolie von etwa
20 x 30 cm auf die Arbeitsfläche legen.
1 große mehligkochende Kartoffel (ca. 200 g)
schälen und auf einem Juliennehobel in streich-
holzgroße Stifte schneiden (s. Tipp S. 96) oder
grob raspeln. Die Kartoffelstifte mit Küchenpapier trocken tupfen. Jeweils ein Achtel der
Kartoffelstifte in Schnitzelgröße auf die beiden
Folienstücke verteilen, mit 1 Prise Muskat
würzen. Die Schnitzel salzen, pfeffern, im Mehl
wenden, durch das Ei ziehen und darauflegen.
Die übrigen Kartoffelstifte auf den Schnitzeln
verteilen. Die Folie darüberschlagen und fest
daraufdrücken, sodass die Kartoffellagen gut
am Fleisch haften.
In einer Pfanne 1/2 cm hoch Öl erhitzen. Die
Schnitzel aus der Folie wickeln und mit dem
Pfannenheber in die Pfanne setzen. Erst 3 Min.
bei mittlerer Hitze anbraten, dann 2 Min. bei
schwacher Hitze weiterbraten. Die Schnitzel
vorsichtig wenden und auf der anderen Seite
wieder 3 Min. bei mittlerer und 2 Min. bei
schwacher Hitze braten.
Die Kalbsschnitzel mit Kartoffelkruste passen
ausgezeichnet zu Spargel oder zu gedünstetem
Frühlingsgemüse.

Schweinebraten
in Biersauce

Für 6 Personen
1,2 kg Schweinebraten mit Schwarte
(aus der Schulter, ohne Knochen)
1 TL Kümmel · 1/2 TL getrockneter Majoran
2 Knoblauchzehen · Salz · 1 Bund Suppengrün
(bestehend aus Möhre, Lauch, Knollensellerie,
Petersilienwurzel und 1–2 Stielen Petersilie)
2 Zwiebeln · 375 ml helles oder dunkles Bier

Pro Portion: ca. 410 kcal/1710 kJ
41 g EW · 24 g F · 1 g KH

1   Den Backofen auf 220° (Umluft 200°) vorheizen. Das Fleisch trocken tupfen. Die Schwarte
mit einem sehr scharfen Messer rautenförmig
einschneiden (**Bild 1**). Den Kümmel hacken, den
Majoran zerrebeln, den Knoblauch schälen und
durch die Presse drücken. Kümmel, Majoran,
Knoblauch und Salz mischen und den Braten
rundherum damit einreiben.

2   Den Braten mit der Schwarte nach unten
in einen Bräter legen, ca. 125 ml heißes Wasser
angießen. Den Braten im heißen Ofen (unten)
ca. 15 Min. garen.

3   Inzwischen das Suppengrün waschen oder
schälen, putzen und in grobe Würfel schneiden.
Die Zwiebeln schälen und vierteln.

4   Den Braten wenden, Suppengrün und Zwiebeln daneben verteilen. Den Schweinebraten
ca. 1 Std. 45 Min. braten, dabei immer mal wieder mit etwas Bier begießen (**Bild 2**).

5   Den Braten herausnehmen und zugedeckt
10 Min. ruhen lassen. Die Sauce nach Belieben
durch ein feines Sieb abgießen oder das Gemüse
in der Sauce mit dem Pürierstab pürieren.
Den Braten in Scheiben schneiden (**Bild 3**).
Dazu schmecken Kartoffelknödel (Rezept S. 142).

MEDITERRANE VARIANTE

Einen Schweinebraten ohne Schwarte mit Knob-
lauch, gehacktem Rosmarin, abgeriebener Bio-
Zitronenschale und etwas Olivenöl einreiben.
Beim Braten Zwiebeln, Möhren, Rosmarin- und
Thymianzweige mit in den Bräter legen und statt
Bier trockenen Weißwein zum Begießen nehmen.

Tipp *Ein Braten bleibt definitiv saftiger,*
wenn man ein größeres Stück zubereitet.
Was Sie nicht gleich essen, können Sie
*am nächsten Tag **dünn aufgeschnitten***
***als kalten Braten** servieren.*

1. Die Schwarte mit einem scharfen Messer ca. 3 mm tief rautenförmig bis in die Fettschicht einschneiden.

2. Den Braten regelmäßig mit
Bier begießen, damit die
Schwarte zu einer krossen
Kruste wird.

3. Den Braten quer zur Faser
durch die Rauteneinschnit-
te der Kruste in Scheiben
schneiden.

Chop Suey

Für 4 Personen
150 g grüne Bohnen · Salz
2–3 Möhren (ca. 150 g) · 200 g Sojabohnensprossen · 1 Stange Staudensellerie
2 Frühlingszwiebeln · 1 Zwiebel
1 Knoblauchzehe · 400 g Schweinefilet
1/2 Bund Petersilie · 3 EL neutrales Pflanzenöl
150 ml Geflügelbrühe (selbst gemacht, Rezept
S. 90, oder Instant) · 3 EL dunkle Sojasauce
1 TL Speisestärke · 1 TL Zucker · Pfeffer

Pro Portion: ca. 255 kcal/1070 kJ
26 g EW · 12 g F · 11 g KH

1 Die Bohnen waschen, putzen und in kochendem Salzwasser 3–4 Min. blanchieren. Abgießen,
eiskalt abschrecken und gut abtropfen lassen
(siehe S. 163).

2 Die Möhren schälen und in Stifte schneiden.
Die Sprossen in einem Sieb kalt abbrausen und
abtropfen lassen. Den Sellerie putzen, waschen
und ohne Grün in ca. 1 cm lange, dünne Stifte
schneiden. Die Frühlingszwiebeln putzen, gründlich waschen und schräg in ca. 1 cm lange Stücke
schneiden. Zwiebel und Knoblauch schälen und
klein würfeln. Das Fleisch trocken tupfen und in
feine Streifen schneiden. Die Petersilie waschen
und klein hacken.

3 1 EL Öl im Wok (oder in einer tiefen Pfanne)
erhitzen, die Möhren und die Bohnen ca. 2 Min.
pfannenrühren (siehe S. 163), dann an den Rand
schieben. 1 weiterer EL Öl erhitzen, Sojasprossen, Sellerie und Frühlingszwiebeln 1 Min. pfannenrühren und ebenfalls an den Rand schieben.

4 Restliches Öl im Wok erhitzen, Zwiebeln und
Knoblauch ca. 1 Min. anbraten, das Fleisch hin-
zufügen und ca. 3 Min. anbraten. Brühe und
Sojasauce angießen. Die Stärke in 2 EL Wasser
glatt rühren, untermischen. Mit dem Zucker,
Salz und Pfeffer würzen, kurz aufkochen lassen.
Alles zusammenrühren. Mit Petersilie bestreuen.

Ingwerfleisch

Für 2 Personen
2 Schweineschnitzel (je ca. 150 g)
1 großes Stück frischer Ingwer (ca. 40 g)
1 Knoblauchzehe
1 Bund Frühlingszwiebeln
1 EL neutrales Pflanzenöl
150 ml Kokosmilch (Dose/Tetrapak)
Salz · Pfeffer

Pro Portion: ca. 265 kcal/1110 kJ
36 g EW · 10 g F · 9 g KH

1 Die Schweineschnitzel trocken tupfen, längs
halbieren und quer in feine Streifen schneiden.
Ingwer und Knoblauch schälen und sehr fein
würfeln. Die Frühlingszwiebeln putzen und
gründlich waschen. Die weißen und die grünen
Teile separat schräg in Ringe schneiden.

2 Das Öl in einer beschichteten Pfanne erhitzen. Das Fleisch darin unter Rühren bei mittlerer Hitze 4–5 Min. braten, bis es goldbraun ist.
Ingwer, Knoblauch und die weißen Frühlingszwiebelringe dazugeben und unter Rühren
ca. 2 Min. mitbraten.

3 Die Kokosmilch dazugießen und alles einmal
aufkochen lassen. Frühlingszwiebelgrün unterrühren und mit Salz und Pfeffer abschmecken.
Dazu schmeckt Basmati-Reis (Rezept S. 127)

PIKANTE VARIANTE

*1 frische grüne Chilischote waschen, längs auf-
schneiden, entkernen und in feine Streifen schneiden. Mit dem Ingwer und dem Knoblauch anbraten. Statt mit Salz mit 1–2 EL Fischsauce (aus dem
Asienladen) und 1 TL Palmzucker (oder braunem
Zucker) würzen.*

1 Std. + 1 Std. Marinieren · macht was her

Spareribs in Kokossauce

Für 4 Personen
2 EL Honig · 2 EL Zitronensaft
4 EL Tomatenketchup
1–1 1/2 kg Spareribs (vom Metzger in finger-
lange Stücke hacken lassen)
Pfeffer · 2 EL neutrales Pflanzenöl · Salz
200 ml Kokosmilch (Dose/Tetrapak)
100 ml Fleischbrühe (selbst gemacht,
Rezept S. 91, oder Instant)
1/4 TL Chilipulver
je 1/2 TL gemahlener Koriander und Kurkuma
50 ml helle Sojasauce
1 EL grüner Pfeffer (aus dem Glas)
1 EL Kokosraspel

Pro Portion: ca. 410 kcal/1710 kJ
17 g EW · 30 g F · 16 g KH

1 Den Honig mit dem Zitronensaft und 2 EL Ketchup verrühren. Die Rippchen pfeffern und mit der Marinade bestreichen. Im Kühlschrank ca. 1 Std. marinieren.

2 Das Öl im Wok (oder in einer tiefen Pfanne) erhitzen und die Spareribs portionsweise in je 10–12 Min. bei mittlerer Hitze braun braten, salzen, herausnehmen und warm halten.

3 Die gebratenen Rippchen zurück in den Wok geben, die Kokosmilch und die Brühe dazugießen. Aufkochen lassen und Chilipulver, Koriander, Kurkuma, Sojasauce und grünen Pfeffer einrühren. Zugedeckt bei mittlerer Hitze 25 Min. schmoren lassen, dann offen bei starker Hitze noch 5–7 Min. cremig einkochen lassen.

4 Das Ganze noch einmal mit Sojasauce und Chilipulver abschmecken. Auf vier Teller verteilen und mit Kokosraspeln bestreut servieren. Dazu schmeckt Reis.

40 Min. · ganz einfach

Schweinefleisch Szechuan-Art

Für 4 Personen
40 g getrocknete Mu-Err-Pilze · 1 TL Szechuanpfeffer · 400 g Schweinefilet · 2 Möhren
1 grüne Paprikaschote · 2 Frühlingszwiebeln
1 Gemüsezwiebel · 1 Knoblauchzehe
100 g Bambussprossen in Streifen (aus
dem Glas) · 3 EL neutrales Pflanzenöl
3 EL dunkle Sojasauce · 2–3 EL Kung-Po-
Sauce (scharfe Bohnensauce; Asienladen)

Pro Portion: ca. 235 kcal/980 kJ
26 g EW · 12 g F · 6 g KH

1 Die Pilze in lauwarmem Wasser einweichen. Den Szechuanpfeffer ohne Fett rösten, bis er duftet. Im Mörser (oder mit dem Messerrücken) grob zerdrücken. Das Fleisch trocken tupfen und in dünne Streifen schneiden.

2 Möhren schälen und in feine Stifte schneiden. Die Paprikaschote halbieren, putzen, waschen und in Streifen schneiden. Frühlingszwiebeln putzen, waschen und schräg in 2–3 cm große Stücke schneiden. Die Gemüsezwiebel schälen, halbieren und die Hälften in Spalten schneiden. Knoblauch schälen und würfeln. Sprossen in ein Sieb abgießen und abtropfen lassen. Pilze abgießen, 150 ml Einweichwasser abmessen.

3 1 EL Öl im Wok (oder in einer tiefen Pfanne) erhitzen. Möhren und Gemüsezwiebeln darin 2–3 Min. pfannenrühren (siehe S. 163), an den Rand schieben. Paprika und Frühlingszwiebeln 2–3 Min. pfannenrühren, an den Rand schieben. 1 weiteren EL Öl im Wok erhitzen, die Pilze darin 2–3 Min. braten. Sprossen und Knoblauch 1 Min. mitbraten, alles an den Rand schieben.

4 Das restliche Öl in den Wok geben und das Schweinefilet darin knusprig braten. Mit dem Pilzeinweichwasser ablöschen, Sojasauce, Kung-Po-Sauce und Szechuanpfeffer dazugeben. Aufkochen lassen und alles zusammenrühren. Mit Reis servieren.

Rosa gebratene Entenbrust

mit Orangensauce

Für 4 Personen
50 g Butter · 2 Entenbrüste (je ca. 300 g)
Salz · Cayennepfeffer
2 Orangen (mindestens 1 in Bio-Qualität)
1 Bund Frühlingszwiebeln
200 ml Orangensaft (frisch gepresst)

Pro Portion: ca. 400 kcal/1670 kJ
29 g EW · 26 g F · 11 g KH

1　Die Butter klein würfeln und ins Tiefkühlfach stellen. Die Entenbrust kalt abwaschen und trocken tupfen. Die Haut rautenförmig einritzen (**Bild 1**), dabei nicht zu tief schneiden, um das Fleisch nicht zu verletzen. Rundherum mit Salz und Cayennepfeffer einreiben.

2　Die Bio-Orange heiß waschen, abtrocknen und mit einem Zestenreißer die Schale abziehen (oder mit dem Sparschäler arbeiten, siehe Tipp S. 45). Beide Orangen bis ins Fruchtfleisch schälen, die Orangenfilets zwischen den Trennhäutchen herausschneiden (siehe S. 47). Die Frühlingszwiebeln putzen, waschen und in schräge Ringe schneiden.

3　Die Entenbrüste mit der Hautseite in eine Pfanne legen und diese auf mittlere Hitze erwärmen. Offen 6–7 Min. sanft braten, bis das Fett austritt und die Haut goldbraun ist. Die Entenbrust wenden (**Bild 2**) und ca. 8 Min. weiterbraten. Um zu prüfen, ob die Entenbrust fertig ist, machen Sie zum Ende der Garzeit regelmäßig die Druckprobe mit dem Daumen: Gibt die Entenbrust noch weich nach, ist sie innen noch blutig. Wenn sie sich gerade fest anfühlt, ist sie genau richtig, also innen schön rosig. Dann herausnehmen und zugedeckt 10 Min. ruhen lassen.

4　Inzwischen das Fett aus der Pfanne abgießen, den Orangensaft in der Pfanne bei starker Hitze auf die Hälfte einkochen lassen. Die Butter mit einem Schneebesen unterrühren, mit Salz und Cayennepfeffer abschmecken. Orangenfilets und Frühlingszwiebeln dazugeben und in der Sauce erwärmen, aber nicht mehr kochen lassen.

5　Die Entenbrüste quer in ca. 1/2 cm dicke Scheiben schneiden (**Bild 3**) und mit der Orangensauce auf vorgewärmten Tellern anrichten. Dazu schmecken Bandnudeln und Brokkoli mit Walnüssen (Rezept S. 175).

VARIANTE　*Die Entenbrust schmeckt auch mit Blaukraut und Knödeln:*

Als Beilage Blaukraut nach dem Rezept auf S. 242 (oder fertiges Blaukraut aus der Dose) zubereiten und warm stellen.
Nach dem Rezept auf S. 142 Kartoffelknödelteig vorbereiten (oder auf fertigen Knödelteig aus dem Kühlregal zurückgreifen).
Wacholderbeeren mit je 1/4 TL Salz und Pfeffer im Mörser fein zerstoßen. Die Haut der Entenbrüste wie beschrieben einritzen und mit der Gewürzmischung einreiben. Die Knödel formen, ins kochende Wasser geben und in ca. 20 Min. bei schwacher Hitze gar ziehen lassen. Den Backofen auf 150° (Umluft 140°) vorheizen. Die Entenbrüste auf der Hautseite 3 Min. anbraten, dann wenden und weitere 3 Min. braten. Die Entenbrüste in eine ofenfeste Form setzen und im Backofen (Mitte) in 12–15 Min. fertig garen. Das Fett aus der Pfanne abgießen, 200 ml Entenfond (aus dem Glas) und 100 g Sahne darin bei starker Hitze auf die Hälfte einkochen lassen, mit Salz und Pfeffer abschmecken. Die Entenbrüste 10 Min. ruhen lassen, dann in Scheiben schneiden und mit Sauce, Knödeln und Blaukraut servieren.

Weißweinhähnchen mit Pilzen

Für 4 Personen
400 g kleine Champignons
2 Schalotten · 2 Knoblauchzehen
1 Zweig Rosmarin
4 Hähnchenbrustfilets (je ca. 150 g)
Salz · Pfeffer
4 EL neutrales Pflanzenöl
250 ml trockener Weißwein
100 g Sahne · 2 Tomaten

Pro Portion: ca. 420 kcal/1760 kJ
41 g EW · 22 g F · 5 g KH

1 Die Champignons putzen, kleine ganz lassen, größere halbieren oder vierteln. Die Schalotten und den Knoblauch schälen und fein würfeln. Den Rosmarinzweig waschen.

2 Die Hähnchenbrustfilets kalt abwaschen, trocken tupfen, salzen und pfeffern. In einer großen Pfanne das Öl erhitzen und das Fleisch auf jeder Seite 3 Min. anbraten. Aus der Pfanne nehmen, warm halten. Schalotten und Knoblauch 1 Min. anbraten, Pilze dazugeben, 3–4 Min. bei starker Hitze unter Rühren braten.

3 Mit der Hälfte des Weißweins ablöschen und einkochen, bis die Flüssigkeit verdampft ist. Übrigen Wein und Sahne angießen, Rosmarinzweig dazulegen. Die Hähnchenbrüste wieder in die Pfanne geben und zugedeckt bei mittlerer Hitze 10 Min. schmoren lassen.

4 Die Tomaten waschen, quer halbieren, entkernen und die Stielansätze entfernen. Tomaten in feine Würfel schneiden (wer möchte, häutet die Tomaten vorher, siehe S. 95).

5 Die Hähnchenbrüste herausheben, in Scheiben schneiden und auf vorgewärmten Tellern anrichten. Den Rosmarinzweig entfernen. Die Tomatenwürfel in die Sauce geben, 1 Min. erwärmen, mit Salz und Pfeffer abschmecken. Das Fleisch mit der Sauce überziehen. Dazu passen Bandnudeln (Rezept S. 122).

Huhn in Mandelsauce

Für 2 Personen
400 g Hähnchenbrustfilet
2 Zwiebeln · 1 EL Koriandersamen
2 grüne Kardamomkapseln
1 getrocknete Chilischote
3 EL Ghee (oder Butterschmalz, siehe S. 184)
2 EL Mandelstifte · 100 g Joghurt
50 g Sahne · Salz

Pro Portion: ca. 560 kcal/2340 kJ
55 g EW · 35 g F · 6 g KH

1 Die Hähnchenbrustfilets kalt abwaschen, trocken tupfen und in 3 cm große Würfel schneiden. Die Zwiebeln schälen und fein würfeln. Die Gewürze im Mörser fein zerstoßen.

2 In einer Pfanne 1 1/2 EL Ghee erhitzen. Das Fleisch bei mittlerer Hitze 3–4 Min. anbraten, aber nicht braun werden lassen, herausnehmen. Übriges Ghee in die Pfanne geben. Zwiebeln darin 1 Min. anbraten. Gewürze und Mandeln dazugeben, 1–2 Min. darin rösten.

3 Die Mandelmischung mit 100 ml Wasser im Mixer (oder mit dem Pürierstab) pürieren. Wieder in die Pfanne gießen, Joghurt und Sahne unterrühren, mit Salz würzen. Das Hähnchenfleisch untermischen und zugedeckt bei schwacher Hitze ca. 45 Min. schmoren.

Was ist denn … *Kardamom?* *Kardamom ist ein Gewürz, das in der indischen Küche sowohl für pikante als auch für süße Gerichte verwendet wird. Bei uns verfeinert er z. B. Lebkuchen und anderes Weihnachtsgebäck. Da gemahlener Kardamom schnell sein Aroma verliert, besser ganze Kapseln kaufen.*

15 Min. + 40 Min. Backen
pikant-fruchtig

Hähnchenkeulen
mit Honigglasur

Für 4 Personen
4 große Hähnchenkeulen (je ca. 250 g)
4 Knoblauchzehen
2 EL Zitronensaft
2 EL Honig
Salz · Pfeffer
Chilipulver nach Belieben
2 EL Olivenöl
2 rote Zwiebeln
1 Dose Ananasscheiben (490 g Abtropfgewicht)
1 TL getrockneter Thymian

Pro Portion: ca. 585 kcal/2450 kJ
41 g EW · 31 g F · 35 g KH

1   Die Hähnchenkeulen kalt abwaschen und trocken tupfen. Den Knoblauch schälen und durchpressen, mit Zitronensaft, Honig, Salz, Pfeffer und Chilipulver nach Belieben verrühren. Das Öl untermischen. Die Hähnchenkeulen damit einstreichen.

2   Den Backofen auf 200° vorheizen. Die Zwiebeln schälen, halbieren und in Streifen schneiden. Die Ananasscheiben abtropfen lassen. Ananas mit Zwiebelstreifen mischen und eine feuerfeste Form, in der die Keulen nebeneinander Platz haben, damit auslegen. Mit Salz, Pfeffer und dem zerrebelten Thymian würzen.

3   Die Hähnchenkeulen auf die Ananasscheiben legen und im heißen Backofen (Mitte, Umluft 180°) ca. 40 Min. backen, bis sie schön gebräunt sind. Mit einem Stäbchen in die dickste Stelle stechen. Tritt klarer Saft aus, ist das Fleisch durchgegart, ist er rötlich, noch etwas weiterbraten. Mit Reis oder Fladenbrot und einem bunten Salat servieren.

30 Min. + 24 Std. Marinieren + 30 Min. Braten
preiswertes Partyfood

Chicken Wings

Für 8 Personen
1,2 kg Hähnchenflügel · 3 Knoblauchzehen
40 g frischer Ingwer · 200 g Joghurt
1 EL Zitronensaft · 2 EL Tandoori-Gewürz
Salz · 3 Zweige Koriandergrün
1 EL gemahlener Kreuzkümmel

Pro Portion: ca. 140 kcal/590 kJ
11 g EW · 10 g F · 2 g KH

1   Die Hähnchenflügel kalt abwaschen, trocken tupfen und mit einer Geflügelschere oder einem scharfen Messen an den Gelenken teilen. Knoblauch und Ingwer schälen und sehr fein würfeln. In einer Schüssel mit Joghurt, Zitronensaft und dem Tandoori-Gewürz verrühren. Hähnchenflügel darin wenden und zugedeckt 1 Tag im Kühlschrank marinieren.

2   Den Backofen auf 225° (Umluft 200°) vorheizen. Die Hähnchenteile trocken tupfen, auf den Gitterrost legen und im Backofen (Mitte; Blech mit Alufolie darunter einschieben, damit das Fett darauf abtropfen kann), 20 Min. braten, dabei einmal wenden. Grill dazuschalten, die Hähnchenteile salzen und 10 Min. bräunen, zwischendurch einmal wenden. Das Koriandergrün hacken. Die Chicken Wings mit Kreuzkümmel und Koriandergrün bestreuen.

 Was ist denn … *Tandoori-Gewürz?*
Das ist eine Gewürzmischung aus Ostindien. Sie bekommen sie als Paste im Glas oder als Pulver im Beutelchen im Asienladen.

Weihnachtsgans

mit Blaukraut

1 Ofen auf 200° vorheizen. Die Gans innen und außen kalt abwaschen und trocken tupfen. Hals, Flügelspitzen, Bürzel und alles sichtbare Fett im Innern entfernen. Innen und außen kräftig salzen und pfeffern. Zwiebeln und Äpfel schälen, vierteln, mit dem Beifuß in den Gänsebauch stecken (**Bild 1**). Mit Holzspießchen verschließen.

2 Die Gans mit der Brustseite in einen Bräter legen. 2 cm hoch heißes Wasser angießen und die Gans für etwa 1 Std. 30 Min. in den Ofen (unteres Drittel, Umluft 180°) geben. Unter Flügeln und Keulen einstechen (**Bild 2**), damit das Fett gut ausbraten kann. Wenn der Bratfond eingekocht ist, jeweils etwas Fond angießen.

3 Die Gans wenden, Hals und Flügelspitzen mit in den Bräter geben. In weiteren 1 Std. 30 Min. braun braten, dabei regelmäßig begießen.

4 Inzwischen den Kohl putzen, vierteln, den Strunk entfernen, den Kohl hobeln oder in feine Streifen schneiden. In einer Schüssel 1 TL Salz und den Essig unterkneten. Zwiebel schälen und würfeln. Apfel schälen, vierteln, entkernen und in feine Scheiben schneiden. Butterschmalz in einem Topf erhitzen. Zwiebeln und Äpfel mit Zucker darin 3 Min. anbraten. Kohlstreifen unterrühren, 2 Min. anschmoren. Brühe, Lorbeerblatt, Nelken und Preiselbeeren dazugeben, alles ca. 45 Min. schmoren, gelegentlich umrühren.

5 Wenn sich die Gans leicht anstechen lässt, ist sie fertig, sonst bis zu 30 Min. länger braten. Die Gans aus dem Bräter heben, im abgeschalteten Ofen warm halten. Vom Bratfond alles sichtbare Fett abschöpfen, den Rest durch ein Sieb in einen Topf gießen. Bei starker Hitze einkochen, mit Salz und Pfeffer abschmecken.

6 Die Gans tranchieren (**Bild 3–5**) und mit der Sauce und dem Blaukraut servieren. Dazu passen Kartoffelknödel (Rezept S. 142).

Für 6 Personen
Für die Gans:
1 Gans (ca. 4 kg) · Salz · Pfeffer · 2 Zwiebeln
2 säuerliche Äpfel · 2 Zweige Beifuß
400 ml Gänsefond (aus dem Glas oder Geflügelbrühe) · Holzspießchen zum Zustecken

Für das Blaukraut:
1 kg Blaukraut (Rotkohl) · Salz
4 EL Rotweinessig · 1 Zwiebel
1 säuerlicher Apfel (z. B. Boskoop)
1 EL Butterschmalz (oder Öl) · 2 EL Zucker
250 ml Geflügelbrühe (selbst gemacht, Rezept S. 90, oder Instant) · 1 Lorbeerblatt
2 Nelken · 2 EL Preiselbeeren (aus dem Glas)

Pro Portion: ca. 1020 kcal/4260 kJ
66 g EW · 70 g F · 15 g KH

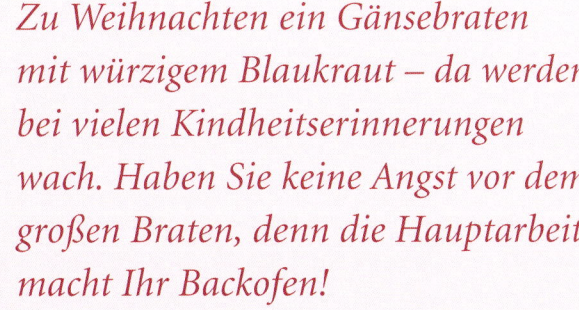

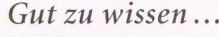

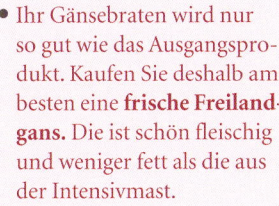

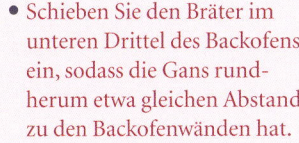

Zu Weihnachten ein Gänsebraten mit würzigem Blaukraut – da werden bei vielen Kindheitserinnerungen wach. Haben Sie keine Angst vor dem großen Braten, denn die Hauptarbeit macht Ihr Backofen!

Gut zu wissen …

- Ihr Gänsebraten wird nur so gut wie das Ausgangsprodukt. Kaufen Sie deshalb am besten eine **frische Freilandgans.** Die ist schön fleischig und weniger fett als die aus der Intensivmast.

- Schieben Sie den Bräter im unteren Drittel des Backofens ein, sodass die Gans rundherum etwa gleichen Abstand zu den Backofenwänden hat.

- Schöpfen Sie das Gänsefett, das sich ausbrät, ab. Wer möchte (und die Kalorien nicht scheut), rührt 2 EL davon unter das Blaukraut. Den Rest bewahren Sie zugedeckt im Kühlschrank auf und braten in den nächsten Wochen damit Fleisch oder Kartoffeln an.

- Beim Tranchieren zuerst die Keulen, dann die Flügel im Gelenk herausschneiden. Anschließend die Brüste entlang des Brustbeins herauslösen und in Scheiben schneiden.

Tausch-Tipps
*Die Gans reicht gut und gerne für 6 Personen. Wem das zu viel ist, der kann auf die gleiche Weise einen **Entenbraten** (ca. 2,5 kg) zubereiten. Davon werden mit Beilagen 3–4 Personen satt. Für die Füllung kleine Äpfel und zum Angießen Entenfond verwenden. Die Ente von jeder Seite knapp 1 Std. braten. Herausnehmen und 10 Min. ruhen lassen. Dann tranchieren, die Stücke mit der Hautseite nach oben auf ein Blech legen und unter dem Backofengrill noch 4–5 Min. bräunen. Von dem Blaukraut benötigen Sie nur gut die Hälfte.*
***Blaukraut** gibt es auch fertig in der Dose: Einfach nach Aufschrift erwärmen und nach Belieben mit Gänsefett und Preiselbeeren verfeinern.*

Lammmedaillons
auf Sahne-Zucchini

Für 4 Personen

200 g Sahne · 100 g Crème fraîche
1 EL heller Saucenbinder · 1 Knoblauchzehe
Salz · Pfeffer · Muskatnuss, frisch gerieben
500 g kleine Zucchini · 4 EL neutrales Pflanzenöl · 1/2 Bund Thymian (ersatzweise
1 TL getrockneter Thymian) · 8 Medaillons
aus dem Lammrückenfilet (je ca. 70 g)
3 EL grob geraspelter Parmesan

Pro Portion: ca. 575 kcal/2400 kJ
35 g EW · 45 g F · 7 g KH

1 Sahne und Crème fraîche in einen kleinen
Topf geben und 10 Min. offen köcheln lassen.
Den Saucenbinder einrühren, damit eine sämige
Sauce entsteht. Die Knoblauchzehe schälen
und dazupressen. Mit Salz, Pfeffer und Muskat
würzig abschmecken. Zur Seite stellen.

2 Den Backofen auf 220° (Umluft 200°) vorheizen. Die Zucchini waschen und in 1/2 cm
dicke Scheiben schneiden. In einer großen Pfanne 2 EL Öl erhitzen und die Zucchini darin
knapp gar braten (sie sollen etwas Farbe annehmen, aber noch Biss haben). Den Thymian
waschen und trocken schütteln, die Blättchen
von den Zweigen streifen und hinzufügen. Salzen
und die Sahnesauce unterrühren. In eine Auf-
lauffform geben und verteilen.

3 Die Lammmedaillons etwas flach drücken,
salzen und pfeffern. Das restliche Öl in einer
Pfanne erhitzen und die Medaillons darin auf
jeder Seite 1 Min. anbraten. Mit etwas Abstand
auf die Zucchini setzen und mit dem Parmesan
bestreuen. Ca. 10 Min. überbacken (oben), bis
der Käse goldbraun ist.

VARIANTE

*Wer Lammfleisch nicht mag, ersetzt es durch
Kalbsmedaillons oder kleine Putenschnitzel.*

Lammkoteletts
mit Ratatouille

Für 4 Personen

1 Aubergine (ca. 300 g) · Salz · 1 Zwiebel
3 Knoblauchzehen · je 2 rote und gelbe
Paprikaschoten · 3 kleine Zucchini (ca. 400 g)
2 große Fleischtomaten · 5 EL Olivenöl
1/2 Bund Thymian · 1 Lorbeerblatt
Pfeffer · 1 Zweig Rosmarin
12 Lammkoteletts (je ca. 60 g)

Pro Portion: ca. 680 kcal/2840 kJ
25 g EW · 59 g F · 11 g KH

1 Die Aubergine waschen, putzen, 1 cm groß
würfeln und mit Salz bestreuen. Die Zwiebel
schälen, halbieren und in Spalten schneiden.
2 Knoblauchzehen schälen, in Scheiben schneiden. Paprikaschoten halbieren, putzen, waschen
und in Stücke schneiden. Zucchini waschen
und ohne die Stielansätze in Scheiben schneiden.
Die Tomaten kreuzweise einritzen, mit kochendem Wasser überbrühen, kalt abschrecken und
häuten. Die Tomaten in Würfel schneiden, dabei
die Stielansätze entfernen.

2 Die Auberginenwürfel trocken tupfen und
in einer Pfanne in 2 EL Öl goldbraun braten.
Herausnehmen und auf Küchenpapier abtropfen
lassen. 1 EL Öl in einem Topf erhitzen, Zwiebeln
und Knoblauch darin 1 Min. anbraten. Paprika
und Zucchini 3 Min. mitbraten. Auberginen,
Tomaten, Thymian und Lorbeerblatt dazugeben,
zugedeckt bei schwacher Hitze 20 Min. schmoren
lassen. Mit Salz und Pfeffer würzen.

3 In der Pfanne das übrige Öl erhitzen, die
restliche Knoblauchzehe ungeschält andrücken,
mit dem Rosmarinzweig in die Pfanne geben.
Die Lammkoteletts portionsweise auf jeder Seite
ca. 2 Min. braten, salzen und pfeffern. Die Kote-
letts auf dem Ratatouille anrichten. Dazu passen
Gewürzkartoffeln vom Blech (Rezept S. 146).

1 Std. · Spezialität aus Indien

Geschmortes Lamm
mit Spinat

Für 4 Personen
600 g Lammfleisch (Schulter oder Rückenfilet) · 2 Zwiebeln · 2 Knoblauchzehen
1 walnussgroßes Stück frischer Ingwer
4 EL neutrales Pflanzenöl
2 EL Madras-Currypulver
1 Lorbeerblatt · 1 kg junger Spinat
(oder 450 g aufgetauter TK-Blattspinat)
Salz · Pfeffer · 100 g Sahne

Pro Portion: ca. 385 kcal/1610 kJ
34 g EW · 25 g F · 5 g KH

1 Das Fleisch in 3 cm große Würfel schneiden.
Die Zwiebeln schälen, halbieren und in Spalten
schneiden. Den Knoblauch und den Ingwer
schälen und fein würfeln.

2 Das Öl in einem großen Schmortopf erhitzen. Zwiebeln, Knoblauch und Ingwer darin in
2–3 Min. bei mittlerer Hitze goldbraun anbraten.
Currypulver und Lorbeerblatt hinzufügen und
kurz mitbraten. Das Fleisch dazugeben und
von allen Seiten anbraten. Zugedeckt 30 Min.
bei schwacher Hitze schmoren lassen und dabei
gelegentlich umrühren.

3 Den Spinat gründlich waschen, verlesen und
in einem Sieb abtropfen lassen. Zum Fleisch
geben und kräftig salzen und pfeffern. Zugedeckt
weiterschmoren lassen, bis der Spinat zusammen-
gefallen ist. Die Sahne angießen, 3 Min. bei großer Hitze offen einkochen lassen. Dazu schmeckt
Basmati-Reis (Rezept S. 127).

Küchenpraxis *Curry ist eine Gewürzmischung, die im Wesentlichen aus Kurkuma,
Ingwer, Kardamom, Koriander und Kreuzkümmel besteht. Wenn Sie oft indisch kochen,
lohnt es sich, die **Gewürze einzeln** unzer-
kleinert zu kaufen, in der Pfanne ohne Fett sanft
anzurösten und **im Mörser** frisch zu zerstoßen.*

50 Min. + 30 Min. Marinieren · marokkanisch

Lammragout
mit Aprikosen

Für 4 Personen
800 g Lammfleisch (Schulter oder
Rückenfilet) · Salz · Cayennepfeffer
1 EL Sesamöl · 200 g getrocknete
Aprikosen · 1 Zwiebel
3 Knoblauchzehen · 3 EL Öl
200 ml Gemüsebrühe (selbst gemacht,
Rezept S. 91, oder Instant)
1 Bund Frühlingszwiebeln

Pro Portion: ca. 470 kcal/1960 kJ
45 g EW · 19 g F · 27 g KH

1 Das Fleisch in 3 cm große Würfel schneiden.
Mit Salz und reichlich Cayennepfeffer würzen
und mit Sesamöl beträufeln. Zugedeckt 30 Min.
ziehen lassen. Die Aprikosen in eine Schüssel
geben und mit lauwarmem Wasser bedecken.

2 Zwiebel und Knoblauch schälen und fein
würfeln. Das Öl in einem Schmortopf erhitzen.
Das Fleisch darin von allen Seiten anbraten.
Zwiebeln und Knoblauch hinzufügen, 5 Min.
weiterbraten, bis alles goldbraun ist. Die Aprikosen abtropfen lassen, in Spalten schneiden
und hinzufügen. Die Gemüsebrühe angießen.
Das Fleisch zugedeckt 30 Min. bei schwacher
Hitze schmoren lassen.

3 Die Frühlingszwiebeln waschen, putzen und
mit dem zarten Grün in Ringe schneiden. Zum
Lammragout geben und noch 2 Min. offen garen. Mit Salz und Cayennepfeffer abschmecken.

Beilagen-Tipp *Dazu passt **Couscous mit
Kichererbsen:** 1 kleine Dose Kichererbsen
(240 g Abtropfgewicht) in ein Sieb abgießen
und kalt abbrausen. 250 ml Gemüsebrühe
aufkochen, Kichererbsen hinzufügen und
200 g Instant-Couscous einstreuen. Zugedeckt ca.
7 Min. quellen lassen, mit einer Gabel auflockern.*

Lammkeule
mit Speckböhnchen

Für 6 Personen
5 Knoblauchzehen
1 Bund Rosmarin
2 Bio-Zitronen
1 Lammkeule (ca. 1,8 kg, beim
Metzger vorbestellen)
4 EL Olivenöl · Salz · Pfeffer
400 g Kenia-Bohnen
1 kg vorwiegend festkochende Kartoffeln
3 junge Knoblauchknollen
12 Streifen Bacon (Frühstücksspeck, ca. 120 g)
1 EL Butter

Pro Portion: ca. 895 kcal/3740 kJ
52 g EW · 60 g F · 40 g KH

1 Den Knoblauch schälen und in Scheiben schneiden. Die Hälfte des Rosmarins waschen, die Nadeln abstreifen. Die Zitronen waschen und in Scheiben schneiden.

2 Die Lammkeule von Sehnen und Häutchen befreien. Rundherum mit 3 EL Olivenöl einreiben und mit Knoblauch- und Zitronenscheiben sowie mit Rosmarinnadeln belegen. Nicht salzen, das würde dem Fleisch Saft entziehen! In einen für Lebensmittel geeigneten Plastikbeutel geben, 24 Std. im Kühlschrank marinieren.

3 Backofen auf 200° vorheizen. Die Lammkeule aus dem Beutel nehmen und die Marinade abstreifen. Die Keule rundum salzen und pfeffern und in die Fettpfanne legen. 1 Tasse Wasser angießen. Die Keule 30 Min. braten (Mitte, Umluft 180°), bis die Haut Farbe bekommt.

4 Inzwischen die Bohnen putzen, waschen und eventuelle Fäden entfernen. Wasser aufkochen, salzen und die Bohnen darin in 5–6 Min. bissfest kochen. Abgießen und sofort in Eiswasser geben, damit sie ihre Farbe behalten. Abgießen und gut abtropfen lassen.

5 Die Kartoffeln schälen und in Stücke schneiden. Den übrigen Rosmarin waschen und die Nadeln abstreifen. Die jungen Knoblauchknollen quer halbieren (**Bild 1**). Kartoffeln, Rosmarin und Knoblauch in einer Schüssel mit dem restlichen Olivenöl mischen.

6 Die Lammkeule wenden. Kartoffelstücke und Knoblauchhälften (mit den Schnittflächen nach unten) mit in die Fettpfanne geben. Das Ganze weitere 40 Min. braten. Inzwischen die Bohnen in 12 Bündel teilen und jedes mit einem Speckstreifen umwickeln (**Bild 2**).

7 So prüfen Sie, ob die Lammkeule fertig ist: Die Lammkeule am Knochen einstechen: Wenn der Bratensaft klar ist, ist sie fertig, ist er noch blutig, weitere 5–10 Min. braten. Mit einem Bratenthermometer (gibt es im Haushaltswarengeschäft) sind Sie auf der sicheren Seite: In die dickste Stelle, aber nicht bis ganz an den Knochen einstechen und abwarten, bis es 55° (sehr rosig) bis 60° (etwas stärker durchgegart) anzeigt.

8 Die Lammkeule aus dem Ofen nehmen, 10 Min. abgedeckt ruhen lassen. Inzwischen Kartoffeln und Knoblauch im abgeschalteten Backofen warm halten.

9 Die Butter in einer Pfanne erhitzen, die Speckbohnenbündel darin von allen Seiten in 4–5 Min. braten, bis der Speck Farbe annimmt. Zugedeckt bei schwacher Hitze warm halten, bis die Lammkeule tranchiert ist.

10 Das Lammfleisch quer zur Faser vom Knochen schneiden (**Bild 3**) und mit Kartoffeln, je 1/2 Knoblauchknolle und Bohnen servieren.

Geschmortes Kaninchen
mit Pinienkernen

Für 4 Personen

1 küchenfertiges junges Kaninchen (ca. 1,5 kg, vom Metzger in 8 Stücke zerteilt)
Salz · Pfeffer
1 Zwiebel
2 Knoblauchzehen
4 EL Olivenöl
100 g Pinienkerne
250 ml trockener Weißwein
je 1 Zweig Salbei, Rosmarin und Thymian
1 Lorbeerblatt
200 ml Kalbsfond (aus dem Glas)
100 g Kirschtomaten

Pro Portion: ca. 760 kcal/3180 kJ
56 g EW · 47 g F · 12 g KH

1 Backofen auf 180° vorheizen. Die Kaninchenstücke kalt abwaschen, trocken tupfen, salzen und pfeffern. Die Zwiebel und den Knoblauch schälen und fein würfeln.

2 Das Öl in einem Bräter erhitzen, die Kaninchenteile darin rundum anbraten, herausnehmen. Zwiebeln, Knoblauch und die Pinienkerne im Bräter unter Rühren 2 Min. anbraten. Mit Wein ablöschen.

3 Die Kaninchenteile in den Bräter geben. Kräuterzweige waschen und mit dem Lorbeerblatt dazulegen. Das Fleisch im Backofen (Mitte, Umluft 160°) 15 Min. schmoren. Die Kaninchenstücke wenden, den Fond angießen, weitere 15 Min. schmoren.

4 Kirschtomaten waschen, mit einem spitzen Messer die Stielansätze herausschneiden. Die Kaninchenteile nochmals wenden, die Tomaten dazugeben und das Ganze in 15 Min. fertig garen. Dazu schmeckt knuspriges Ciabatta oder Bandnudeln (Rezept S. 122).

Kaninchen in Sahnesauce

Für 4 Personen

4 Kaninchenkeulen (ca. 1 kg)
1 Bio-Zitrone
Salz · Pfeffer
100 g Räucherspeck
2 Zwiebeln
4 Knoblauchzehen
Butterschmalz
1 EL Mehl
400 ml Geflügelfond (aus dem Glas)
200 g saure Sahne · 200 g Crème fraîche

Pro Portion: ca. 802 kcal/3350 kJ
54 g EW · 54 g F · 13 g KH

1 Die Kaninchenkeulen im Gelenk auseinander schneiden. Alle Teile kalt abwaschen, trocken tupfen. Die Zitrone heiß waschen und abtrocknen. Die Schale abreiben, den Saft auspressen und das Fleisch damit einreiben. Salzen, pfeffern und 1 Std. marinieren.

2 Den Backofen auf 180° vorheizen. Den Speck würfeln. Zwiebeln und Knoblauch schälen, die Zwiebeln grob zerschneiden.

3 Die Kaninchenstücke in einem Bräter im Butterschmalz anbraten. Speck, Zwiebeln und Knoblauch zufügen. Mit Mehl bestäuben, mit Fond ablöschen und etwas Sahne unterrühren.

4 Das Fleisch zugedeckt im Ofen (Mitte, Umluft 160°) ca. 1 Std. schmoren. Immer wieder etwas saure Sahne unterrühren, das Fleisch wenden und mit Sauce begießen.

5 Die Kaninchenstücke herausheben und auf vorgewärmte Teller verteilen. Die Crème fraîche in die Sauce rühren und etwas einkochen lassen. Abschmecken und zum Kaninchen servieren. Dazu schmecken Kartoffelknödel (Rezept S. 142) und Blaukraut (Rezept S. 242).

35 Min. · fruchtig · für Gäste

Rehmedaillons
in Cranberry-Sauce

Für 4 Personen
1 Zwiebel · 2 EL Butter · 250 g Cranberrys
(frisch oder tiefgekühlt) · 250 ml Rotwein
1 kleine Zimtstange · 1 Lorbeerblatt
Salz · Pfeffer · 1 TL Aceto balsamico
12 Rehmedaillons (je ca. 50 g)
1 EL neutrales Pflanzenöl

Pro Portion: ca. 335 kcal/1400 kJ
34 g EW · 14 g F · 9 g KH

1   Die Zwiebel schälen und fein würfeln. In einem Topf 1 EL Butter erhitzen und die Zwiebeln darin bei mittlerer Hitze 1 Min. glasig anbraten. Die Beeren waschen, abtropfen lassen, dazugeben und 2 Min. andünsten. Rotwein, Zimtstange und Lorbeerblatt dazugeben und 10 Min. bei schwacher Hitze offen köcheln lassen.

2   Ein Drittel der Beeren aus der Sauce heben, die Zimtstange und das Lorbeerblatt entfernen. Die übrigen Beeren im Topf pürieren, mit Salz, Pfeffer und Aceto balsamico abschmecken. Die ganzen Beeren wieder dazugeben und bei schwacher Hitze offen köcheln lassen, bis die Medaillons fertig sind.

3   Die Rehmedaillons trocken tupfen, salzen und pfeffern. Das Öl mit der übrigen Butter in einer großen Pfanne erhitzen. Die Medaillons darin je Seite 2 Min. bei mittlerer Hitze anbraten. Die Hitze reduzieren und die Medaillons in ca. 10 Min. zugedeckt fertig garen, dabei noch einmal wenden. Mit der Cranberry-Sauce servieren. Dazu schmecken Berner Rösti (Rezept S. 147) oder Bandnudeln (Rezept S. 122).

VARIANTEN

Wenn Sie keine Cranberrys bekommen, nehmen Sie stattdessen **frische Preiselbeeren.** *Und wer nicht gerne Wild isst, kann das Gericht auch mit* **Rindermedaillons** *zubereiten.*

1 Std. · für Gäste

Hirschrückenfilet
mit Kräuterkruste

Für 4 Personen
1 Stück Hirschrückenfilet (ca. 400 g)
4 Wacholderbeeren · Salz · Pfeffer
je 1 Bund Petersilie und Thymian
1 Knoblauchzehe · 2 Scheiben Toastbrot
2 EL Pinienkerne · 1 Eiweiß · 2 EL Öl

Pro Portion: ca. 235 kcal/980 kJ
23 g EW · 13 g F · 7 g KH

1   Das Fleisch trocken tupfen, von Sehnen und Häutchen befreien. Die Wacholderbeeren mit 1/4 TL Salz und 1/2 TL Pfeffer im Mörser fein zerstoßen und das Fleisch damit einreiben.

2   Den Backofen auf 200° vorheizen. Die Kräuter waschen und trocken schütteln, die Blätter abzupfen. Den Knoblauch schälen und würfeln. Das Toastbrot grob würfeln. Alles mit den Pinienkernen, dem Eiweiß und je 1 Prise Salz und Pfeffer im Blitzhacker nicht zu fein zerkleinern.

3   Das Öl in einer Pfanne erhitzen. Das Filet darin bei mittlerer Hitze von allen Seiten, auch an den Enden 4–5 Min. anbraten. Das Fleisch in eine ofenfeste Form setzen und die Kräutermasse auf der Oberfläche verstreichen (geht am besten mit den Händen). Im heißen Ofen (Mitte, Umluft 180°) 20–25 Min. garen. Herausnehmen und vor dem Anschneiden 10 Min. abgedeckt ruhen lassen. Dazu schmecken Kartoffelgratin (Rezept S. 148) und Speckböhnchen (Rezept S. 247).

Küchenpraxis *Die Garzeit im Backofen hängt wesentlich von der Dicke des Fleischstückes ab. Wer noch wenig Erfahrung hat, ist mit einem* **Bratenthermometer** *auf der sicheren Seite: Stecken Sie es in die dickste Stelle des Fleisches, und warten Sie ab, bis das Thermometer 65° anzeigt. Dann ist das Fleisch gar, zart rosa und wunderbar saftig.*

Rehrücken
mit Preiselbeerbirnen

Für 6 Personen
20 g getrocknete Morcheln · 1 Rehrücken
(mit Knochen, ca. 1,5 kg) · 1 Zwiebel
1 Möhre · 150 g Butter · Salz · Pfeffer
10 Wacholderbeeren · 5 Scheiben Räucherspeck
3 Birnen · 125 ml süßer Weißwein · Schalen-
streifen von 1/2 Bio-Zitrone · 1 kleine Zimtstange · 1 Gewürznelke · 400 g saure Sahne
6 TL Preiselbeeren + 2 EL Saft aus dem Glas

Pro Portion: ca. 580 kcal/2420 kJ
43 g EW · 38 g F · 14 g KH

1 Die Morcheln waschen (sie sind oft sandig!)
und in 250 ml lauwarmem Wasser einweichen.
Den Rehrücken vorbereiten: Die sichtbaren Sehnen und Häutchen entfernen (**Bild 1**). Die Filets
mit zwei ca. 2 cm tiefen Schnitten entlang des
Knochens etwas ablösen, aber nicht heraustren-
nen (**Bild 2**). Den Backofen auf 180° vorheizen.

2 Zwiebel und Möhre schälen und grob zerkleinern. Die Butter bei schwacher Hitze schmelzen. Den Rehrücken in einen Bräter legen, etwas
Butter darübergießen. Salzen und pfeffern, die
Wacholderbeeren zerdrücken und darüberstreu-
en. Die Speckscheiben darauflegen. Zwiebeln,
Möhren und Morcheln darum herum verteilen.

3 Das Einweichwasser von den Morcheln und
weitere 250 ml Wasser angießen. Das Fleisch
im heißen Ofen (Mitte, Umluft 160°) 30 Min.
braten. Dann den Speck beiseite schieben, das
Fleisch einige Male mit Portionen der restlichen
Butter begießen und in 30–40 Min. fertig garen.

4 Inzwischen die Birnen halbieren, schälen
und das Kerngehäuse entfernen (das geht am
besten mit einem Kugelausstecher). Den Wein
in einem Topf mit Zitronenschale, Zimtstange
und Nelken aufkochen, die Birnenhälften darin
5 Min. zugedeckt bei schwacher Hitze garen.
Im Sud abkühlen lassen. Aus dem Sud nehmen
und abtropfen lassen.

5 Den Rehrücken aus dem Bräter heben, die
Morcheln herausfischen und beides warm stel-
len. Die Sauce durch ein feines Sieb in einen
Topf passieren, die saure Sahne und den Preisel-
beersaft unterrühren und erwärmen. Dann die
Morcheln untermischen.

6 Die Rehrückenfilets ganz vom Knochen lösen
und in 1–2 cm dicke Scheiben schneiden (**Bild 3**).
Mit der Sauce auf vorgewärmte Teller verteilen.
Je 1 Birnenhälfte dazugeben und mit je 1 TL Prei-
selbeeren füllen. Dazu passen Eierspätzle (Rezept
S. 139) oder Bandnudeln (Rezept S. 122).

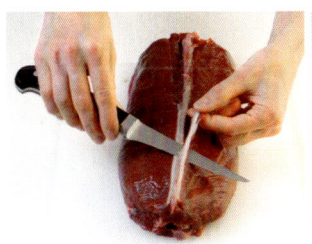

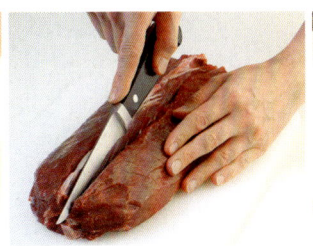

1. Den Rehrücken parieren, d. h.
Sehnen und Häute entfernen,
ohne das Fleisch zu verletzen.

2. Mit dem Messer jeweils am Knochen 2 cm tief einschneiden und
das Fleisch etwas ablösen.

3. Die Filets zum Servieren
auslösen und in 1–2 cm
dicke Scheiben schneiden.

Fisch
und Meeresfrüchte

Von schnellen Fischfilets aus der Pfanne über
Dorade in der Salzkruste bis zu Riesengarnelen
und Jakobsmuscheln – in diesem Kapitel werden
Fisch- und Meeresfrüchtefans fündig.

Warenkunde: *Fisch und Meeresfrüchte*

Fischkauf ist Vertrauenssache

Gehen Sie für frischen Fisch zu einem guten Fischhändler. Er kann Sie zum saisonalen Angebot und dessen Zubereitung beraten und die Fische gleich küchenfertig vorbereiten (ausnehmen, schuppen etc.). Generell gilt: Frische Fische haben klare Augen, eine glänzende Oberfläche und rote Kiemen. Fischfilets müssen festes Fleisch besitzen. Fisch – und ebenso auch das Fischgeschäft – darf nicht fischig riechen, sondern frisch nach Meerwasser.

Fische aufbewahren

Je frischer der Fisch, desto besser schmeckt er! Wenn Sie ihn doch einmal (max. 1 Tag!) aufbewahren müssen, legen Sie ihn in der Verpackung in den kältesten Teil des Kühlschranks (auf die Platte über dem Gemüsefach). Das gleiche gilt für Meeresfrüchte, auch sie verderben schnell und können dann böse Magenverstimmungen auslösen. Wenn Sie den Fisch länger lagern müssen, besser auf TK-Fisch zurückgreifen und über Nacht zugedeckt auf einem Teller im Kühlschrank auftauen lassen. Denn nur so, langsam und sanft aufgetaut, bleibt der Fisch schön saftig.

Altes und neues KOCHWISSEN
Überfischte Meere

Weil Fische mit den begrenzten Möglichkeiten der Kühlung weder lange Lagerung noch langen Transport überstanden hätten, haben unsere Großeltern – so sie nicht in Küstennähe wohnten – hauptsächlich heimische Süßwasserfische gegessen. Heute ist die Auswahl an Fisch aus aller Welt größer denn je. Der Wermutstropfen dabei: Viele Meere sind überfischt und viele Arten vom Aussterben bedroht. Wer sich darüber informieren möchte, kann unter www.greenpeace-magazin.de den »Fischführer« als pdf herunterladen.

Kleine Mengenlehre

Rechnen Sie pro Person 150–200 g Fischfilet. Bei Fischkoteletts mit Haut und Mittelgrätenstück brauchen Sie 200–220 g. Bei Forellen oder Saiblingen schafft jeder einen ganzen Fisch von 250–350 g. Größere Fische wie Doraden oder Wolfsbarsche von 500–600 g reichen gut für 2 Personen, entsprechend größere Exemplare von 1,2–1,5 kg für 4 Personen. Bei (ungeschälten) Scampi und Riesengarnelen sollten Sie als Hauptgericht 200–250 g, bei Miesmuscheln 400–500 g (mit Schalen) rechnen.

Muscheln putzen

Miesmuscheln werde heute meist schon küchenfertig, also fertig geputzt angeboten. Falls die Muschelschalen allerdings verkrustet sein sollten, so bürsten Sie sie unter fließendem Wasser kräftig ab und schneiden die Bärte (das graue Geflecht) ab.

Scampi oder Garnelen?

Scampi, auf Deutsch »Kaisergranat«, haben einen harten, rosafarbenen Panzer, Scheren und einen fächerförmigen Schwanz. Sie bekommen sie ungeschält im Ganzen oder als Scampi-Schwänze ohne Kopf. Riesengarnelen haben eine weichere, graue Schale, die beim Garen lachsfarben wird, einen gebogenen Körper und lange Fühler. Sie werden roh (mit oder ohne Schale) oder gegart und bis auf die dekorative Schwanzflosse geschält angeboten.

Küchenpraxis: Fisch & Co.

Fischfilets

Untersuchen Sie frisch gekaufte Fischfilets nach dem Waschen und Trockentupfen auf Gräten: Streichen Sie dazu mit den Fingerspitzen sanft über die Oberfläche. Wenn Sie welche entdecken, ziehen Sie sie mit einer Pinzette heraus. Anschließend die Filets – wie die ganzen Fische – mit Zitronensaft beträufeln und salzen. TK-Fischfilets lassen Sie am besten über Nacht zugedeckt im Kühlschrank auftauen, gießen das Auftauwasser ab und tupfen sie trocken.

Säubern, säuern, salzen

Waschen Sie den küchenfertig vorbereiteten Fisch, der also vom Fischhändler schon ausgenommen und geschuppt wurde, innen und außen unter dem fließenden kalten Wasser und tupfen ihn dann mit Küchenpapier trocken. Beträufeln Sie ihn dann innen und außen mit etwas Zitronen- oder Limettensaft und würzen ihn rundherum mit Salz. Wichtig ist die richtige Reihenfolge: Salzen Sie den Fisch vor dem Säuern, schwemmt der Zitronen- oder Limettensaft das Salz wieder weg.

Altes und neues KOCHWISSEN
Muscheln nur in Monaten mit »r«

Früher hieß es: Muscheln nur in Monaten essen, deren Name ein »r« enthält, also nicht in den Frühlings- und Sommermonaten Mai, Juni, Juli und *August. Das hatte seinen Grund hauptsächlich in mangelnden Kühlmöglichkeiten der so leicht verderblichen Meeresfrüchte. Ganz unbegründet ist der Verzicht aber auch heute noch nicht: In der Ruhezeit nämlich vermehren sich die Muscheln und wachsen zur richtigen Größe heran.*

Pochieren

Das sanfte, schonende Garen in Flüssigkeit ist optimal für zart-fleischige Fische wie Forelle oder Saibling. Sie können den ganzen Fisch wie auf S. 270 gezeigt in einem Sud aus Fisch-fond und Weißwein oder Essig gar ziehen lassen. Für Filets ist diese Methode besser: 1–2 fein gehackte Schalotten in 1 EL Butter andünsten. Je 1 in feine Streifen geschnittene Möhre (oder Fenchelknolle) und Lauchstange unterrühren. So viel Weißwein und Gemüsebrühe oder Fischfond angießen, dass die Flüssigkeit 3 cm hoch steht. 2 Min. kräftig aufkochen, dann die Hitze reduzieren und die gewürzten Fischfilets einlegen. Zugedeckt bei schwacher Hitze in 3–4 Min. gar ziehen lassen.

Dämpfen

Zum Dämpfen eignen sich Fischfiletstücke, Fischröll-chen oder ganze Fische, die Sie mit einem Dip oder einer Sauce servieren möchten: In einem Topf mit Dämpf-einsatz Salzwasser mit eini-gen Kräuterzweigen und 1 Lorbeerblatt aufkochen. Den gewürzten Fisch in den Einsatz geben, in den Topf setzen und zudecken. Der Fisch darf nicht in der Flüs-sigkeit liegen, sondern gart sanft im Dampf. Wer keinen Topf mit Dämpfeinsatz hat, bekommt im Asienladen für wenig Geld Bambuskörbchen.

Garen in der Folie

Alufolie, Pergament oder Bratschlauch – alle eignen sich prima, um einen ganzen Fisch und auch Filets darin schonend zu garen. Wickeln Sie den Fisch – auf einem Gemüsebett oder auch ohne – nicht zu eng in die Folie, sodass der Dampf gut zirkulieren kann und der Fisch sanft im eigenen Saft gart.

Lachskoteletts
mit Papaya-Salsa

★

Für 4 Personen
4 frische Lachskoteletts (je 200 g)
1 Bio-Limette · 4 EL Olivenöl
1/2 TL gemahlener Kreuzkümmel
2 Papayas · 2 reife feste Tomaten · 3 Frühlingszwiebeln · 1 kleine frische rote Chilischote
1 EL Honig · Salz · Pfeffer
3 EL neutrales Pflanzenöl · 3 Zweige Minze

Pro Portion: ca. 640 kcal/2680 kJ
41 g EW · 48 g F · 10 g KH

1 Die Lachskoteletts kalt abwaschen und trocken tupfen. Die Limette heiß abwaschen, abtrocknen, die Schale fein abreiben und den Saft
auspressen. Jeweils die Hälfte davon für die Salsa
beiseite stellen. Die andere Hälfte mit 2 EL
Olivenöl und der Hälfte des Kreuzkümmels verrühren. Den Lachs darin wenden und 15 Min.
kühl stellen.

2 Inzwischen für die Salsa die Papayas längs
halbieren und die schwarzen Kerne entfernen
(**Bild 1**). Die Hälften schälen und das Fruchtfleisch in 1 cm große Würfel schneiden. Die
Tomaten waschen, vom Stielansatz befreien
und ebenfalls 1 cm groß würfeln, wer möchte,
kann dabei die Kerne entfernen.

3 Die Frühlingszwiebeln waschen und samt
Grün schräg in feine Ringe schneiden (**Bild 2**).
Die Chilischote waschen, längs aufschneiden,
entkernen und sehr fein würfeln (**Bild 3**). Alles
mit Honig, restlichem Olivenöl und Kreuzkümmel, Limettensaft und -schale gut mischen.

4 Den Lachs aus der Marinade nehmen, salzen und pfeffern. Öl in einer Pfanne erhitzen,
den Lachs darin pro Seite 2–3 Min. braten.

5 Die Minze waschen und trocken schütteln,
die Blätter abzupfen, grob hacken und unter
die Salsa mischen. Mit knusprigem Fladenbrot
zum Lachs servieren.

Tausch-Tipps *Sie können den Lachs
natürlich **auch grillen** (ca. 5 Min. pro Seite).
Und statt mit Papaya schmeckt die Salsa
auch mit 400 g **Honig- oder Charentais-
Melone**. Dazu die Melone halbieren, die
Kerne herauskratzen, die Hälften in Spalten
schneiden, diese schälen und das Melonenfrucht-
fleisch würfeln.*

1. Die Papayas mit einem langen
Messer längs halbieren und
die schwarzen Kerne mit einem
Löffel herauskratzen.

2. Die geputzten Frühlingszwiebeln mit dem zarten Grün
schräg in sehr feine Ringe
schneiden.

3. Die Chilischote aufschneiden, Kerne entfernen, fein
würfeln. Dann sofort die
Hände waschen!

Fisch ist gesund und sollte regelmäßig auf den Tisch kommen. Kein guter Fischhändler in der Nähe? Kein Problem, diese schnellen Rezepte für zwei können Sie auch prima mit TK-Fischfilet zubereiten.

Fischfilet – 6 x anders

Zur Vorbereitung

Wenn Sie frischen Fisch kaufen, dann waschen Sie ihn unter fließendem kaltem Wasser kurz ab und tupfen ihn dann mit Küchenpapier trocken. TK-Fischfilets aus der Packung nehmen und am besten über Nacht zugedeckt im Kühlschrank auftauen lassen. Die Auftauflüssigkeit abgießen und die Filets trocken tupfen. Abwaschen ist hierbei nicht nötig.

1 Fisch in Meerrettichsauce

400 g Fischfilet (Seelachs oder Rotbarsch) eventuell kalt abwaschen, trocken tupfen und in vier gleich große Stücke teilen. Diese mit Salz und weißem Pfeffer würzen und mit 1 EL Zitronensaft beträufeln. In einer Pfanne 200 g Sahne und 100 ml Fischfond (oder Gemüsebrühe) aufkochen. 1 EL Meerrettich (aus dem Glas) unterrühren und 3 Min. bei starker Hitze einkochen lassen. Mit Salz, 1 Prise Zucker und weißem Pfeffer abschmecken. Die Fischfilets einlegen und bei schwacher Hitze zugedeckt 5 Min. ziehen lassen. Den Fisch mit dem Pfannenwender vorsichtig umdrehen und in 5 Min. gar ziehen lassen. Mit der Sauce auf Teller verteilen. Dazu passen Salzkartoffeln (Rezept S. 137) und Gurkensalat.

2 Fisch in Zitronensauce

1 Bio-Zitrone heiß waschen und abtrocknen, die Schale fein abreiben, den Saft auspressen. 1 Zwiebel schälen und fein würfeln. 2 EL Olivenöl erhitzen und die Zwiebeln darin andünsten. Mit 100 ml Fischfond oder Gemüsebrühe ablöschen. Zitronensaft und -schale hinzufügen, 1 TL Honig unterrühren und die Sauce 5 Min. bei mittlerer Hitze köcheln lassen. 2 EL kleine Kapern dazugeben und alles mit Salz, Pfeffer und 1 Msp. Cayennepfeffer würzen. 400 g Kabeljaufilets eventuell kalt abwaschen, trocken tupfen und in mundgerechte Stücke schneiden. Die Filets in einer Pfanne in 2 EL Olivenöl rundum kurz anbraten, in die Sauce geben und darin zugedeckt 5 Min. bei schwacher Hitze ziehen lassen. Mit der Sauce auf zwei Teller verteilen und Weißbrot dazu reichen.

3 Fisch in Salbeibutter

400 g Fischfilet (z. B. Seelachs oder Rotbarsch) eventuell kalt abwaschen und trocken tupfen. Das Filet in mundgerechte Stücke schneiden und leicht salzen. 100 g kleine Champignons putzen und vierteln. Die Butter in einer Pfanne erhitzen, die Salbeiblätter hinzufügen und 1 Min. bei mittlerer Hitze braten. Die Fischfilets in der Pfanne verteilen und 3 Min. anbraten. Die Stücke wenden, die Pilze dazugeben und 3 Min. mitbraten. Mit Salz, Pfeffer und Zitronensaft abschmecken und mit Reis und Blattsalat oder Ciabatta und Tomatensalat servieren.

1   2   3   4   5   6

4   *Fisch mit Erdnusskruste*

400 g Kabeljaufilets eventuell kalt abwaschen und trocken tupfen. In vier Stücke schneiden, mit Salz und Pfeffer würzen. 100 g ungesalzene Erdnüsse fein mahlen, auf einen Teller geben. 1 Knoblauchzehe schälen und dazupressen. Die Mischung mit 1 Prise Cayennepfeffer, je 1/2 TL getrocknetem Oregano und Thymian sowie etwas Salz und Pfeffer kräftig würzen. 1 Ei in einem tiefen Teller mit einer Gabel verschlagen. Die Fischfilets erst im Ei, dann in der Erdnussmischung wenden und die Panade etwas andrücken. 4 EL neutrales Pflanzenöl in einer Pfanne erhitzen, die Fischfilets darin von jeder Seite 3–4 Min. braten, bis sie goldbraun sind. Dazu passt z. B. die Papaya-Salsa von S. 259.

5   *Fisch mit Sesamkruste*

400 g Seelachs- oder Rotbarschfilets eventuell kalt abwaschen und trocken tupfen. In vier Stücke schneiden, mit Salz und weißem Pfeffer würzen. Auf beiden Seiten dünn mit Meerrettich (aus dem Glas) bestreichen. 6 EL Sesamsamen in einen tiefen Teller geben. Die Fischfilets von beiden Seiten in die Sesamsamen drücken. In einer Pfanne 2 EL Butterschmalz erhitzen. Die Fischfilets darin von jeder Seite 3–4 Min. bei mittlerer Hitze braten. Dazu schmeckt das Rote-Linsen-Curry (Rezept S. 186) oder ein bunter Salat.

6   *Fisch mit Mandelkruste*

2 EL Mehl auf einen Teller geben. In einem tiefen zweiten Teller 1 Ei mit einer Gabel verschlagen. Auf einem dritten Teller 100 g Mandelblättchen bereitstellen. 400 g Seelachs- oder Rotbarschfilet eventuell kalt abwaschen und trocken tupfen. In vier Stücke schneiden und mit Salz und wenig Cayennepfeffer würzen. Die Fischstücke zuerst im Mehl wenden, den Überschuss abklopfen. Dann im Ei und schließlich in den Mandelblättchen wenden. Die »Panade« etwas andrücken. In einer Pfanne 2 EL Butterschmalz erhitzen. Die Fischfilets einlegen und bei mittlerer Hitze von jeder Seite 3–4 Min. braten. Ein Teil der Mandelblättchen wird abfallen, die geben Sie einfach auf dem Teller noch über den Fisch. Dazu schmeckt ein Chicorée-Orangen-Salat (Rezept S. 47) oder Feldsalat mit einem leichten Joghurt-Kräuter-Dressing (siehe S. 29).

★

Fish 'n' chips

Für 4 Personen
700 g Fischfilet (z. B. Seelachs oder
Rotbarsch, frisch oder TK und aufgetaut)
1–2 EL Zitronensaft · 200 g Mehl
250 ml dunkles Bier · 2 Eier
Salz · 1 kg festkochende Kartoffeln
ca. 750 ml neutrales Pflanzenöl
zum Frittieren · reichlich Malzessig

Pro Portion: ca. 870 kcal/3640 kJ
46 g EW · 43 g F · 71 g KH

1   Den Fisch kalt abwaschen und trocken tupfen. In mundgerechte Stücke schneiden und mit
Zitronensaft mischen. Mehl mit Bier, Eiern und
1/2 TL Salz mit dem Schneebesen glatt verrühren, zugedeckt stehen lassen. Kartoffeln schälen
und in feine Scheiben hobeln. Diese in kaltem
Wasser waschen und sehr gut trocken tupfen.

2   Den Ofen auf 70° vorheizen. Das Öl in einem
großen Topf erhitzen. Wenn der Holzstäbchentest zeigt, dass es heiß genug ist (siehe Tipp zum
nebenstehenden Rezept) , jeweils eine Handvoll
Kartoffelscheiben hineingeben und in ca. 3 Min.
knusprig frittieren. Mit einem Schaumlöffel herausheben, auf Küchenpapier abtropfen lassen. So
alle Chips frittieren und zum Schluss salzen.

3   Den Teig gut durchrühren. Die Fischstücke
leicht salzen, nach und nach in den Teig geben,
mit einer Gabel herausholen und portionsweise
(jeweils 5–6 Stücke) ins Öl legen. Die Fischstücke
2 Min. frittieren, auf Küchenpapier abtropfen
lassen und im Ofen warm halten. Fisch und
Chips zusammen essen, aber vorher unbedingt
mit Malzessig beträufeln.

Küchenpraxis   *Fish 'n' chips gibt es in
England an jeder Straßenecke. Sie werden als
Fastfood in Tüten aus Zeitungspapier verkauft.
Den* **Malzessig** *dazu bekommen Sie in Fein-
kostläden und gut sortierten Supermärkten.*

Knusperringe

Für 4 Personen
800 g nicht zu große Tintenfischtuben (küchenfertig)
Salz · 1 Ei · 8 EL Mehl
125 ml trockener Weißwein oder helles Bier
ca. 750 ml neutrales Pflanzenöl zum Frittieren
Zitronenschnitze zum Servieren

Pro Portion: ca. 470 kcal/1970 kJ
34 g EW · 28 g F · 15 g KH

1   Die Tintenfischtuben innen und außen
waschen und in 1/2 cm breite Ringe schneiden.
In einem großen Topf Wasser aufkochen, salzen,
die Ringe hineingeben und 1 Min. vorgaren.
In ein Sieb abgießen, kalt abbrausen und sehr
gut abtropfen lassen.

2   Für den Teig das Ei mit dem Mehl verrühren
und nach und nach Wein oder Bier unterrühren.
Der Teig soll glatt und so zähflüssig sein, dass er
an den Tintenfischringen haften bleibt. Den Teig
salzen und 10 Min. zugedeckt stehen lassen.

3   Den Backofen auf 70° vorheizen. Das Öl in
einem großen Topf erhitzen. Wenn es heiß genug
ist (siehe Tipp), die Tintenfischringe in den Teig
legen, je 6–7 Ringe mit einer Gabel herausholen
und ins Öl geben. Nach 3–4 Min. sind sie goldgelb (eventuell zwischendurch mal umdrehen).
Gebackene Ringe mit dem Schaumlöffel herausheben, auf Küchenpapier abtropfen lassen und
im Ofen warm halten, bis die anderen auch fertig
sind. Mit Zitronenschnitzen auf eine Platte häu-
fen. Dazu schmeckt ein bunter Blattsalat.

Küchenpraxis   *Um zu prüfen, ob das*
Frittieröl schon heiß genug *ist, stecken Sie
ein Holzstäbchen (oder einen Kochlöffelstiel)
hinein: Wenn sofort viele kleine Bläschen
daran aufsteigen, kann das Frittiergut hinein.*

40 Min. · thailändisch scharf

Kabeljau *mit Ingwer-Dip*

Für 4 Personen
3 Zweige Koriandergrün · 1 Knoblauchzehe
1 Stück frischer Ingwer (ca. 3 cm)
3 frische kleine grüne Thai-Chilischoten
(aus dem Asienladen) · 6 EL helle Sojasauce
5 EL Limettensaft · 1 TL Zucker
600 g Kabeljaufilet · 4 EL Mehl
1 Ei · weißer Pfeffer
ca. 750 ml neutrales Pflanzenöl zum Frittieren

Pro Portion: ca. 410 kcal/1710 kJ
29 g EW · 27 g F · 12 g KH

1   Das Koriandergrün waschen, die Blätter abzupfen und grob hacken, die Stiele fein schneiden. Den Knoblauch schälen und fein würfeln.
Den Ingwer schälen und fein reiben. Die Chilischoten waschen, entkernen und sehr fein
schneiden. 4 EL Sojasauce mit Limettensaft
und Zucker verrühren. Alle vorbereiteten Würz-
zutaten untermischen.

2   Den Fisch kalt abwaschen, trocken tupfen
und in 8–10 Stücke schneiden. Das Mehl auf
einen Teller geben. Das Ei in einem tiefen Teller
mit der restlichen Sojasauce und dem Pfeffer
verquirlen. Die Fischstücke erst darin, dann im
Mehl wenden, den Überschuss abklopfen.

3   Das Öl in einem großen Topf (oder einem
Wok) erhitzen. Wenn der Holzstäbchentest
(siehe Tipp zum Rezept links) zeigt, dass es heiß
genug ist, die Fischstücke darin in zwei Portionen in jeweils 3–4 Min. goldbraun frittieren.
Mit einem Schaumlöffel herausheben und auf
Küchenpapier abtropfen lassen. Mit dem Dip
servieren. Dazu schmeckt Gurkensalat.

Spar-Tipp *Frittieröl können Sie zwei- bis
dreimal wiederverwenden: Lauwarm durch
ein feines Sieb seihen und kühl aufbewahren.
Aber, wenn Sie einmal Fisch darin frittiert
haben, das Öl nur dafür wieder verwenden!*

35 Min. · Klassiker

Schollenfilets *mit Remoulade*

Für 4 Personen
Für den Fisch:
4 Schollenfilets (je ca. 120 g) · Salz
Pfeffer · 2 EL Zitronensaft
3 EL Mehl · 1 Ei · 120 g Semmelbrösel
ca. 750 ml neutrales Pflanzenöl zum Frittieren
Zitronenschnitze zum Servieren

Für die Remoulade:
1 Ei · 1 Gewürzgurke · je 1 Zweig Petersilie
und Dill · 1/2 Grundrezept Mayonnaise
(S. 61, oder 150 g Mayonnaise aus dem Glas)
1 TL mittelscharfer Senf

Pro Portion: ca. 720 kcal/3010 kJ
29 g EW · 54 g F · 30 g KH

1   Fischfilets kalt abwaschen und trocken tupfen. Beidseitig salzen, pfeffern und mit Zitronensaft beträufeln. Zugedeckt beiseite stellen.

2   Für die Remoulade das Ei in 10 Min. hart kochen, kalt abschrecken und pellen. Die Gewürzgurke sehr fein würfeln. Die Kräuter waschen
und trocken schütteln, die Blätter bzw. Spitzen
fein hacken. Das abgekühlte Ei sehr fein hacken.
Mayonnaise und Senf verrühren, Kräuter, Gewürzgurke und Ei unterheben.

3   Das Mehl auf einen Teller geben. Das Ei mit
1 EL kaltem Wasser und 1 Prise Salz in einem
tiefen Teller mit einer Gabel verquirlen. Die Semmelbrösel auf einen dritten Teller geben.

4   Das Öl in einem großen Topf erhitzen. Wenn
der Holzstäbchentest (siehe Tipp zum Rezept auf
S. 262, Knusperringe) zeigt, dass es heiß genug
ist, die Filets im Mehl wenden, leicht abklopfen,
durch das Ei ziehen und abtropfen lassen, in
den Semmelbröseln wenden und die Panade
etwas andrücken. Die Filets im heißen Öl in
2–3 Min. goldbraun frittieren. Herausheben und
auf Küchenpapier abtropfen lassen. Mit Zitronenschnitzen und Remoulade servieren. Dazu
schmeckt Kartoffel-Gurken-Salat (Rezept S. 143).

Goldbrassen
mit Fenchel

Für 4 Personen
800 g Fenchel
6 EL Olivenöl
200 ml Weißwein
Salz · weißer Pfeffer
2 mittelgroße küchenfertige
Goldbrassen (je ca. 400 g)
Zitronensaft zum Beträufeln
100 g schwarze Oliven
Öl für die Form

Pro Portion: ca. 475 kcal/1990 kJ
29 g EW · 33 g F · 8 g KH

1   Den Fenchel putzen, waschen, die Knollen in dünne Scheiben schneiden und das Grün fein hacken. Den Fenchel portionsweise in 4 EL Olivenöl 6–8 Min. andünsten. Weißwein dazugießen, salzen, pfeffern und das Gemüse zugedeckt bei mittlerer Hitze in 5 Min. weich dünsten. Den Backofen auf 200° vorheizen.

2   Die Goldbrassen kalt abwaschen und trocken tupfen, mit Zitronensaft beträufeln, salzen und pfeffern. Eine weite Auflaufform einölen, den

Fenchel darin verteilen. Die Brassen darauflegen, mit dem übrigen Olivenöl beträufeln. Oliven und Fenchelgrün daraufstreuen, die Form mit Alufolie bedecken.

3   Die Fische im Backofen (Mitte, Umluft 180°) in ca. 25 Min. garen. Um zu sehen, ob sie fertig sind, ziehen Sie an der Rückenflosse. Wenn sie sich leicht herausziehen lässt, sind die Brassen fertig, sonst noch 5 Min. weitergaren.

3   Die Brassen herausheben und auf eine Platte legen. Das Fenchelgemüse auf vier vorgewärmte Teller verteilen. Die Fischköpfe abschneiden. Von einem Schnitt am Rücken ausgehend jeweils die Fischhaut abziehen (**Bild 1**). Die oberen Filets auslösen (**Bild 2**). Die Mittelgräte herausziehen und die unteren Filets von der Haut lösen (**Bild 3**). (Wer kein Fischmesser hat, schafft dies auch mit Hilfe einer Gabel und eines Löffels.)

4   Die Filets auf dem Fenchel anrichten und mit dem Weinsud aus der Form beträufeln. Dazu schmecken Salzkartoffeln, die mit Kurkuma gekocht wurden (Rezept S. 137).

1. Mit einem Fischmesser entlang des Rückens einschneiden und die Haut der Oberseite abziehen.

2. Zwischen den Filets längs bis zur Mittelgräte einschneiden und die beiden Filets abheben.

3. Die Mittelgräte in einem Stück herausziehen und die beiden unteren Fischfilets herauslösen.

265

Schwertfisch mit Pilzen

Für 4 Personen
4 Schwertfischsteaks (je 180–200 g, frisch
oder TK und aufgetaut) · Salz · Zitronenpfeffer (oder normaler schwarzer Pfeffer)
2 EL Zitronensaft
2 dünne Stangen Lauch
500 g Pfifferlinge
4 EL Olivenöl
4 Zweige frischer Thymian
ca. 200 ml trockener Weißwein
(oder Fischfond aus dem Glas)

Außerdem:
4 Stücke Alufolie (je 1 m lang)

Pro Portion: ca. 385 kcal/1610 kJ
36 g EW · 21 g F · 4 g KH

1 Backofen auf 200° vorheizen. Die Schwert-
fischsteaks kalt abwaschen und trocken tupfen.
Mit Salz und Zitronenpfeffer würzen und mit
Zitronensaft beträufeln.

2 Den Lauch putzen, längs aufschneiden,
gründlich waschen und in Scheiben schneiden.
Die Pfifferlinge putzen und trocken abreiben,
kleine ganz lassen, größere halbieren oder vierteln. Mit dem Öl und 1 kräftigen Prise Salz in
einer Schüssel mischen. Den Thymian waschen.

3 Die Folienstücke zur Hälfte falten, sodass
eine doppelte Lage entsteht. Noch einmal zur
Hälfte falten und an zwei Seiten jeweils zweimal
umfalzen, sodass Taschen entstehen. Jeweils
ein Viertel der Pilz-Lauch-Mischung einfüllen,
je 1 gewürztes Schwertfischsteak und 1 Thymianzweig darauflegen. Jeweils 4–5 EL Wein oder
Fond hinzufügen. Die Folie an der noch offenen
Seite doppelt umfalzen.

4 Die Päckchen auf ein Backblech legen (mit
den Falzen nach oben, damit nichts auslaufen
kann) und den Inhalt im heißen Ofen (Mitte,
Umluft 180°) 25–30 Min. garen. Dazu schmecken Petersilienkartoffeln (Rezept S. 137).

Gedämpfte Lachskoteletts

Für 4 Personen
1 kleine Zwiebel · 1 Stange Lauch
1 Stange Staudensellerie · 1 Lorbeerblatt
125 ml trockener Weißwein
400 ml Fischfond (aus dem Glas)
Salz · Pfeffer · 1 Bio-Zitrone
4 Lachskoteletts (je ca. 200 g)
1 EL Butter · 2 EL Mehl · 75 g Sahne
2 EL gehackter Dill (frisch oder TK)

Außerdem:
Dämpfeinsatz (siehe Tipp)

Pro Portion: ca. 470 kcal/1960 kJ
34 g EW · 31 g F · 10 g KH

1 Die Zwiebel schälen, Lauch und Sellerie
waschen und putzen. Alles grob zerteilen, mit
dem Lorbeerblatt, Wein und Fischfond in einen
breiten Topf geben, mit Salz und Pfeffer würzen.
Die Zitrone heiß abwaschen, achteln und dazugeben. Die Flüssigkeit im Topf aufkochen lassen.

2 Die Lachskoteletts waschen und nebeneinander auf einen Dämpfeinsatz legen. Den Einsatz
in den Topf stellen, diesen fest zudecken und die
Fischstücke 8–12 Min. (je nach Dicke) dämpfen.

3 Inzwischen die Butter in einem Topf erhitzen,
das Mehl einstreuen und unter Rühren goldgelb
anschwitzen. Mit der Sahne ablöschen und bei
schwächster Hitze unter Rühren kochen lassen.

4 Wenn der Lachs fertig ist (das Fischfleisch hell
ist), ca. 200 ml vom Dämpfsud durch ein feines
Sieb zur Sahnesauce gießen. Die Sauce 1 Min.
kräftig kochen lassen, mit Salz, Pfeffer und Dill
abschmecken, mit den Lachskoteletts anrichten.

Küchenpraxis *Dämpfeinsätze gibt es in
Form von gelochten Metallschalen – sehr
praktisch sind breitenverstellbare Modelle.
Oder Sie nehmen aus Bambus geflochtene
Dämpfkörbe (bekommen Sie im Asienladen).*

50 Min. · exotisch

Lachsspieße
auf Curry-Kokos-Schaum

Für 4 Personen

600 g frisches Lachsfilet · 1 Bund Frühlingszwiebeln · 1/2 Ananas (ca. 600 g) · 3 Bananen
ausgepresster Saft von 1 Limette · Salz
Pfeffer · 1 kleiner Apfel · 5 Kaffirlimettenblätter (Asienladen) · 5 EL Butter
1 TL gelbe Thai-Currypaste · 1/2 TL Kurkuma
(oder Currypulver) · 250 ml Kokosmilch
(Dose/Tetrapak) · 200 ml Fischfond (Glas)

Außerdem:
8 lange Holzspieße

Pro Portion: ca. 640 kcal/2680 kJ
33 g EW · 34 g F · 50 g KH

1 Fisch kalt abwaschen, trocken tupfen und in
3 cm große Würfel schneiden. Die Frühlingszwiebeln putzen, waschen, bis zum hellgrünen
Teil in 4 cm lange Stücke schneiden. Ananas
schälen und ohne Strunk grob würfeln. Bananen
schälen und in 2 cm dicke Scheiben schneiden.

2 Lachsstücke, Frühlingszwiebeln, die Hälfte
der Ananaswürfel und drei Viertel der Bananen-
scheiben abwechselnd auf Spieße stecken, mit
2 EL Limettensaft beträufeln. Salzen, pfeffern
und kalt stellen.

3 Apfel schälen und ohne Kerngehäuse klein
würfeln. Limettenblätter waschen und ohne
Mittelrippen in feine Streifen schneiden. 2 EL
Butter in einem Topf erhitzen. Limettenblätter,
Currypaste und Kurkuma darin 1 Min. unter
Rühren anbraten. Äpfel, restliche Ananas- und
Bananenstücke, Kokosmilch und Fischfond zu-
geben und 20–25 Min. zugedeckt köcheln lassen.

4 Restliche Butter in einer Pfanne erhitzen, die
Spieße darin rundherum in 4–5 Min. braun braten, zugedeckt warm stellen. Die Sauce schaumig
pürieren, mit Salz abschmecken und mit den
Spießen servieren. Dazu passt Reis.

1 Std. 30 Min. · für Gäste

Seeteufelmedaillons
mit Zuckerschoten

Für 4 Personen

750 g Seeteufelmedaillons, dünn geschnitten
1 Bund Koriandergrün · 1 Orange
4 Zitronen + 4 EL Zitronensaft · 2 Knoblauchzehen · Zucker · Cayennepfeffer
500 g Zuckerschoten · Salz · 3 EL Sonnenblumenöl · 1 TL scharfer Senf · weißer Pfeffer
1 große Fleischtomate · 2 EL Butterschmalz

Pro Portion: ca. 350 kcal/1460 kJ
33 g EW · 16 g F · 19 g KH

1 Die Seeteufelmedaillons in eine Schale legen.
Das Koriandergrün waschen und trocken schütteln, die Blättchen abzupfen und fein hacken.
Die Orange und die Zitronen auspressen, den
Saft mischen. Den Knoblauch schälen und dazupressen. Mit je 1 Prise Zucker und Cayennepfeffer würzen. Das Koriandergrün unterrühren,
die Marinade über den Fisch gießen und diesen
zugedeckt im Kühlschrank 1 Std. ziehen lassen.

2 Inzwischen die Zuckerschoten waschen und
putzen, in kochendem Salzwasser 3 Min. blanchieren (siehe S. 163), eiskalt abschrecken, in
einem Sieb gut abtropfen und abkühlen lassen.
Aus 4 EL Zitronensaft, Sonnenblumenöl, Senf,
Salz und Pfeffer eine Sauce rühren. Abgekühlte
Zuckerschoten darin wenden.

3 Die Tomaten kreuzweise einschneiden, überbrühen, kalt abschrecken und häuten (siehe
S. 95). Die Tomaten quer halbieren, entkernen
und das Fruchtfleisch grob würfeln.

4 Den Fisch aus der Marinade nehmen und
gut abtupfen und salzen. Das Butterschmalz
in einer großen Pfanne erhitzen, die Seeteufelmedaillons darin insgesamt 2–3 Min. braten, dabei einmal wenden. Mit den Zuckerschoten und
den Tomatenwürfeln dekorativ auf vorgewärmten Tellern anrichten. Die restliche Sauce von den
Zuckerschoten mit einem Löffel darüberträufeln.

Wolfsbarsch

in der Folie

Für 2 Personen
1 frischer, küchenfertiger
Wolfsbarsch (ca. 600 g)
Salz · Pfeffer
1/2 Bio-Zitrone, gewaschen
3 Zweige Estragon
1 Möhre · 1 Stange Lauch
1 kleine Knolle Fenchel
2 EL Olivenöl · 125 ml Weißwein
(oder Gemüsebrühe) · 4 EL Butter

Außerdem:
1 Stück Bratschlauch (ca. 80 cm)

Pro Portion: ca. 390 kcal/1630 kJ
46 g EW · 14 g F · 12 g KH

1 Den Fisch außen und innen kalt abwaschen
(**Bild 1**) und trocken tupfen. Außen und innen
leicht salzen und pfeffern.

2 Die Zitronenhälfte in Scheiben schneiden.
Den Estragon waschen und trocken schütteln,
1 Zweig mit den Zitronenscheiben in den Fischbauch geben (**Bild 2**), den Rest beiseite legen.

3 Möhre, Lauch und Fenchel putzen, waschen
und in feine Streifen schneiden. Das Öl in einer
Pfanne erhitzen. Das Gemüse darin 1 Min. unter
Rühren anbraten und mit Salz und Pfeffer würzen. Vom Herd nehmen.

4 Den Backofen auf 200° vorheizen. Den Bratschlauch abschneiden und auf das Backblech
legen. Das Gemüse darin in Fischgröße verteilen
und den Fisch darauflegen (**Bild 3**). Den Bratschlauch an einem Ende zubinden. Den Wein angießen und das andere Ende zubinden (**Bild 4**).
Den Fisch im heißen Ofen (unteres Drittel,
Umluft 180°) ca. 25 Min. garen.

5 Vom übrigen Estragon die Blätter von den
Zweigen streifen und grob hacken. Die Butter
in einem kleinen Topf schmelzen, 1 kleine Prise
Salz und den Estragon unterrühren.

6 Den Fisch herausnehmen, wie auf S. 265
gezeigt filetieren und auf vorgewärmten Tellern
anrichten. Die Estragonbutter darüberträufeln.
Dazu schmecken das Gemüse aus dem Bratschlauch und Salzkartoffeln.

Ein frischer Wolfsbarsch, im Ganzen im eigenen Saft gegart, ist eine echte Delikatesse. In der Folie oder wie hier im Bratschlauch gelingt er auch Küchenanfängern wie von selbst.

Gut zu wissen …

- Der Bratschlauch bläht sich durch den Dampf auf, der im Inneren entsteht (**Bild 5**). Schieben Sie das Blech deshalb im unteren Drittel in den Ofen, damit genügend Platz zum Emporwölben ist.

- Sie können den Fisch auch in Alufolie garen. Wickeln Sie ihn aber nicht zu fest ein, sondern lassen Platz, damit sich Dampf entwickeln und im Päckchen zirkulieren kann.

- Die Garzeiten: Rechnen Sie bei einem Fisch von 400 g mit ca. 20 Min. Garzeit, bei 600 g mit ca. 25 Min und bei 800 g mit ca. 30 Min.

- Zur Garprobe stechen Sie ein spitzes Messer 3 Sek. in die dickste Stelle bis zur Gräte und halten die Messerklinge anschließend flach (und vorsichtig) an die Lippe. Ist das Metall richtig heiß? Dann ist der Fisch gar. Oder fühlt es sich nur lauwarm an? Dann das Päckchen wieder schließen und den Fisch noch einige Minuten länger garen.

Tausch-Tipp

Lust auf Asiatisches? Dann garen Sie den Wolfsbarsch im **Bananenblatt** *(aus dem Asienladen): Den Fisch innen und außen salzen und pfeffern und mit 2 klein geschnittenen Stängeln Zitronengras und 3 Zweigen Koriandergrün füllen. Das Bananenblatt über der heißen Herdplatte anwärmen, um es biegsam zu machen. Den Fisch in eine doppelte Lage Bananenblatt wickeln und im Backofen auf dem Blech ca. 25 Min. garen. Dazu schmeckt dieser* **superscharfe Chili-Dip:** *4 frische kleine grüne Thai-Chilischoten, 2 geschälte Knoblauchzehen sowie 4 Zweige Koriandergrün klein schneiden, im Mörser fein zerstoßen. Mit 5 EL Limettensaft, 3 EL Fischsauce und 2 TL Zucker verrühren. Mit Duftreis (Rezept S. 127) zum Fisch reichen.*

269

Forelle blau

Für 4 Personen
2 frische, küchenfertige
Forellen (je ca. 350 g)
1 Möhre · 1 Petersilienwurzel
1 Stück Knollensellerie
1 Zwiebel
250 ml Weißweinessig
Salz · 1 TL Zucker
1 Lorbeerblatt
1/2 TL Pfefferkörner
2 Gewürznelken

Pro Portion: ca. 108 kcal/420 kJ
20 g EW · 3 g F · 0 g KH

1   Die Forellen vorsichtig innen und außen waschen, die Schleimschicht an der Hautoberfläche dabei nicht abwaschen (siehe Tipp).

2   Möhre, Petersilienwurzel und Sellerie putzen, waschen und auf dem Juliennehobel in feine Streifen hobeln (Tipp S. 96) oder mit dem Messer fein schneiden. Die Zwiebel schälen, halbieren und in feine Spalten schneiden.

3   In einem Topf oder Bräter (in dem die Fische ausreichend Platz haben) den Essig mit 1 l Wasser, 1 TL Salz, Zucker, Lorbeerblatt, Pfefferkörnern und Nelken aufkochen. Gemüsestreifen und Zwiebeln hinzufügen.

4   Die Forellen einlegen und 12–15 Min. bei schwacher Hitze ziehen lassen. Die Forellen aus dem Sud heben und auf vorgewärmten Tellern anrichten. Dazu schmecken flüssige Butter und Petersilienkartoffeln (Rezept S. 137).

Küchenpraxis *Für blau gekochte Forelle brauchen Sie **sehr frische Forellen** mit einer intakten Schleimschicht auf der Hautoberfläche (die auch nicht abgewaschen wird). Diese nämlich reagiert mit dem Essigsud, und das führt dann zu dem bläulichen Schimmer der Fische, der dem Gericht seinen Namen gibt.*

Forelle »Müllerin«

Für 2 Personen
2 küchenfertige Forellen (je ca. 300 g;
frisch oder TK und aufgetaut)
2 EL Zitronensaft
Salz · Pfeffer
4 EL Mehl
100 g Butter
2 EL gehackte Petersilie
Zitronenschnitze zum Beträufeln

Pro Portion: ca. 660 kcal/2760 kJ
44 g EW · 48 g F · 16 g KH

1   Die Forellen innen und außen kalt abwaschen und trocken tupfen. Den Zitronensaft im Bauch verteilen, die Fische innen und außen mit Salz und Pfeffer würzen.

2   Das Mehl auf einen großen Teller geben, die Forellen darin wenden und den Überschuss leicht abklopfen.

3   Die Butter in einer großen Pfanne erhitzen, die Forellen hineinlegen und bei mittlerer Hitze pro Seite 7–8 Min. braten. Dabei immer wieder mit der Bratbutter beträufeln (so bekommen sie eine knusprig-braune Kruste). Die Forellen herausnehmen und auf vorgewärmte Teller legen.

4   Die Petersilie in die Pfanne geben und kurz anbraten. Die Petersilienbutter über die Forellen träufeln. Mit Zitronenschnitzen servieren. Dazu schmecken Salzkartoffeln (Rezept S. 137).

VARIANTE MIT MANDELN

Für die Mandelforelle statt Petersilie 60 g Mandelblättchen in den letzten beiden Garminuten in der Butter mitbräunen. Mit der Butter über die fertig gebratenen Forellen gießen.

Dorade *in der Salzkruste*

Für 4 Personen
1 frische, küchenfertige Dorade (ca. 1 kg)
Salz · Pfeffer
1 Zweig Basilikum
1 EL Butter · 4 Eiweiße
2 kg grobes Meersalz

Pro Portion: ca. 255 kcal/1060 kJ
33 g EW · 13 g F · 0 g KH

1 Die Dorade gründlich innen und außen kalt abwaschen und trocken tupfen. Den Fisch innen leicht salzen und pfeffern, den Basilikumzweig und die Butter in die Bauchhöhle stecken.

2 Den Backofen auf 220° (Umluft 200°) vorheizen. Ein Backblech mit Backpapier belegen. Die Eiweiße in einer Schüssel leicht verschlagen. Das Salz mit den Händen untermengen.

3 Die Hälfte der Salzmischung diagonal in Fischform, etwas größer als die Dorade, auf das Blech geben. Den Fisch darauflegen und das restliche Salz so darauf verteilen und andrücken, dass ein fester Salzmantel entsteht. Im Backofen (Mitte) 35 Min. backen.

4 Die Dorade aus dem Backofen nehmen und 10 Min. ruhen lassen. Die Salzkruste an den Seiten mit einem schweren Messerschaft oder einem Hammer aufklopfen und samt Haut abheben. Es wird vermutlich nicht in einem Stück funktionieren, achten Sie aber darauf, dass möglichst keine Salzkrümel auf die Fischfilets fallen.

5 Den Kopf abtrennen, die beiden oberen Filets herauslösen (siehe S. 265) und auf angewärmte Teller geben. Die Mittelgräte entfernen und die unteren Filets herausheben. Dazu schmeckt eine Sauce hollandaise (Rezept S. 67), die mit 1 TL abgeriebener Schale von einer Bio-Orange verfeinert ist, sowie Spargel mit Zuckerschoten (Rezept S. 170) und neue Kartoffeln.

Gegrillte Lachsforelle
mit Petersilien-Dip

Für 2 Personen
1 frische, küchenfertige Lachsforelle (ca. 600 g)
1 Knoblauchzehe · 1 Bio-Zitrone
je 4 Zweige Thymian und Petersilie
2 EL Olivenöl · Salz · Pfeffer

Für den Dip
1 Bund Petersilie · 2 EL Joghurt
1 Eigelb · 1 TL Senf
2 EL Zitronensaft · 5 EL Olivenöl
1 kleine Knoblauchzehe · Salz · Pfeffer

Pro Portion: ca. 680 kcal/2840 kJ
48 g EW · 52 g F · 7 g KH

1 Die Lachsforelle kalt abwaschen und trocken tupfen. Auf jeder Seite mit 3–4 Schnitten versehen, damit die Marinade besser eindringen kann.

2 Den Knoblauch schälen und fein würfeln. Die Zitrone heiß waschen und abtrocknen. Eine Hälfte auspressen, die andere in Scheiben schneiden. Die Kräuter waschen und trocken schütteln. Je 2 Zweige mit den Zitronenscheiben in den Fischbauch legen. Von den übrigen die Blätter abzupfen bzw. abstreifen und fein hacken. Knoblauch, Zitronensaft, gehackte Kräuter und Öl verrühren. Den Fisch damit bestreichen und 1 Std. kühl stellen.

3 Für den Dip Petersilie waschen und trocken schütteln, grob schneiden und mit dem Joghurt pürieren. Eigelb mit Senf und Zitronensaft verquirlen, Öl erst tropfenweise, dann im dünnen Strahl mit einem Schneebesen unterschlagen. Knoblauch schälen und dazupressen. Petersilienjoghurt unterrühren, salzen und pfeffern.

4 Die Lachsforelle beidseitig salzen und pfeffern, auf dem Holzkohlen- oder Elektrogrill (oder im vorgeheizten Backofengrill) 7–8 Min. pro Seite grillen. Mit dem Petersilien-Dip, Baguette und Tomatensalat servieren.

Lachs-Cannelloni
mit Möhren und Zuckerschoten

Für 4 Personen
400 g Lachsfilet · 2 EL Zitronensaft
2–3 junge Möhren · 4 Frühlingszwiebeln
100 g Zuckerschoten · Salz
1 EL Butter · Pfeffer · 8 Lasagneblätter
400 g Schmand · 2 EL mittelscharfer Senf
Kerbel zum Garnieren nach Belieben
Butter für die Form

Außerdem:
Eiswürfel · Geschirrtuch

Pro Portion: ca. 530 kcal/2220 kJ
26 g EW · 41 g F · 15 g KH

1   Das Fischfilet kalt abwaschen, trocken tupfen, in acht etwa gleich große Streifen schneiden und mit dem Zitronensaft beträufeln.

2   Die Möhren schälen und mit dem Sparschäler längs in dünne Streifen hobeln (**Bild 1**). Die Frühlingszwiebeln putzen, waschen, dann jeweils quer und längs halbieren, sodass ca. 12 cm lange Streifen entstehen. Die Zuckerschoten waschen und die Enden abknipsen.

3   Für die Zuckerschoten eine Schüssel mit kaltem Wasser und Eiswürfeln darin bereitstellen. In einem Topf Wasser aufkochen, salzen und die Zuckerschoten darin in 4 Min. bissfest kochen. Abgießen und ins Eiswasser geben (**Bild 2**).

4   Die Butter in einer Pfanne erhitzen. Darin nacheinander Möhren und Frühlingszwiebeln 1–2 Min. braten, salzen und pfeffern.

5   In einem Topf Wasser aufkochen, salzen und die Lasagneblätter darin nach Packungsanweisung bissfest kochen. Den Schmand mit dem Senf verrühren. Den Lachs salzen und pfeffern. Die Lasagneblätter einzeln herausheben und auf dem Geschirrtuch ausbreiten.

6   Den Backofen auf 200° vorheizen. Eine ofenfeste Form mit Butter ausstreichen. Möhren- und Frühlingszwiebelstreifen, Zuckerschoten und den Fisch auf den Lasagneblättern verteilen. Je 1/2 EL Senfcreme daraufgeben.

7   Die Nudelblätter von der Schmalseite her aufrollen (**Bild 3**). Dicht an dicht, mit der Naht nach unten, in die Form legen und mit der übrigen Senfcreme bestreichen. Im heißen Ofen (Mitte, Umluft 180º) ca. 20 Min. backen. Je zwei Lachs-Cannelloni auf vorgewärmten Tellern anrichten. Nach Belieben mit Kerbel garnieren.

1. Fassen Sie die Möhre oben mit Daumen und Zeigefinger, und lassen Sie sie auf dem Handgelenk aufliegen.

2. Wenn Sie die Zuckerschoten nach dem Garen sofort in Eiswasser geben, behalten sie ihre schöne grüne Farbe.

3. Platzieren Sie die Füllung auf dem Nudelblatt, und rollen Sie es dann von der Schmalseite her auf.

Sardinen aus dem Ofen

Für 4 Personen
1 kg Sardinen (eventuell beim
Fischhändler vorbestellen)
6 Tomaten · Salz · Pfeffer
1 großes Bund Basilikum
2 TL Fenchelsamen
4 EL Pinienkerne · 4 EL Olivenöl
4 EL Semmelbrösel
4 Knoblauchzehen

Pro Portion: ca. 430 kcal/1800 kJ
37 g EW · 26 g F · 13 g KH

1   Von den Sardinen die Köpfe abschneiden.
Die Fische am Bauch aufschneiden (geht am
besten mit einer Küchenschere) und die Eingeweide mit einem Teelöffelstiel entfernen.
Die Fische innen und außen gründlich waschen
und trocken tupfen.

2   Den Backofen auf 250° (Umluft 220°) vorheizen. Die Tomaten waschen und in dünne
Scheiben schneiden, dabei die Stielansätze entfernen. Eine hitzebeständige Form damit auslegen, salzen und pfeffern. Die Sardinen salzen
und pfeffern und dicht an dicht darauflegen.

3   Die Basilikumblätter von den Zweigen zupfen
und mit den Fenchelsamen und Pinienkernen
fein hacken. Mit Öl und Semmelbröseln in einem
Schüsselchen vermischen. Die Knoblauchzehen
schälen und dazupressen. Die Mischung über
die Sardinen verteilen. Im heißen Ofen (Mitte)
ca. 15 Min. backen. Dazu schmeckt knuspriges
Weißbrot und ein bunter Salat.

Küchenpraxis *Sardinen kann man nor-
malerweise nicht küchenfertig vorbereitet
kaufen. Sie müssen sie selbst ausnehmen.
Wer es sich zutraut, **entgrätet die Sardinen**
dabei gleich: Nachdem die Eingeweide entfernt sind, mit dem Teelöffelstiel unter die Mittelgräte fahren und diese nach oben herausziehen.*

Fisch vom Blech

Für 4 Personen
800 g Fischfilets (Schellfisch, Kabeljau,
Seelachs oder Schwertfisch)
2 Knoblauchzehen · Salz
2 EL Zitronensaft
50 g weiche Butter
Pfeffer
2 EL Weinbrand
1 EL eingelegte grüne Pfefferkörner
3 EL Olivenöl
3 EL grob geriebene Weißbrotbrösel

Pro Portion: ca. 370 kcal/1550 kJ
36 g EW · 21 g F · 6 g KH

1   Die Fischfilets kalt abwaschen, trocken tupfen
und in Portionsstücke schneiden. Den Knoblauch schälen und durchpressen. Den Fisch mit
Salz, Knoblauch und Zitronensaft einreiben.

2   Den Backofen auf 200° (Umluft 180°) vorheizen. Die Butter mit je 1 Prise Salz und Pfeffer,
dem Weinbrand und den grünen Pfefferkörnern
verrühren.

3   Ein Backblech mit dem Olivenöl bestreichen
und 3 Min. im Backofen erhitzen. Herausnehmen und die Fischstücke darauflegen. Das Blech
wieder in den Backofen schieben (Mitte) und
den Fisch ca. 5 Min. braten.

4   Die Fischstücke wenden, mit den Bröseln bestreuen und Pfefferbutter-Flöckchen darauf verteilen. In 6–8 Min. fertig braten. Dazu schmeckt
ein bunter Salat.

1 Std. 15 Min. · herzhaft

Schellfisch
im Kartoffelbett

Für 4 Personen
800 g Schellfischsteaks
Salz · Pfeffer
1 Zweig frischer Rosmarin
(oder 1 TL getrockneter)
200 ml halbtrockener Weißwein
2 Lorbeerblätter
800 g festkochende Kartoffeln
4 kleine Zwiebeln
4 Knoblauchzehen
6 EL Olivenöl
600 g reife, aromatische Tomaten
1/2 Bund Petersilie

ca. 520 kcal/2180 kJ
42 g EW · 20 g F · 36 g KH

1 Den Fisch kalt abwaschen und trocken tupfen. Mit Salz und Pfeffer würzen und in eine flache Schale legen.

2 Den Rosmarin waschen und trocken schütteln, die Nadeln abstreifen und fein hacken. Die Hälfte davon auf den Fisch streuen, den Wein angießen. Lorbeerblätter dazulegen.

3 Die Kartoffeln waschen, schälen und in ca. 1 cm große Würfel schneiden. Zwiebeln schälen und vierteln. Den Knoblauch schälen, die Zehen ganz lassen. Den Backofen auf 200° vorheizen.

4 Das Öl in einem Bräter erhitzen, restlichen Rosmarin einstreuen. Die Kartoffelwürfel unter Rühren bei starker Hitze 2–3 Min. anbraten. Die Zwiebeln und Knoblauchzehen im Bräter verteilen, salzen und pfeffern.

5 Den Bräter in den Backofen stellen (Mitte, Umluft 180°) und alles ca. 30 Min. braten. Ab und zu durchrühren und immer wieder einige Löffel vom Weinsud des eingelegten Fisches über die Kartoffeln träufeln.

6 Inzwischen die Tomaten kreuzweise einschneiden, mit kochendem Wasser überbrühen, kalt abschrecken und häuten (siehe S. 95). Die Tomaten quer halbieren, entkernen und das Fruchtfleisch grob würfeln.

7 Die Tomaten unter die Kartoffeln mischen, das Ganze salzen und pfeffern. Die Fischscheiben aus der Marinade heben, darauflegen und alles mit dem restlichen Sud beträufeln. Den Fisch in ca. 10 Min. garen.

8 Die Petersilie waschen und trocken schütteln, die Blätter abzupfen und über den Fisch streuen. Ofenfrisch direkt im Bräter servieren.

GRÄTENARME VARIANTEN

Viele essen Fisch nur deshalb nicht so gern, weil sie die Gräten scheuen. Bereiten Sie das Gericht doch einmal mit den folgenden Fischsorten zu: Absolut grätenfrei sind **Thunfisch- und Schwertfischsteaks.** *Und bei frischem* **Lachsfilet** *lassen sich eventuell noch im Fischfleisch befindliche Gräten leicht entfernen: Streichen Sie vor dem Marinieren mit den Fingern über das Fischfleisch und ziehen Sie die so entdeckten wenigen Gräten mit einer Pinzette heraus (vgl. S. 256).*

Tausch-Tipp für Kinder *Auch bei den Kleinen ist das saftige Ofengericht beliebt und Fisch so besonders willkommen – dann aber den* **Wein durch Gemüsebrühe und 2 EL Zitronensaft ersetzen.**

Riesengarnelen
mit Orangen-Minz-Dip

Für 2 Personen
Für den Dip:
1 Bio-Orange
je 3 EL Mayonnaise und Crème fraîche
Salz · Zucker
Cayennepfeffer
3 Zweige frische Minze

Für die Garnelen:
400 g rohe Riesengarnelen (ungeschält;
frisch oder TK und aufgetaut)
1 Bio-Orange
2 Zweige Petersilie
3 EL Olivenöl · Salz

Pro Portion: ca. 585 kcal/2450 kJ
30 g EW · 47 g F · 10 g KH

1   Für den Dip die Orange heiß waschen und
abtrocknen. Die Schale fein abreiben, anschließend den Saft auspressen. Mayonnaise, Crème
fraîche, Orangenschale und 4 EL Orangensaft
verrühren und mit Salz, Zucker und Cayennepfeffer würzig abschmecken. Die Minze waschen
und trocken schütteln, die Blätter fein schneiden
und unterrühren.

2   Die Riesengarnelen jeweils in beide Hände
nehmen, die Schale in der Mitte mit einer gegenläufigen Bewegung knacken (**Bild 1**) und abschälen. Dann, wie unten gezeigt, jede Garnele am
Rücken längs ca. 3 mm tief einschneiden (**Bild 2**)
und den Darmfaden entfernen.

3   Die Garnelen kalt abbrausen und sehr gut
trocken tupfen. Die Orange heiß waschen und
trocken reiben. Die Schale mit einem Zestenreißer in feinen Streifen abziehen (oder mit dem
Sparschäler arbeiten, siehe Tipp S. 45). Die Petersilie waschen und trocken schütteln, die Blätter
fein schneiden.

4   Das Öl in einer Pfanne erhitzen, die Garnelen
hineingeben und bei mittlerer Hitze von jeder
Seite 2–3 Min. braten (**Bild 3**). Sie sollen fest,
aber nicht trocken sein. Die Orangenzesten und
die Petersilie darüberstreuen, 1 Min. mitbraten.
Salzen und einmal kräftig durchschwenken.

5   Die Garnelen auf zwei Teller verteilen und
mit dem Orangen-Minz-Dip servieren. Dazu
schmeckt knuspriges Baguette. Wer möchte,
kann auch einen kleinen Salat anrichten.

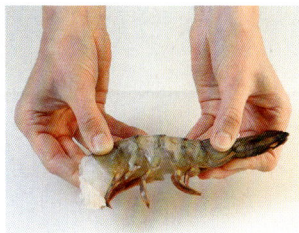  

1. Den Panzer der Riesengarnelen mit einer gegenläufigen Bewegung knacken und abschälen.

2. Die Garnele am Rücken einschneiden und den schwarzen Darmfaden entfernen.

3. Die Garnelen beidseitig, nicht zu scharf, braten, bis sie sich rosa färben.

Jakobsmuscheln
mit Ingwerbutter

Für 4 Personen
1 Stück frischer Ingwer (ca. 3 cm)
Salz · 50 g weiche Butter
100 g Thai-Spargel · 1 Knoblauchzehe
2 Schalotten · 1 EL Butterschmalz
8 ausgelöste, küchenfertige Jakobsmuscheln
1/4 TL Currypulver · Pfeffer

Pro Portion: ca. 200 kcal/840 kJ
16 g EW · 15 g F · 2 g KH

1   Ingwer schälen und fein reiben. Mit 1 Prise Salz unter die Butter rühren, auf ein Stück Folie geben, mithilfe der Folie zu einer Rolle formen und in den Kühlschrank legen.

2   Den Thai-Spargel waschen, die Enden abschneiden und die dünnen Stangen jeweils in 2–3 Stücke schneiden. Knoblauch und Schalotten schälen und sehr fein würfeln.

3   Das Butterschmalz in einer Pfanne erhitzen, Knoblauch, Schalotten und Spargel darin in 2–3 Min. unter Rühren bei mittlerer Hitze bissfest braten, herausnehmen.

4   Die Muscheln quer halbieren und in der Pfanne im verbliebenen Fett von jeder Seite 1 Min. anbraten. Currypulver darüberstäuben, Spargel wieder dazugeben, salzen und pfeffern. Vom Herd nehmen, Ingwerbutter in Flöckchen darauf verteilen und zugedeckt in 3 Min. schmelzen lassen. Die Jakobsmuscheln mit Weißbrot als lauwarme Vorspeise servieren.

Wie putze ich … *Jakobsmuscheln?*
Meist wird das schon geputzte Muschelfleisch (die sogenannten Nüsschen) angeboten. Falls Sie die Muscheln nicht küchenfertig, also nur in der Schale bekommen, diese aufbrechen, den orangefarbenen Corail (Rogen) entfernen und die Nüsschen weiterverarbeiten.

Gratinierte Jakobsmuscheln

Für 4 Personen
1 Knoblauchzehe · 2 Schalotten
4 EL Olivenöl · 8 ausgelöste, küchenfertige Jakobsmuscheln · Salz · Pfeffer · Muskatnuss, frisch gerieben · 2 TL Semmelbrösel

Außerdem:
4 gewölbte Jakobsmuschelschalen
(gibt es beim Fischhändler)

Pro Portion: ca. 200 kcal/840 kJ
16 g EW · 13 g F · 5 g KH

1   Knoblauch und Schalotten schälen und sehr fein würfeln. Den Backofen auf 220° vorheizen.

2   In einer Pfanne 2 EL Öl erhitzen. Knoblauch und Schalotten darin goldgelb anbraten. Jakobsmuscheln hinzufügen und bei mittlerer Hitze von jeder Seite 1 Min. sanft anbraten. Mit Salz, Pfeffer und 1 Prise Muskat würzen.

3   Die Muscheln mit der Knoblauch-Schalotten-Mischung auf die vier Muschelschalen verteilen. Je 1/2 TL Brösel über jede Portion streuen und mit dem restlichen Öl beträufeln. Den Backofengrill einschalten und die Muscheln im Ofen (oben, Grill) in 3–4 Min. goldbraun übergrillen.

VARIANTE MIT PILZEN

Je 1 Knoblauchzehe und Schalotte schälen und fein würfeln. 150 g Champignons putzen und fein hacken. Die Muscheln in 1 EL Butter in einer Pfanne von jeder Seite 1 Min. anbraten, salzen und pfeffern. Wer keine Muschelschalen zum Gratinieren hat, buttert kleine ofenfeste Förmchen aus und setzt die Muscheln hinein. 1 weiteren EL Butter in der Pfanne erhitzen. Erst Knoblauch und Schalotten anbraten, dann Pilze hinzufügen und braten, bis alle Flüssigkeit verdampft ist. 1 EL gehackte Petersilie untermischen, salzen und pfeffern. Über die Muscheln geben, je 1/2 TL Semmelbrösel und ein paar Butterflöckchen daraufsetzen und im Backofen übergrillen.

35 Min. · von den Kanarischen Inseln

Muscheln in Safransauce

Für 4 Personen
2 kg küchenfertige Miesmuscheln
1 Zwiebel · 2 EL Olivenöl
1 kleine Dose stückige Tomaten (400 g)
500 ml Weißwein
1/2 TL Kreuzkümmelsamen
2 Döschen Safranfäden (0,2 g)
2 kleine getrocknete rote Chilischoten
1 1/2 TL grobes Meersalz
8 Knoblauchzehen
4 EL gehackte Petersilie

Pro Portion: ca. 235 kcal/980 kJ
14 g EW · 8 g F · 8 g KH

1   Die Miesmuscheln gründlich in kaltem
Wasser waschen, abbürsten und, falls vorhanden,
die Bärte entfernen. Geöffnete und beschädigte
Muscheln aussortieren und wegwerfen. Übrige
Miesmuscheln in einem Sieb abtropfen lassen.

2   Die Zwiebel schälen und fein würfeln. In einem großen Topf das Öl erhitzen, die Zwiebelwürfel darin 1 Min. bei mittlerer Hitze anbraten.
Die Tomaten dazugeben und ca. 10 Min. schmoren lassen. Den Wein dazugießen und offen
ca. 10 Min. bei schwacher Hitze kochen lassen.

3   Kreuzkümmel, Safran, Chilis und Meersalz
im Mörser fein zerreiben. Den Knoblauch schälen, würfeln, dazugeben und mit den Gewürzen
im Mörser zerdrücken. Die Petersilie dazugeben
und alles zu einem glatten Brei zerstampfen.

4   Die Tomaten-Wein-Sauce bei starker Hitze
aufkochen. Die Miesmuscheln und die Gewürz-
paste aus dem Mörser hinzufügen und alles bei
starker Hitze zugedeckt ca. 7 Min. kochen, dabei
einmal durchmischen.

5   Die Muscheln mit der Sauce in vier Schalen
oder große tiefe Teller verteilen (Muscheln, die
geschlossen blieben, aussortieren und wegwerfen, sie könnten verdorben sein.) Dazu reichlich
Weißbrot zum Aufstippen der Sauce servieren.

30 Min. · Klassiker

Muscheln in Weißwein

Für 4 Personen
2 kg küchenfertige Miesmuscheln
1 Zwiebel · 4 Knoblauchzehen
750 ml trockener Weißwein
2 Lorbeerblätter · Salz
Pfeffer · 1 Bund Petersilie
1 TL abgeriebene Schale von 1 Bio-Zitrone

Pro Portion: ca. 205 kcal/860 kJ
13 g EW · 2 g F · 7 g KH

1   Muscheln gründlich in kaltem Wasser waschen, falls vorhanden, die Bärte entfernen. Geöffnete und beschädigte Muscheln aussortieren
und wegwerfen. In einem Sieb abtropfen lassen.

2   Zwiebel und Knoblauch schälen, Zwiebel in
Ringe schneiden, Knoblauch grob würfeln. In einem großen Topf Wein mit Zwiebeln, Knoblauch
und Lorbeerblättern aufkochen lassen, kräftig
salzen und pfeffern. Muscheln hinzugeben und
zugedeckt 10–12 Min. garen, zwischendurch den
Topf einmal kräftig durchrütteln.

3   Inzwischen die Petersilie waschen und trocken schütteln, die Blätter sehr fein hacken.
Noch geschlossene Muscheln aussortieren und
wegwerfen. Petersilie und Zitronenschale untermischen. Die Muscheln auf vier Schalen oder
große tiefe Teller verteilen und Weißbrot zum
Aufstippen der Sauce dazu reichen.

Wie esse ich eigentlich … *Muscheln?*
*Verwenden Sie eine leere Muschelschale und
benutzen sie als kleine Zange, um die übrigen
Muscheln aus den Schalen zu holen, in die
Sauce zu tunken und zum Mund zu führen.*

Desserts, Kuchen und *Eis*

In diesem Kapitel kommen Süßschnäbel voll auf ihre Kosten: Cremige und fruchtige Desserts, tolle Tartes und Kuchen zum Kaffee und selbst gemachtes Eis – zum Dahinschmelzen gut!

Deko-Ideen fürs Dessert

Angerichtet wie im Sternelokal

So macht Ihr Mousse-Dessert richtig was her: Nocken aus zarter Mousse sehen aus wie vom Küchenprofi – und gelingen mit etwas Übung leichter als Sie denken. Lassen Sie die Creme in einer flachen Form fest werden. Zum Servieren tauchen Sie zwei Esslöffel in kaltes Wasser und stechen dann mit einem davon 1 EL Creme ab. Legen Sie den anderen Löffel umgekehrt darauf, und formen Sie die Masse zu einem Klößchen. Üben Sie am besten mit angetauter Eiscreme.

Alles essbar

Die Deko auf dem Dessertteller sollte immer essbar sein: Garnieren Sie die Süßspeisen also mit frischen Fruchtstückchen oder Beeren, gerösteten Mandelstiften oder Schokoraspeln. Immer gut machen sich Zitronenmelisse- oder Minzeblättchen, die noch hübscher aussehen, wenn Sie etwas Puderzucker darübersieben. Bei schokoladigen Desserts können Sie zudem etwas Kakaopulver, bei Desserts mit weihnachtlichen Gewürzen etwas Zimtpulver auf den Tellerrand stäuben.

Altes und neues KOCHWISSEN
Keks + Likör + Creme = Blitzdessert

Schon unsere Großmütter haben aus Kuchenresten und Cremes aus Pudding und Sahne wunderbare geschichtete Nachspeisen gezaubert. Mit »neuen« Zutaten wie Amarettini oder Cantucci (italienische Mandelkekse), ein wenig Amaretto, Baileys oder Kahlúa (Mandel-, Whiskey- oder Kaffeelikör) und einer Creme aus Mascarpone, Ricotta oder luftig aufgeschlagenem Cremequark werden daraus im Handumdrehen gästefeine Desserts.

Fruchtig

Fein zu Eis und cremigen Desserts: Für **Erdbeermark** 200 g Erdbeeren mit 1 TL Zitronensaft, 1 TL Zucker und nach Belieben 1–2 EL Orangenlikör pürieren. **Mus aus Himbeeren** oder gemischten Beeren nach dem Pürieren noch durch ein feines Sieb streichen. Für **Mangopüree** das Fruchtfleisch vom Stein schneiden und mit 2–3 EL Limettensaft pürieren. Über das Dessert träufeln oder als **Fruchtspiegel** auf dem Teller ausstreichen und Creme oder Eis darauf anrichten.

Knusprig

Für feinen **Krokant** 100 g Puderzucker in einer Pfanne bei schwacher Hitze zu goldgelbem Karamell schmelzen, 100 g gehackte Haselnüsse unterrühren und 1 Min. darin rösten. Den Krokant auf Backpapier geben und ausstreichen. Abgekühlt zerbröseln und über Schokomousse oder Eis streuen.

Schokoladig

Sieht hübsch aus und schmeckt fein: Grob gehackte dunkle Schokolade in einen Gefrierbeutel geben, diesen verschließen und in heißes Wasser hängen, bis die Schokolade geschmolzen ist. Eine kleine (!) Ecke abschneiden und mit der flüssigen Schokolade dekorative Schlieren oder Linien auf den Tellerrand bzw. über das Dessert ziehen. Oder auch den Tellerrand damit beschriften.

Deko-Ideen fürs Dessert

Küchenpraxis: Kuchenteige

Zart und knusprig

Für einen feinen **Mürbeteig** für Obstkuchen und Tartes brauchen Sie – anders als für Rührteig – kühlschrankkalte Butter. Geben Sie Mehl, Zucker und Eier auf die Arbeitsfläche, und schneiden Sie die Butter in kleine Stückchen. Dann alles schnell zu einem glatten Teig verkneten. Diesen vor dem Ausrollen in Folie gewickelt mindestens 30 Min. im Kühlschrank ruhen lassen.

Baisers

Bei Mürbeteigen bleiben immer mal Eiweiße übrig. Daraus können Sie zartknusprige Baisers backen: Den Backofen auf 80° vorheizen, ein Blech mit Backpapier belegen. Die Eiweiße mit 1 Msp. Salz zu sehr festem Schnee schlagen, dabei nach und nach pro Eiweiß 2 EL Zucker einrieseln lassen. Mit einem Teelöffel kleine Häufchen aufs Blech setzen. Die Baisers im Backofen (Mitte, einen Holzlöffel in die Backofentür klemmen, sodass sie einen Spalt breit offen bleibt) in 3 Std. trocknen lassen.

Altes und neues KOCHWISSEN
Gebuttert und gebröselt

Die Großmutter hat jede Kuchenform mit Butter eingefettet und sorgfältig mit Semmelbröseln ausgebröselt. Dadurch klebte nichts fest, und der Kuchen löste sich perfekt aus der Form. Bei den modernen beschichteten Backformen ist das nicht mehr nötig. Meist reicht es, die Form einzufetten. Zusätzliches Aroma bekommt Ihr Kuchen, wenn Sie die Form mit den zum Kuchen passenden gemahlenen Nüssen oder mit gemahlenen Mandeln ausbröseln.

Schaumig und locker

Für einen gelungenen Rührteig sollten möglichst alle Zutaten Zimmertemperatur haben. Nehmen Sie Butter und Eier also 1 Std. vorher aus dem Kühlschrank. Schlagen Sie zunächst die weiche Butter mit dem Zucker mit dem Handrührgerät so lange auf, bis der Zucker sich auflöst. Nun fügen Sie jeweils 1 Ei hinzu und rühren weiter, bis eine schaumige Masse entsteht. Dann Mehl und Backpulver dazusieben und sorgfältig untermischen. Jetzt nicht mehr allzu lange rühren, damit der Kuchen schön locker wird! Richtig fluffig wird der Kuchen, wenn Sie, wie in manchen Rezepten beschrieben, die Eier trennen und Eigelbe und geschlagene Eiweiße getrennt unterrühren.

Von der Form auf die Platte

Lassen Sie den Kuchen zunächst in der Form 10 Min. auskühlen. Bei einer Springform den Kuchen mit einem spitzen Messer vom Rand lösen, den Ring abnehmen. Mit einer Palette (oder einem langen Messer) den Kuchen rundherum vom Boden lösen und vorsichtig auf eine Platte ziehen. Einen Gugelhupf ebenfalls in der Form etwas abkühlen lassen. Die Tortenplatte auflegen, mit zwei Händen zusammen am Rand fassen, umdrehen und die Form einfach abheben.

Warm und ohne Zugluft

Ein Hefeteig muss nach dem Kneten einige Zeit »gehen«. Legen Sie die Teigkugel in eine Schüssel, bestäuben Sie sie leicht mit Mehl, und decken Sie die Schüssel mit einem Geschirrtuch ab. Die Schüssel dann an einen warmen und zugluftfreien Ort stellen, bis der Teig etwa das doppelte Volumen erreicht hat.

Schnelle Schokomousse

im Bild · *Für 4 Personen*
200 g Vollmilch- oder Noisetteschokolade
2 EL Orangenlikör oder Cassis
(Johannisbeerlikör) nach Belieben
1 Vanilleschote
250 g Sahne
Garnitur nach Belieben

Pro Portion: ca. 475 kcal/1990 kJ
6 g EW · 35 g F · 32 g KH

1   Die Schokolade in Stücke brechen und in
eine Tasse geben. Ins heiße Wasserbad stellen
und darin bei schwacher Hitze schmelzen lassen.
Dabei nach Belieben den Likör dazugeben und
die Schokolade immer mal wieder durchrühren,
damit sie gleichmäßig schmilzt. Handwarm abkühlen lassen.

2   Die Vanilleschote längs aufschneiden und
das Mark herauskratzen. Die Sahne steif schlagen, dabei das Vanillemark untermischen. Einen
kleinen Teil der Sahne in einer Schüssel mit der
Schokolade verrühren, den Rest mit dem Schneebesen unterheben.

3   Die Schokomousse in Dessertschälchen oder
Kelchgläser füllen und für 2–3 Std. in den Kühlschrank stellen. Wer möchte, garniert die Mousse
mit ein paar Beeren und/oder etwas Sahne oder
mit Schokoladenspänen.

Kirsch-Mascarpone-Creme

Für 4 Personen
250 g Mascarpone
abgeriebene Schale und Saft
von 1/2 Bio-Zitrone
150 g Sahne
50 g Zucker
1 TL Kakaopulver
1 Prise Zimtpulver
1 Glas Schattenmorellen
(370 g Abtropfgewicht)
2 EL Schokoladenraspel

Pro Portion: ca. 560 kcal/2340 kJ
5 g EW · 43 g F · 38 g KH

1   Den Mascarpone mit der abgeriebenen Zitronenschale und dem Zitronensaft verrühren.

2   Die Sahne mit dem Zucker steif schlagen.
Die Hälfte davon unter die Creme rühren, den
Rest mit dem Kakao und dem Zimt mit einem
Schneebesen vorsichtig unterheben. Die Kir-
schen abtropfen lassen.

3   Die Kirschen und die Creme lagenweise
in Dessertgläser füllen. Mit den Schokoladen-
raspeln bestreuen und servieren.

Was macht man ... *mit der Vanilleschote genau? Schneiden Sie die
Schote längs mit einem spitzen Messer auf, drehen dann das Messer um
und kratzen das weiche Innere mit dem Messerrücken aus beiden Hälften.
Ausgekratzte Vanilleschoten sind zum Wegwerfen übrigens viel zu schade:
Stecken Sie sie in ein sauberes Schraubglas und bedecken sie mit Zucker.
In ein paar Tagen haben Sie erstklassigen, selbst gemachten Vanillezucker!*

Schoko-Sahnequark
mit Walnüssen

Für 4 Personen
12 Walnusshälften
100 g Sahne
500 g Magerquark
1 EL Zucker
1 Päckchen Vanillezucker
50 g Bitterschokolade (70 % Kakao)
2 EL Amaretto (Mandellikör; nach Belieben)

Pro Portion: ca. 310 kcal/1300 kJ
19 g EW · 17 g F · 21 g KH

1 Die Walnüsse in einer Pfanne ohne Fett bei schwacher Hitze rösten, bis sie duften. Aus der Pfanne nehmen und abkühlen lassen.

2 Die Sahne steif schlagen. Den Quark in einer Schüssel mit dem Zucker und dem Vanillezucker verrühren. Die Schokolade in Stücke brechen und bei schwächster Stufe in der Mikrowelle oder auf der Kochstelle in einem Töpfchen im heißen Wasserbad schmelzen.

3 Die flüssige Schokolade und nach Belieben den Amaretto unter den Quark rühren und die geschlagene Sahne unterheben.

4 Den Schokoquark in vier Schälchen füllen. Die Walnüsse grob hacken und darüberstreuen.

FRUCHTIGE VARIANTE

Rühren Sie mit Zucker und Vanillezucker die abgeriebene Schale von 1 Bio-Orange und nach Belieben 2–3 EL Orangenlikör unter den Quark. 2 Orangen bis ins Fruchtfleisch schälen und mit einem scharfen Messer die Orangenfilets zwischen den Trennhäutchen herausschneiden (siehe S. 47). Den Schokoquark statt mit Walnüssen mit den Orangenfilets garnieren.

Zimtcreme mit
Portwein-Zwetschgen

Für 4 Personen
250 g Zwetschgen · 100 ml roter Portwein
1 Zimtstange · 250 g Mascarpone
250 g Cremequark (0,1 % Fett)
2 EL Puderzucker · 4 EL Eierlikör
1 gehäufter TL Zimtpulver · 1 Handvoll
Amarettini (italienische Mandelkekse)

Pro Portion: ca. 475 kcal/1990 kJ
12 g EW · 31 g F · 17 g KH

1 Die Zwetschgen waschen, halbieren und entsteinen. Mit dem Portwein und der Zimtstange in einen Topf geben, aufkochen und bei schwacher Hitze zugedeckt 5 Min. kochen lassen.

2 Die Zwetschgen durch ein Sieb abgießen, den Weinsud auffangen und zurück in den Topf geben. Die Zimtstange entfernen. Den Weinsud bei starker Hitze bis auf ca. 4 EL einkochen lassen, über die Zwetschgen gießen und das Ganze abkühlen lassen.

3 Inzwischen Mascarpone und Cremequark in eine Schüssel geben und sorgfältig mit Puderzucker, Eierlikör und Zimtpulver verrühren.

4 Die Zimtcreme schichtweise abwechselnd mit den Portwein-Zwetschgen in vier Gläser füllen. Jede Portion mit ein paar Amarettini garnieren.

VARIANTE MIT ÄPFELN

2 säuerliche Äpfel (z. B. Boskoop) schälen und das Kernhaus entfernen. Die Äpfel in Spalten schneiden und mit 100 ml Weißwein, 1 Zimtstange und 1 TL Vanillezucker in 3–4 Min. weich kochen. Abgießen, abkühlen lassen und nach Belieben 2 EL Calvados über die Äpfel träufeln. Jeweils ca. 3 cm hoch Amarettini in vier Gläser bröseln. Die Äpfel darüberschichten und mit der Zimtcreme abschließen. Zum Servieren das Dessert mit etwas Zimtpulver bestäuben.

20 Min. + 4 Std. Kühlen · für Gäste

Milchkaffeecreme

Für 4 Personen
6 Blatt weiße Gelatine
6 EL kalte Milch
125 ml frisch gekochter Espresso
(starker Kaffee geht auch)
100 g Zucker
600 g Sahne
1 EL Kaffeelikör
1 TL Kakaopulver

Pro Portion: ca. 590 kcal/2470 kJ
7 g EW · 48 g F · 32 g KH

1   Die Gelatine in der kalten Milch ca. 5 Min.
einweichen. Inzwischen den Espresso mit
dem Zucker in einen Topf geben und erhitzen.
500 g Sahne einrühren und alles 5 Min. bei
mittlerer Hitze leicht köcheln lassen.

2   Den Topf vom Herd nehmen. Die Gelatine
samt der Milch in den heißen Sahnekaffee
geben und unter Rühren auflösen. Mit dem
Kaffeelikör abschmecken. Milchkaffeecreme
abkühlen lassen, dabei ab und zu umrühren.

3   Die Creme in Cappuccinotassen füllen und
in ca. 4 Std. im Kühlschrank fest werden lassen.

4   Vor dem Servieren die restliche Sahne steif
schlagen. Jeweils eine Sahnehaube auf die Milchkaffeecreme setzen und etwas Kakaopulver
darüberstäuben. Sofort servieren.

Vorbereitungs-Tipp *Sie können die*
*Milchkaffeecreme gut **schon am Vortag***
***zubereiten** und über Nacht in den Kühl-*
schrank stellen. Decken Sie aber jede Tasse
mit Klarsichtfolie ab. Milchprodukte neh-
men nämlich leicht Kühlschrankgerüche an.

20 Min. + 1 Std. Kühlen · herbstlich

Maronencreme
mit Weintrauben

Für 4 Personen
200 g Sahne · 50 g Zucker
1/2 TL Zimtpulver
450 g Maronenpüree (aus der Dose)
5 EL Rum (nach Belieben)
4 EL Honig · 6 EL Zitronensaft
400 g weiße und blaue Weintrauben
50 g gehackte Walnüsse · Walnusshälften
und Minzeblättchen zum Garnieren

Pro Portion: ca. 600 kcal/2510 kJ
6 g EW · 18 g F · 94 g KH

1   Die Sahne in einen Topf gießen, den Zucker
dazugeben und alles einmal aufkochen. Den
Zimt zufügen und das Maronenpüree löffelweise
mit dem Schneebesen unterrühren, bis eine
homogene Masse entsteht. Zuletzt nach Belieben
den Rum unterrühren.

2   Die Maronencreme in vier Dessertschalen
oder eine große Schüssel füllen. Abkühlen lassen
und 1 Std. kalt stellen.

3   Den Honig mit dem Zitronensaft in einer
Schüssel verrühren. Die Trauben waschen, abzupfen, halbieren und die Kerne entfernen.
Die Trauben mit den Walnüssen in die Schüssel
geben, alle Zutaten gut mischen und ebenfalls
kalt stellen.

4   Die marinierten Trauben auf der Maronencreme verteilen. Mit Walnusshälften und Minzeblättchen garnieren.

VARIANTE

Maronenpüree ist in Feinkostgeschäften oder sehr
gut sortierten Supermärkten erhältlich. Falls Sie es
*nicht bekommen, können Sie auch die **Schnelle***
***Schokomousse** von S. 287 mit Rum aromatisieren*
und mit den marinierten Trauben garnieren.

Grundrezept

Tiramisu

Für 6 Personen
200 g Sahne
3 sehr frische Eigelbe
3 EL Puderzucker
250 g Mascarpone
200 ml starker Espresso
je 4 EL Amaretto (italienischer Mandellikör) und
Vecchia Romagna (oder anderer Weinbrand)
200–250 g Löffelbiskuits
2 EL ungesüßtes Kakaopulver

Außerdem:
1 rechteckige flache Dessertform

Pro Portion: ca. 540 kcal/2260 kJ
9 g EW · 36 g F · 44 g KH

1   Die Sahne steif schlagen. Eigelbe und Puderzucker mit dem Handrührgerät in 4–5 Min.
cremig aufschlagen. Mascarpone unterrühren
und Sahne unterheben. 2 EL davon auf dem
Boden der Dessertform verstreichen.

2   Espresso, Amaretto und Weinbrand in einer
flachen Schale vermischen. Die Löffelbiskuit
einzeln jeweils 1 Sek. in die Espressomischung
tauchen und dicht an dicht in die Form legen.

3   Die Hälfte der Mascarponecreme daraufgeben und verstreichen. Die übrigen Biskuits
tränken, einschichten und mit der übrigen
Creme abdecken. Zugedeckt für 4 Std. in den
Kühlschrank stellen. Vor dem Servieren dick
mit Kakaopulver besieben.

Wie wär's mal …

MIT ERDBEER-TIRAMISU

*Von 500 g Erdbeeren die schönere Hälfte heraus-
suchen und beiseite stellen. Die übrigen Früchte
waschen, entkelchen, in kleine Stücke schneiden
und 1 EL Puderzucker darübersieben. 200 g Sahne
steif schlagen. 250 g Mascarpone in einer Schüssel mit 3 EL Puderzucker und 2 cl Eierlikör verquirlen. Die Sahne unterheben, 2 EL davon in
der Dessertform verstreichen. Die Erdbeerstück-
chen unter die Mascarponecreme ziehen. In einer
Schale 300 ml Orangensaft (am besten frisch
gepresst) mit 4 EL Orangenlikör vermischen.
Die Löffelbiskuits (insgesamt 200–250 g) einzeln
kurz in die Orangensaftmischung tauchen und
in die Form schichten. Darüber die Hälfte der Erd-
beer-Mascarpone-Creme geben und glatt streichen. Eine zweite Lage getränkter Löffelbiskuits
darauf verteilen und mit restlicher Creme bedecken. Mit Klarsichtfolie abdecken und für mindestens 4 Std. in den Kühlschrank stellen.*

Tausch-Tipps   *Die Original-Tiramisu ist mit einer gehörigen Portion Koffein und
Alkohol ein Dessert für Erwachsene. Wenn Kinder mitessen, ist eine Variante der Erdbeer-
Tiramisu die bessere Wahl: Bereiten Sie die Creme für das Erdbeer-Tiramisu wie im klassischen Rezept mit Eigelben zu, aber* **lassen Sie den Orangenlikör weg.** *Und wer Kalorien
sparen möchte, ersetzt die Hälfte des Mascarpone durch* **Cremequark mit 0,1 % Fett.**

15 Min. + mind. 4 Std. Kühlen
mit feinem Vanillearoma

Panna cotta *mit Himbeermark*

Für 4 Personen
400 g Sahne · 2 EL Zucker · 1/2 Vanilleschote
2 Blatt weiße Gelatine · 4 EL eiskalte Milch
300 g TK-Himbeeren · 2 EL Puderzucker
1–2 EL Himbeergeist (nach Belieben)

Außerdem:
4 Dessertförmchen (100 ml Inhalt)

Pro Portion: ca. 390 kcal/1630 kJ
5 g EW · 32 g F · 17 g KH

1 Sahne und Zucker in einen Topf geben. Die
Vanilleschote längs aufschneiden, dazugeben
und alles langsam erhitzen. 10 Min. bei schwacher Hitze köcheln lassen. Inzwischen die Gelatine in der Milch 5 Min. einweichen. Die Dessertförmchen kalt ausspülen, nicht abtrocknen.

2 Die Gelatine samt der Milch unter die Sahne
rühren und darin auflösen, nicht mehr kochen
lassen. Die Vanilleschote entfernen. Die Sahne
in die Förmchen gießen und in mindestens 4 Std.
im Kühlschrank fest werden lassen.

3 Für das Himbeermark die Himbeeren auftauen lassen. Mit dem Puderzucker in einem
hohen Aufschlaggefäß mit dem Pürierstab fein
pürieren. Anschließend durch ein feines Sieb
streichen, um die Kerne herauszusieben. Nach
Belieben den Himbeergeist unterrühren.

4 Die Panna cotta mit einem spitzen Messer
vom Rand lösen und auf Teller stürzen. (Falls
die Creme nicht gleich herauskommt, die Förmchen kurz in heißes Wasser halten.) Das Himbeermark darüberträufeln.

VARIANTE

*Wer keine Dessertförmchen hat, nimmt **Tassen**
und serviert die Panna cotta darin. Statt Himbeer-
schmeckt auch **Erdbeermark** dazu (siehe S. 283).*

25 Min. + 30 Min. Garen + 25 Std. Kühlen
klassischer Menüabschluss

Crème caramel

Für 6 Personen
120 g Puderzucker · 500 ml Milch
1 Vanilleschote · 2 Eier
2 Eigelbe · Öl für die Förmchen

Außerdem:
6 feuerfeste Dessertförmchen (100 ml Inhalt)

Pro Portion: ca. 185 kcal/770 kJ
6 g EW · 7 g F · 24 g KH

1 Die Dessertförmchen ausfetten und im Ofen
bei 70° erwärmen. Gleichzeitig in einem Pfännchen zwei Drittel des Puderzuckers schmelzen
und goldbraun karamellisieren lassen. Sofort in
die angewärmten Förmchen gießen, sodass der
Boden bedeckt ist. Auskühlen lassen.

2 Die Milch mit dem übrigen Puderzucker in
einen Topf geben. Die Vanilleschote längs aufschneiden, das Mark herauskratzen und samt
Schote dazugeben. Die Milch aufkochen und
2 Min. bei schwacher Hitze kochen lassen.

3 Die Eier und Eigelbe in einer Schüssel verrühren (nicht schaumig schlagen!) und die heiße
Vanillemilch (ohne Vanilleschote) unter ständigem Rühren hinzufügen, dann vollständig auskühlen lassen.

4 Backofen auf 180° vorheizen. Eine ofenfeste
Form für das Wasserbad bereitstellen. Die Eiermilch in die Dessertförmchen gießen und diese
mit etwas Abstand in die Form stellen. So viel
heißes Wasser angießen, dass die Förmchen
zu zwei Drittel im Wasser stehen. Ca. 30 Min.
(Mitte, Umluft 160°) im Wasserbad stocken lassen. Herausnehmen und für 24 Std. kalt stellen.

5 Zum Servieren den Rand der Crème caramel
mit einem spitzen Messer lösen, die Förmchen
jeweils kurz in heißes Wasser tauchen, einen
Dessertteller darüberstülpen und umdrehen.

1 Std. 15 Min. · gut vorzubereiten

Rote Grütze *mit Vanillesauce*

Für 6 Personen
Für die Rote Grütze:
400 g rote Johannisbeeren · je 200 g Erdbeeren und Himbeeren · 3 EL Speisestärke
250 ml trockener Weißwein (oder Fruchtsaft)
1 Bio-Zitrone · 125 g Zucker

Für die Vanillesauce:
1 1/2 EL Speisestärke · 750 ml Milch
1 Vanilleschote · 60 g Zucker · 1 Ei · 2 Eigelbe

Pro Portion: ca. 175 kcal/730 kJ
2 g EW · 1 g F · 34 g KH

1   Johannisbeeren waschen, abtropfen lassen
und von den Stielen streifen. Erdbeeren waschen
und entkelchen. Himbeeren verlesen. Speisestärke in einer Tasse mit 4–5 EL Wein anrühren. Die
Zitrone heiß abwaschen, mit einem Sparschäler
ein großes Stück Schale ganz dünn abschälen.

2   Den restlichen Wein mit Zucker und Zitronenschale aufkochen. Die angerührte Stärke
unterrühren, alle Beeren zugeben und unter
Rühren 2–3 Min. aufkochen, bis die Grütze klar
ist. In eine Schüssel füllen und auskühlen lassen.

3   Für die Vanillesauce die Speisestärke in einer
Tasse mit 3 EL Milch verrühren. Die Vanilleschote längs aufschneiden, das Mark herauskratzen.
Die übrige Milch mit dem Mark und der Schote
aufkochen, vom Herd nehmen.

4   Zucker, Ei und Eigelbe mit dem Schneebesen
schaumig schlagen. Mit der angerührten Stärke
unter die Milch rühren. Unter ständigem Rühren
aufkochen lassen, bis die Sauce leicht andickt.
Abkühlen lassen und die Schote entfernen.

Tausch-Tipps   *In die Grütze können Sie
– ganz nach Geschmack und Saison – auch
**Brombeeren, Kirschen oder Aprikosen-
stücke** geben. Und statt der Vanillesauce
passt gut **flüssige Sahne** dazu.*

20 Min. + 4 Std. Kühlen · fruchtig-herb

Erdbeeren *in Campari-Gelee*

Für 4 Personen
500 g Erdbeeren · 3 1/2 EL Zucker
3 EL Orangenlikör · 2 Orangen
1 Zitrone · 200 ml Campari
6 Blatt Gelatine · 100 g Sahne

Pro Portion: ca. 290 kcal/1210 kJ
5 g EW · 9 g F · 26 g KH

1   Von den Erdbeeren die vier schönsten Exem-
plare auswählen und für die Deko beiseite legen.
Die übrigen Erdbeeren waschen, entkelchen und
je nach Größe halbieren oder vierteln. In einer
Schüssel mit 3 EL Zucker bestreuen und mit
Orangenlikör beträufeln.

2   Orangen und die Zitrone auspressen, den Saft
durch ein feines Sieb in einen Messbecher füllen.
Mit Campari und kaltem Wasser zu 500 ml ergänzen. Gelatine in kaltem Wasser einweichen.

3   Die Saftmischung in einem Topf erhitzen,
aber nicht kochen lassen. Vom Herd nehmen,
ausgedrückte Gelatine mit dem Schneebesen
unterrühren, bis sie sich aufgelöst hat. Die Erdbeeren hinzufügen. In dekorative Kelchgläser
oder Dessertschälchen füllen und in 4 Std. im
Kühlschrank fest werden lassen.

4   Die Sahne mit 1/2 EL Zucker cremig auf-
schlagen. Jeweils einen Klecks davon auf das
Dessert geben und mit den beiseite gelegten
Erdbeeren garnieren.

Deko-Tipp   *Noch mehr machen die **Deko-
Erdbeeren** her, wenn Sie sie mit Schokolade
überziehen. Dazu 50 g dunkle Kuvertüre
(oder andere Schokolade) grob hacken und
im heißen Wasserbad schmelzen. Die Erdbeeren jeweils am Blattkranz anfassen und bis
zur Hälfte **in die Schokolade tauchen.** Abtropfen
lassen und auf einem Gitter (oder auf Backpapier)
fest werden lassen.*

20 Min. + 20 Min. Backen · aus England

Apple Crumble

im Bild · *Für 6 Portionen*
500 g säuerliche Äpfel (z. B. Boskoop)
125 ml trockener Weißwein
1 Päckchen Vanillezucker
100 g Mehl
100 g gemahlene Mandeln
100 g Zucker
150 g kalte Butter · Butter für die Form

Außerdem:
200 g Vanilleeis (Rezept S. 307 oder fertig gekauft)

Pro Portion: ca. 525 kcal/2190 kJ
6 g EW · 34 g F · 46 g KH

1   Den Backofen auf 175°(Umluft 160°) vorheizen. Eine runde Auflaufform (30 cm Ø) einfetten. Die Äpfel schälen, vierteln, entkernen
und in dünne Scheiben schneiden. Mit Wein
und Vanillezucker vermischen, in die Form
geben und 10 Min. im Ofen (Mitte) dünsten.

2   Inzwischen Mehl, Mandeln und Zucker in
eine Schüssel geben. Die Butter in Flöckchen
schneiden und untermengen. Die Mischung
mit den Händen zu Bröseln verarbeiten.

3   Die Form herausnehmen und die Brösel über
die Äpfel verteilen. Den Apple Crumble in weiteren 20 Min. im Ofen goldbraun backen. Herausnehmen und lauwarm abkühlen lassen.

4   Das Vanilleeis antauen lassen und mit dem
Handrührgerät schaumig aufschlagen. Den
Apple Crumble in Stücke teilen, mit Hilfe eines
Pfannenwenders auf Teller verteilen, den Vanille-
schaum dazuservieren.

20 Min. + 30 Min. Backen · aus Frankreich

Kirsch-Clafoutis

Für 6 Personen
1 1/2 kg Kirschen
1 Päckchen Vanillezucker
4 Eier
150 g Zucker
200 ml kalte Milch
200 g Crème fraîche
100 g gemahlene Mandeln
75 g Mehl
2 EL Puderzucker
Butter für die Form

Pro Portion: ca. 595 kcal/2490 kJ
12 g EW · 28 g F · 73 g KH

1   Die Kirschen waschen, entstielen und entsteinen. Eine große Auflaufform mit etwas Butter
ausstreichen. Die Kirschen hineingeben und
mit dem Vanillezucker bestreuen. Den Backofen
auf 200° vorheizen.

2   Die Eier mit dem Zucker schaumig schlagen.
Milch und Crème fraîche unterrühren. Mandeln
und Mehl hinzufügen und alles glatt verrühren.
Den Teig über die Kirschen gießen. Die Form
in den heißen Backofen (Mitte, Umluft 180°)
schieben und das Clafoutis ca. 30 Min. backen,
bis die Oberfläche goldbraun ist.

3   Die Form herausnehmen und das Clafoutis
dick mit Puderzucker bestäuben. In Stücke
schneiden und warm servieren. Wer möchte,
genießt Schlagsahne dazu.

Wie entsteint man denn… Kirschen? *Mit der Hand und einem
kleinen Messer ist das eine ziemliche Arbeit. Im Haushaltswarengeschäft
gibt es spezielle Kirschentsteiner: Sie legen die Kirsche hinein, drücken
zusammen und der Kern wird herausgepresst. Und eine Version ganz
ohne Entsteinen: Nehmen Sie für eine schnelle Clafoutis-Variante
konservierte Sauerkirschen aus 2 Gläsern (je 350 g Abtropfgewicht)!*

Versunkener Apfelkuchen

Für 1 Springform (26 cm Ø), 12 Stücke
750 g säuerliche Äpfel (z. B. Boskoop)
2 EL Zitronensaft · 1 EL Puderzucker
40 g gehobelte Mandeln · 200 g weiche Butter
200 g Zucker · 1 Päckchen Vanillezucker
4 Eier · 200 g Mehl · 1 TL Backpulver
Butter für die Form

Pro Stück: ca. 335 kcaal/1400 kJ
5 g EW · 18 g F · 38 g KH

1   Die Äpfel schälen, vierteln und das Kerngehäuse entfernen. Die Apfelviertel fächerartig
einschneiden (sie sollen aber zusammenhalten),
mit Zitronensaft mischen.

2   Den Puderzucker in einer Pfanne ohne Fett
schmelzen, die Mandeln untermischen und abkühlen lassen. Den Backofen auf 175° vorheizen.
Die Form mit Butter ausstreichen.

3   Die Butter mit Zucker und Vanillezucker mit
dem Handrührgerät schaumig schlagen. Die Eier
einzeln hinzufügen und unterrühren. Mehl und
Backpulver mischen und unterrühren. Den Teig
in die Form füllen. Die Apfelviertel kranzförmig
angeordnet darauflegen. Die Zwischenräume mit
Mandeln bestreuen.

4   Im Backofen (Mitte, Umluft 160°) ca. 45 Min.
backen. Leicht abgekühlt aus der Form lösen und
auf einem Kuchengitter auskühlen lassen.

Küchenpraxis   *Um zu sehen, ob der Kuchen
fertig ist, **ein Holzstäbchen einstechen.** Bleibt
es beim Herausziehen sauber, ist der Kuchen
fertig. Wenn cremiger Teig daran haftet, den
Kuchen noch 5–10 Min. weiterbacken.*

Marmorkuchen

Für 1 Napfkuchen- oder Gugelhupfform,
20 Stücke
250 g weiche Butter · 250 g Zucker
1 Päckchen Vanillezucker · 5 Eier
500 g Mehl · 1 TL Backpulver
50 g Zartbitterschokolade
1 TL Instant-Kaffeepulver
2 EL Kaffeesahne · 2 EL Kakaopulver
Butter für die Form
Puderzucker zum Bestäuben

Pro Stück: ca. 270 kcal/1130 kJ
5 g EW · 13 g F · 33 g KH

1   Den Backofen auf 175° vorheizen. Die Form
einfetten. Butter, Zucker und Vanillezucker
mit dem Handrührgerät schaumig schlagen.
Die Eier einzeln hinzufügen und unterrühren.
Das Mehl mit Backpulver mischen, nach und
nach unterrühren.

2   Die Schokolade in Stücke brechen und in
einem Topf mit Kaffeepulver und Kaffeesahne
bei schwacher Hitze schmelzen. Ein Drittel des
Teiges in eine zweite Schüssel füllen, Schokosahne und das Kakaopulver unterrühren.

3   Die Hälfte des hellen Teiges in die Form füllen.
Den dunklen Teig darauf verteilen und mit dem
restlichen hellen Teig abdecken. Die Teige mit
einer Gabel spiralenförmig ineinander ziehen.
Die Oberfläche glatt streichen.

4   Im Backofen (unten, Umluft 160°) 1 Std.
backen. Leicht abgekühlt aus der Form lösen,
auf einem Kuchengitter auskühlen lassen (siehe
Tipp). Mit Puderzucker bestäuben.

Küchenpraxis   *Lassen Sie den **Kuchen in
der Form 10 Min. abkühlen.** Legen Sie dann
ein Kuchengitter auf, halten Form und Gitter
zusammen und drehen beides um. Nun die
Kuchenform einfach abheben.*

50 Min. + 1 Std. Backen · erfrischend

Brasilianischer Kuchen

Für 1 Kranz- oder Gugelhupfform, 12 Stücke
Für den Teig:
3 Bio-Limetten · 6 Eier · Salz
50 g Zucker · 300 weiche Butter
200 g brauner Zucker
100 ml Cachaça (Zuckerrohrschnaps)
350 g Mehl · 1 TL Backpulver
100 g Speisestärke
Butter und Semmelbrösel für die Form

Für die Glasur:
2 EL Aprikosenkonfitüre
abgeriebene Schale von 1 Bio-Limette
2 EL Zucker · 150 g Puderzucker
4 EL Limettensaft · 1 EL Cachaça

Pro Stück: ca. 525 kcal/2190 kJ
7 g EW · 24 g F · 66 g KH

1   Den Backofen auf 175° vorheizen. Die Backform einfetten und mit Semmelbröseln ausstreu-
en. Limetten heiß waschen und abtrocknen. Die
Schale abreiben, den Saft auspressen. Die Eier
trennen. Die Eiweiße mit 1 Prise Salz steif schlagen, den Zucker unter Rühren einrieseln lassen.

2   Butter und braunen Zucker mit dem Handrührgerät schaumig schlagen. Nach und nach
erst die Eigelbe, dann Limettenschale, -saft und
Cachaça unterrühren. Vom Eischnee 1 EL für
die Glasur beiseite stellen, den Rest auf den Teig
geben. Mehl, Backpulver und die Speisestärke
darübersieben und unterheben.

3   Den Teig in die Form füllen. Im Backofen
(Mitte, Umluft 160°) 55–60 Min. backen. Leicht
abgekühlt aus der Form lösen. Die Konfitüre
erwärmen, den Kuchen damit bestreichen und
auf einem Kuchengitter auskühlen lassen.

4   Für die Glasur Limettenschale und Zucker
mischen. Den Puderzucker mit dem beiseite
gestellten Eischnee, Limettensaft und Cachaça
glatt rühren. Kuchen damit bestreichen, mit der
Limettenschalen-Zucker-Mischung garnieren.

25 Min. + 30 Min. Backen · aus Australien

Ingwer-Nuss-Kuchen

Für 1 Springform (24 cm Ø), 12 Stücke
Für den Teig:
250 g Pekannüsse
1 Stück frischer Ingwer (ca. 2 cm)
4 Eier · Salz
100 g brauner Zucker
2 EL Ahornsirup
50 g Weizenvollkornmehl
Butter für die Form

Für den Guss:
150 g Puderzucker
1 EL Ahornsirup

Pro Stück: ca. 280 kcal/1170 kJ
5 g EW · 17 g F · 28 g KH

1   Den Backofen auf 175° vorheizen. Die Form
einfetten. Von den Nüssen 12 schöne Hälften
aussuchen und für die Garnitur beiseite legen.
Die übrigen Nüsse im Blitzhacker fein hacken.
Den Ingwer schälen und fein reiben.

2   Die Eier trennen. Die Eiweiße mit 1 Prise
Salz steif schlagen. Die Eigelbe mit Zucker und
Ahornsirup mit dem Handrührgerät weißcremig
rühren. Ingwer und Nüsse unterziehen. Den Eischnee daraufgeben, das Mehl darübersieben
und sorgfältig unterheben. Den Teig in die Form
füllen und glatt streichen. Im Backofen (Mitte,
Umluft 160°) 30 Min. backen.

3   Den Puderzucker mit dem Ahornsirup und
3–4 EL Wasser glatt rühren. Den noch warmen
Kuchen damit glasieren, aus der Form lösen und
mit einem Messerrücken 12 Stück markieren.
Auf jedes Stück eine Pekannusshälfte legen.

Tausch-Tipp *Der Ingwer-Nuss-Kuchen
schmeckt auch **mit gehackten Walnüssen**
anstelle der Pecannüsse, mit Macadamia-
nüssen oder mit geschälten geriebenen
Mandeln sehr gut.*

20 Min. + 40 Min. Backen
sehr saftig

Schokoladenkuchen mit Mandeln

im Bild · *Für 1 Springform (24 cm Ø),*
8–12 Stücke
100 g dunkle Kuvertüre
2 EL Sahne
3 Eier · Salz
125 g Zucker
100 g weiche Butter
100 g gehäutete gemahlene Mandeln
Butter für die Form
Puderzucker zum Bestäuben

Bei 12 Stücken pro Stück: ca. 220 kcal/920 kJ
4 g EW · 16 g F · 15 g KH

1   Den Backofen auf 175° vorheizen. Die Form mit etwas Butter ausstreichen. Die Schokolade in Stücke brechen, mit der Sahne in einen Topf geben und bei schwacher Hitze unter Rühren schmelzen, etwas abkühlen lassen.

2   Die Eier trennen. Die Eiweiße mit 1 kleinen Prise Salz steif schlagen, 25 g Zucker einrieseln lassen. Die Butter mit 100 g Zucker schaumig schlagen. Die Eigelbe und die Schokosahne einrühren. Eischnee und Mandeln unterheben.

3   Den Teig in die Form füllen und den Kuchen im Ofen (unten, Umluft 160°) 40 Min. backen. Leicht abgekühlt aus der Form lösen, auf einem Kuchengitter auskühlen lassen. Vor dem Servieren mit Puderzucker bestäuben.

40 Min. + 6 Std. Ruhen + 10 Min. Backen
zum Dahinschmelzen

New York Chocolate Cheese Cake

Für 1 Springform (24 cm Ø), 10 Stücke
200 g Amarettini (italienische
Mandelkekse) · 100 g Butter
200 g weiße Schokolade
100 g Crème double (ersatzweise Crème fraiche)
600 g Frischkäse
1 Päckchen Vanillezucker
100 g Puderzucker
50 g weiße Schokolade
Butter für die Form

Pro Stück: ca. 555 kcal/2320 kJ
7 g EW · 38 g F · 29 g KH

1   Den Backofen auf 175° (Umluft 160°) vorheizen. Die Kekse in einen Gefrierbeutel geben, mit dem Nudelholz fein zerbröseln. Die Butter schmelzen und mit den Amarettinibröseln verrühren. Die Masse in der Backform verteilen und gut andrücken. Im Ofen (Mitte) 10 Min. backen.

2   Die Schokolade hacken und mit der Crème double in einem Topf bei schwacher Hitze unter Rühren schmelzen. Den Frischkäse mit Vanillezucker und Puderzucker glatt rühren. Die abgekühlte Schokoladencreme unterrühren. Auf dem Amarettiniboden verteilen und glatt streichen. Den Kuchen zugedeckt 6 Std. kühl stellen.

3   Den Kuchen vorsichtig aus der Form lösen. Die Schokolade mit einem Messer in Späne hobeln und den Kuchen damit garnieren.

Wie macht man denn … *Schokospäne?* *Die Schokolade muss dazu kalt sein. Legen Sie die Schokoladentafel auf der Arbeitsfläche längs ganz an Ihren Bauch heran (Schürze anziehen!), glatte Seite nach oben. Fassen Sie die Klinge eines breiten Messers mit beiden Händen, und schaben Sie in einem Zug zum Körper hin an der Schoko-Oberfläche entlang. Zu kompliziert? Dann ziehen Sie einfach mit dem Sparschäler kleine Späne von einer der schmalen Seiten ab, als ob sie Möhren schälen wollten.*

Aprikosen-Marzipan-Kuchen

Für 1 Springform (26 cm Ø), 12 Stücke
Für den Mürbeteig:
200 g Mehl
50 g Zucker
100 g kalte Butter in Flöckchen
1 Ei · Mehl für die Arbeitsfläche

Für den Belag:
600 g Aprikosen (frisch oder aus der Dose)
100 g Puderzucker
200 g Marzipanrohmasse
1 EL Zitronensaft
2 EL Mandellikör (nach Belieben)
1 Ei · 2 EL Aprikosenkonfitüre

Pro Stück: ca. 275 kcal/1150 kJ
4 g EW · 11 g F · 42 g KH

1   Den Backofen auf 200° vorheizen. Die Backform mit Backpapier auslegen. Das Mehl auf die Arbeitsfläche sieben und mit Zucker, Butter und Ei rasch zu einem glatten Teig verkneten. Auf der bemehlten Arbeitsfläche ausrollen und in die Backform legen. Den Teig mit einer Gabel mehrfach einstechen. Im Ofen (Mitte, Umluft 180°) 15 Min. backen.

2   Inzwischen die Aprikosen waschen, halbieren und entsteinen, mit 1 EL Puderzucker mischen. Das Marzipan klein schneiden und mit dem restlichen Puderzucker, Zitronensaft, nach Belieben Mandellikör und dem Ei glatt rühren.

3   Kuchen aus dem Ofen nehmen, Marzipanmasse auf den Boden streichen und die Aprikosen darauf verteilen. Wieder in den Backofen geben und weitere 15–20 Min. backen, bis die Oberfläche goldbraun ist.

4   Aprikosenkonfitüre erwärmen und durch ein Sieb streichen. Die Aprikosen damit glasieren. Den Kuchen leicht abgekühlt aus der Form lösen, das Backpapier abziehen, auskühlen lassen.

Birnenkuchen *mit Rahmguss*

Für 1 Springform (26 cm Ø), 10 Stücke
Für den Mürbeteig:
250 g Mehl
50 g gemahlene Haselnüsse
3 EL Zucker
Salz · 1 Ei
1 Eigelb · 100 g kalte Butter
Butter und 1 EL gemahlene
Haselnüsse für die Form
Mehl für die Arbeitsfläche

Für den Belag:
4 reife Birnen · 2 EL Zitronensaft
2 EL Butter · 3 Eier · 100 g Zucker
1 Päckchen Vanillezucker · 120 g Sahne

Pro Stück: ca. 370 kcal/1550 kJ
7 g EW · 21 g F · 40 g KH

1   Den Backofen auf 175° vorheizen. Die Form mit etwas Butter ausstreichen und mit Haselnüssen ausbröseln. Das Mehl auf die Arbeitsfläche sieben. Mit Haselnüssen, Zucker, 1 Prise Salz, Ei, Eigelb und in kleine Stückchen geschnittener Butter rasch zu einem glatten Teig verkneten. In Folie wickeln und im Kühlschrank 30 Min. ruhen lassen.

2   Inzwischen die Birnen vierteln, schälen und die Kerngehäuse entfernen. Die Birnenviertel fächerförmig einschneiden und mit dem Zitronensaft beträufeln.

3   Den Teig auf bemehlter Arbeitsfläche etwas größer als die Form ausrollen, in die Form legen und einen 2 cm hohen Rand formen. Den Boden mehrfach mit einer Gabel einstechen. Die Birnenviertel auf dem Teigboden verteilen. Die Butter schmelzen und die Birnen damit bestreichen. Im Ofen (Mitte, Umluft 160°) 30 Min. backen.

4   Eier mit Zucker und Vanillezucker schaumig schlagen. Die Sahne unterrühren. Den Kuchen herausnehmen und gleichmäßig mit der Eiermischung begießen. In ca. 20 Min. fertig backen.

50 Min. + 30 Min. Ruhen · lauwarm am besten

Erdbeertarte *mit Marsala*

Für 1 Springform (26 cm Ø), 10 Stücke
Für den Boden:
200 g Mehl · 50 g Zucker
Salz · 2 Eigelbe
100 g kalte Butter
Butter für die Form
Mehl für die Arbeitsfläche

Für den Belag:
4 Eigelbe · 50 g Zucker
125 ml trockener Marsala (italienischer
Süßwein, oder Sherry medium)
400 g große Erdbeeren
1 EL Puderzucker

Pro Stück: ca. 255 kcal/1070 kJ
4 g EW · 13 g F · 29 g KH

1   Das Mehl auf die Arbeitsfläche sieben, mit
Zucker, 1 Prise Salz, Eigelben und Butter in kleinen Würfeln zu einem glatten Teig verkneten.
Zu einer Kugel formen, in Klarsichtfolie wickeln
und 1 Std. im Kühlschrank ruhen lassen.

2   Den Backofen auf 175° vorheizen. Die Form
mit Butter einfetten. Den Teig auf der bemehlten
Arbeitsfläche etwas größer als die Form ausrollen, die Form damit auslegen und einen Rand
von 2 cm hochziehen. Den Boden mehrfach mit
einer Gabel einstechen. Im Ofen (Mitte, Umluft
160°) 20 Min. backen.

3   Inzwischen im heißen Wasserbad Eigelbe mit
Zucker 5 Min. mit dem Handrührgerät cremig
aufschlagen. Marsala nach und nach dazugeben
und unterschlagen. Den Kuchen aus dem Ofen
nehmen, die Marsalacreme daraufgießen. Für
weitere 5 Min. in den Ofen geben.

4   Die Tarte herausnehmen, 10 Min. auskühlen
lassen. Inzwischen die Erdbeeren waschen, entkelchen und längs in dicke Scheiben schneiden.
Die Erdbeeren dachziegelartig dicht an dicht von
außen nach innen auf dem Kuchen anordnen.
Mit Puderzucker besieben.

50 Min. + 30 Min. Ruhen · herb-süß

Zitronentarte

Für 1 Tarteform (26 cm Ø), 10 Stücke
Für den Boden:
200 g Mehl · 50 g Zucker
Salz · 2 Eigelbe
100 g kalte Butter
Butter für die Form
Mehl für die Arbeitsfläche

Für den Belag:
3 Bio-Zitronen
3 Eier · 150 g Puderzucker
30 g Butter

Pro Stück: ca. 290 kcal/1210 kJ
5 g EW · 14 g F · 37 g KH

1   Das Mehl auf die Arbeitsfläche sieben, mit
Zucker, 1 Prise Salz, Eigelben und Butter in kleinen Würfeln zu einem glatten Teig verkneten.
Diesen zur Kugel formen, in Klarsichtfolie wickeln und 30 Min. im Kühlschrank ruhen lassen.

2   Den Backofen auf 175° (Umluft 160°) vorheizen. Die Form mit Butter einfetten. Den Teig
auf der bemehlten Arbeitsfläche etwas größer
als die Form ausrollen, die Form damit auskleiden. Den Boden mehrfach mit einer Gabel einstechen. Im Ofen (Mitte) 12–15 Min. backen.

3   Inzwischen die Zitronen heiß waschen und
abtrocknen. Die Schale fein abreiben, den Saft
auspressen. Beides in einem Topf mit den Eiern
und dem Puderzucker verrühren. Bei schwacher
Hitze unter ständigem Rühren bis knapp unter
den Siedepunkt erwärmen (nicht kochen lassen!), bis die Masse dickcremig wird. Die Butter
in Flöckchen unterrühren.

4   Die Tarte herausnehmen, die Ofentempera-
tur auf 150° reduzieren. Die Zitronencreme
gleichmäßig auf dem Tarteboden verstreichen.
Die Tarte in ca. 25 Min. (Mitte, Umluft 140°) fertig backen. Herausnehmen, in der Form auskühlen lassen und darin servieren. Dazu schmecken
geschlagene Sahne und frische Himbeeren.

Grundrezept
Heidelbeer-Muffins

Für 12 Stück
200 g Heidelbeeren
200 g Hartweizengrieß
75 g Mehl · 2 TL Backpulver
2 Eier · 100 g Zucker
1 Päckchen Vanillezucker
abgeriebene Schale von 1/2 Zitrone
260 ml Milch
40 ml neutrales Pflanzenöl
Öl für die Form bzw. 12 Papierbackförmchen
(siehe Tipp unten)

Pro Stück: ca. 145 kcal/610 kJ
4 g EW · 5 g F · 20 g KH

1 Die Vertiefungen des Muffinsblechs mit Öl ausstreichen und das Blech in den Kühlschrank stellen (oder mit Papierbackförmchen arbeiten, siehe der Tipp unten). Den Backofen auf 180° vorheizen. Die Heidelbeeren verlesen, in einem Sieb kalt abbrausen und gut abtropfen lassen.

2 Grieß, Mehl und Backpulver mischen. Eier, Zucker, Vanillezucker, Zitronenschale, Milch und Öl verquirlen. Die Grießmischung zügig unterrühren. Die Heidelbeeren unterheben.

3 Den Teig mit einem Esslöffel in die Vertiefungen der Muffinsform füllen. Im Backofen (Mitte, Umluft 160°) 30 Min. backen. Herausnehmen und 5 Min. im Blech ruhen lassen. Die Muffins aus den Formen lösen und auf einem Kuchengitter vollständig auskühlen lassen.

Wie wär's mal …

MIT BANANE UND ERDNUSSBUTTER

1 große Banane schälen, klein würfeln und mit 2 EL Zitronensaft mischen. 120 g Kokoszwieback und 70 g Bananenchips im Blitzhacker grob zerkleinern, 4 EL davon beiseite stellen. Den Rest mit 150 g Mehl und 2 TL Backpulver mischen. 2 Eier mit 100 g Zucker, 100 g Erdnussbutter, 4 EL Öl und 150 ml Buttermilch verquirlen. Die Mehlmischung unterrühren, die Bananenstücke unterheben. Den Teig in die Formen verteilen, die übrige Zwieback-Bananenchips-Mischung darüberstreuen.

MIT BIRNE UND NUTELLA

220 g klein gewürfelte Birne mit 1 Päckchen Vanillezucker und 3 EL Zitronensaft erhitzen, 3 Min. bei schwacher Hitze köcheln lassen. 2 EL Nutella einrühren, etwas abkühlen lassen. 60 g dunkle Schokolade in kleine Stückchen schneiden. 180 g Mehl, 1 EL Kakaopulver und 2 TL Backpulver mischen. 2 Eier mit 4 EL Zucker, 100 g Joghurt und 5 EL Öl verquirlen. Die Mehlmischung unterrühren. Nutella-Birnen-Stückchen und Schokostückchen unterziehen. In die Form verteilen, 20–25 Min. backen.

Küchenpraxis *Damit die leckeren Mini-Kuchen schön fluffig werden, sollten Sie immer so vorgehen: Erst die »trockenen« Zutaten wie Mehl, Backpulver etc. vermischen. Dann die »feuchten« Zutaten wie Eier, Öl, Joghurt etc. verquirlen und drittens* **die Mehlmischung zügig unterheben.** *Nicht zu lange rühren, sonst werden die Muffins zäh! Hübsch anzusehen und außerdem eine Hilfe, weil sich die Muffins eventuell schwer aus der Form lösen lassen: Stellen Sie* **Papierbackförmchen in die Mulden der Muffinsform** *und backen die Muffins darin.*

Zwetschgenkuchen
mit Nuss-Streuseln

Für 1 Backblech, 16 Stücke
Für den Hefeteig:
150 ml Milch · 300 g Mehl
1 Päckchen Trockenhefe
50 g Zucker · 1 Ei
50 g weiche Butter

Für den Belag und die Nussstreusel:
2 kg Zwetschgen · 180 g Butter
100 g Mehl · 180 g Zucker
100 g gemahlene Wal- oder Haselnüsse
Fett für das Blech
Mehl für die Arbeitsfläche

Pro Stück: ca. 360 kcal/1500 kJ
5 g EW · 17 g F · 45 g KH

1 Die Milch leicht erwärmen. Mehl und Trockenhefe in einer Schüssel mischen. Mit Zucker,
Milch, Ei und der Butter in Flöckchen rasch
zu einem glatten Teig verkneten. Zugedeckt an
einem warmen Ort 30 Min. gehen lassen.

2 Inzwischen die Zwetschgen waschen, halbieren, entsteinen und an der spitzen Seite einkerben. Für die Streusel die Butter in einem kleinen
Topf bei schwacher Hitze schmelzen und etwas
abkühlen lassen. Mehl, Zucker und Nüsse
mischen, die Butter dazugeben und mit den
Händen zu Streuseln verarbeiten.

3 Das Backblech einfetten. Hefeteig erneut
durchkneten. Auf der bemehlten Arbeitsfläche
ausrollen und das Blech damit belegen. Die
Zwetschgen dicht an dicht dachziegelartig
darauf verteilen. Zugedeckt an einem warmen
Ort noch einmal 10 Min. gehen lassen.

4 Den Backofen auf 200° vorheizen. Die Streusel über den Kuchen streuen, im heißen Backofen
(Mitte, Umluft 180°) 35 Min. backen.

Mandel-Hefekuchen
vom Blech

Für 1 tiefes Backblech, 16 Stücke
Für den Hefeteig:
500 g Mehl · Salz · 1 Würfel Hefe (42 g)
250 ml lauwarme Milch · 80 g Zucker
150 g weiche Butter · 1 Ei

Für den Belag:
100 g Butter · 100 g Zucker · 2 EL Honig
100 g Sahne · 250 g gehobelte Mandeln
150 g Aprikosenkonfitüre · Butter für das Blech
Mehl für die Arbeitsfläche

Pro Stück: ca. 425 kcal/1780 kJ
8 g EW · 25 g F · 43 g KH

1 Das Mehl in eine Schüssel sieben, 1 Prise Salz
hinzufügen, eine Mulde hineindrücken. Die Hefe
zerbröckeln, mit 2 EL Milch und 1 TL Zucker verrühren, in die Vertiefung gießen und mit etwas
Mehl verrühren. Zugedeckt 15 Min. gehen lassen.

2 Übrige Milch, Zucker, die Butter in Flöckchen
(siehe Tipp) und das Ei in die Schüssel geben.
Alles zu einem glatten Teig verkneten. Zugedeckt
an einem warmen Ort 30 Min. gehen lassen.

3 Backofen auf 200° vorheizen. Das Blech einfetten. Für den Belag Butter, Zucker, Honig und
Sahne in einem Topf unter Rühren aufkochen .
Die Mandeln untermischen, vom Herd nehmen.

4 Teig durchkneten, auf bemehlter Fläche ausrollen, auf das Blech legen. Die Konfitüre erwärmen, den Teig damit bestreichen. Mandelmasse
darauf verstreichen. Den Kuchen im Ofen (Mitte, Umluft 180°) in 35 Min. goldbraun backen.

Küchenpraxis: *»Weiche Butter in Flöckchen«: Nehmen Sie die Butter rechtzeitig
aus dem Kühlschrank und zerteilen sie in
kleine Stückchen, dann lässt sie sich perfekt
unter den Hefeteig arbeiten.*

Panettone
(Italienisches Früchtebrot)

Für 2 Panettone-Formen (750 ml Inhalt),
je 8 Stücke
Für die Früchtemischung:
100 g Rosinen
40 g fein gewürfeltes Zitronat
40 g fein gewürfeltes Orangeat
2 EL Rum

Für den Hefeteig:
1/2 Würfel Hefe (21 g)
200 ml Milch
500 g Mehl · 50 g Zucker
1 Päckchen Vanillezucker
1/4 TL Salz · 2 Eigelbe
1 Ei · 100 g weiche Butter
je 1 TL abgeriebene Schale von einer Bio-
Orange und einer Bio-Zitrone
1/4 TL Anispulver
40 g Pinienkerne
30 g Butter zum Bestreichen
Butter für die Formen

Pro Stück: ca. 265 kcal/1110 kJ
6 g EW · 10 g F · 37 g KH

1   Die Rosinen in einem Sieb waschen und
gut abtropfen lassen. In einem Schälchen mit
Zitronat und Orangeat mischen, mit dem Rum
beträufeln und zugedeckt beiseite stellen.

2   Für den Vorteig die Hefe in eine große Schüssel bröckeln. 100 ml Milch lauwarm erhitzen und
unterrühren, bis sich die Hefe auflöst. 100 g Mehl
hinzufügen und glatt verrühren. Zugedeckt an
einem warmen Ort 1 Std. gehen lassen.

3   Zucker, Vanillezucker und Salz mit der übrigen Milch verrühren, die Eigelbe und das Ei einrühren. Das restliche Mehl dazusieben und mit
der Eiermilch, der weichen Butter in Flöckchen,
Orangen- und Zitronenschale und Anispulver
gut verrühren.

4   Die Mischung zum Vorteig geben und in
5 Min. mit den Knethaken des Handrührgerätes
zu einem glatten, elastischen Teig verkneten.
Etwas Mehl darüberstäuben und zugedeckt weitere 30 Min. an einem warmen Ort gehen lassen.

5   Den Teig auf die bemehlte Arbeitsfläche
geben und die marinierten Früchte und Pinienkerne unter den Teig kneten. Die Formen einfetten. Den Teig teilen, zu zwei Kugeln formen
und in die Formen füllen. Zugedeckt an einem
warmen Ort in ca. 1 Std. zur doppelten Größe
aufgehen lassen.

6   Den Backofen auf 175° vorheizen. Die Teigoberfläche mit einem scharfen Messer kreuzförmig einkerben. Die Panettoni im heißen
Backofen (unten, Umluft 160°) 30 Min. backen.
Die Butter in einem Töpfchen schmelzen und
die Einkerbungen damit bestreichen. In weiterer
ca. 20 Min. fertig backen.

Küchenpraxis   *Panettone ist heute in*
aller Welt und das ganze Jahr beliebt, ur-
sprünglich aber ein Mailänder Weihnachts-
gebäck. Der Kuchen aus zartem Hefeteig
mit kandierten Früchten **hält sich lange** *und*
ist z. B. ein ideales Mitbringsel zum Adventskaffee.
Wenn Sie keine Panettone-Form haben, können
Sie ihn auch in einer **Gugelhupfform** *backen.*
Schön sind auch wie Blumentöpfe geformte Ton-
backformen. Oder verwenden Sie **kleine Spring-**
formen *von 16–18 cm Ø und kleiden diese mit*
einem Ring aus einer doppelten Lage Backpapier
(18–20 cm Höhe) aus. Gut einfetten, mit dem Teig
füllen und wie beschrieben backen.

Grundrezept
Vanilleeis

Für 4 Personen
2 Vanilleschoten
250 ml Milch
3 sehr frische Eigelbe
4 EL Zucker
250 g Sahne · Salz

Pro Portion: ca. 330 kcal/1380 kJ
6 g EW · 27 g F · 15 g KH

1 Die Vanilleschoten längs aufschneiden und das Mark herauskratzen. Vanillemark und ausgekratzte Schoten mit der Milch aufkochen.

2 Inzwischen die Eigelbe mit dem Zucker mit dem Handrührgerät in 4–5 Min. schaumig aufschlagen. Nach und nach die heiße Vanillemilch (ohne die Schoten) unterrühren. Die Sahne und 1 Msp. Salz hinzufügen.

3 Die Mischung auf einem Eiswasserbad kalt rühren, in die Rührschüssel der Eismaschine füllen und in ca. 25 Min. zu Eis verarbeiten.

4 Das Eis entweder sofort servieren oder in einen Vorratsbehälter füllen, glatt streichen und im Tiefkühlfach aufbewahren. 10 Min. vor dem Servieren herausnehmen, damit es sich gut portionieren lässt.

Wie wär's mal …

MIT WALNUSSKROKANT

100 g Walnüsse grob hacken. 2 EL Puderzucker in eine Pfanne sieben und bei mittlerer Hitze zu hellem Karamell schmelzen. Die Walnüsse unterrühren und 1 Min. darin rösten. Abkühlen lassen, in einen Gefrierbeutel füllen und auf einer festen Unterlage mit dem Hammer fein zerbröseln. Das Vanilleeis 30 Min. in der Eismaschine vorbereiten, Walnusskrokant dazugeben und in 15–20 Min. fertig rühren.

MIT ZIMT

Schmeckt gut zu Weißweinbirnen oder Zwetschgenkompott: Bereiten Sie das Vanilleeis mit nur 1 Vanilleschote zu und rühren 1–2 TL Zimtpulver oder Lebkuchengewürz unter die Eigelbmasse.

MIT HONIG UND MOHN

Ersetzen Sie den Zucker durch 4 EL Akazienhonig und schlagen die Eigelbe damit auf. 2 EL Mohn im Blitzhacker mahlen und mit 1 TL abgeriebener Schale von einer Bio-Orange untermischen. In der Eismaschine zubereiten.

Praxis-Tipps *In der Eismaschine wird das Eis wunderbar cremig. Das ständige Rühren während der Kühlphase verhindert, dass sich grobe Eiskristalle bilden. Aber es geht auch **ohne Eismaschine**: Kochen Sie Vanillemark und -schoten in 200 g Sahne auf und lassen Sie die Sahne lauwarm abkühlen. Weitere 200 g Sahne steif schlagen. 4 Eigelbe mit 4 EL Zucker und 1 Msp. Salz im heißen Wasserbad cremig aufschlagen, die lauwarme Vanillesahne nach und nach unterrühren. Unter Rühren abkühlen lassen, dann die Schlagsahne unterheben. Die Masse **im Tiefkühlfach** in 3–4 Std. fest werden lassen.*

Knusper-Parfait
mit Schokoladensauce

Für 4 Personen
300 g Sahne · 100 g Toblerone-
Schokolade · 2 sehr frische Eigelbe
2 EL Zucker · 1 Vanilleschote

Außerdem:
4 Dessertförmchen (100 ml Inhalt)

Pro Portion: ca. 420 kcal/1760 kJ
5 g EW · 34 g F · 22 g KH

1 200 g Sahne steif schlagen, den Rest für die
Schokoladensauce zurückstellen. Die Hälfte der
Schokolade fein hacken.

2 Eigelbe und Zucker im heißen Wasserbad in
4–5 Min. cremig aufschlagen. Die Vanilleschote
längs aufschneiden, das Mark herauskratzen und
hinzufügen. Die Schüssel in kaltes Wasser stellen
und weiterschlagen, bis die Masse abgekühlt ist.

3 Die Schokostückchen unter die Masse ziehen
und die Schlagsahne sorgfältig unterheben.
In die Dessertförmchen füllen und für 4 Std.
ins Tiefkühlfach stellen.

4 Zum Servieren die übrige Schokolade grob
hacken, mit der Sahne in einen Topf geben und
bei schwacher Hitze schmelzen, etwas abkühlen
lassen. Die Parfaits mit einem spitzen Messer am
Rand lösen, die Förmchen kurz in heißes Wasser
tauchen und auf Dessertteller stürzen. Die Schokoladensauce darüberträufeln.

FRUCHTIGE VARIANTE

*Je 1 EL Orangeat und kandierte Mangostücke sehr
fein hacken und mit 2 EL Orangenlikör beträufeln.
50 g weiße Luftschokolade fein hacken, mit den
Früchten unter die Eiscreme mischen. Mit **Mangopüree** statt Schokoladensauce servieren: 1 kleine
reife Mango schälen und das Fruchtfleisch vom
Stein schneiden. Mit 1 EL Limettensaft pürieren
und das weiße Knusper-Parfait damit garnieren.*

Himbeersorbet

Für 4 Personen
100 g Zucker · 500 g Himbeeren
(frisch oder TK und aufgetaut)
2 EL Zitronensaft

Pro Portion: ca. 135 kcal/560 kJ
2 g EW · 1 g F · 31 g KH

1 Den Zucker mit 100 ml Wasser in einem
Töpfchen aufkochen und in 5 Min. bei mittlerer
Hitze zu Sirup kochen. Abkühlen lassen.

2 Eine flache Schale im Tiefkühlfach vorkühlen.
Die Himbeeren verlesen, mit dem Zitronensaft
pürieren. Das Püree durch ein feines Sieb streichen und den Zuckersirup unterrühren.

3 Die Himbeermischung in die vorgekühlte
Form füllen und 1 Std. ins Tiefkühlfach stellen.
Herausnehmen und mit einer Gabel durchrühren. Diesen Vorgang in den nächsten 3 Std. noch
dreimal wiederholen.

4 Das fertige Himbeersorbet mit einem Eis-
portionierer zu Kugeln formen und in Kelch-
gläsern servieren.

VARIANTEN

*Für ein **schnelles Erdbeersorbet** 450 g TK-Erd-
beeren in den Mixer geben und 10 Min. antauen
lassen. 2 EL Zucker, 1 EL Zitronensaft und 2 EL
Orangenlikör dazugeben. Alles fein pürieren, auf
vier Kelchgläser verteilen und, nach Belieben mit
etwas Schlagsahne garniert, servieren.*
*Für ein **frisch-fruchtiges Orangen-Mango-
Sorbet** 1 Bio-Orange heiß waschen und abtrocknen, die Schale fein abreiben und den Saft auspressen. 1 große reife Mango schälen und das
Fruchtfleisch vom Stein schneiden. Mangofleisch
mit Orangensaft und -schale und nach Belieben
2 EL Orangenlikör fein pürieren. Wie im Rezept
beschrieben gefrieren lassen und einige Male mit
einer Gabel durchrühren, damit sich die typischen
feinen Eiskristalle bilden.*

30 Min. + 5 Std. Kühlen · indisch

Mandel-Kulfi

Für 4 Personen
250 g gezuckerte Kondensmilch
1/2 TL gemahlener Kardamom
1 Döschen Safranfäden (0,1 g)
4 EL geriebene gehäutete Mandeln
1 EL Zitronensaft · 100 g Sahne
2 TL ungesalzene Pistazien

Außerdem:
4 Dessertförmchen (100 ml Inhalt)

Pro Portion: ca. 430 kcal/1800 kJ
9 g EW · 28 g F · 35 g KH

1   Die Kondensmilch mit 100 ml Wasser und
dem Kardamom in einem Topf aufkochen und
5 Min. bei schwacher Hitze köcheln lassen, dabei
regelmäßig umrühren.

2   Den Safran und die Mandeln in die Karda-
mom-Milch geben, diese aufkochen und 2 Min.
bei schwacher Hitze köcheln lassen. Den Zitronensaft unterrühren. Topf von der Kochstelle
nehmen und die Mischung in ca. 1 Std. vollständig abkühlen lassen.

3   Die Sahne steif schlagen und unter die Man-
del-Kondensmilch heben. Die Förmchen kalt
ausspülen, die Kulfi-Masse einfüllen, für mindestens 4 Std. ins Tiefkühlfach stellen.

4   Das Eis 10 Min. vor dem Servieren herausnehmen. Pistazien grob hacken. Das Eis am
Rand mit einem spitzen Messer von den Förmchen lösen, die Förmchen kurz in heißes Wasser
tauchen und die Eisportionen auf Dessertteller
stürzen. Mit den Pistazien bestreut servieren.

VARIANTE

*Sie können den Safran auch weglassen und statt
der Mandeln **fein gehackte Pistazien** verwenden.
Dazu schmeckt übrigens auch das **Mangopüree**
(Variante beim Knusper-Parfait, S. 308).*

30 Min. + 4 Std. Kühlen · erfrischend

Mascarpone-Parfait
mit Beeren

Für 4 Personen
200 g gemischte Beeren (z. B. Johannisbeeren, Himbeeren, Heidelbeeren; frisch
oder aufgetaute TK-Ware) · 2 EL Amarettini
(italienische Mandelmakronen)
50 g getrocknete Cranberrys
200 g Sahne · 2 sehr frische Eigelbe
2 EL Puderzucker · 1 TL Vanillezucker
125 g Mascarpone · 1 EL Schokoraspel

Pro Portion: ca. 450 kcal/1880 kJ
5 g EW · 35 g F · 25 g KH

1   Die Beeren verlesen, waschen und in einem
Sieb sehr gut abtropfen lassen. Die Amarettini in
einen Gefrierbeutel geben und grob zerbröseln.
Die Cranberrys fein hacken.

2   Die Sahne steif schlagen. Eigelb mit Puderzucker und Vanillezucker mit dem Handrührgerät in 4–5 Min. cremig aufschlagen. Mascarpone unterrühren. Amarettini-Brösel, Cranberrys und Schokoraspel untermischen. Die Sahne
und zuletzt vorsichtig die Beeren unterziehen.

3   Die Mascarponecreme in eine Terrinenform
oder vier Dessertförmchen füllen und mit Folie
abdecken. Im Tiefkühlfach 4 Std. durchkühlen.
Vor dem Servieren aus dem Tiefkühlfach nehmen und etwas antauen lassen. Es lässt sich dann
besser portionieren und schmeckt auch besser.

Was unterscheidet eigentlich …
Sorbet, Parfait und Eis? *Sorbet ist ein
Halbgefrorenes aus Fruchtmark, Saft, Zucker-
sirup und eventuell Wein oder Champager.
Ein Parfait wird aus Eigelb, Zucker und
Sahne hergestellt und in einer Form eingefroren.
Eis schließlich ist eine Creme aus Sahne, Frucht
und anderen Geschmackszutaten (denken Sie
nur an die unzähligen Sorten in den Eisdielen!),
die unter Rühren gefroren wird.*

Ideen

zum Frühstück

Selbst gebackene Bagels, perfekte
goldgelb glänzende Rühreier, pikante
und süße Brotaufstriche: Mit diesen
Köstlichkeiten starten Sie und Ihre
Brunch-Gäste bestens in den Tag.

Küchenpraxis: Frühstücks-Kurzrezepte

Das weckt die Lebens-geister

Ein gutes Frühstück mit knusprigen Brötchen, Konfitüre, Schinken und Käse, dazu frisch gebrühter Kaffee oder Tee – für viele der perfekte Start in den Tag. Dazu schmeckt ein Glas Saft, am besten frisch gepresst. Wer ein kerniges Müsli oder einen frischen Obstsalat vorzieht, findet auf S. 317 die passenden Rezepte. Oder wie wäre es mal mit einem fruchtigen Milch-Shake (siehe rechts)? Ist schnell gemacht und bringt eine Extraportion Vitamine mit.

Ei, Ei, Ei

Wer weiche Eier mag, sollte **Eier im Glas mit Radieschen** probieren: Für 2 Personen 3 Radieschen waschen und in feine Stifte schneiden. 1/2 Kästchen Kresse vom Beet schneiden. 1 EL Apfelessig mit 1 EL Sonnenblumenöl verrühren. Kresse, Radieschen und 2 EL Schnittlauchröllchen untermischen, salzen und pfeffern. 4 Eier in 4–5 Min. weich kochen (siehe S. 139), abschrecken und pellen. Je 2 Eier in ein Glas geben und die Radieschen-Vinaigrette darüber verteilen.

Altes und neues KOCHWISSEN
Fast wie frisch vom Bäcker

Wer keinen Sonntagsbäcker um die Ecke hat, kann auf Omas Trickkiste zurückgreifen: Brötchen vom Vortag werden wieder knusprig und lecker, wenn Sie sie leicht mit Wasser besprenkeln und bei 100° im vorgeheizten Backofen 5–6 Min. aufbacken. Darüber hinaus gibt es inzwischen einige wirklich gute Sorten halb vorgebackener Brötchen (vakuumverpackt oder TK), die Sie nur noch kurz fertig backen müssen.

Himbeerflip

Für 2 Gläser 150 g TK-Himbeeren unaufgetaut mit 1 EL Kokosflocken, 200 ml Milch, 120 ml Kokosmilch (aus dem Tetrapak), 3 EL Puderzucker und 1 Msp. abgeriebener unbehandelter Zitronenschale im Mixer fein pürieren. Mit je 1/2 TL Kokosflocken bestreuen.

Brombeer-Feigen-Shake

Für 2 Gläser dieses milden Sommerdrinks 3 reife Feigen schälen und in feine Würfel schneiden. 200 g Brombeeren verlesen, vorsichtig waschen und abtropfen lassen. Die Feigen und Brombeeren mit 1 TL Zitronensaft, 2 EL Honig, 1 EL Mandelmus (aus dem Bioladen), 1/4 l Milch und 2 EL saurer Sahne mit dem Pürierstab oder im Mixer fein pürieren, in Gläser füllen. 1 TL ungesalzene Pistazienkerne sehr fein hacken und daraufstreuen.

Exoten-Power

Für 2 Gläser 100 g Physalis (siehe S. 317) aus den Hüllen lösen, waschen und halbieren. 1 kernlose Clementine bis ins Fruchtfleisch schälen und die Fruchtfilets aus den Innenhäuten schneiden. 1/2 Papaya von den Kernen befreien, schälen und würfeln. 1 Limette auspressen. Die Früchte mit Limettensaft, 2 EL Kokosflocken, 350 ml Milch und 3 EL Ahornsirup pürieren und in Gläser füllen.

313

Küchenpraxis: Sonntags-Brunch

Brunchen mit Freunden

Unter der Woche ist oft wenig Zeit fürs Frühstück.
Umso mehr genießt man dann das Sonntagsfrühstück
oder den Brunch mit der Familie oder mit Freunden.
Laden Sie für die große Runde rechtzeitig ein. Dann
können Sie in Ruhe planen und haltbare Lebensmittel,
Getränke etc. schon Tage vorher besorgen.

Wer macht was?

Ihre Gäste fragen, ob sie
zum Sonntags-Brunch
etwas mitbringen sollen?
Nehmen Sie das Angebot
ruhig an! Bieten Sie die
»Grundversorgung« mit
Kaffee, Tee, Brötchen etc.,
und Ihre Gäste bringen
z. B. einen Brotaufstrich,
eine Quiche oder Nach-
speise mit. Sprechen Sie
sich am besten ab, wer
was beitragen möchte.
So braucht niemand lange
in der Küche zu werkeln.
Außerdem ist eine bunte
Vielfalt garantiert, und
es wird nichts fehlen
bzw. sich doppeln auf dem
Brunch-Büfett.

GASTGEBER gestern und heute
Brunchen mit Freunden

*Bei unseren Großeltern war das noch nicht üblich,
da lud man am Sonntagnachmittag zu Kaffee und
Kuchen ein. Inzwischen aber hat die aus England
stammende Kombination aus Breakfast (Frühstück) und Lunch (Mittagessen) auch bei uns viele
Anhänger. Kein Wunder, schließlich gibt es kaum
eine gemütlichere Art, in den Sonntag zu starten:
Ein Brunch lässt sich gut planen und vorbereiten,
und wann er losgeht, bestimmt der Gastgeber.*

Das gibt's zu essen

Rechnen Sie pro Person 2 Brötchen (möglichst verschiedene Sorten) und 1 Croissant. Oder 1 Brötchen oder Bagel (Rezept S. 324), 1 Scheibe Vollkorn- oder Schwarzbrot und 1 Muffin (Rezepte S. 303). Dazu bieten Sie eine kleine Käse- und Schinkenauswahl, etwas mit Fisch (z. B. die Lachsrolle, Rezeptvariante S. 51), etwas mit Fleisch (z. B. Blätterteigteilchen mit Hackfleisch, Rezept S. 38) und etwas Vegetarisches an (z. B. Spargel- oder Zucchiniquiche, Rezepte S. 198). An warmen Speisen eignen sich z. B. ein Gemüsestrudel (Rezepte S. 195) oder die Lachs-Cannelloni (Rezept S. 273). Zum süßen Abschluss wählen Sie ein Dessert oder einen Kuchen aus Kapitel 10.

Getränke

Kaffee oder Tee? Sie wissen selbst am besten, was Ihre Gäste bevorzugen. Wenn Kinder mit dabei sind, sollte auch heißer Kakao nicht fehlen. Stellen Sie dafür genügend Thermoskannen bereit. Rechnen Sie außerdem pro Gast ca. 2 Gläser Fruchtsaft (oder alkoholfreien Frucht-Shake, Rezepte S. 313) und 1/2 Flasche Mineralwasser. Wer später Sekt oder Prosecco (1–2 Gläser pro Person) anbieten möchte, sollte ihn bereits am Vortag einkühlen.

Brunch-Büfett

Bei einer Einladung mit vielen Gästen bauen Sie das Essen auf einem Extratisch auf, von dem sich jeder selbst bedient. Warme Speisen verteilen Sie gleich auf die Teller. Bei »offizielleren« Anlässen können Sie sie auf Rechauds warm halten (bekommen Sie beim Geschirrverleih, siehe Gelbe Seiten).

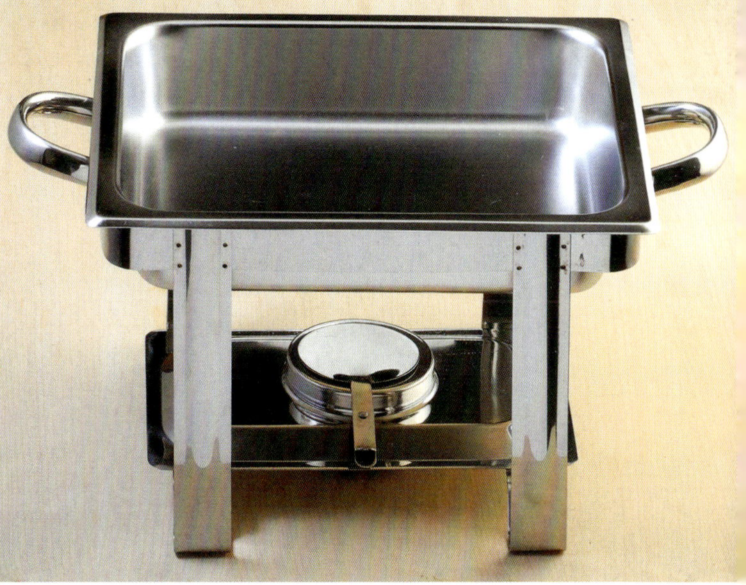

20 Min. · nussig

Beerenmüsli
mit Limettenjoghurt

im Bild · Für 4 Personen
je 50 g Mandeln und Walnusshälften
450 g gemischte Beeren (z. B. Erdbeeren,
Himbeeren, Johannisbeeren, Heidelbeeren;
frisch oder TK und aufgetaut)
200 g Joghurt
2 EL Ahornsirup
4 EL Limettensaft
200 g Müslimischung (fertig gekauft)

Pro Portion: ca. 445 kcal/1860 kJ
11 g EW · 22 g F · 53 g KH

1   Die Mandeln und Walnüsse in einer Pfanne
bei schwacher Hitze ohne Fett rösten. Abkühlen
lassen und grob hacken.

2   Inzwischen die frischen Beeren verlesen, in
einem Sieb kalt abbrausen und abtropfen lassen.
Erdbeeren entkelchen und je nach Größe halbieren oder vierteln.

3   Den Joghurt mit dem Ahornsirup und dem
Limettensaft verrühren. Die Müslimischung in
vier Schalen verteilen, die Beeren daraufgeben.
Jeweils ein Viertel des Limettenjoghurts dazugeben und die Nüsse darüberstreuen.

25 Min. · frisch und fruchtig

Exotischer Obstsalat
mit Kokossahne

Für 4 Personen
4 EL Kokosraspel
2 Orangen
1/2 Ananas
1 reife Mango
1 reife Papaya
2 Kiwis · 100 g Physalis
100 g Sahne
1 TL Vanillezucker

Pro Portion: ca. 315 kcal/1320 kJ
3 g EW · 15 g F · 41 g KH

1   Die Kokosraspel in einer Pfanne ohne Fett
bei schwacher Hitze rösten, bis sie duften. Dann
abkühlen lassen.

2   Inzwischen die Orangen bis ins Fruchtfleisch
hinein schälen und die Filets, über einer Schüssel, zwischen den Trennhäutchen herausschneiden (siehe S. 47). Die Ananas schälen, den Strunk
herausschneiden und das Fruchtfleisch würfeln.
Mango schälen, das Fruchtfleisch vom Stein
lösen und in Würfel schneiden.

3   Die Papaya halbieren, die Kerne herauskratzen, die Frucht schälen und würfeln. Die Kiwis
schälen und in Stücke schneiden. Die Physalis
aus den Hüllen befreien, waschen und halbieren.
Alles in einer Schüssel mischen.

4   Die Sahne mit dem Vanillezucker steif schlagen, die abgekühlten Kokosraspel unterziehen.
Den Obstsalat auf vier Schalen verteilen und mit
der Kokossahne garnieren.

Was sind denn … *Physalis?* *Physalis, auch*
Kapstachelbeeren genannt, gedeihen in tropischem
Klima. Das Aroma der saftigen Beerenfrüchte
erinnert an Stachelbeeren. Einfach aus den papier-
dünnen Hüllen lösen, waschen und reinbeißen!

<table>
<tr><td>50 Min. · erfrischend</td><td>10 Min. · sommerlicher Brotaufstrich</td></tr>
</table>

Lemon Curd

Für 3 Gläser (je ca. 250 ml Inhalt)
4 Bio-Zitronen
125 g Butter
225 g Zucker
4 ganz frische Eier

Pro TL (10 g): ca. 10 kcal/42 kJ
0 g EW · 1 g F · 1 g KH

1   Die Zitronen heiß waschen und abtrocknen.
Die Schale fein abreiben und den Saft auspressen
(es sollten sich 100 ml ergeben).

2   Beides mit Butter und Zucker in einen Topf
geben und diesen in einen zweiten größeren Topf
mit heißem Wasser hängen. Bei mittlerer Hitze
unter Rühren im Wasserbad schmelzen lassen.

3   Die Eier mit einer Gabel leicht schaumig
schlagen und zur Zitronenmischung geben.
Alles 25 Min. weitergaren, bis die Masse dicklich
wird. Dabei sehr häufig und kräftig durchrühren.

4   Die Masse in heiß ausgespülte Gläser mit
Twist-off-Deckeln füllen, sofort verschließen
und abkühlen lassen. Der fruchtig-frische Brotaufstrich hält im Kühlschrank ca. 3 Monate.

Müssen es denn … *Bio-Zitronen sein?*
*Herkömmliche Zitronen werden gespritzt und
zwecks längerer Haltbarkeit gewachst. Wenn
Sie wie hier die Schale mitverwenden, sind
unbehandelte Bio-Zitronen die bessere Wahl.*

Rohe Aprikosenkonfitüre

Für 1 Glas (ca. 300 ml Inhalt)
250 g frische vollreife Aprikosen
1/2 EL Zitronensaft
75 g fester Honig

Pro TL (10 g): ca. 12 kcal/50 kJ
0 g EW · 0 g F · 3 g KH

1   Die Aprikosen waschen, abtrocknen, halbieren und entsteinen. Das Fruchtfleisch in grobe
Würfel schneiden.

2   Die Aprikosen mit dem Zitronensaft im Mixer
fein pürieren. Den Honig in Stücken dazugeben
und untermixen.

3   Die Aprikosenkonfitüre in ein sauberes Glas
füllen, verschließen und im Kühlschrank maxi-
mal 2 Wochen aufbewahren.

VARIANTE MIT ERDBEEREN

*Ebenfalls kalt gerührt und dadurch besonders
fruchtig ist diese Erdbeerkonfitüre: 250 g vollreife
Erdbeeren waschen, putzen und klein schneiden.
1 Bio-Zitrone heiß waschen und abtrocknen,
die Schale fein abreiben und den Saft auspressen.
Alles mit 1 Päckchen Vanillezucker und 120 g
Gelierzucker 2 : 1 (siehe S. 331) in eine Rührschüssel geben und mit dem Handrührgerät ca. 15 Min.
rühren, bis der Zucker sich vollständig aufgelöst
hat. Hält gut gekühlt ca. 2 Wochen.*

VARIANTE MIT PFIRSICH UND
JOHANNISBEEREN

*250 g rote Johannisbeeren waschen, abtropfen
lassen. Die Beeren von den Rispen streifen und in
einer Schüssel etwas zerdrücken, mit 120 g Gelierzucker 2 : 1 (siehe S. 331) bestreuen, 1 Std. zudeckt
Saft ziehen lassen. 1 reifen Pfirsich schälen, den
Stein entfernen, das Fruchtfleisch klein würfeln
und zu den Beeren geben. Mit dem Handrührgerät
ca. 10 Min. rühren, bis sich der Zucker vollständig
gelöst hat. Hält gut gekühlt ca. 2 Wochen.*

40 Min. · raffiniert · für Brunch-Gäste

Crêpes mit Erdbeeren

Für 4 Personen
80 g Mehl
200 ml Milch
3 Eier
1 Päckchen Vanillezucker
Salz · 500 g Erdbeeren
4 EL Butter
50 g Zucker
Saft von 2 Orangen
Saft von 1 Zitrone

Pro Portion: ca. 350 kcal/1460 kJ
8 g EW · 15 g F · 44 g KH

1   Mehl, Milch, Eier, Vanillezucker und 1 Prise Salz verquirlen und 10 Min. zugedeckt quellen lassen. Die Erdbeeren waschen, entkelchen und die Früchte vierteln.

2   Den Backofen auf 70° vorheizen. In einer Pfanne 1/2 EL Butter erhitzen, mit der Schöpfkelle ein Viertel des Teiges hineingießen und die Pfanne so schwenken, dass ein gleichmäßig dünner Pfannkuchen entsteht. Bei mittlerer Hitze 2 Min. backen. Wenden und auf der anderen Seite in 1–2 Min. fertig backen. Auf diese Weise 4 Crêpes backen und auf einer Platte im Backofen warm halten.

3   Die Pfanne mit Küchenpapier auswischen. Die übrige Butter mit dem Zucker darin zu hellem Karamell erhitzen. Mit dem Orangen- und Zitronensaft ablöschen (Vorsicht, es kann spritzen!). Auf die Hälfte einkochen, Erdbeeren hineingeben und darin 1 Min. erwärmen.

4   Jeweils 1 Crêpe auf einen vorgewärmten Teller legen. Ein Viertel der Erdbeeren mit etwas Sauce auf eine Hälfte geben, die andere Hälfte darüberklappen und warm servieren. Dazu passt geschlagene Sahne oder Vanilleeis.

30 Min. · nicht nur bei Kindern beliebt

Waffeln mit Vanillesahne

Für 12 Stück
Für die Waffeln:
100 g weiche Butter
100 g Zucker
1 TL Vanillezucker
Salz · 2 Eier · 100 g Mehl
1/4 TL Backpulver
Fett für das Waffeleisen

Für die Vanillesahne:
200 g Sahne · 1 EL Puderzucker
1 Vanilleschote

Pro Stück: ca. 195 kcal/810 kJ
2 g EW · 13 g F · 16 g KH

1   Die weiche Butter mit Zucker, Vanillezucker und 1 Prise Salz mit dem Handrührgerät schaumig schlagen. Nach und nach die Eier hinzufügen und unterschlagen. Mehl und Backpulver dazusieben und unterheben.

2   Die Sahne mit dem Puderzucker in ein hohes Aufschlaggefäß geben. Die Vanilleschote längs aufschneiden, das Mark mit dem Messerrücken herauskratzen und dazugeben. Alles zu cremiger Schlagsahne aufschlagen.

3   Das Waffeleisen einfetten und erhitzen. Jeweils eine kleine Schöpfkelle Teig einfüllen, verteilen und das Waffeleisen schließen. Die Waffeln in 3–4 Min. goldbraun backen. Warm mit der Vanillesahne servieren.

Gibt es eine Alternative zu ... *den teuren Vanilleschoten?* *Das Mark der Schoten gibt tatsächlich das beste Aroma. Eine gute Alternative ist gemahlene Vanille (aus dem Bioladen), die zwar auch teuer, aber superergiebig ist. Eine gute, preiswerte Alternative ist Vanillezucker (am besten selbst gemacht, siehe S. 287). Flüssiger Vanilleextrakt dagegen schmeckt meist ein wenig künstlich.*

Grundrezept
Rühreier

Für 4 Personen
6–8 Eier
1 TL dunkles Sesamöl (aus gerösteten
Samen, nach Belieben)
Salz · Cayennepfeffer
1 Schalotte
2 EL Butter
1/2 Bund Schnittlauch

Pro Portion: ca. 220 kcal/920 kJ
13 g EW · 18 g F · 1 g KH

1 Die Eier in eine Rührschüssel schlagen.
Das Sesamöl sowie je 1 kräftige Prise Salz und
Cayennepfeffer hinzufügen und alles mit einer
Gabel sorgfältig verrühren.

2 Die Schalotte schälen und sehr fein würfeln.
Die Butter in einer großen beschichteten Pfanne
erhitzen und die Schalotten darin in 2 Min. bei
schwacher Hitze weich dünsten. Die Eier dazugießen und 1 Min. stocken lassen. Ab jetzt die
Eimasse etwa jede Minute mit einem Spatel zu-
sammenschieben. Nicht zu stark rühren.

3 Den Schnittlauch waschen, trocken schütteln
und in feine Röllchen schneiden. Nach 6–8 Min.
sind die Rühreier fertig. Dann auf vier Teller verteilen und mit etwas Schnittlauch und nach Belieben Cayennepfeffer bestreut servieren. Dazu
schmeckt am besten herzhaftes Bauernbrot oder
Sesambrötchen mit Butter.

Wie wär's mal …

MIT KRABBEN UND KRESSE

150 g Krabben (in Salzlake) abtropfen lassen
und trocken tupfen. Zu den schon gedünsteten
Schalotten geben und die Eimasse darübergießen. Wie beschrieben stocken lassen, auf Teller
verteilen. 1/2 Kästchen Kresse mit der Schere
abschneiden und drüberstreuen.

MIT RÄUCHERFORELLE UND DILL

Die Rühreier wie beschrieben zubereiten. 150 g
Räucherforelle in 2 cm breite Stücke schneiden.
1/2 Bund Dill waschen, trocken schütteln, die
Spitzen grob hacken und unter das fertige Rührei mischen. Auf Teller verteilen und die Forellen-
stücke darauf anrichten. Dazu schmeckt Vollkornbrot oder Pumpernickel.

MIT TOMATEN UND BASILIKUM

2 Tomaten waschen, quer halbieren, entkernen
und klein würfeln. Mit den Schalotten anbraten,
die Eier dazugießen und das Rührei langsam
stocken lassen. Die Blätter von 3 Zweigen Basilikum abzupfen, in Streifen schneiden und vor
dem Servieren untermischen. Dazu schmeckt
Ciabatta oder Baguette.

 Küchenpraxis *Für gelb glänzende, saftige Rühreier sollten Sie die Eier gut* **mit einer Gabel verrühren,** *aber nicht schaumig schlagen. Ebenso wichtig ist die Temperatur: Lassen Sie die Eimasse geduldig* **bei schwacher Hitze stocken.** *Zu viel Hitze macht sie trocken und grau. Das Sesamöl gibt den Eiern ein würziges, rundes Aroma. Wenn Sie keines zur Hand haben, lassen Sie es einfach weg.*

Krabben-Ei-Creme

Für 4 Personen
2 Eier
150 g Tiefseekrabben (aus dem Kühlregal)
3 Zweige frischer Dill
200 g Frischkäsecreme
1 EL mittelscharfer Senf
Salz · Pfeffer

Pro Portion: ca. 220 kcal/920 kJ
14 g EW · 18 g F · 2 g KH

1 Eier in 10 Min. hart kochen, kalt abschrecken und abkühlen lassen. Inzwischen die Krabben trocken tupfen und fein hacken. Dill waschen und trocken schütteln, die Spitzen fein hacken. Die abgekühlten Eier pellen und fein hacken.

2 Die Frischkäsecreme mit Senf und Dill verquirlen. Die Krabben und die Eier unterheben und mit Salz und Pfeffer würzig abschmecken. Schmeckt fein zu Baguette und Vollkornbrot.

VARIANTE MIT RÄUCHERLACHS

Anstelle der Frischkäsecreme können Sie auch mageren Cremequark (0,1 % Fett) verwenden. Mit Senf und Dill noch 1/2 TL abgeriebene Schale von einer Bio-Zitrone unterrühren. 120 g Räucherlachs in sehr feine Streifen schneiden und mit den Eiern unterheben. Passt gut zu Toast und Baguette.

Servier-Tipp *Beide Cremes eignen sich auch gut für feine **Häppchen fürs kalte Büfett:** 10 (ungetoastete) Toastbrotscheiben mit der Creme bestreichen, je 2 aufeinandersetzen und mit 5 weiteren Toastscheiben abdecken. Diese etwas andrücken, damit die Türmchen zusammenhalten. Mit einem scharfen Messer die Brotrinde abschneiden und die Türmchen zweimal diagonal teilen, sodass 20 Mini-Tramezzini entstehen. In jedes ein Holzspießchen stecken.*

Schinken-Ricotta-Creme

Für 4 Personen
2 EL Pinienkerne
100 g Parmaschinken
1 Bund Basilikum
250 g Ricotta
2 EL Olivenöl
1 Knoblauchzehe (nach Belieben)
Salz · Pfeffer

Pro Portion: ca. 295 kcal/1190 kJ
15 g EW · 25 g F · 4 g KH

1 Die Pinienkerne ohne Fett in einer kleinen Pfanne bei schwacher Hitze goldbraun rösten, abkühlen lassen.

2 Den Schinken vom Fettrand befreien und in feine Streifen schneiden. Das Basilikum waschen und trocken schütteln, die Blätter abzupfen und fein schneiden.

3 Den Ricotta mit dem Olivenöl glatt rühren. Nach Belieben den Knoblauch schälen und dazupressen. Pinienkerne, Schinken und Basilikum unterrühren und mit Salz und Pfeffer abschmecken. Passt gut zu knusprigem Ciabatta.

VARIANTE MIT SERRANOSCHINKEN UND CHILI

Statt des Parmaschinkens vom Metzger 2 dicke Scheiben Serranoschinken (je 40–50 g) abschneiden lassen. Den Schinken vom Fettrand befreien und in kleine Würfelchen schneiden. 1 frische Chilischote waschen, längs aufschneiden, entkernen und fein würfeln. 200 g Frischkäse mit 2 EL Olivenöl glatt rühren. 1/2 TL getrockneten Thymian, Chili, Schinken und nach Belieben 1 geschälte durchgepresste Knoblauchzehe unterrühren und mit Salz und Pfeffer abschmecken. Schmeckt ebenfalls gut zu Ciabatta oder anderem knusprigen Weißbrot.

25 Min. · vegetarisch

Tofu-Creme
mit Kürbiskernen

Für 4 Personen
3 EL Kürbiskerne
3 Zweige frischer Thymian
200 g Tofu
100 g Schmand
2 EL frisch geriebener Parmesan
Salz · Pfeffer

Pro Portion: ca. 165 kcal/690 kJ
9 g EW · 13 g F · 3 g KH

1 Die Kürbiskerne bei schwacher Hitze in einer Pfanne ohne Fett rösten, bis sie duften. Abkühlen lassen. Den Thymian waschen und trocken schütteln, die Blättchen abstreifen und fein hacken.

2 Den Tofu würfeln und mit dem Schmand und der Hälfte der Kürbiskerne im Mixer (oder einem hohen Aufschlaggefäß mit dem Pürierstab) fein pürieren.

3 Die übrigen Kürbiskerne grob hacken und mit dem geriebenen Parmesan und dem Thymian unterrühren. Mit Salz und Pfeffer abschmecken. Passt gut zu Ciabatta und Vollkornbaguette.

VARIANTE MIT BASILIKUM-PESTO

Anstelle von Kürbiskernen und Thymian den Parmesan und 3 EL Basilikum-Pesto (selbst gemacht, Rezept S. 338, oder fertig gekauft) unterrühren. Auf herzhaftes Bauernbrot streichen, mit Tomatenscheiben belegen, salzen, pfeffern und ein paar in Streifen geschnittene Basilikumblättchen darüberstreuen.

20 Min. · cremig

Gorgonzola-Creme
mit Walnüssen

Für 4 Personen
50 g Walnusshälften
1/2 Bund Petersilie
2 EL Olivenöl
250 g Gorgonzola
150 g Cremequark (0,1 % Fett)
Salz · Pfeffer

Pro Portion: ca. 390 kcal/1630 kJ
19 g EW · 33 g F · 3 g KH

1 Die Walnüsse grob hacken. In einer kleinen Pfanne ohne Fett bei schwacher Hitze rösten, bis sie duften. Abkühlen lassen.

2 Petersilie waschen, die Blätter abzupfen, sehr gut trocken tupfen und in Streifen schneiden. Die Walnüsse herausnehmen, das Öl in dem Pfännchen erhitzen. Die Petersilie darin bei starker Hitze 1 Min. braten (Vorsicht, es kann spritzen!), abkühlen lassen.

3 Den Gorgonzola in Würfel schneiden und mit einer Gabel zerdrücken. Den Cremequark mit Salz und Pfeffer würzen und mit der Gabel unter den Gorgonzola mischen. Die Petersilie und die Walnüsse unterziehen. Nicht zu stark rühren, es sollen noch Gorgonzolastückchen erkennbar sein. Schmeckt sehr gut zu Nussbrot oder Baguette.

VARIANTE MIT ZIEGENFRISCHKÄSE

Braten Sie mit der Petersilie noch 1 EL gehackte Rosmarinnadeln und 1 gehackte Knoblauchzehe an. Mit den Walnüssen unter 300 g Ziegenfrischkäse mischen und mit Pfeffer abschmecken. Schmeckt gut zu Ciabatta oder anderem Weißbrot.

Sesam-Bagels

mit Räucherlachs

Für 15 Stück
Für die Bagels:
500 g Mehl · 350 ml Milch
1 Würfel frische Hefe (42 g)
3 EL Zucker · 2 TL Salz · 2 TL Natron
3 EL Sesamsamen zum Bestreuen

Pro Stück: ca. 150 kcal/630 kJ
5 g EW · 2 g F · 27 g KH

Belag für 5 Bagels:
1 Bio-Zitrone · Pfeffer · 200 g Frischkäse
1 Kästchen Kresse · 5 schöne Salatblätter
200 g geräucherter Lachs in Scheiben

Pro Portion: ca. 240 kcal/1000 kJ
14 g EW · 19 g F · 3 g KH

1 Das Mehl in eine Schüssel sieben, in die Mitte eine Mulde eindrücken. Die Milch lauwarm erhitzen, Hefe und 1 EL Zucker unterrühren, bis sich beides auflöst. Die Mischung in die Mulde gießen und zugedeckt an einem warmen Ort ohne Zugluft 15 Min. gehen lassen.

2 Salz hinzufügen, alles verrühren und auf der Arbeitsfläche 5 Min. kräftig durchkneten, bis ein glänzender Teig entsteht. Zu einer Kugel formen, mit etwas Mehl bestäuben, in der Schüssel zugedeckt an einem warmen Ort 1 Std. gehen lassen.

3 Inzwischen die Zitrone heiß waschen und abtrocknen, 1 TL Schale fein abreiben. Mit einer kräftigen Prise frisch gemahlenem Pfeffer unter den Frischkäse rühren. Die Kresse vom Beet schneiden und untermischen. Kühl stellen. Die Salatblätter waschen und abtropfen lassen.

4 Den Teig durchkneten und zur Rolle formen. In 15 Teile schneiden (**Bild 1**), jeden Teil zu einer Kugel formen. Mit dem Finger ein Loch in die Mitte bohren und etwas erweitern, um den Bagels die typische Ringform zu geben (**Bild 2**).

5 Den Backofen auf 200° (Umluft 180°) vorheizen. 2 Bleche mit Backpapier belegen. In einem breiten Topf 2 l Wasser mit übrigem Zucker und Natron aufkochen. Die Bagels jeweils ca. 20 Sek. hineingeben, bis sie sich aufblähen (**Bild 3**). Mit einem Schaumlöffel herausheben, mit reichlich Abstand auf die Bleche setzen. Die Bagels mit den Sesamsamen bestreuen (**Bild 4**) und im heißen Backofen (Mitte) in 15 Min. goldbraun backen (**Bild 5**). Abkühlen lassen.

6 5 Bagels quer durchschneiden, alle Hälften mit Kressecreme bestreichen. Die unteren Hälften mit Salatblättern und Lachs belegen. Die Zitrone vierteln und jeweils etwas Saft auf den Lachs träufeln. Mit den oberen Bagelhälften abdecken. Die übrigen Bagels anders belegen (siehe rechts).

1

Kennen Sie die Brötchen mit dem Loch in der Mitte? Sehen nicht nur hübsch aus, sondern schmecken auch lecker! Besonders mit diesem würzigen Belag aus Kressecreme und Räucherlachs.

★ ★
★

2

3

Gut zu wissen …

- Wie bei jedem Hefeteig ist es auch bei den Bagels wichtig, dass der Teig an einem warmen, geschützten Ort (z. B. in der Nähe der Heizung) gehen kann, wo er keine Zugluft abbekommt.

- Natron finden Sie im Supermarkt bei den Backzutaten.

- Wenn Sie die Bagels für einen Brunch planen, können Sie sie prima in Ruhe **einige Tage vorher vorbereiten:** Eine Platte mit Backpapier belegen. Die Teiglinge wie beschrieben im kochenden Natronwasser aufgehen lassen, herausnehmen und auf die Platte geben. Nach Wunsch bestreuen und abkühlen lassen. 1 Std. auf der Platte im Tiefkühlfach vorgefrieren, dann in Gefrierbeutel füllen. Zum Servieren unaufgetaut auf Backbleche legen und im vorgeheizten Backofen bei 200° (Umluft 180°) ca. 20 Min. backen.

Tauschtipps

*Sie können die Bagels auch pur backen – das Natronwasserbad verleiht ihnen einen schönen Glanz. Oder statt mit Sesam- mit Mohnsamen, Sonnenblumen- oder Kürbiskernen bestreuen. Bestreichen Sie die übrigen Bagels z. B. mit **Tomatenbutter** (Rezept S. 227) und belegen sie mit **Serranoschinken**. Oder die Bagels mit einem der würzigen Brotaufstriche von Seite 323 bestreichen. Auch fein: Die Bagels mit Butter und **Quittenmarmelade** bestreichen und mit in dünne Scheiben geschnittenem **Manchego-Käse** (milder spanischer Schafkäse) belegen. Exotische Variante: Die Bagels buttern, mit **Mango-Chutney** (Rezept S. 341 oder fertig gekauft) bestreichen und mit geräucherter **Putenbrust** belegen.*

4

5

French Toast

Für 4 Personen
8 Scheiben altbackenes Weißbrot (ca. 250 g)
1 Ei · 1 Eiweiß
3 EL Zucker
1 Päckchen Vanillezucker
abgeriebene Schale von 1/2 Bio-Orange
Salz · 250 ml Milch
2 EL Mandelblättchen
Butter zum Braten

Pro Portion: ca. 310 kcal/1300 kJ
10 g EW · 10 g F · 46 g KH

1 Die Brotscheiben nebeneinander in eine flache Form legen. Das Ei und das Eiweiß mit dem Zucker, Vanillezucker, der abgeriebenen Orangenschale, 1 Prise Salz und der Milch verquirlen und gleichmäßig über die Brotscheiben gießen. 10 Min. zugedeckt durchziehen lassen, bis das Brot sich richtig vollgesogen hat.

2 Den Backofen auf 200° (Umluft 180°) vorheizen und ein Blech mit Backpapier belegen. Ein große Pfanne erhitzen, jeweils etwas Butter darin schmelzen und die Brotscheiben darin portionsweise von jeder Seite 2–3 Min. bei mittlerer Hitze braten.

3 Die gebratenen Brotscheiben mit dem Pfannenwender auf das Blech heben und die Mandelblättchen darüberstreuen. Im heißen Backofen (Mitte) in 8–10 Min. knusprig backen.

Gut zu wissen *French Toast ist unseren »Armen Rittern« sehr ähnlich: Dabei wird altbackenes Weißbrot ebenfalls in einer Mischung aus Eiern, Milch und Zucker gewendet, in der Pfanne in Butterschmalz ausgebacken und zum Servieren mit Zimtzucker bestreut. Durch das Backen gehen die French Toasts etwas auf und werden besonders knusprig. So wird daraus ein gästefeiner Brunch-Beitrag.*

Pancakes mit Ahornsirup

Für 12 Stück
200 g Mehl
1 TL Backpulver
1 EL Zucker · Salz
3 Eier
250 ml Milch
ca. 100 g Butter
12 EL Ahornsirup

Pro Stück: ca. 195 kcal/820 kJ
4 g EW · 9 g F · 24 g KH

1 Mehl, Backpulver, Zucker und 1 Prise Salz in einer Schüssel mischen. Die Eier und die Milch hinzufügen und alles zu einem glatten Teig verrühren. In einem Töpfchen 50 g Butter schmelzen (aber nicht braun werden lassen) und unter die Teigmischung rühren.

2 Jeweils etwas Butter in einer großen Pfanne erhitzen. Mit einer kleinen Kelle (oder einem großen Löffel) jeweils 3–4 Teighäufchen in die Pfanne setzen und zu kleinen dicken Küchlein von ca. 10 cm Ø ausstreichen. So nacheinander 12 Pancakes backen.

3 Entweder sofort aus der Pfanne heiß mit dem Ahornsirup zum Beträufeln servieren oder auf einer Platte im Backofen bei 70° warm halten, bis alle gebacken sind.

VARIANTE MIT HEIDELBEEREN

Für diese »beerenstarke« Variante 250 g frische Heidelbeeren verlesen, in einem Sieb kalt abbrausen und gut abtropfen lassen. Mit der flüssigen Butter vorsichtig, ohne die Beeren zu zerdrücken, unter den Teig heben. Daraus wie beschrieben kleine Pancakes backen. Nach Belieben mit Ahornsirup beträufeln oder mit Puderzucker bestäuben und heiß servieren.

25 Min. + 1 Std. 30 Min. Gehen
+ 45 Min. Backen · würzig

Pikanter Gugelhupf

Für 1 Gugelhupfform (2,5 l Inhalt),
16 Stücke
500 g Mehl · 250 ml Milch
1 Würfel frische Hefe (42 g)
1 TL Zucker
150 g weiche Butter
2 Eier · 1 TL Salz
1 EL getrockneter Thymian
3 EL Pinienkerne
80 g Serranoschinken
12 getrocknete Tomaten in Öl
Butter für die Form
Mehl für die Arbeitsfläche

Pro Stück: ca. 240 kcal/1000 kJ
7 g EW · 12 g F · 26 g KH

1 Das Mehl in eine Schüssel sieben, in die Mitte eine Mulde eindrücken. Die Milch lauwarm erhitzen, Hefe und Zucker darin auflösen und in die Mulde gießen. Zugedeckt an einem warmen Ort ohne Zugluft 15 Min. gehen lassen.

2 Das Mehl und die Hefelösung mit den Knethaken des Handrührgerätes ca. 3 Min. verrühren. Die weiche Butter in Flöckchen, Eier, Salz und getrockneten Thymian hinzufügen. Ca. 5 Min. weiterrühren, bis der Teig Blasen bekommt. Den Teig mit etwas Mehl bestäuben und zugedeckt weitere 45 Min. gehen lassen, bis er sein Volumen verdoppelt hat.

3 Inzwischen die Pinienkerne in einer Pfanne ohne Fett bei schwacher Hitze rösten. Den Schinken fein würfeln. Die Tomaten abtropfen lassen und ebenfalls fein würfeln. Alles zum Teig geben und sorgfältig unterkneten.

4 Die Form mit Butter ausstreichen. Den Teig auf der bemehlten Arbeitsfläche zu einer länglichen Rolle formen und in die Form legen. Ein letztes Mal 30 Min. zugedeckt gehen lassen.

5 Den Backofen auf 180° vorheizen. Den Gugelhupf darin (unteres Drittel, Umluft 160°) ca. 45 Min. backen. In der Form 10 Min. abkühlen lassen, dann auf ein Kuchengitter stürzen und vollständig auskühlen lassen. Der pikante Gugelhupf schmeckt frisch gebacken, mit etwas Butter bestrichen, am besten. Was Sie nicht gleich brauchen, können Sie einfrieren.

VARIANTEN

Noch herzhafter wird der Gugelhupf, wenn Sie statt Thymian, Pinienkernen, Schinken und getrockneten Tomaten 200 g Speck fein würfeln und mit 1 fein gehackten Zwiebel in der Pfanne in 2–3 Min. bei mittlerer Hitze unter Rühren glasig anbraten. 1 Bund Petersilie waschen und trocken schütteln, die Blättchen abzupfen, fein hacken und unterrühren. Mit 1 EL Kümmel unter den Teig kneten und wie beschrieben backen. Wer keine Gugelhupfform besitzt, kann aus dem Teig auch **Pikante Muffins** *backen: Den Teig in 12 Teile teilen, zu Kugeln formen und in die Vertiefungen einer gefetteten Muffinsform geben. Mit einem Geschirrtuch abdecken und 30 Min. gehen lassen, dann in ca. 25 Min. goldbraun backen. Oder die Teigkugeln zu* **Brötchen** *flach drücken und mit etwas Abstand auf ein Blech setzen. An der Oberfläche mit einem scharfen Messer kreuzförmig einritzen und zugedeckt gehen lassen. Die Oberfläche mit Salzwasser bepinseln und die Brötchen 25 Min. im vorgeheizten Backofen (Mitte) backen.*

Vorbereitungs-Tipp *Der Pikante Gugelhupf ist ganz einfach zuzubereiten, braucht aber viel Zeit. Sie können ihn deshalb gut schon* **einige Tage vorher backen** *und vollständig abgekühlt einfrieren. Vor dem Servieren setzen Sie ihn unaufgetaut auf ein Backblech, schieben ihn in den kalten Backofen (Mitte) und backen ihn bei 100° ca. 30 Min. auf.*

Marinieren und Einmachen

Hier finden Sie Rezepte für würzige Marinaden,
feine Chutneys und Konfitüren sowie sechs
tolle Pesto-Variationen, die zwar haltbar sind,
aber vermutlich nicht lange halten werden ...

Küchenpraxis: Marinieren, Einlegen, Einmachen

Zünftige Grillparty

Ob für den Holzkohlegrill, den Backofengrill oder die Grillpfanne – durch würzige Marinaden (Rezepte S. 333) bekommt Ihr Fleisch eine immer wieder andere, raffiniert-würzige Note. Und das beste daran: Sie müssen keine teuren Fleischstücke kaufen, einfache Scheiben vom Halsgrat oder aus der Hüfte eignen sich prima. Legen Sie das Grillgut am besten schon am Vortag ein, und lassen Sie es über Nacht richtig gut durchziehen. Machen Sie ein paar leckere Dips und Salate dazu, und die Grillparty mit Familie und Freunden kann steigen!

Essig und Öl

Würziger Essig und bestes Öl sind das A und O für einen guten Salat oder feine Antipasti. Es gibt sie in zahllosen Variationen zu kaufen. Mit Kräutern und Gewürzen verfeinerte Essige und Öle sind allerdings oft unverhältnismäßig teuer, außerdem bringt Selbstmachen Spaß! Verwenden Sie nur einwandfreie frische Zutaten, die Sie sorgfältig verlesen, waschen und trocken tupfen und dann in milden Essig oder gutes, kalt gepresstes Öl einlegen.

Altes und neues KOCHWISSEN
Einmachen gestern und heute

Die Großmutter hat Obst und Gemüse in Weckgläser oder Bügelverschlussgläser eingemacht. Damit sich später kein Schimmel bildete, wurden sie ausgekocht und dadurch keimfrei gemacht. Manchmal aber wurden die Gummiringdichtungen porös, die Gläser dadurch undicht und der Inhalt verdarb. Heute verwendet man praktische Twist-off-Gläser, mit denen das nicht passiert. Nach wie vor wichtig: Nur gute reife Früchte ohne verdorbene Stellen einkochen und geöffnete Gläser immer im Kühlschrank aufbewahren.

Gelierzucker

Das ist eine fertige Mischung aus Zucker, Pektin (ein aus Äpfeln gewonnenes Geliermittel) und Zitronensäure. Die Sorten 1:1, 1:2 und 1:3 stehen für das Mischungsverhältnis von Zucker und Obst. Bei Gelierzucker 1:2 kochen Sie 1 kg Früchte mit 500 g Zucker ein – schmeckt fruchtiger als die Variante 1:1, ist allerdings nicht ganz so lange haltbar. Mischen Sie den Gelierzucker unter die vorbereiteten Früchte, lassen alles aufkochen und nach Packungsaufschrift 3–4 Min. sprudelnd kochen.

Gelierprobe

Um zu sehen, ob eine Konfitüre ausreichend durchgekocht und abfüllbereit ist, geben Sie 1 TL davon auf einen kalten Teller und lassen diese Miniportion 1 Min. auskühlen. Wenn sie dann an der Oberfläche eine zarte Haut gebildet hat und beim Kippen des Tellers nicht mehr wegfließt, ist die Konfitüre fertig, und Sie können sie in die vorbereiteten Gläser gießen (siehe rechts). Geliert die Konfitüre nicht, lassen Sie die Fruchtmasse kurz weiterkochen – mit Gelierzucker hergestellte Konfitüren aber nicht länger als 8 Min., sonst baut sich Pektin ab, ein in fast allen Früchten enthaltenes Geliermittel.

Abfüllen

Füllen Sie die Konfitüre in saubere Twist-off-Gläser mit perfekt schließenden Deckeln. Spülen Sie sie heiß aus und lassen sie umgedreht auf einem Geschirrtuch abtropfen. Füllen Sie die warmen Gläser randvoll mit der kochend heißen Fruchtmasse, verschließen die Gläser sofort und stellen sie für 5 Min. auf den Kopf. Falls sich im Deckel Bakterien oder Schimmelpilzsporen befanden, werden sie so unschädlich gemacht.

Grundrezept
Marinade

Für 800 g Fischfilet oder 4 Schnitzel (je 150 g)
1 Bund gemischte Kräuter
der Provence (Rosmarin,
Thymian, Lavendel, Majoran)
4 EL Olivenöl · 2 Knoblauchzehen · Pfeffer

Bei 4 Portionen pro Portion: ca. 135 kcal/550 kJ
1 g EW · 13 g F · 5 g KH

1   Die Kräuter waschen, trocken schütteln, die Blätter und Nadeln abstreifen und fein hacken. Die Kräuter mit Olivenöl vermischen.

2   Den Knoblauch schälen und dazupressen. 1/2 TL Pfeffer dazumahlen und unterrühren.

3   Fisch oder Fleisch werden in der Marinade gewendet und ziehen dann zugedeckt im Kühlschrank mindestens 2 Std. durch.

4   Das Grillgut ca. 1 Std. vor dem Grillen aus dem Kühlschrank nehmen und Zimmertemperatur annehmen lassen. Eine Grillpfanne auf mittlerer Stufe erhitzen, die Stege einölen. Die Fischfilets oder Schnitzel trocken tupfen, salzen und von jeder Seite 2–3 Min. braten.

Wie wär's mal …

MIT ORIENTALISCHEN GEWÜRZEN

Für 800 g Fischfilet (z. B. Kabeljau) oder 4 Lamm- oder Putenschnitzel 1 Zwiebel und 2 Knoblauchzehen schälen und grob zerkleinern. Mit 2 EL Zitronensaft, 3 EL Öl, je 1/2 TL gemahlenem Kreuzkümmel, Koriander und Kurkuma in den Mixer geben oder mit dem Pürierstab fein pürieren. Mit frisch gemahlenem Pfeffer abschmecken.

MIT INGWER UND ZITRONENGRAS

Für 800 g Fischfilet (z. B. Lachs) oder 4 Schweine- oder Putenschnitzel 1 Stück frischen Ingwer (ca. 2 cm) und 1 Knoblauchzehe schälen und würfeln. Von 1 Stängel Zitronengras die äußeren harten Blätter entfernen und das weiche untere Drittel klein schneiden. 1–2 kleine grüne Thai-Chilischoten (alle Zutaten im Asienladen) waschen, die Stielansätze entfernen. Alles mit 1/2 TL Zucker im Mörser fein zerstampfen, je 2 EL Limettensaft und Öl unterrühren.

MIT CHILI UND HONIG

Für 4 Scheiben Schweinehalsgrat oder 4 Hähnchenbrustfilets 1 frische große rote Chilischote waschen, längs aufschneiden, entkernen und sehr fein würfeln. 1 Knoblauchzehe schälen und ebenfalls fein würfeln. Mit 4 EL Limettensaft, 1 EL Honig und 2 EL Öl verrühren.

 Küchenpraxis *Auch nicht ganz so zartes **Fleisch wird durch Marinieren zarter,** und weniger aromatisches Fischfilet bekommt damit eine besondere Note. Es muss also kein teures Rinderfilet, Lendenstück oder Filet von Edelfischen sein. Wichtig: Geben Sie **niemals Salz in die Marinade,** es würde dem Fleisch oder Fisch Saft entziehen. Erst kurz vor dem Braten oder Grillen salzen.*

30 Min. + 2–3 Tage Marinieren
pikant

Eingelegter Ziegenkäse

Für 4 Personen
1/2 Bio-Zitrone, gewaschen
4 Knoblauchzehen
1 EL Pfefferkörner
1 getrocknete rote Chilischote
8 kleine Ziegenweichkäse (je 40 g, z. B. Picandou)
je 1 Zweig Rosmarin, Thymian, Zitronenmelisse
2 Lorbeerblätter
6 Wacholderbeeren
ca. 250 ml kalt gepresstes Olivenöl

Pro Portion: ca. 430 kcal/1800 kJ
17 g EW · 38 g F · 5 g KH

1 Von der Zitronenhälfte die Schale mit einem Sparschäler abschälen und in Streifen schneiden. Den Saft auspressen. Knoblauchzehen schälen und halbieren. Die Pfefferkörner im Mörser leicht andrücken. Die Chilischote halbieren.

2 Den Ziegenkäse mit dem Knoblauch, der Zitronenschale, 2 EL Zitronensaft, Chili sowie allen Kräutern und Gewürzen in ein großes Schraubglas schichten und mit so viel Olivenöl begießen, dass der Käse vollständig bedeckt ist.

3 Das Glas verschließen und den Käse 2–3 Tage kühl gestellt (jedoch nicht im Kühlschrank) durchziehen lassen. Dazu schmeckt Baguette oder auch kräftiges Bauernbrot. Wenn der Käse aufgegessen ist, können Sie das würzige Öl für Salatsaucen verwenden.

VARIANTE MIT FETA

Nach diesem Rezept können Sie auch eingelegten Feta zubereiten: 400 g Feta (griechischer Schafkäse) in Würfel schneiden. 5 gehackte Knoblauchzehen, 1–2 getrocknete Chilischoten, verschiedene Kräuter (z. B. Rosmarin, Thymian, Basilikum, Minze) sowie 2 Scheiben einer Bio-Zitrone und einige schwarzen Oliven dazugeben und den Käse mit Olivenöl bedeckt 2–3 Tage durchziehen lassen.

1 Std. 30 Min. + 8 Tage Marinieren
chilischarf

Sauer eingelegte Zucchini

Für 5 Gläser (je 500 ml Inhalt)
2 kg Zucchini
6 Knoblauchzehen
45 g Salz
400 g Zucker
500 ml Weinessig
1–2 Zwiebeln
2–3 getrocknete rote Chilischoten
1 Tütchen Gurkengewürz (für eingelegte Gurken)
2 Lorbeerblätter
10 Wacholderbeeren
2 TL Senfkörner
1/2 TL gemahlene Nelken
1 TL Kurkuma

Pro 100 g Zucchini: ca. 25 kcal/100 kJ
2 g EW · 0 g F · 4 g KH

1 Die Zucchini waschen, putzen und in kleine Stücke schneiden. Den Knoblauch schälen. Beides in einer Schüssel mit Salz, Zucker und Essig mischen.

2 Die Zucchini zugedeckt 1 Tag durchziehen lassen, dabei öfter zusammendrücken, damit die Zucchini ständig ganz vom Sud bedeckt sind.

3 Am nächsten Tag die Zwiebeln schälen und in Scheiben schneiden. Den Zucchinisud durch ein Sieb in einen Topf gießen und mit Zwiebeln, Chilis und allen Gewürzen 8 Min. durchkochen.

4 Twist-off-Gläser auskochen und umgedreht auf einem Tuch abtropfen lassen. Die Zucchinistücke einfüllen und mit dem kochend heißen Sud begießen. Die Gläser sofort verschließen.

5 Die Zucchini vor dem Verzehr mindestens 1 Woche durchziehen lassen. Kühl aufbewahren. Die Zucchini schmecken zu einer deftigen Brotzeit ebenso gut wie zu gegrilltem Fleisch. Haltbarkeit 4–6 Monate.

1 Std. + 24 Std. Marinieren
würzig aromatisch

Eingelegter Knoblauch

Für 2 Gläser (je 370 ml Inhalt)
500 g große frische Knoblauchzehen
500 ml Estragonessig
50 g brauner Zucker
1 TL Salz
2 Lorbeerblätter
je 1 EL Koriander-, Senf-, grüne Pfeffer
und Pimentkörner
je 1 Zweig Thymian, Rosmarin und Estragon
2 EL neutrales Pflanzenöl

Pro 15 g Knoblauch: ca. 20 kcal/83 kJ
1 g EW · 1 g F · 4 g KH

1 Die Knoblauchzehen schälen, mit 500 ml
Wasser, Essig, Zucker, Salz, Lorbeerblättern
und den Gewürzkörnern in einen Topf geben
und 3 Min. sprudelnd durchkochen. Den Topf
abdecken und den Knoblauch bis zum nächsten
Tag durchziehen lassen.

2 Die Kräuter waschen und trocken schütteln.
Den Knoblauch nochmals ca. 4 Min. kochen,
abkühlen lassen und mit dem Sud in kleine
Twist-off-Gläser füllen. Die Kräuterzweige dazwischen stecken.

3 Den Inhalt jedes Glases mit einem dünnen
Ölspiegel bedecken, die Gläser gut verschließen
und kühl lagern.

VARIANTE MIT OLIVEN

*4 gehackte Knoblauchzehen, 1–2 getrocknete
Chilischoten, je 1 Zweig Rosmarin und Majoran
mit 300 g entsteinten und im Mörser leicht ange-
drückten Oliven in ein Gefäß geben. Mit Olivenöl
bedecken, ca. 1 Woche durchziehen lassen.*

1 Std. + 2 Wochen Marinieren
mediterran

Kräutertomaten in Öl

Für 4 Gläser (je 500 ml Inhalt)
1 l trockener Weißwein
2 Lorbeerblätter
2 Gewürznelken
400 g getrocknete Tomaten
3 Knoblauchzehen
3 getrocknete Chilischoten
1 EL getrockneter Oregano
1 TL getrockneter Thymian
ca. 750 ml kalt gepresstes Olivenöl

Pro 20 g abgetropfte Tomaten: ca. 50 kcal/210 kJ
3 g EW · 1 g F · 8 g KH

1 Den Weißwein mit den Lorbeerblättern
und den Nelken aufkochen. Die getrockneten
Tomaten hinzufügen und 10 Min. bei schwacher
Hitze köcheln lassen, sodass sie sich mit dem
Weinsud vollsaugen.

2 Die Tomaten im Sud abkühlen lassen, durch
ein Sieb abgießen und abtropfen lassen. Inzwischen den Knoblauch schälen und fein würfeln.
Zusammen mit den getrockneten Kräutern unter
die Tomaten mischen.

3 Die Kräutertomaten in saubere Gläser schichten und mit Olivenöl bedecken. Vor dem Servieren 2 Wochen durchziehen lassen.

Gut zu wissen *Für dieses Rezept brauchen
Sie **sonnengetrocknete, nicht in Öl eingelegte Tomaten**, die Sie auf Märkten, in Fein-
kost- und Bioläden und inzwischen auch in
vielen Supermärkten bekommen. Verwenden
Sie außerdem nur **bestes kalt gepresstes Öl** zum
Einlegen, dann sind die Kräutertomaten ein Hochgenuss. Servieren Sie sie mit Oliven und Artischockenherzen, Parmaschinken und Fenchelsalami
zu Ciabatta und einem Glas Rotwein als Vorspeise
oder als sommerliches Abendessen.*

5 Min. · mind. 3 Tage Marinieren · pikant

Salbei-Rotweinessig

Für 250 ml
3 Salbeiblätter
1 frische grüne Chilischote
10 Korianderkörner
2 Gewürznelken
1 Lorbeerblatt
250 ml Rotweinessig

Pro Esslöffel: ca. 5 kcal/20 kJ
1 g EW · 0 g F · < 1 g KH

1 Die Salbeiblätter waschen und gut trocken tupfen. Die Chilischote waschen, längs halbieren und entkernen, die Schotenhälften ebenfalls trocken tupfen.

2 Die Salbeiblätter mit den Chilihälften, Korianderkörnern, Nelken und dem Lorbeerblatt in eine Flasche geben, mit dem Essig auffüllen und verschließen.

3 Je nach gewünschter Intensität den Essig zwischen 3 Tagen und 2 Wochen an einem dunklen Ort ziehen lassen, dann durchsieben. Fürs Salatdressing und zum Abschmecken von Saucen verwenden. Haltbarkeit ca. 4 Monate.

VARIANTE MIT WEISSWEINESSIG

2 Schalotten schälen und fein würfeln. 3 Zweige Estragon waschen und trocken schütteln, beides in eine Flasche geben und mit mildem Weißweinessig auffüllen. 1 Woche durchziehen lassen, dann abseihen. Hält ca. 3 Monate.

25 Min. · frisch und fruchtig

Chiliöl

Für 250 ml
2 getrocknete große Chilischoten
ca. 250 ml neutrales Pflanzenöl

Pro Esslöffel: ca. 110 kcal/460 kJ
0 g EW · 12 g F · < 1 g KH

1 Die Chilischote mit einer Küchenschere in 1/2 cm breite Ringe schneiden, die Samen auffangen und im Mörser fein zerstoßen.

2 Chiliringe und Samen in eine Flasche füllen und mit Öl aufgießen. 2 Wochen durchziehen lassen. Hält kühl (aber nicht im Kühlschrank) gelagert ca. 6 Monate.

VARIANTE MIT KNOBLAUCH

6 frische Knoblauchzehen halbieren, ggf. den Keim entfernen. 1 Zweig Rosmarin waschen und gut trocken tupfen. Beides in eine Flasche geben und mit Olivenöl auffüllen. 2 Wochen durchziehen lassen. Hält ca. 4 Wochen.

Woher bekomme ich denn … *die getrockneten Chilischoten?*
Auf Märkten sieht man sie häufig zu dicken Trauben gebündelt an Kräuter- und Gemüseständen. Wenn Sie da nicht fündig werden, bekommen Sie sie in jedem Fall im Asienladen. Sie können auch 2 frische rote Chilischoten putzen, waschen und in Ringe schneiden und mit Olivenöl bedeckt 3 Tage durchziehen lassen. Hält allerdings nur ca.10 Tage.

Spaghetti mit Pesto aus frischem Basilikum, Pinienkernen, Parmesan und gutem Olivenöl – für Pesto-Fans ein Fest. Hier sind noch mehr feine Pasten, mit denen sich so einiges anstellen lässt.

Die 6 besten Pesto-Varianten

1 Basilikum-Pesto

1 Bund Basilikum waschen, trocken schütteln und die Blätter abzupfen. Diese mit 2 EL Pinienkernen, 1 Prise Salz und 1 geschälten Knoblauchzehe in den Mörser geben und fein zerstoßen. Wem die Prozedur im Mörser zu mühsam ist, der gibt alles in den Mixer und püriert die Zutaten mittelfein. 30 g frisch geriebenen Parmesan und 6 EL kalt gepresstes Olivenöl unterrühren, mit Salz und Pfeffer abschmecken. Eine feinherbe Note bekommt das Pesto, wenn Sie das Basilikum ganz oder zur Häfte durch Rucola ersetzen. Ebenfalls lecker ist eine Mischung aus halb Petersilie und halb Rucola. Und statt der Pinienkerne sollten Sie unbedingt auch einmal Haselnüsse versuchen.

2 Bärlauch-Pesto

Für Bärlauch-Pesto 2 EL Pinienkerne in einer Pfanne ohne Fett bei schwacher Hitze rösten. 1 Bund Bärlauch waschen, trocken schütteln, die groben Stiele entfernen und die Blätter etwas zerkleinern. Beides mit 1 kräftigen Prise Salz, 1 TL Zitronensaft und 2 EL bestem Olivenöl im Mixer (oder in einem hohen Aufschlaggefäß mit dem Pürierstab) fein pürieren. 2 EL frisch geriebenen Pecorino (Hartkäse aus Schafmilch, oder Parmesan) und 4 EL Olivenöl unterrühren. Mit Salz und Pfeffer abschmecken. Schmeckt natürlich zu Nudeln, Sie können aber auch Quark-Dips damit verfeinern oder Kalbs- oder Putenrouladen damit füllen.

3 Kerbel-Pesto

50 g frischen Kerbel waschen, verlesen und auf Küchenpapier abtropfen lassen. 1 kleine Knoblauchzehe schälen und würfeln. Beides mit 30 g gehäuteten Mandeln und 1/2 TL abgeriebener Schale von einer Bio-Zitrone im Mixer fein pürieren. 6 EL Sonnenblumenöl unterrühren und das Pesto mit Salz, 1 Prise Zucker sowie weißem Pfeffer würzig abschmecken. Das zarte Aroma des Kerbels harmoniert gut mit Spargel: Verlängern Sie das Pesto mit 4 EL Spargelkochwasser und träufeln es statt flüssiger Butter über den Spargel. Oder geben Sie kurz vor dem Servieren 1 EL Kerbel-Pesto auf jede Portion Spargel- oder Kartoffelsuppe.

4 Koriander-Pesto

Für dieses asiatisch angehauchte Pesto 1 Bund Koriandergrün waschen und trocken schütteln, grobe Stiele entfernen. 1 Stängel Zitronengras von äußeren harten Blättern befreien und das weiche untere Drittel fein schneiden. 1 Stück frischen Ingwer (ca. 3 cm) schälen und würfeln. 2–3 frische kleine grüne Thai-Chilischoten (aus dem Asienladen) waschen, die Stielansätze wegschneiden. Alles mit 2 EL Sonnenblumenkernen, 3 EL Limettensaft und 1 TL Zucker im Mixer (oder in einem hohen Aufschlaggefäß mit dem Pürierstab) fein pürieren. 4 EL Sonnenblumenöl unterrühren und mit Salz und weißem Pfeffer abschmecken. Das scharfe Asia-Pesto schmeckt sehr gut zu gedämpftem Fisch.

1   2   3   4   5   6

5 Tomaten-Pesto

2 EL Pinienkerne in einer Pfanne ohne Fett rösten, abkühlen lassen. 1 Knoblauchzehe schälen
und würfeln. 10 getrocknete Tomaten (in Öl)
etwas zerkleinern. Alles mit 4 EL Öl von den eingelegten Tomaten, 1 Prise Salz und 1 zerbröselten
Peperoncino in den Mixer geben (oder in einem
hohen Aufschlaggefäß mit dem Pürierstab) fein
pürieren. 2 EL frisch geriebenen Parmesan unterrühren und mit Salz und Pfeffer abschmecken.
Eine jeweils andere würzige Note bekommt das
Tomaten-Pesto, wenn Sie noch 1 EL fein gehackte
Rosmarinnadeln oder Thymianblättchen unterrühren. Schmeckt sehr gut zu Nudeln oder zu
in Öl ausgebratenen Zucchini- oder Auberginen-
scheiben.

6 Chili-Erdnuss-Pesto

1 Bund Petersilie waschen und trocken schütteln,
grobe Stiele entfernen. 1 frische große rote Chilischote waschen, längs aufschneiden, entkernen
und würfeln. Petersilie und Chilistückchen mit
2 EL gerösteten, gesalzenen Erdnüssen, 4 EL Sonnenblumenöl und je 1 Prise Zucker und Pfeffer
pürieren. Nach Belieben 2 EL frisch geriebenen
Parmesan unterrühren. Das scharf-nussige Pesto
schmeckt als Nudelsauce oder als Füllung für
Schweinefleischröllchen.

Praxis-Tipps *Zum Aufbewahren füllen
Sie das Pesto in ein **sauberes Schraubglas,**
streichen die Oberfläche glatt und gießen so
viel Öl an (das gleiche, das Sie auch für das
Pesto verwendet haben), dass das Pesto vollständig bedeckt ist. Erneuern Sie diese **konservie-
rende Ölschicht** immer, wenn Sie etwas aus dem
Glas entnommen haben. Alle Pesti halten sich so
kühl gelagert ca. 10 Tage. Danach sind sie zwar
noch nicht verdorben, verlieren aber nach und
nach an Aroma.*

*Als Nudelsauce reicht jedes der hier vorgestellten
Pesto-Rezepte für 4 Personen: 500 g Nudeln nach
Packungsanweisung in Salzwasser bissfest kochen.
4 EL Nudelkochwasser in einer vorgewärmten
Schüssel unter das Pesto rühren. Die Nudeln in ein
Sieb abgießen, kurz abtropfen lassen und sofort
heiß mit dem Pesto mischen.*

*Es gibt inzwischen eine Reihe von wirklich passa-
blen **Pesto-Sorten fertig zu kaufen.** Als Zutat
für einen schnellen Teller Pesto-Nudeln ist dagegen
nichts einzuwenden! Grünes Basilikum- oder
Rucola-Pesto aus dem Glas lässt sich im Handumdrehen mit frischen Kräuterblättern, ein paar
gerösteten Pinienkernen und frisch geriebenem
Parmesan aufpeppen. Rotes Pesto aus dem Glas
schmeckt besonders lecker, wenn Sie mit den heißen Nudeln noch ein paar in kleine Stückchen
geschnittene Kirschtomaten untermischen und
die Pasta mit Pecorinospänen garnieren.*

Grundrezept
Mango-Chutney

Für 4 Personen
1 große Mango (darf gerne
noch etwas hart sein)
2 frische rote Chilischoten
je 1 TL Korianderkörner
und Kreuzkümmelsamen
3 EL Zucker
1 TL schwarze bzw. braune Senfsamen
1 TL gemahlene Kurkuma
1/4 TL gemahlene Nelken
1/4 TL Zimtpulver
1/4 TL frisch geriebene Muskatnuss
Salz

Pro Portion: ca. 80 kcal/330 kJ
1 g EW · 1 g F · 18 g KH

1   Die Mango schälen, das Fruchtfleisch vom
Stein und in kleine Würfel schneiden. Chilischoten waschen, längs aufschneiden, entkernen und
in feine Streifen schneiden. Die Korianderkörner
und Kreuzkümmelsamen in einen Mörser geben
und fein zerstoßen.

2   Mangowürfel, Chilistreifen, Zucker und alle
Gewürze in einem Topf mit 125 ml Wasser
mischen. Aufkochen und bei schwacher Hitze
ca. 10 Min. köcheln lassen, bis das Chutney
dickflüssig wird. Abkühlen lassen und mit Salz
abschmecken. Abgekühlt servieren.

Praxis-Tipps *Wenn Sie das Chutney
gleich zu einem indischen Essen oder zu
kaltem Braten servieren, einfach abkühlen
lassen und in eine Schale füllen. Wer die
Chutneys länger aufheben möchte, füllt sie*
*kochend heiß in heiß ausgespülte Twist-off-Gläser,
verschließt diese sofort und stellt sie für 10 Min.
auf den Kopf. Kühl aufbewahrt halten die Chutneys so ca. 3 Monate.*

Wie wär's mal …

MIT ÄPFELN

500 g säuerliche Äpfel (z. B. Braeburn) schälen,
die Kerngehäuse entfernen, das Fruchtfleisch
klein würfeln. 1 frische grüne Chilischote
waschen, den Stielansatz entfernen, die Schote
samt den Kernen klein schneiden. 1 EL Butterschmalz in einem Topf erhitzen, je 1/2 TL Bocks-
hornklee-, Kreuzkümmel-, Fenchel- und schwarze oder braune Senfsamen darin ca. 1 Min. anrösten. Äpfel und Chili dazugeben, kurz durchrühren. 1 TL Kurkuma, 5 EL milden Weißweinessig, 2 EL braunen Zucker und 50 ml Wasser
dazugeben und salzen. Das Apfel-Chutney offen
bei schwacher Hitze ca. 30 Min. dickflüssig einkochen, regelmäßig umrühren.

MIT TOMATEN

500 g Tomaten waschen und in kleine Würfel
schneiden, die Stielansätze dabei entfernen.
1 Zwiebel und 4 Knoblauchzehen schälen und
ganz fein würfeln. 1 frische grüne Chilischote
waschen und den Stielansatz wegschneiden.
Die Schote mit den Kernen ganz klein schneiden.
2 EL Öl im Topf erhitzen, Zwiebeln, Knoblauch
und Chili hineinrühren. Tomaten und 100 g Zucker dazugeben, 1/2 TL im Mörser zerstoßenen
Kreuzkümmel und etwas Salz auch. Alles ohne
Deckel bei schwacher Hitze ungefähr 15 Min.
köcheln lassen. Das Tomaten-Chutney soll dick
wie Ketchup werden. In eine Schüssel oder ein
Glas füllen und auskühlen lassen.

35 Min. · 2 Std. Ruhen
schön säuerlich

Erdbeer-Rhabarber-Konfitüre

Für 6 Gläser (je ca. 250 ml Inhalt)
700 g Erdbeeren
300 g Rhabarber
500 g Gelierzucker (2 : 1)

Pro TL (10 g): ca. 16 kcal/67 kJ
0 g EW · 0 g F · 4 g KH

1   Die Erdbeeren vorsichtig waschen und trocken tupfen. Die Kelchblätter herauszupfen oder -schneiden und das Fruchtfleisch in kleine Stücke schneiden.

2   Den Rhabarber waschen und die Enden abschneiden. Wenn sich Fäden lösen, diese gleich mit abziehen. Die Rhabarberstangen in dünne Scheiben schneiden.

3   Die Früchte in einem Topf gut mit dem Gelierzucker mischen und 2 Std. lang Saft ziehen lassen, dabei immer mal wieder durchrühren. Danach die Früchte mit dem Kartoffelstampfer etwas zerdrücken.

4   Die Masse unter Rühren bei starker Hitze zum Kochen bringen. Die Konfitüre bei mittlerer Hitze unter Rühren 4 Min. kochen lassen, bis sie geliert. Die Gelierprobe machen (siehe S. 331). Die Konfitüre in heiß ausgespülte Twist-off-Gläser füllen, diese verschließen und für 10 Min. auf den Kopf stellen. Kühl aufbewahren. Haltbarkeit ca. 1 Jahr.

40 Min. · 24 Std. Ruhen
aromatisch

Birnen-Rotwein-Konfitüre

Für 6 Gläser (je ca. 250 ml Inhalt)
900 g saftige Birnen
1 große Zitrone
500 g Gelierzucker (2 : 1)
250 ml trockener Rotwein
je 1 kräftige Prise Zimt-,
Nelken- und Pimentpulver

Pro TL (10 g): ca. 16 kcal/67 kJ
0 g EW · 0 g F · 4 g KH

1   Die Birnen schälen, vierteln, vom Kerngehäuse befreien und sehr klein würfeln. Zitrone auspressen und den Saft mit Birnenwürfeln und Zucker mischen. Über Nacht Saft ziehen lassen.

2   Am nächsten Tag den Wein dazugießen. Das Zimt-, Nelken- und Pimentpulver untermischen. Alles bei starker Hitze unter Rühren zum Kochen bringen und bei mittlerer Hitze 4 Min. kochen lassen.

3   Die Gelierprobe machen (siehe S. 331). Die Konfitüre in heiß ausgespülte Twist-off-Gläser füllen, diese sofort verschließen und für 10 Min. auf den Kopf stellen. Haltbarkeit ca. 1 Jahr.

VARIANTE MIT VANILLE

Der Alkohol verfliegt zwar größtenteils beim Kochen, dennoch sollten Sie, wenn Kinder mitessen, darauf verzichten. Ersetzen Sie den Wein durch 250 ml Apfel- oder Birnensaft. Dazu 1 Vanilleschote längs aufschneiden, das Mark herauskratzen und mit der ausgekratzten Schote mitkochen. Die Vanilleschote vor dem Abfüllen wieder entfernen.

Gut zu wissen *Reife, aromatische Erdbeeren erkennen Sie nicht nur am herrlichen Duft, sondern auch daran, dass sie sich **leicht entkelchen** lassen: Nehmen Sie jede Erdbeere in eine Hand, umfassen Sie den Blattkranz mit den Fingern der anderen Hand, und ziehen Sie ihn mit einer Drehbewegung heraus.*

45 Min. · 24 Std. Ruhen
Klassiker auf neue Art

Apfelgelee
mit Limettenschale

Für 6 Gläser (je ca. 250 ml Inhalt)
2 kg säuerliche Äpfel
3 Bio-Limetten
450 g Gelierzucker (2 : 1)

Pro TL (10 g): ca. 13 kcal/54 kJ
0 g EW · 0 g F · 3 g KH

1 Die Äpfel waschen, trocken reiben und mit-
samt dem Kerngehäuse in Achtel schneiden.
Mit 1 l Wasser in einem Topf aufkochen und
zugedeckt bei schwacher Hitze 20 Min. garen,
bis die Äpfel weich wie Mus sind.

2 Ein Sieb mit einem sauberen Geschirrtuch
auskleiden und über eine Schüssel hängen.
Die Apfelmasse darin über Nacht abtropfen
lassen. Am nächsten Tag das Tuch zusammendrehen – nicht zu fest, sonst wird das Gelee
trüb – und den übrigen Saft herausdrücken.

3 Die Limetten heiß waschen und abtrocknen.
Die Schale jeweils mit einem Sparschäler dünn
abschneiden und in feine Streifen schneiden,
den Saft auspressen. Apfel- und Limettensaft
mischen und mit Wasser auf 1 l auffüllen.

4 Saft und Limettenschale mit dem Gelierzucker mischen und unter Rühren bei starker
Hitze aufkochen. Unter Rühren 4 Min. kochen
lassen. Die Gelierprobe machen (siehe S. 331).
Das Gelee in heiß ausgespülte Twist-off-Gläser
füllen, diese sofort verschließen und für 10 Min.
auf den Kopf stellen. Haltbarkeit ca. 1 Jahr.

3 Std. · Klassikervariante
mit einem Hauch von Schärfe

Zwetschgenmus
mit Zimt und Pfeffer

Für 4 Gläser (je ca. 250 ml Inhalt)
2 kg reife Zwetschgen
150 g Zucker
je 1 Prise Zimtpulver und Pfeffer
4 EL Zwetschgenwasser (nach Belieben)

Pro gehäuften EL (20 g): ca. 32 kcal/134 kJ
< 1 g EW · 0 g F · 7 g KH

1 Die Zwetschgen waschen, halbieren und entsteinen. In einem Topf aufkochen und zugedeckt
bei schwacher Hitze 2 Std. garen, bis sie sehr
weich sind. Dabei immer mal wieder durchrühren, damit nichts anbrennt.

2 Die Zwetschgen mit dem Pürierstab glatt
pürieren. Zucker, Zimtpulver, Pfeffer und nach
Belieben das Zwetschgenwasser, dazugeben
und offen 30 Min. unter regelmäßigem Rühren
kochen lassen, bis die Masse dickflüssig ist.

3 Das Zwetschgenmus in heiß ausgespülte
Twist-off-Gläser füllen, diese sofort verschließen
und für 10 Min. auf den Kopf stellen. Haltbarkeit ca. 3 Monate.

Gut zu wissen *Nehmen Sie zum Einkochen wirklich* **Zwetschgen** *(je nach Region
auch Zwetschen genannt). Die länglich ova-
len Früchte haben ein aromatisches, festes
Fruchtfleisch, das sich leicht vom Stein löst.
Die verwandten (runden) Pflaumen sind weicher,
gehen nur schwer vom Stein und schmecken besser
frisch. Beide Fruchtsorten enthalten viele wertvolle
Mineralstoffe und Spurenelemente wie z. B. Zink,
Kupfer und Kalium und haben eine verdauungs-
fördernde Wirkung.*

Was biete ich zum Menü zu trinken an?
Alles Wissenswerte dazu lesen Sie auf
den nächsten Seiten. Und wie Sie Ihren
Tisch gästefein decken – vom Geschirr
bis zur Dekoration –, sehen Sie auf den
Seiten 348 und 349.

So macht schon das Einladen Spaß:
Auf den Seiten 350 und 351 finden Sie
17 Menüvorschläge – für jede Jahres-
zeit und (fast) jede Gelegenheit.

Der gute
Gastgeber

Was gibt es Schöneres, als liebe
Menschen mit einem feinen Essen
zu verwöhnen und gemeinsam
einen kulinarischen Abend zu ver-
bringen ... und dabei als Gastgeber
gaaanz entspannt zu bleiben?

Wasser mit und ohne Kohlensäure, verschiedenste Fruchtsäfte oder auch einmal ein Joghurt-Drink löschen den Durst und sind vielseitige Menü-Ergänzung.

Getränke – das passt dazu

Alkoholfreies

Ihre Gäste sind mit dem Auto da, sie mögen oder vertragen keinen Alkohol – es gibt viele Gründe, warum so mancher lieber zu Alkoholfreiem greift. Besorgen Sie in jedem Fall ausreichend Wasser und Fruchtsaft für Saftschorle. Zu exotischen Gerichten passen auch erfrischende Joghurt-Mixgetränke, die die Schärfe mildern: Für **indisches Lassi** mixen Sie 500 g Joghurt mit 1 TL Salz und 1/2 l eiskaltem Wasser auf. Für **Mango-Lassi** schälen Sie 1 reife Mango und schneiden das Fruchtfleisch vom Stein. Mit 2 EL Limettensaft, 1 EL Zucker, 300 g Joghurt und 250 ml eiskaltem Wasser aufmixen. Beide nach Belieben mit Eiswürfeln servieren.

Der richtige Wein

Weißwein zu Fisch und hellem Fleisch, Rotwein zu dunklem Fleisch – so lautete einst die Regel. So strikt wird das heute längst nicht mehr gehandhabt. Bei dem heutigen internationalen Weinangebot ist ein Weißer nicht zwingend frisch, spritzig und leicht, ein Roter nicht unbedingt schwer. Nach dem Motto »Erlaubt ist, was gefällt bzw. mundet« trinkt heute jeder, worauf er Lust hat.

Ein spritziger Weißer oder ein charaktervoller Roter? Lassen Sie Ihren Gästen die Wahl.

Dennoch, es gibt Weine, die mit bestimmten Speisen besonders gut harmonieren und den Genuss erst perfekt machen.

Zu zarten Fischgerichten ist ein trockener Weißwein, z. B. ein Grüner Veltliner oder ein Chardonnay, wirklich die beste Wahl. Zu deftigen Fischtöpfen mit Tomaten und Kräutern passt aber durchaus auch ein leichter Rotwein. Zu Geflügelgerichten können Sie wahlweise weiß oder rot anbieten. Rinderbraten, Lamm- und Wildgerichte verlangen nach einem kräftigen Roten.

Ob Sie zu jedem Gang den Wein wechseln oder bei einem bleiben, ist Ihnen überlassen. Wer sich nicht selbst gut auskennt, sollte den Gang zum Weinhändler nicht scheuen. Nutzen Sie sein Expertenwissen, und lassen Sie sich Weine empfehlen, die zu Ihrem geplanten Menü passen. Keine Sorge, Sie finden dort immer auch passable Weine zu günstigen Preisen!

Kleine Mengenlehre

Rechnen Sie für den ganzen Abend pro Person 1–2 Gläser Sekt oder Prosecco zum Aperitif sowie eine halbe bis eine Flasche Wein zum gesamten Essen. Servieren Sie Sekt und Weißwein immer gut gekühlt (8–10°). Rotwein hingegen entfaltet sein Aroma besser bei (kühler) Zimmertemperatur (ca. 18°). Außerdem brauchen Sie pro Person 1 Flasche Wasser (eventuell neben sprudelndem auch stilles) und 1/2 Flasche guten Fruchtsaft (z. B. Johannisbeer- und/oder Apfelsaft). Achten Sie darauf, dass Ihre Gäste nie vor leeren Gläsern sitzen. Nötigen Sie sie aber keinesfalls zu mehr Alkohol.

Espresso & Co.

Sie kennen Ihre Tischrunde: Vielleicht macht es ja Sinn, koffeinfreien Espresso zuzubereiten.

Nach dem Dessert Lust auf einen kleinen Schwarzen? In mediterranen Ländern gehört ein Espresso als Abschluss des Menüs unbedingt dazu. Kaffee mit Milch ist dort ausschließlich was fürs Frühstück und für den Nachmittag. Wir hier halten es ganz nach Gusto: Wenn Sie oder Ihre Gäste Lust auf einen Cappuccino oder eine Latte macchiato nach dem Essen haben, nur zu! Als kleine Knabberei dazu schmecken Amarettini (italienische Mandelmakronen). In orientalischen Ländern trinkt man nach dem Essen gerne einen, meist stark gesüßten, Tee. Auch er sorgt nach einem reichen Essen für ein angenehmes, warmes Wohlgefühl im Magen.

Altes und neues ERNÄHRUNGSWISSEN
Ein Schnäpschen zur Verdauung

Hochprozentiges hilft nach einem fettreichen Essen bei der Verdauung? Die Wissenschaft hat das inzwischen eindeutig widerlegt. Verbuchen Sie das Schnäpschen danach also besser als Genussmittel. Das kann z. B. ein Obstbrand wie Birnengeist oder Calvados oder ein Grappa (italienischer Tresterschnaps) sein. Wer es würzig liebt, greift zu einem Kräuterlikör wie Amaro, Averna oder Ramazzotti.

Kleine Stilkunde:
Eindecken & Tischdeko

Tischlein deck' dich

Decken Sie am besten um einen (Platz-)Teller herum ein, so liegt das Besteck akkurat. Nehmen Sie dann den Teller wieder weg. Das Besteck wird von außen nach innen benutzt. Für ein Drei-Gänge-Menü mit Suppe liegt die Gabel links vom Teller, das Messer rechts mit der Schneide zum Teller, der Suppenlöffel rechts neben dem Messer. Kuchengabel und Dessertlöffel werden oberhalb des Tellers platziert.

Gläser

Fürs Spontan-Spaghetti-Essen mit Freunden ist es unwichtig, für die elegante Dinner-Einladung aber decken Sie so ein: Die Gläser werden von außen nach innen in der Folge der Verwendung angeordnet. Rechts außen ein Sektglas für den Aperitif, dann das Wasserglas. Als nächstes folgen das Weißwein- und das Rotweinglas für den Wein zur Vorspeise bzw. zum Hauptgang. Einige Tipps zum Thema »Welcher Wein zu welchem Essen?« finden Sie auf den Seiten 346 und 347.

Altes und neues KOCHWISSEN
Kartoffeln bei Tisch nie schneiden

In alten Benimmbüchern können Sie lesen, dass man Kartoffeln niemals mit dem Messer schneidet, sondern sie mit der Gabel zerteilt. Diese Regel stammt aus der Zeit vor Erfindung des rostfreien Edelstahls. Alte Messer oxidierten beim Kontakt mit der Kartoffel und hinterließen daran einen metallischen Geschmack. Schneiden ist mit dem heutigen Besteck aus rostfreiem Stahl erlaubt, Sie sollten aber nicht die Kartoffeln mit der Sauce vermatschen.

Servietten

Im Alltag tun es natürlich Papierservietten. Für ein schönes Dinner aber sind Stoffservietten die bessere Wahl. Einfache weiße gibt es schon für wenig Geld im Kaufhaus. Und Sie müssen kein Deko-Profi sein, um damit Ihr Gedeck stilvoll zu vervollständigen: Stecken Sie die gerollten Servietten in Serviettenringe, und platzieren Sie diese mittig auf dem Gedeck. Wer keine Serviettenringe hat, umwickelt die gerollte oder gefaltete Serviette mit einer Perlenschnur aus dem Deko-Laden oder mit Damastband.

Blumen und Kerzen

Etwas Dekoration wertet Ihren Tisch zur Tafel auf. Bauen Sie Ihren Tisch aber nicht zu, sondern setzen Sie sparsam und klassisch ausgewählte Akzente – beispielsweise mit Kerzen und Blumen. Wählen Sie allerdings keine stark duftenden Blumen wie z. B. Nelken, denn sie stören die Nase bei einem feinen Essen und lenken von dessen Aromen ab. Und platzieren Sie Blumen und Kerzenleuchter stets so, dass jeder bequem essen und sein Gegenüber gut sehen kann.

Menü mit Motto

Stellen Sie Ihr Menü so zusammen, dass eine Linie erkennbar ist. Wenn sich das Motto dann auch in Ihrer Tisch-Deko widerspiegelt, wird aus dem Dinner eine runde Sache: Zum mediterranen Menü passen z. B. Servietten und Kerzen in den italienischen oder spanischen Landesfarben. Kräutertöpfchen oder Zitronen mit frischen grünen Blättern versetzen in Urlaubsstimmung. Die Menü-Vorschläge auf den nächsten Seiten helfen Ihnen bei der Zusammenstellung.

Planungshilfe: Mehrgängige Menüs

Stangen- und knollenweise Genuss: Frühlingshafter geht's nicht (Rezept S. 168).

Frühlings-Menüs

1 • Avocado-Salat mit
    Mozzarella *48*
  • Kaninchen mit Pinien-
    kernen *248*
  • Panna cotta *292*

2 • Kerbelcremesuppe *88*
  • Spargel mit neuen
    Kartoffeln *168*
  • Erdbeertarte mit
    Marsala *301*

3 • Spargelsuppe *89*
  • Seeteufelmedaillons mit
    Zuckerschoten *267*
  • Erdbeer-Tiramisu *291*

Sommer-Menüs

1 • Rucolasalat mit Feta *48*
  • Gegrillte Lachsforelle
    mit Petersilien-Dip *271*
  • Erdbeeren in
    Campari-Gelee *293*

2 • Zucchiniröllchen *35*
  • Auberginen-
    Parmigiana *178*
  • Mascarpone-Parfait *309*

3 • Tomatencreme mit rosa
    Pfeffer *84*
  • Filet mit Chorizo *223*
  • Zitronentarte *301*

Herbst-Menüs

1 • Mangoldsalat mit
    Knoblauchcroûtons *49*
  • Muscheln in Safran-
    sauce *279*
  • Apple Crumble *295*

2 • Kürbis-Apfel-Suppe *87*
  • Rehmedaillons in
    Cranberry-Sauce *249*
  • Zimtcreme mit
    Portweinzwetschgen *288*

Winter-Menüs

1 • Selleriecremesuppe *87*
  • Pfifferlingreis mit
    Estragon *128*
  • Kirsch-Mascarpone-
    Creme *287*

2 • Gefüllte Avocados mit
    Krabben *36*
  • Bœuf bourguignon *229*
  • Schokoladenkuchen *299*

3 • Lachsterrine *51*
  • Weihnachtsgans mit
    Blaukraut *244*
  • Kartoffelknödel *142*
  • Maronencreme mit
    Trauben *289*

Eiskalte Verführung: Die Lachs-terrine adelt jedes Weihnachts-menü (Rezept S. 51).

Der gute Gastgeber

Das beste Essen macht keinen Spaß, wenn Sie dauernd nur in der Küche stehen und kaum Zeit für ihre Gäste haben. Die meisten Menüs sind darum so zusammengestellt, dass sich Vorspeise und Dessert gut vorbereiten lassen. Planen Sie außerdem eine halbe Stunde zum Duschen und Umziehen ein. Dann empfangen Sie Ihre Gäste entspannt mit einem Lächeln.

Französisches Raffinement: Orangenfruchtige Aromen und zarte Ente gehen aufs Feinste zusammen – perfekt fürs Candlelight-Dinner (Rezept S. 239).

Romantisches Dinner

1 • Jakobsmuscheln mit Ingwerbutter 278
 • Entenbrust mit Orangensauce 239
 • Schnelle Schoko- mousse 287

2 • Radicchiosalat mit Parmesanchips 47
 • Medaillons mit Apfel- sauce 223
 • Crème caramel 292

Schnelles Menü

1 • Chicorée-Orangen- Salat 47
 • Schwertfisch mit Pilzen 266
 • Schoko-Sahnequark mit Walnüssen 288

2 • Gekühlte Avocado- Kokos-Suppe 85
 • Riesengarnelen mit Orangen-Minz-Dip 277
 • Milchkaffeecreme 289

Exotisches Menü

1 • Pilzsalat mit Zitronen- gras 44
 • Erdnuss-Curry mit Schweinefleisch 105
 • Orangen-Mango-Sorbet (Variante) 308

2 • Rote-Linsen-Suppe 97
 • Lachs-Spieße auf Curry- Kokos-Schaum 267
 • Mandel-Kulfi 309

Register

GR = Grundrezept
V = Variante

Bildnachweis

Impressum

Die Herausgeberin

Margit Proebst studierte Kunstgeschichte und Philosophie, daneben betrieb sie über viele Jahre einen kleinen Catering-Service. Als Autodidaktin sind ihr die vielen kleinen Stolperfallen, die Kochanfängern oft zu schaffen machen, durchaus vertraut – genau die richtige Voraussetzung, um eine kluge Rezeptauswahl zu treffen und absolut gelingsichere Schritt-für-Schritt-Anleitungen zu verfassen, mit deren Hilfe auch Nachwuchs-Kochkünstler stressfrei ans Ziel gelangen. Seit 1999 arbeitet sie als Kochbuchautorin und Foodstylistin in München.

Die Fotografen

Das **Studio L'EVEQUE Tanja & Harry Bischof** (Styling & Fotografie) arbeitet seit Jahren intensiv für Werbung, Bücher und Zeitschriften im Foodbereich. In der Innenstadt Münchens kreieren sie im Team Foodaufnahmen in erfrischendem Licht und appetitanregendem, trendigem Styling. Das Fotostudio dankt den Firmen Böhmler im Tal, München, Billa Reitzner Porzellan und Le Bazar de Cuisine, München, für das Ausleihen von Porzellan, Töpferwaren, Requisiten und Stoffen.

Programmleitung: Doris Birk

Leitende Redakteurin: Stephanie Wenzel

Redaktion: Alessandra Redies

Lektorat: Claudia Lenz, Essen

Korrektorat: Katharina Lisson, München

Umschlaggestaltung: Janine Polte, independent Medien-Design, München

Innenlayout: Antonie Kössler, independent Medien-Design, München

Satz: Knipping Werbung GmbH, Berg/Starnberg

Herstellung: Petra Roth

Reproduktion: Fotolito Longo, Bozen

Druck: Firmengruppe APPL, aprinta druck, Wemding

Bindung: Sigloch, Blaufelden

ISBN 978-3-8338-0706-0
1. Auflage 2007

GRÄFE UND UNZER

Ein Unternehmen der
GANSKE VERLAGSGRUPPE

100 JAHRE GANSKE VERLAGS GRUPPE

Unsere Garantie

Alle Informationen in diesem Ratgeber sind sorgfältig und gewissenhaft geprüft. Sollte dennoch einmal ein Fehler enthalten sein, schicken Sie uns das Buch mit einem entsprechenden Hinweis an unseren Leserservice zurück. Wir tauschen Ihnen den GU-Ratgeber gegen einen anderen zum gleichen oder einem ähnlichen Thema um.

Liebe Leserin, lieber Leser,

wir freuen uns, dass Sie sich für ein GU-Buch entschieden haben. Mit Ihrem Kauf setzen Sie auf die Qualität, Kompetenz und Aktualität unserer Ratgeber. Dafür sagen wir Danke! Wir wollen als führender Ratgeberverlag noch besser werden. Daher ist uns Ihre Meinung wichtig. Bitte senden Sie uns Ihre Anregungen, Ihre Kritik oder Ihr Lob zu unseren Büchern. Haben Sie Fragen oder benötigen Sie weiteren Rat zum Thema? Wir freuen uns auf Ihre Nachricht!

Wir sind für Sie da!
Montag–Donnerstag:
8.00–18.00 Uhr;
Freitag: 8.00–16.00 Uhr
Tel.: 0180 - 5 00 50 54*
Fax: 0180 - 5 01 20 54*
E-Mail:
leserservice@graefe-und-unzer.de

P.S.: Wollen Sie noch mehr Aktuelles von GU wissen, dann abonnieren Sie doch unseren kostenlosen GU-Online-Newsletter und/oder unsere kostenlosen Kundenmagazine.

GRÄFE UND UNZER VERLAG
Leserservice
Postfach 86 03 13
81630 München

*(0,14 €/Min. aus dem dt. Festnetz)